칼빈의 생애와 선교사상 (개정 증보판)

최정만 지음

칼빈의 초상화 〈유화〉
제네바 종교개혁사 박물관 소장

총신대학교 출판부

Calvin's Life and Mission Thought
(Der Missionsgedanke bei Kalvin)

By
Jeong Man Choi, Th. M., D. Miss., Ph. D.
(The former President of International Bible College)

Chongshin University Press
Seoul, Korea

저자의 말

　대부분의 칼빈 연구가들이 "칼빈의 선교사상"에 대해서는 부정적인 시각에서 보아온 것이 사실이다. 이것이 역사적 사실 그대로를 정확히 본 것이냐 하면 그렇지 않다는 것이 본 연구의 결론이다. 우리가 칼빈 연구에 좀더 주의 깊게 들어가 보면 칼빈이 선교의 사람이라 아니할 수 없다. 칼빈은 위대한 선교사상가이다. 그것은 칼빈의 예정론이 지금까지 선교에 저해적 요인을 제공해 온 것으로 잘못 알고 피상적으로만 칼빈을 판단해서 그를 반선교적 인물로 잘못 평가해왔다 또한 칼빈의 예정론이야말로 오히려 선교의 원동력으로 작용하였다는 사실이 이 연구서를 통해서 처음으로 세상에 밝혀지게 된 것을 생각할 때 실로 감격스러울 뿐이다.
　칼빈의 예정론은 바울의 로마서 9장, 10장, 11장의 내용과 일치하는 교리이다. 더 나아가서는 바울 신학의 주요 골격이라 할 수 있는 로마서의 구조와 칼빈신학의 주요 골격이라 할 수 있는 **기독교 강요**의 구조가 거의 일치를 이루고 있음을 볼 수 있다. 바울 신학의 선교적 구조와 칼빈신학의 선교적 구조가 일치를 이루고 있다. 뿐만 아니라 바울 신학에 있어서 예정론을 말하고 있는 것이 로마서 9장, 10장, 11장인데 이 가운데 10장이 선교의 내용이고 이에 대응하는 칼빈의 **기독교 강요**(1559년 판) 제Ⅲ권이 '예정론'을 다루고 있으므로, 예정론과 선교가 매우 밀접한 관계가 있다는 결론에 이른다. 또한 **기독교 강요** Ⅲ권이 성령에 관해서 다루고 있는 부분인데 여기서 예정론이 다루어지고 있다는 것은 성령론과 예정론의 관계가 매우 밀접한 관계가 있다는 것이다.

성령은 선교를 주도하시는 성 삼위 하나님의 제3위요, 사도행전에서 증거된 바와 같이 선교는 주로 성령에 의해서 수행되어져 가는 성령의 사역이다. 성령과 예정의 교리와의 관계성을 생각한다면, 예정교리는 결코 선교에 대해서 저해되는 교리가 아니라 선교의 원동력이 되는 교리라고 할 수 있다.

특히 근대 세계선교 운동에 불을 붙인 사상이 칼빈주의에 그 뿌리를 두고 있는 청교도 사상이라는 사실이 최근의 여러 연구에서 많이 밝혀지고 있음도 여기에 소개되고 있다. 이 책에는 칼빈의 선교사상을 논하기 이전에 칼빈의 사상 형성에 배경이 되는 그의 어린 시절부터 인문학, 법학, 그리고 개혁사상의 접촉과정, 회심의 계기, 목회 현장 등에 대해서 여러 자료들을 연구해서 비교적 자세히 밝혀 보려고 애썼다.

그러나 용기뿐이었고 현실적으로는 바쁜 시간에 쫓기면서 틈틈이 연구를 진행해 나가다 보니 만족한 결과가 나오지 못했음을 아쉬워하면서 독자제위께 죄송스럽게 생각한다. 그러나 칼빈의 **기독교 강요**도 1536년에 나온 초판과 1559년에 나온 최종 판본을 비교해 보면 후자는 전자의 6배의 분량에다가 전자에는 찾아볼 수 없는 예정교리와 같은 중요한 교리가 후자에 나타나 있는 것을 볼 때 필자는 한없는 위로와 용기를 얻는다. **칼빈의 생애와 선교사상**이라는 이 졸작도 몇 년 후에는, 저 유명한 칼빈의 **기독교 강요**가 그랬듯이, 세계선교 역사 아니 인류 역사에 크게 기여하는 작품으로 다시 태어나는 날이 있을 것으로 확신하면서 이 주제로 필자는 계속 연구하여 나갈 것을 독자 여러분께 약속하는 바이다.

마지막으로 이 책의 부록에는 칼빈의 회심에 간접적인 원인이 되었다고 생각되는 1534년의 '파리의 플래카드 사건'(The Placards of 1534)에 관한 내용 전문과 1533년 '콥(Nicolas Cop)의 파리대학 총장 취임연설문'(The Academic Discourse)과 1535년에 발행된 최초의 불어판 성경에 칼빈이 직접 쓴 서문, 그리고 1538년에 칼빈이 펴낸 **교리문답서**(First Catechism)에 대한 존 헤셀린크 박사의 주석서문 및 칼빈주의 연구에 꼭 필요한 문헌을 수록하였다.

그리고 앞으로 더 깊이 있게 칼빈과 선교에 관한 주제에 대해서 연구해 나가기를 원하는 후학들에게 이 책의 참고문헌은 매우 큰 도움이 될 것으로 믿는다. 연구자에게 우선 필요한 것은 좋은 자료 원(source)이다. 이 책 뒤편에 있는 부록과 참고문헌이 그러한 좋은 자료원이 되어 줄 것을 기대하면서 국내외적으로 부지런히 수집하여 첨부하였다. 특히 미국의 그랜드 래피즈에 있는 칼빈 대학교와 칼빈 신학교의 연구 기관인 헨리 미터 연구소(Henry Meeter Center)에 있는 칼빈과 선교에 관해서 다양한 주제 아래 자세히 분류된 수많은 희귀 자료가 거의 모두 여기에 망라되어 있다.

특히 이 연구를 진행하면서 폭넓은 자료수집과 조언을 얻기 위해서 칼빈 연구의 세계적 권위자요, **칼빈의 율법개념**(Calvin's Concept of the Law) 및 칼빈의 **초판교리문답**(Calvin's First Catechism) 등의 저자이며, 미시건 주 홀란드 시에 있는 웨스턴신학교(Western Theological Seminary)의 총장을 역임하신 존 헤셀린크(I. John Hesselinck)사님을 방문했을 때 기쁘게 맞아주시고 자세한 지도와 조언과 격려를 주시며 이 연구에 도움이 되는 많은 자료를 주신 그 따뜻한 사랑에 감사드리고 싶다. 이 작은 연구서를 통해서 하나님께 영광 돌리기를 진심으로 소원하면서! Cor mactatum in sacrificium offero(나의 성별된 심장을 [주님께] 제물로 바칩니다).

1999년 10월 31일(제482번째 종교개혁일)
세계선교연구소에서
저자 최정만 識

칼빈의 재평가

칼빈의 선교 사상이 맨 처음 세상에 나왔을 때 마치 무슨 이단이라도 나온 듯이 나를 염려하는 사람들도 있었다. 예일 대학교의 라투렛 교수를 위시한 거의 모든 학자들이 칼빈의 사후 약 500년이 지난 오늘날까지 칼빈의 선교사상에 대해서 부정적이었기 때문이다. "칼빈에게는 선교 사상이 없다." 또는 "칼빈의 예정론은 선교 저해적이고 반 선교적인 교리이다." 등의 주장으로 1564년 5월27일 그의 사후 지금까지 무슨 역사적 공리처럼 의심도 증명도 없이 일관 되어 왔다.

이 역사적 공리 아닌 공리를 필자가 깨버렸다. '칼빈에게 정말 선교 사상이 없었을까?' 필자는 이러한 의문을 가지게 되었고 한국 교회역사상 칼빈주의 사상을 기초로 한 교회와 교파가 그렇지 아니한 자들에 비해서 훨씬 더 크게 부흥하고 발전하였으며 선교사역에 있어서도 엄청난 차이를 보이고 있음을 필자는 주목하여왔다. 그래서 깊이 파고들어가서 연구한 결과 칼빈은 선교적인 인물이요 위대한 선교 사상가라는 주장이 연구 결과로 나오게 되었다. 이제까지 칼빈의 선교사상에 대해서 아무도 말하지 아니한 새로운 진실이었다. 그것은 칼빈을 재평가하는 외롭고도 용감한 주장이었다.

그런데 이름도 제대로 알려지지 아니한 시골 대학의 일개 무명 교수의 외로운 구도 길에도 관심을 가져주는 사람들이 있었다. 세계적인 대학자들 가운데 젊은 시절 일본에 와서 선교사로 헌신 봉사했던 존 헤셀링크 박사는 세계 칼빈학회의 회장 직을 역임하였고 당시 미국의 미시건주에 있는 웨스턴 신학대학교 총장을 역임했는데 그는 자기학교를 방문한 필자를 자기 집으로 초청하여 정성스럽게 식사 대접을 한 후에 그의 학교를 이곳저곳 자세히 소개한 후에 칼빈의 선교사상에 대한 필자의 글쓰기 구상에 대해서 듣고 "이것은 선교역사학의 아버지 바르네크와 선교역사학의 거두 라토렛의 기존 학설에 정면도전하는 대단히 용감한 주장이다. 이 연구는 개혁주의 신학의 기초를 더 깊게, 더 넓게 해 줄 것이다"라는 뜨거운 격려와 조언을 아낌없이 해주셨다

게리 코헨(Gery Cohen) 박사님은 NIV(New International Version, 국제새번역) 영어 성경번역 위원장이면서 미국의 코헨대학교 총장으로 칼빈이 성경번역에 관여한 귀한 자료를 최초로 번역 소개하는 필자에게 선교에서 성경번역의 중요성을 강조하면서 격려와 사랑을 베풀어 주셨다.

제이 아이 패커(J. I. Packer) 박사님은 세계 최고의 청교도 신학자로 알려지신 분으로 그의 저서 **하나님을 아는 지식**(Kwowing God)은 오랜 세월 동안 수백만부가 읽혀진 전 세계적인 베스트셀러인데, LA에서 한인 목회자들을 위한 세미나를 필자가 주관하면서 이러한 위대한 학자를 강사로 초청하는 영광을 얻었다. 이분이 그때 먼 길을 마다하지 않고 오셔서 만장한 청중에게 많은 은혜를 주셨다. 필자는 그와 깊은 개인적인 교제를 가졌고 그로부터 받은 영감이 후일 **칼빈의 선교사상** 연구에 큰 힘이 되었다.

칼빈의 선교사상은 출판 이듬해 세계도서박람회에서 최우수도서로 선정이 되었고 이 책 덕분에 필자는 갑자기 유명인사(?)가 되어 이 대학 저 대학, 이 교회 저 교회, 이 노회 저 노회 특강 및 강연 세미나 등등의 이름을 붙여서 많이도 불려 다녔다. 자식하나 잘 낳아 놓았더니 애비가 호강하는 기분이었다.

하루는 교수연구실 문을 잠그고 다른날 보다 일찍 퇴근하려고 하는데 장거리 시외 전화가 걸려왔다. 모르는 분이었다. 서울의 모 대형교회 부목사로 휴직하고 프랑스 파리 소르본느 대학에 칼빈을 연구하기 위해 유학을 갔다가 병이 나서 한국에 치료차 다니러 왔다고 했다. 그는 7년이 지나도록 박사학위의 방향도 잡지 못하고 고민 하다가 너무 스트레스를 받은 결과 신경쇠약에 걸려서 고생하고 있다고 했다. 서울에 와서 쉬다가 하루는 교보문고에 가서 **칼빈의 선교사상**이라는 책을 발견하고 구입한 후 집에 와서 읽는 동안 그는 갑자기 심장마비가 일어날 정도로 가슴이 뛰고 흥분이 일어나서 잠을 한 숨도 자지 못했다고 했다. 그 책을 다 읽은 후 그는 여기서 앞으로써나갈 자기 논문 진행방향에 대한 힌트를 얻었다고 했다. "저자인 최 교수님을 만나서 대화를 나누고 교외 논문지도 교수(박사학위는 반드시 자기학교 밖의 다른 학교 교수 한분을 지도 교수로 넣어야 함)로 이 책의 저자인 최 교수님을 정하고 싶다"고 했다. 전화를 마치고 필자를 만나러 출발해서 4시간 동안 운전하는 먼 거리에서 오겠다고 했다. 나는 그럴 자격이나 능력이 없다고 사양해도 소용이 없었다. 더 이상 거절했다가는 신경쇠약 우울증 걸려있는 상대가 한강에라도 뛰어 내릴 것만 같아서 하는 수없이 그를 만나서 아구찜 거나하게 대접받고 그의 논문을 지도해 주었고 그는 프랑스의 세계적 명문 소르본느에서 그렇게도 소원이었던 박사학위를 받았다.

"칼빈의 선교 사상"이라는 학과목이 총신대학교 박사과정에 개설되어 강의하면서 박사과정 캔디데이트들을 열심히 지도한 결과 국내 박사도 몇 사람 배출하였다. 이 책은 더 깊이 연구할 분들을 위해 부록에도 칼빈과 그의 선교에 관한 주옥같은 자료가 많다. 부록이 더 두꺼워 '아이보다 배꼽이 더 큰 책'이라는 놀림을 받아도 '박사 만들어 내는 책은 배꼽부터 다르다'고 당당히 응수한다. 특히 부록 1, 2, 3, 4를 모두 한국어로 번역했는데 이것은 한국학계와 교계에는 처음 번역 소개되는 자료로서 여기에 칼빈이 종교개혁운동에 참여하게 된 직접적 원인제공을 한 자료도 있어서 칼빈의 신학과 사상연구에는 필수적인 보화와 같은 것이 있다.

칼빈의 생애와 선교사상 개정 증보판은 선교사님들, 신학생, 목회자님들 그리고 평신도 모두에게 일독을 권할만한 충분한 가치가 있다고 생각되는 책이다. 이미 초판 **칼빈의 선교사상**을 읽은 분들에게도 〈제6장 칼빈의 설교〉 부분에 많이 증보되었고 부록에 매우 학적으로 연구할 가치가 있는 새로운 자료가 번역 소개되므로 일독을 꼭 권하고 싶다. 이 책을 읽는 독자마다 가슴이 뜨거워질 것이다. 눈물이 쏟아질 것이다. 이 글을 쓰면서 저자도 그렇게 많이 울었기 때문이다. 인생관 세계관에 변화가 올 것이다. 이 책을 쓴 후 저자에게도 그러한 변화가 왔기 때문이다. 칼빈의 신학이 '하나님 영광의 신학'이기에 나의 남은 생애가 하나님께 영광을 돌리는 삶이 되도록 굳은 결심을 하게 될 것이다.

저자 최정만 돈수

목 차

저자의 말 / 5

칼빈의 재평가 / 9

제1장 칼빈사상과 선교신학의 접촉점 ·············· 17
    1. 교회의 생명력 회복을 위한 투쟁 / 17
    2. 칼빈의 안경으로 본 선교신학 / 20
    3. 칼빈은 개신교 선교신학의 아버지 / 26

제2장 개혁사상을 만들어 낸 역사적 만남 ·············· 29
    1. 칼빈의 자화상과 초상화 / 29
    2. 카톨릭 사제 입문과 성직록 / 30
    3. 철저한 인문학 교육 / 33
    4. 레스트왈르/볼마르와의 만남 / 36

제3장 망명길에서 꽃피운 위대한 사상 ·············· 41
    1. 부르쥬(Bourrges)에서 맛본 복음의 진미 / 41
    2. 프랑스 종교개혁의 뇌관 / 46
    3. 불후의 명작 탄생 / 56

제4장 칼빈의 종교개혁 운동 ······················· 61
1. 제네바에서의 종교개혁 / 61
2. 칼빈 개혁운동의 점화자(ADVOCATOR) / 64
3. 칼빈 개혁운동의 온실 / 70
4. 칼빈 개혁사상의 실천적 인턴십 / 71
5. 칼빈 공개서한의 위력 / 77
6. 칼빈의 성별된 심장 / 85

제5장 칼빈의 선교사상 논의 ······················· 89
1. 네 가지 관점 / 89
2. 칼빈의 선교사상에 대한 부정적 견해 / 90
3. 칼빈은 선교적 인물이었다는 견해 / 94
4. 칼빈의 선교적 태도는 애매모호하다는 견해 / 100
5. 후세 선교 사업에 영향을 미친 칼빈의 선교사상 / 104

제6장 칼빈의 설교에 나타난 선교사상 ············· 111
1. '하나님의 선교 명령'은 사도시대에만 국한된 명령인가? / 111
2. 칼빈의 인격과 그의 설교 / 114
3. 칼빈의 설교와 그 영향 / 119
4. 칼빈의 강해 설교 / 121
5. 칼빈의 설교와 선교사상 / 131
6. 칼빈의 설교는 그 흐름에 깔린 사상전체가 선교 메시지이다 / 146

제7장 칼빈의 성경주석에 나타난 선교사상 ················· 149

1. 성경의 사람 칼빈의 삼성 연합 / 149
2. 성경번역과 선교 / 150
3. 성경주석과 선교 / 155
4. 로마서 주석과 하나님의 선교 신학 / 158
5. 성경주석헌정은 놀라운 문서 선교활동/업적 / 163
6. 하나님나라 확장과 선교사상 / 168
7. 선교기지로서의 교회 / 170
8. 그리스도 왕국 사상과 선교 대헌장 / 178

제8장 〈기독교 강요〉에 나타난 요한 칼빈의 선교사상 ······ 183

1. 〈기독교 강요〉와 칼빈의 신학 / 183
2. 〈기독교 강요〉 초판의 저작 동기와 내용 / 186
3. 칼빈의 예정의 교리는 과연 선교에 저해적 요인인가? / 189
4. 칼빈의 교회론에는 과연 선교사상이 있는가? / 206
5. 칼빈의 선교사상은 개혁신학의 수원지 / 221

제9장 위대한 선교적 삶을 살다 간 선교사상의 선구자 ······ 225

부록 / 229

참고문헌 / 331

제1장

칼빈사상과 선교신학의 접촉점

1. 교회의 생명력 회복을 위한 투쟁

교회생명력의 본질은 영혼구원이고 그것을 다른 말로 표현하면 선교이다. 칼빈신학은 영혼 구원 신학이고 영혼 구원을 통해서 하나님께 영광을 돌리는 하나님 영광중심의 선교신학이다. 그러므로 칼빈의 사상은 선교개념이 충만한 선교사상이다. 그럼에도 불구하고 칼빈의 선교사상은 역사적으로 무시되거나 부정시되어왔다.[1] 선교의 과업수행이 교회의 본질적 생명력에 속한다는 사실을 전제로 할 때 종교개혁은 부패하고 거짓된 죽은 교회를 바르고 참된 교회, 생명력 있는 교회로 개혁하고자 하는 선교운동이다. 그렇다면 이 운동의 가장 중심에 위치한 제네바의 개혁자 칼

---

[1] J. Van den Berg, "Cavin and Missions", *John Calvin, Contemporary Prophet*(Grand Rapids: B. B. H. 1959), p. 167. "When we believe, as we do, that the fulfillment of the missionary task belongs to the essence of the life of the Church, it is evident that we would consider it a serious on mission if a work dealing with the influence of the Genevan Reformer in the broad field of Christian thought and activity, the relationship between Calvin and the work of missions would not have received special attention."

빈의 사상 가운데 교회 생명력의 본질 곧 영혼구원을 위한 선교사상이 과연 존재하지 않겠는가 하는 문제의식이 이 연구에 모티브를 제공해 주었다.

그러나 이를 준비하면서 부딪치는 첫 번째의 어려움은 이 분야에 대한 자료가 절대 빈곤하다는 것이다.[2] 좋은 건축자재가 없이 좋은 집을 지을 수 없듯이 좋은 자료 없이 좋은 논문을 기대할 수 없다는 것은 누구나 알고 있는 상식이다. 선교 분야의 자료가 많고 또한 이용하기 편리하게 잘 분류되어 있기로 유명한 곳은 풀러(Fuller)의 맥칼리스터 도서관(McAlister Library)이 있고, 칼빈사상 연구 중심지로 알려진 곳은 그랜드 래피즈의 칼빈 신학교와 칼빈 대학교의 부설, 칼빈 연구소가 있다. 필자가 1998년 7월, 이 두곳을 찾아가서 칼빈의 생애와 선교사상을 연하던 중 미시건(Michigan)주 홀랜드(Holland)시에 있는 웨스턴 신학교(Western Theological Seminary)를 방문하여 칼빈연구에 있어서 세계적 석학으로 알려진 존 헤셀린크(John Hesselink) 박사와의 면담 중에 많은 격려를 받았다. '칼빈의 선교사상'에 관해서 책을 쓰고 있다고 했더니 그는 "이 주제가 바르네크나 라토렛 같은 위대한 선교역사학자들의 기존학설에 정면으로 도전하는 '대단히 용감한 착상'이라서 어려움이 많을 것이나, 이러한 연구를 통해서 개혁주의 신학에 새로운 바람을 불어넣어주는 혁신적인 놀라운 결과를 가져올 수도 있을 것"이라고 했다.

칼빈주의 노선에 굳게 서 있다고 자처하는 수많은 사람들 중에는 칼빈의 **기독교 강요**를 칼빈의 신학사상과 칼빈 이해를 위한 충분한 자료로만 알고 칼빈에 관한 모든 연구를 거의 대 부분 여기에만 의존하는 자들이 많다. 서구에서도 많은 사람들이 오랫동안 삐에르 인바르트 드라투르(Pierre Inbart de La Tour)와 더불어 칼빈의 사상을 알기 위해서는 **기독교 강요**

---

2 이 분야에 대한 자료가 한국에서 가장 집약적으로 모인 곳이 한국 칼빈주의 연구원(원장 정성구 박사)이다.

하나면 만족한 것으로 믿어 오던 때가 있었다.³

칼빈이 쓴 방대한 분량의 주석서들도 칼빈을 보다 더 잘 이해할 수 있는 자료중의 하나다. 왜냐하면 칼빈의 신학 체계는 철저히 성경에 기초를 둔 신학 체계이며, 성경을 절대 무오한 하나님의 말씀으로 믿는 칼빈이기에 이 성경 말씀의 주해를 통해서 그의 신학 체계가 완성되어가기 때문이다. 그리고 **칼빈의 기독교 강요**가 물론 칼빈의 신학을 조직신학적으로 대변해 주는 것이라고 한다면 그의 방대한 성경주석은 **기독교 강요**를 보완해 주는 것이라 할 수 있다.

그러므로 루이스 구마즈(Louis Goumaz)는 "성경주석가로서의 칼빈을 충분히 이해하지 않고서는 종교개혁자 칼빈을 이해했다고 할 수 없다"는 유명한 말을 남겼다.⁴ 그런데 이 칼빈사상의 연구를 위해서는 여기서 만족해서는 안 될 것 같다. 칼빈이 남긴 방대한 작품들 가운데 물론 첫 번째 꼽아야 할 것은 **기독교 강요**요 그 다음은 그의 성경 주석이라 할 수 있으나, 종교개혁자 칼빈의 위대성은 역시 설교가로서의 칼빈에게 더 큰 무게가 실려 있을 것이라는 주제의식을 가지고 이 책을 써내려 가고자 한다. 더구나 그의 엄청난 설교의 양과 제네바(Geneva) 시를 변화시키고 나아가서는 서구사회를 변화시킨 그의 설교의 질적 위대성이 아직까지 우리 한국교회에 자세히 소개되지 못하고 있는 것을 안타깝게 생각하면서, 필자는 감히 "위대한 설교자로서의 칼빈을 깊이있게 이해하지 못하고서는 종교개혁자 칼빈의 신학사상을 이해했다고 할 수 없다"는 말을 하고 싶다.⁵

---

3 *Calvin et l'Institution Christienne*, Paris, 1935. p. 55. 참조. 남부 프랑스의 님므(Nimes) 출신 역사학자, 신학자, 목사, 변증가인 에밀 두메르그(Emile Doumerguer: 1844-1937)의 *Le Caracterede Calvin*. 제2판. p. 104에서 칼빈의 비평가들에 대해서 언급하면서 "그들은 예정론이 편협하고 폐쇄된 집단을 만들어 왔으며, 특히 이방인들에게 복음전파와 선교를 금지해 왔다"는 주장을 해왔다고 했다.

4 Louis Goumaz, *La doctrine du salut d'apr s les Commentaries de Jean Calvin Sur le Nouveau Testament*, Lausanne et Paris, 1917. p. 8. 참조.

5 Emile Doumergue, *Calvin, le Prédicateur de Genéve*, s. d., p. 9와 Rodolphe Peter. "Jean Calvin Prédicateur" in *Revue d'Histoire et de philosophie religieuses*, Paris, 1972, pp. 111-112. 참조(이들

한국의 교회만큼 칼빈의 신학과 사상의 영향을 많이 받은 교회도 없다. 그러나 한국의 교회만큼 삶과 생활에 있어서는 칼빈과 거리가 멀리 떨어져 있는 교회를 이 세상 어느 곳에서도 찾아 보기 드물다는 생각이 칼빈을 깊이 연구하면 할수록 짙어진다. 또한 우리 나라에서는 칼빈에 대해서 지금까지 깊이 있는 연구가 없어 왔기 때문에 칼빈이 잘못 이해되고 있는 점도 많다. 특히 칼빈을 선교의 분야에 연결시켜 생각해 볼 때 마치 칼빈은 선교에 대해서 아무런 관심도 없거나 아니면 예정론이라는 신학 이론을 만들어 내어 선교에 방해꾼으로 작용해 온 반선교적 개혁자로 오해하고 있다는 점이다. 심지어는 칼빈주의자라고 자처하는 분들과 칼빈에 대해서 매우 존경을 표하는 연구가들 가운데도 칼빈은 선교와는 거리가 멀거나, 선교에 대해서는 소극적이거나 선교 열정이 없는 차디찬 신학자요, 근엄하고 엄격한 제네바의 목회자요 로마 카톨릭에 대항해서 싸운 종교개혁가로만 알고 있는 정도이다.

그러므로 상식적인 수준에서 지금까지 알려져 있는 칼빈에게는 선교사상이 없다고 하고, 칼빈의 예정론, 구원론, 교회론은 선교 저해적 교리체계라고 하는 것이 과연 옳은가? 라는 문제의 제기에서부터 본 연구의 모티브(Motive)가 시작되는 것이다.

2. 칼빈의 안경으로 본 선교신학

근대 선교신학의 선구자로 널리 알려진 독일의 루터교 선교학자 구스타프 바르넥(Gustav Warneck)[6] 교수는 칼빈과 같은 종교개혁자들에게는 선교정

외에도 Richard Stauffer 교수와도 이점에서 필자는 의견을 같이 한다).

6 Gustav Warneck, *Das Studium der Mission auf der Universität*(대학에서의 선교 연구, 1877), *Moderne Mission und Kultur*(현대선교와 문화, 1879), *Die Gegenseitigen Beziehungen Zwischen der modernen Mission und kultur, Abriss einer Geschichte der Protestantischen Mission*(현대선교와 문화

신이 결여되었다고 주장하였다. 그 이유를 로마 카톨릭과의 교리논쟁에 탈진하여 선교에 관심을 가질 여유가 없었으며, 또한 로마 카톨릭이 당시 스페인과 포르투갈의 세력을 업고 해외선교 지역을 넓혀갈 때 종교개혁 세력은 유럽 내에서 이방세계와의 접촉기회가 없었으며, 로마 카톨릭에 지리적으로 둘러싸여 있는 형세였기 때문이라고 했다. 또한 로마 카톨릭의 잘못된 사도 계승 교리에 대한[7] 지나친 반동으로 마태복음 28:19의 내용이 당시 사도들에게만 해당하는 것으로 한정적인 해석을 하고 있는 루터나 칼빈과 같은 종교개혁자들에게 선교사상이 결여되어 있다고 단정짓는 것은 잘못된 성경해석의 결과에서 나온 것이라 본 것이다.

예일대학교의 선교역사 학자인 케넷 스코트 라토렛 교수는 그의 명저 **기독교 확장사**(*A History of the Expansion of Christianity*)에서, "16세기 로마 카톨릭 교회가 해외선교 전성기를 이루고 있을 때 프로테스탄트 교회는 유럽 이외의 지역에서는 신앙전파의 노력이 희귀했으며, 개혁자들은 로마 카톨릭 교회와의 투쟁으로 선교에 힘쓸 여유가 없었고 종말이 가까이 와 복음이 이미 온 세상에 다 전파되었다고 믿었고, 종교개혁 지도자들에게 선교사상이 결여되어 있었고, 로마 카톨릭 교회에는 우수한 선교기관인 수도원이 있었지만 프로테스탄트 교회에는 선교수행기관이 없었고 비기

의 상호관계, 개신교 선교 약사, 1882-1910), *Welche Pflichten legen und unsere Kolonien auf*(식민지에 대한 우리의 책임, 1885), *Die Evangelische Missionlehre*(복음주의 선교학, 1895-1903) 등 선교학 전반에 걸친 폭넓은 연구와 체계적인 연구를 통하여 선교학이 독자적인 학문으로서의 위치를 확보하는 데 선구적 역할과 공헌을 한 학자였다. 그에 대한 복음주의적 선교신학 사상에 대해서는 Johannes Verkuyl(최정만 역), 현대 선교신학개론, p. 51을 참조.

[7] 로마 카톨릭 교회는 교황이 사도직을 계승한 것이라고 주장하고, 교회의 권위가 성경의 권위보다 상위의 권위임을 주장함으로써 교회의 부패와 타락이 자행되어 온 것을 생각할 때, 개혁자들은 이에 대한 반대로 사도직의 단회성과 불연속성을 강조하다 보니, 사도들에게 말씀하신 지상명령(The Great Commission)도 사도들에게만 국한시킨 신학적 실수를 범했다고 하나 칼빈을 더 깊이 연구해 보면 칼빈이 성경 해석상 실수한 것이 아니고 칼빈 연구가들이 칼빈사상을 오해한 것이다. 후에 본론에서 전개되지만 칼빈에게는 선교의 비전과 열정이 있었다. 다만 당시 시대 상황이 칼빈으로 하여금 마음껏 선교활동을 펼칠 수 있는 환경이 되지 못했기 때문이다.

독교 세계와의 접촉기회가 없었기 때문에 선교가 뒤떨어졌다"라고 썼다.[8] 사무엘 즈웸머(Samuel M. Zwemer)는 **현대신학**(*Theology Today*) 지에 기고한 "칼빈주의와 선교사업"이라는 제목이 붙은 그의 글에서 로마 카톨릭 교회의 교회사가인 요셉 슈미들린(Joseph Schmidlin)의 "종교개혁가들 곧 루터, 쯔빙글리, 맬랑흐톤, 칼빈에게는 선교의 사상도 없었고 선교의 활동도 없었다" (Reformers, Luther, Zwingli, Melanchthon, and Calvin were not conscious of the missionary idea and displayed no missionary activity)는 주장을 인용하여 로마 카톨릭 교회는 종교개혁자들이 선교에 부정적 시각을 가지고 있다고 주장했다. 이 주장에 반해서 튀빙겐(Tübingen)의 신학자 슐라터(Schlatter) 교수가 1909년 **복음주의 선교잡지**(*Evangelische Mission Magazin*, Vol. 53)에 기고한 "칼빈과 선교(Kalvin und die Mission)라는 글과 보쿰(Bochum)의 에른스트 피스테러"(Ernst Pfisterer) 교수가 1934년 **일반선교시대지**(*Die Allgemeine Missionszeit Schrift*)에 기고한 "칼빈의 선교사상"(Der Missionsgedanke bei Kalvin)이라는 글에서 "칼빈은 이론과 실제에 있어서 교회의 선교적 책임을 인식하고 있었다는 점"은 매우 대조적이다.[9] 슈미들린은 위의 전제에 대한 근거로 다음과 같은 두 가지 사실을 제시하지만 이것들이 개혁자들에게 선교사상이 없음을 분명하게 증명하는데는 한계를 느낀다. 하나는 브라질에 있는 프랑스의 이민들에 대한 선교는 차라리 식민지 확장의 모험에 불과했고, 다른 하나는 스칸디나비아 북단의 랩스(Lapps) 사람들에게 구스타프 바사(Gustav Wasa)를 보냈는데 그곳은 순수한 이교도 지역이 아니라는 비난을 받고 있다는 것이다.[10] 선교

---

[8] Keneth Scott Latourette, *A History of the Expansion of Christianity*, Vol. III (Grand Rapids: Zondervan, 1974), pp. 25-28.

[9] Samuel M. Zwemer, "Cavinism and the Missionary Enterprise" *Theology Today* VIII (1950), pp. 206-216. This has been cLéry shown by two German Scholars in articles that appeared in 1909 and 1934. ⋯ Both of these writers agree that Calvin recognized the missionary obligation of the church both in theory and practice.

[10] *Ibid.* "That of Gustav Wasa among the Lapps was not really to pagans and that of the French emigrants in Brazil was merely colonizing venture."

역사 학자인 스티븐 닐(Stephen Neill)은 그의 명저 **기독교 선교 역사**(*A History of Christian Missions*)에서 종교개혁 당시 로마 카톨릭 교회의 로베르 벨라르망(Robert Bellarmine) 추기경의 말을 다음과 같이 기록하고 있다.

> "이단자들(종교개혁자들-필자주)은 이교도들이나 유대인들을 개종시키는 노력은 하지 않고 오히려 신자들(로마 카톨릭 교도들-필자주)만 유인하였다… 비록 상당한 수의 유대인들이 그들과 함께 살고 있으며, 폴란드 헝가리에는 터키인들이 이웃하여 살고 있지만 신교도들은 이들 중 몇몇 소수의 주위 사람도 개종시키지 않았다."[11]

개신교 신학자들 가운데서도 칼 브라텐은 **종교개혁사문집**(*Archiv für Reformations Geschichte*, Vol. 44)에 기고한 "종교개혁과 선교"(Reformation und Mission)라는 그의 글에서, "개신 교회(Protestant Church)에는 선교사상이 전적으로 결여되어 있다"고 비판하였다. 그는 개혁자 루터 자신도 선교 지상명령(The Great Commission)을 사도들에게만 해당하는 선교명령으로 생각했기 때문에 루터 신학에서의 선교부재는 필연적 귀결이며, 루터의 종말론 사상은 기독교 국가 밖으로 선교사를 파송하는 것을 억제시키는 결과를 가져왔다고 주장했다.

16-17세기의 루터교의 조직신학자인 베르너 엘러트(Werner Elert) 교수는 그의 명저 **루터교의 구조**(*The Structure of Lutheranism*)에서 독일 선교학 연구 사례를 자세히 열거하면서,[12] 루터는 바르넥의 지적과 같이 "우리들의

---

11 Stephen Neill, *A History of Christian Missions*(Grand Rapids: Eerdmans, 1965), p. 221.
12 J. Ferd. Fenger, *Gesch. d. Trankebarschen Mission*(translated from the Danish by Franke), 1845.
R. Bückmann, *Die Stellung d. luth. Kirche des 16. und 17. Jahrh. Zur Heidenmission U. d. gemeinsamen Bestrebungen von Leibniz U. A. H. Fromke Zu ihrer Belebung, Zeitschr. f. Kirchl. Wiss. U. Kirchl. Leb.*, 1881, pp. 362ff.
G. Plitt, O. Hardeland, *Gesch. d. luth. Mission*, 2d ed., 1894-95.
P. Drews, "Die Anschauungen reformatorischer Theologen ber die Heidenmission", *Zeitschr. f. Prankt. Theologie*, 1897, pp. 1ff.
W. Grössel, *Die Mission und die evang. Kirche im17. Jahrh.* 1897, Joseph Pindor, *Die evang,*

말로 표현해서 선교의 사람"(Missionsmann in Unsern Sinne)은 아니라고 하면서, 그가 선교회를 조직한다든지 코르테즈(Cortez)와 함께 멕시코에 간다든지, 아니면 최소한 그 자신이 선교학 교수가 되지 못하고 교회의 개혁이 모든 것의 개혁인 것처럼 그 자신을 거기에 전적으로 헌신한 것을 아쉽게 생각한다. 그러면서 또한 루터에게서는 선교의 활동(Missionstat)만 없는 것이 아니고 선교사상(Missionsgedanke) 조차도 없다고 했다.[13] 베르너 엘러트는 루터가 복음의 능력과 우주적 목적(the omnipotence and the universal teleology)에 대해서는 믿고 있으면서 복음을 선포해야 할 선교 목적에 대해서는 간과하고 있다고 하며 그를 심하게 비판하였다.[14]

"루터와 초기 루터 교회에서는 복음의 전능성에 대한 믿음에 있어서는 더 이상 말할 필요가 없다. 그런데 루터는 어찌하여 그리스도와 그의 복음 선교의 우주적 목적을 간과하거나 의심하면서, 시편, 선지서, 바울서신을 해석할 수가 있었는가?[15] 골로새서 1:23; 마가복음 16:15을 해석하면서

Kirvhe Kroatien-Slavoniens in d. Vergangenheit U. Gegenwart, 1902.
G. Warneck, Abriss einer Gesch. der protestantischen Mission, 10th ed, 1913.
E. Mirbt, Die ev. Mission in ihrer Gesch. U. Eigenart, 1917.
Franz Rud. Merkel, G. W. V. Leibniz U. die China-Mission, 1920.
Heinr. Frick, Die evang. Mission, Ursprung, Geschichte, Ziel, 1922.
Karl Holl, "Luther und der Mission"Ges. Aufs. III., 234ff.
E. Strasser, Die Taufe in d. Gesch. d. deutschen ev.-luth. Mission, 1925.
Jul. Richter, Ev. Missions Kunde, 2d ed., 1927.
Mart. Richter, Der Missionsgedanke in ev. Deutschland d. 18 Jahrh., 1928.
Friedr. Langenfass, Von der Reformation Zur Mission, in Missionspraxis in der Heimat, 1930.

13 Werner Elert, *The Structure of Lutheranism*, St. Louis: Concordia Pub. House, 1962. p. 385. "Indeed, as Gustav Warneck Pointed out, Luther was not a man of missions in our sense of the word"(Missionsmann in Unsern Sinne). The poor man! instead of founding a missionary society, accompanying Cortez to Mexico, at least assuring for himself a professorship of missionary science, he devoted himself, of all things, to the reformation of the church! In him Warneck misses not only "missionary activity"(Missionstat) but also "the idea of missions" (Missionsgedanke).

14 *Ibid.*, p. 385-386.

15 *Ibid.*, p. 386. There is no further need to speak about Luther's and early Lutheranism's belief in the omnipotence of the Gospel. And how could Luther, Who expounded the Psalms, the

우리는 복음을 세상 한쪽 구석에 두어서는 안 되며 지구 전체를 복음으로 가득 채워야 한다"고 결론지은 바 있다.[16]

"시편 117편에서는 복음과 세례는 전세계를 관통해야만 한다"(das Evangelium und die Tauffe Müssen durch die gantze welt komen)고 했고, 또 학개 2장에서는 복음은 모든 민족을 위한 값진 보화가 될 것이라고 했다. 실로 하나님은 두세 민족을 축복하시기를 원하지 아니하시고 전 세계를 축복하시기를 원하신다"(Nicht Zwey Odder Drey Volk, Sonderndie ganze welt).[17]

베르너 엘러트는 복음에는 반드시 세계선교적 요소가 내포되어 있음을 루터가 성경해석 과정에서 해설하면서도 그 선교적 의미가 선교적 의무 내지는 선교적 실천으로 연결되지 못하고 있음을 지적하면서 칼빈에게 있어서는 그의 그리스도의 왕국(The kingdom of the Christ)의 확장 신학이나, 선택자의 사회적 책임에 관한 신학 이론은 루터보다는 더 강한 선교적 의미를 포함하고 있음을 인정한다. 그렇지만 윌리암 R. 호그(William R. Hogg)는 칼빈 역시 "이 의미를 선교적 의무(The missionary obligation)로 연결시키지 못했다"고 주장하면서, "칼빈의 주석이나 **기독교 강요**에도 적극적인 선교신학은 없다. … 이교도들의 개종을 바라고 비기독교 세계에 살고 있는 신자들의 삶에 대하여 관심을 보인 흔적은 여기저기 있지만, 전반적으로 보아 종교개혁자들에게는 교회의 선교적 차원에서의 선교이해가 없었다"[18]고 했다.

본고에서는 그러면 과연 호그(Hogg)와 위에 열거한 많은 부정적 측면에

Prophets, and Paul have overlooked, or doubted the universal purpose of the mission of the christ and His Gospel?

16 From Col 1:23 and Mark 16:15 he concludes that Gospel is not to be kept in a corner but should fill the whole globe.
17 WE(Weimar Edition of Luther's Work) 31I, 339, 18ff.; 285, 9ff.; 232, 29.
18 William R. Hogg, "개신교 선교사상", G. E. Anderson, ed. 선교신학서설, 박근원 역(서울: 대한기독교서회, 1975), p. 121.

서 비판해 온 비판자들의 말대로 **기독교 강요**와 주석에서 드러나는 바 칼빈의 사상 가운데 선교신학은 찾아보기 어렵다는 주장에 동의를 해야할 것인가? 아니면 칼빈의 **기독교 강요**와 주석, 그의 설교, 그의 서신, 그의 기도문, 그의 논문 등을 더 연구해서 칼빈은 과연 위대한 선교적 인물이었다고 주장해야 옳을 것인가? 그러나 필자의 확신으로는 이러한 연구는 필경 칼빈의 선교 이해, 선교사상, 선교신학을 위한 새로운 가치체계의 수립을 전제로 하면서 선교의 개념 정립에도 크게 공헌하리라 기대된다.

그러므로 본고에서는 현대선교의 동기가 된 독일의 경건주의 운동을 신학부재의 행동 곧 인간의 경건, 인간적 운동이라고 보았던 폰 발터 홀스텐(Von Walter Holsten)[19]이 "종교개혁과 선교의 관계를 연구함에 있어서 현대선교의 입장에서 종교개혁을 논할 것이 아니고 종교개혁의 입장에서 현대선교를 논해야 할 것"[20]이라고 주장한 것처럼, 필자는 "현대 선교신학의 안경으로 칼빈을 바라볼 것이 아니라 칼빈의 안경으로서 현대선교신학을 새롭게 써나가야 한다고 주장하고 싶다. 이것은 하나님 절대주권 중심에서 시작하여 하나님 영광을 목표로 나아가는 칼빈의 선교신학이 될 것이다.

3. 칼빈은 개신교 선교신학의 아버지

본 연구를 통해서 칼빈을 개신교 선교신학의 기초를 수립한 자로서 새롭게 재평가하면서 바울과 칼빈을 선교적 주제 하에서 비교·연구함으로써, 칼빈 신학에 바울이 준 영향으로부터 칼빈의 선교사상에 긍정적 논리 전개와 또한 안디옥 교회에서 바나바가 바울을 청해서 함께 목회한 일과

---

19 Von Walter Holsten, "Reformation und Mission" *Archiv für Reformation Geschichte* Vol. 44(1953), p. 32.
20 *Ibid.*, pp. 1-2.

선교에서 동역한 일은 귀욤 파렐(Guillaume Farel)이 칼빈을 붙잡고 제네바에서 함께 목회한 일과 나란히 비교해 보는 것도 재미있는 일일 것 같다.

종교개혁 당시의 제네바 시의 영적 상태를 로베르 벨라르망(Robert Bellarmine)[21]은 매우 어둡게 표현하고 있다. 즉 1536년 이전에 제네바 시는 시민들이 로마 카톨릭의 감독과 이 시의 행정책임자를 축출하였으나, 그 후에도 이들 프로테스탄트들은 전혀 미사에 참석하지 아니하였으며 당시 제네바 시는 영적으로 폐허나 다름없었다. 이들은 종교적 권위를 거부하고 돈, 장사, 쾌락 그리고 스포츠밖에 몰랐다. 도덕이 땅에 떨어졌으며 시민들의 성경지식은 형편이 없었고, 교회의 치리는 있으나마나 였다.[22] 이러한 상황에 처해 있던 제네바 시에서 불을 토하듯 설교하던 귀욤 파렐이 그 당시 이미 명성은 높았으나 핍박을 피해서 방랑하는 학자 칼빈을 붙잡고 영적 폐허나 다름없는 그 도시에서 성경을 가르치게 하였다. 1536년경 제네바 시에서의 파렐과 칼빈의 신앙의 교제는 마치 1,500여년 전 수리아 안디옥에서 바나바와 바울의 관계로 대비시켜 볼 만한 연구일 것 같다.

그리고 "종교개혁"이라고 하는 말에서 "개혁"이라는 낱말이 "잘못된 부분을 뜯어고치는" 의미, 다시 말해서 "헌집, 낡은 집을 수리"하는 정도로 생각하기 쉬우나, 프랑스어에서 "개혁"(Reformer)이란 "다시 새롭게 형성한다"는 뜻을 가지고 있다. 또한 1559년에 작성된 프랑스 교회 선언문 제31항은 "종교개혁자들이란 하나님께서 폐허가 된 교회를 새롭게 일으키시기 위하여 특별히 불러 세운 사람들"이라고 정의한다.[23] 그리고 "프로테스트하다"(to protest)라는 동사는 상식적으로 로마 카톨릭 교회(교황)에 대한 항거를 의미하는 것으로 생각하기 쉬운데,[24] 사실은 그것이 아니고 라틴

---

21 Bellarmine(1542-1621), 로마 카톨릭 교회의 주교로서 예수회(Jesuit Order)에 소속되어 있었고 종교개혁 당시의 역사적 기록을 남겼다.
22 Paul T. Fuhrmann, *Instruction in Faith 1537*(Philadelphia: Westminster Press, 1949), p. 1.
23 *Ibid.*, p. 2.
24 사실 대부분의 역사 교과서에서는 그렇게 가르치고 있고, 또한 한국의 대부분의 교인들은

어 "protestari"("증거한다, 공식적으로 선포한다")에서 왔다고 한다. 이런 관점에서 칼빈은 교회를 다시 새롭게 시작한 진정한 의미에서의 개혁자요, 복음의 "증거"와 "선포"에 생애를 걸었던 진정한 의미에서의 프로테스탄트였다.

아무쪼록 **칼빈의 생애와 선교사상**이라는 이 졸저를 통하여 바울로부터 칼빈에 이어지는 선교사상의 흐름을 세계교회와 신학계에 소개하는 좋은 기회가 되고, 또한 한국교회가 진정한 개혁운동을 새롭게 시작하고 교회의 본질적 사명인 선교에 헌신하고 프로테스트(protest)하는 "증거와 선포 지향적인 프로테스탄트 교회"로 거듭나기를 소원하는 마음 간절하다.

상식선에서 대부분 프로테스탄트를 개신교도의 의미로 알고 있으며 이것은 로마 카톨릭 교회 내지는 교황에 대해 항거한다는 영어에서의 동사 "프로테스트"(protest) 의미에서 유래한 것으로 알고 있는 자가 많다.

제2장

개혁사상을 만들어 낸 역사적 만남

1. 칼빈의 자화상과 초상화

사도 바울 연구에 있어서 세계적 권위자인 브루스(F. F. Bruce) 교수는 "우리의 상상력을 동원해서 바울의 얼굴을 그려볼 수 있는 가장 권위 있는 두 자료는 신약의 거의 절반을 점하는 '바울서신'과 누가(Luke)에 의해서 기록된 '사도행전'이다. 이 두 가지 자료 가운데 차이가 있다면 후자는 타(他)에 의해서 그려진 바울의 초상화요, 전자는 바울 자신이 그린 자화상이다"[1]라고 했다.

칼빈의 선교사상이해를 위한 우리의 접근에도 도움을 주는 두 가지 밑그림이 있는데, 그것은 요한 칼빈 자신이 그린 자화상이요, 또 하나는 다른 사람들이 그를 그린 초상화이다. 전자를 대표하는 것이 그의 **기독교 강요**를 위시한 성경해석을 담은 강해 설교집과 논문들이고, 후자에 해당하는 자료는 테오도르 베자(Theodore Beza)에 의해서 1575년에 쓰여진 **요한 칼**

---

1 F. F. Bruce, "Is the Paul of Acts the real Paul?" *BFRL* 58(1975-76), pp. 282-305.

빈의 생애(*Life of John Calvin*)를 위시하여 에밀 두메르그(Emile Donmergue)의 장 칼뱅(*Jean Calvin: les hommes et les chose de son temps*) 및 스토페르(R. Stauffer), 방델(F. Wendel), 부스마(W. J. Bouwsma), 맥닐(John T. McNeill) 등에 의해서 쓰여진 수많은 연구 서적들과 논문들이 있다.[2] 우리는 칼빈의 초상화[3]를 보기에 앞서서 그 초상화의 장식을 돕는 액자를 먼저 본다. 그리고 그 액자가 걸려 있는 곳에 거무스름한 역사의 먼지가 앉은 벽을 본다. 그 액자는 곧 칼빈이 출생한 가문을 의미하며 액자가 달린 그 벽은 그 당시의 시대상을 말하는 것이다.

2. 카톨릭 사제 입문과 성직록

칼빈(Jean Calvin)[4]의 출생지는 파리에서 북쪽 생퀭탱(Saint-Quentin) 방향으로 약 60마일 떨어진 삐까르디(Picardie)[5] 지방의 종교적 중심지 노용(Noyon)이다. 노용에는 7세기경 왕의 자문관으로 있던 성 엘르와(St. Eloi)가 수도원을 설립하고 대성당을 지었다. 이 성당에서 프랑스 역대 왕들의 대관식이 이루어졌다. 칼빈은 이곳에서 아버지 제라르 코뱅(Gearard Cauvin)과 어머니 쟌느 르 프랑(Jeanne Le France) 사이에서 4남2녀 중 차남으로 태어났다.[6] 삐까

---

2 이 책의 참고 문헌에서 그 대부분이 포함되어 있다.
3 이것은 렘브란트 등의 일급 화가들이 그린 "로마 감옥에 있는 바울"과 같은 초상화처럼, 종교 개혁 당시 유행하던 기수모를 쓰고 매섭고 날카로운 눈매 뾰족한 매부리코를 하고 있는 깡마른 얼굴의 칼빈의 실제 초상화만을 말하는 것이 아니다.
4 요한 칼빈은 그의 출생지 프랑스에서는 "쟝 칼뱅"(Jean Calvin)이라고 한다.
5 삐까르디(Picardie)는 작은 도나 큰 군 정도의 행정단위 지역 이름인이며, 미국에서는 State 안에 몇 개의 County가 있는데, Picardie는 아마 그 정도의 등급에 해당한다.
6 칼빈의 초기 역사에 대해서는 cf. Biographies by Beza, Doumergue, Walker, Wendel과 Cadier를 참고 바람. 보다 더 깊이 있는 연구를 위해서는 Le France, *La Jeunesse de Calvin*; Pannier, *Recherches sur l volution religieuse de Calvin jusqu'asaconversion*, and Lang, *The Sources of Calvin's Intitukes of 1536* 등을 더 참고하시기 바람.

르디 지방은 독립 정신이 매우 강한 사람들이 사는 지역(a region whose people were characterzized by an independent spirit)이었다. 일찍이 이 지역 출신으로서 유명한 인사가 된 자끄 르 페브르(Jacque Le Fevre)나 삐에르 로베르 올리브땅(Pierre Robert Olivetan) 같은 이들은 프랑스 종교개혁에 많은 영향을 준 개혁사상의 선구자들이었다.7 이들의 영향을 받은 칼빈에게도 후일에 종교개혁으로 그의 이름이 유명해지면서 구교도들로부터 이단자들을 경멸하여 부르는 명칭에 해당하는 "삐까르트"(Picard)라는 이름이 붙여졌다.

노용에서 1509년 7월 10일 칼빈이 태어나서 1564년 5월 27일 제네바에서 잠자듯이 편안한 상태에서 그의 최후를 맞이하였다. 일부 장로교 목사나 신학자 중에는 칼빈을 거의 신격화해서 터무니 없는 용비어천가 작성식의 과장 표현이 눈에 띄는데 이것은 역사적 칼빈 연구에 조금도 보탬이 되지아니한 졸속이다. 즉, 칼빈의 아버지 제라르 코뱅을 법률가라고 한 것은 사실이 아니다. 그의 아버지 제라르 코뱅은 대대로 이어내려 오던 와즈(Oise) 강 뱃사공 일을 하다가, 1500년 경에는 퐁 레베크(Pont l'Eveque)의 고향 집을 떠나 노용에 이사와서 노용시의회의원의 딸인 쟌느와 결혼했다. 그 후 그는 장인 덕분에 노용 시청 서기가 되었고, 그 후에는 대성당의 교구 서기로서의 일을 보았는데 이때 칼빈이 태어났다.

칼빈의 어머니 쟌느 르 프랑은 당시 교양이 높은 가문으로 알려진 노용의 캉브레(Cambrai) 호텔업자의 딸이었다. 쟌느 르 프랑은 매우 아름답고 영리하며 학문과 경건과 신앙심이 돈독한 여인으로 알려졌는데, 칼빈은 외모와 지성, 그리고 종교성 모두가 어머니 쪽으로부터 유전받은 비중이 크다고 할 수 있다. 제라르 코뱅은 일곱 자녀를 두었는데 샤를르(Charles), 쟝(Jean), 앙트완느(Antoine), 다른 앙트완느 및 프랑수와(Francois)를 첫째 부인인 쟌느 르 프랑으로부터 얻었고, 이름이 남아 있지 않은 둘째 부인으로부터 두 딸을 얻었다. 그의 첫째 부인은 칼빈이 어렸을 때 죽었기 때문에 칼빈

---

7   Le France, p. 24; Walker, pp. 1-17.

은 계모 슬하에서 자랐다.⁸

그의 아버지 제라르가 대성당의 재정 위원회 재무 담당관(fiscal agent) 주교 감독 샤를르 드 앙제스트(Charles de Hangest)의 비서(secretary to the bishop) 및 수세관(procurator of the cathedral church)으로 있었기 때문에 샤를르(Charles)와 쟝(Jean)과 앙트완느(Antoine)는 교구 성직록(장학금)으로 학교 공부를 할 수가 있었다.⁹ 그러나 제라르는 직책과 관련된 업무 수행상의 실수로 고소를 당하게 되었고, 그 결과 그는 대성당으로부터 파문, 추방되었다가(under the ban) 마침내 1531년 5월 26일 죽었다. 코뱅의 시신은 그의 아들들의 중재요청(intercession)에 의해서 성당묘지(on holy ground)에 간신히 묻히게 되었다.¹⁰

그의 형 샤를르도 노용(Noyon) 대성당의 성직자로서 파란 많은 생애를 살다가 끝내는 성례 성사들 참여권을 박탈당한 후 아버지 제라르와 동일한 징계인 파문 추방의 벌을 교회로부터 받고 1537년에 세상을 떠났다. 칼빈 연구가 중의 한 분인 아벨르 프랑은 **칼빈의 어린 시절**(*La Jeunesse de Calvin, Paris*, 1883)에서 "칼빈의 어린 시절에 그의 가정이 교회로부터 너무 심한 압박을 받아온 종교적 환경 때문에 사제단의 지배적인 특전에 대한 반항심이 생겨났을 것이고, 이것이 후일에 그가 회심하는 데 중요한 원인으로 작용했을 것"이라고 보았다.

---

8   Beza, "Life of Calvin" in *John Calvin's Tracts and Treaties*, vol. Ⅰ. p. 1ix. Calvini Opera(*Corpus Reformatorum*, vol. Ⅵ, p. 442).

9   1518년에 장남 샤를르는 노용 대성당 입구에 위치한 제진느(Géasine, Virginii puerperae) 제단 수입의 사분의 일을 받았고, 1521년에 열두 살 난 쟝은 같은 제진느 제단의 다른 한 몫을 받았다. 이 몫은 토지 사용료였고 그 토지 중 한자락이 에스페빌르(Espeville)에 위치했는데, 이 연고로 칼빈이 후일에 샤를 데스비유(Charle d'Espville)라는 가명을 사용해서 서명하기도 했다. 1527년에는 다른 성직록 하나가 그에게 수여되었는데, 생 마르텡드 마르테비유(St. Martin-de-Martheville) 사제좌의 성직록으로서 2년 후에는 그것을 그의 선조의 고향인 퐁 레베크 사제좌의 성직록과 바꾸었다(Jean Cadier, *Calvin, l'homme que Dieu a dompté*, Géneve: Labor et Fides, 1958).

10 Doumergue I. 33-37; Wendel, p. 17; Walker, p. 45f; Le France, p. 15.

3. 철저한 인문학 교육

칼빈은 노용(Noyon)의 까뻬떼(Carpettes) 학교에서 14살까지 공부를 하다가 1523년 8월에는 파리에 와서 생 제르맹 록세와르(St. Germain-L'Auxerrois) 근처에 사는 자물쇠 업자인 그의 삼촌 리샤르(Richard) 집에서 기숙하게 되었다. 그는 이때 파리 대학(Universitiés d'Paris)의 일부인 라마르슈(collége de la Marche) 대학에서 마뛰렝 코르디에(Matthurin Cordier)의 지도 아래서 라틴어 기초를 배웠다. 코르디에는 그 후 네버스(Nevers), 보르도우(Bordeaux), 뉴사텔(Neufchatel), 로잔(Laussanne) 등을 전전하다가 제네바에서 칼빈의 종교개혁 운동에 동참하는 것으로 그의 생을 마감하였다.[11]

까뻬떼 대학이나 라마르슈 대학은 귀족의 자녀들이 다니는 대학이었는데 평민의 자녀였던 칼빈이 이러한 귀족의 자녀들과 함께 교육을 받을 수 있었던 것은 그의 아버지 제라르 코뱅이 대성당의 재정 담당관과 감독의 비서 및 수세관이라는 직책에 있으면서 지방 유지들과 좋은 교제를 나누었기 때문에 가능한 일이었다. 칼빈은 어린 시절에 몽모르(Montmor)의 영주 루이(Louis) 및 장리(Genlis)의 영주 아드리앙(Adrien)과도 매우 가까이 지냈다. 아드리앙의 아들 끌로드(Claude)는 후에 노용 수도원장이 되었는데 어릴 때 칼빈과 동문 수학을 한 가까운 친구였다. 아버지 제라르는 또한 대성당에서 막강한 자기의 영향력을 사용해서 칼빈이 채 열두 살도 되기 전에 대성당 사제직(Chaplaincy)에 임명되어 봉급을 받게 했고, 평생 받을 수 있는 성직록(benefices)도 받게 해 주었다.

제라르는 또한 칼빈이 18세 때는 마테비유(Marteville) 지방 교구담당 신부직에 임명되게 했고, 그 후 고향 퐁 레베끄(Pont l'Eveque)의 부사제직을 받게 했다. 칼빈은 라마르슈 대학에서 몽테귀(collége de Montaigue) 대학으로 전학을 하였다. 몽테귀 대학은 라마르슈 대학과 마찬가지로 같은 파리 대

---

11 Beza, *op. cit.*, p. 140.

학 산하에 있으면서도 학생들 훈련에 있어서 이름이 널리 알려진 노엘 베다(Noel Beda) 학장의 관장 아래서(1524년) 매우 엄격한 교육을 시키고 있었다.12 베다 학장은 1521년에 소르본느에서 루터(Luther)와 르페브르 데타플(Lefevre d'Etaples)의 저서들을 이단적이라고 정죄한 바가 있는 매우 완고한 보수주의 학자였다. 후에 그는 에라스무스도 정죄했다.

1528년이 될 때까지 칼빈은 몽테귀 대학에서 그리스와 라틴 고전에 정통하기까지 매우 열심히 공부하여 버질(Virgil), 오비드(Ovid), 호레이스(Horace), 키케로(Cicero), 세네카(Seneca) 및 교부들(the Church Fathers), 그 중에서도 어거스틴(Augustine)과 키프리안(Cyprian) 등에 정통해 있었다.13 이 학교가 얼마나 철저히 교육을 시켰는지에 대해서 에라스무스는 다음과 같이 묘사하고 있다.

> 삼십 년 전에 나는 파리의 한 대학에서 공부했다. 내가 그 당시 일에 대해서 회상할 수 있는 것은 매우 차가운 분위기 속에서 사람들의 표정들은 모두 벽돌처럼 굳어 있었다는 것이다. 침대는 너무나도 딱딱했으며 학생들의 몸에는 이가 득실거리고… 음식은 너무 초라했다. 큰 희망을 품고 이 학교에 찾아온 학생들은 밤샘공부에 지치고 너무 고통스러워서 첫해부터 죽어나가는 학생, 실성하거나 실명해서 나가거나 나환자가 되는 자가 많이 속출했다. 채찍으로 때리는 체벌은 사형 집행인의 그것과도 같이 심하고 가혹하게 시행되었다. 우리 모두를 수도사로 만들기를 원했던 교장은 절식하는 것을 가르쳐 준답시고 우리에게 고기 공급을 완전히 막아 버렸다.14

천성적으로 공부벌레로 태어난 칼빈은 이때 비록 심한 공부로 얻은 위장병 때문에 평생을 고생하며 살긴 했지만 이러한 가혹한 훈련을 잘 참으

---

12 Doumergue I. 72, 75; Breen, pp. 17-29.
13 Breen, pp. 29, 178.
14 Erasmus의 글이지만 Doumergue(I, p. 12)에서 재인용.

면서 그의 라틴어 실력과 인문학적 기초를 튼튼히 쌓는 절호의 기회로 삼았다. 플로리몽 드 레몽(Florimond de Raemond)은 그 당시의 칼빈을 다음과 같이 묘사하고 있다.

> 그는 야위고 약해진 몸을 가지고도 언제나 질문에 재빠르게 대답하는 학생이었고 날카로운 비판력과 활기찬 정신력을 소유하고 있었다. 그는 어린 나이에도 불구하고 대단한 절식가였는데, 이는 그가 반복적으로 시달림을 받았던 편두통의 증세를 멈추게 하고자 했기 때문이거나, 아니면 글을 쓰고 암기할 때 기억력을 향상시키기 위해서 더 쾌적한 정신 상태를 유지하기 위한 목적으로 그렇게 했다는 것이다. 그는 별로 말을 하지 아니했다. 그는 진지한 결심을 하고 학우들의 조심스러운 관계 아래서 고독하게 지냈다. 그러한 그의 성격은 학우들과 어울리지 아니하는 가운데 우울하게 보였다.[15]

이 학교에서는 칼빈이 어떤 에스파니아(스페인) 출신 교수의 지도에 따라서 문법 공부를 속성으로 마친 다음 곧바로 변증법 공부로 넘어갔다. 특히 후일에 칼빈이 그의 저술 가운데 많이 인용하고 있는 대 저작인 **문장대전**(*Maitre des Sentences*)을 통해 삐에르 롬바르(Piérre Lombard), 성 베르나르(Bernard), 성 아우구스티누스(Augustinus) 등에 대해서 철저히 배웠다. 스미스(Luchesius Smiths)는 그가 저술한 **칼빈이 인용한 어거스틴**(*St. Augustin dans l'Oeuvre de Jean Calvin*, 1957)이라는 책에서 순전히 어거스틴의 작품에서 칼빈이 직접 인용한 내용은 1,700개, 유사한 내용은 2,400개나 있음을 찾아내고 있는데, 이것만 보아도 일찍 대학시절부터 칼빈이 어거스틴에 대해서 얼마나 심취했는지를 쉽게 알 수 있다.

이 학교에서 5년 동안 엄격하고도 철저한 종교적 훈련을 받으면서 많은 사람들을 사귀는 중 칼빈은 고향 삐까르디 출신 쟈끄 르페브르 교수의 종

---

15 Florimond de Raemond, *Histoire de la Naissace, Progreès et Decadence de l'Heresie de ce Siacle*, VII, X, p. 885(1623).

교개혁 사상으로부터 큰 영향을 받았다. 자끄 르페브르 교수는 투철한 종교개혁 정신으로 무장된 교수였다. 그는 기회있을 때마다 학생들에게 '칭의'(justification) 교리를 가르쳤고 최초의 개신교(protestant)적인 주석을 썼으며, 하나님 말씀의 절대주권을 주장하는 교수였다. 이때 칼빈은 1528년에 19세의 나이로 문학사(licencie es arts)가 되었다. 그는 부친의 권유에 따라 법학을 공부하기로 하고 파리를 떠났다.

4. 레스트왈르/볼마르와의 만남

1528년부터 칼빈은 당시 법학으로 유명한 오를레앙 대학(Universitès d'Orléans)으로 와서 약 1년 동안 삐에르 드 레스트왈르(Pierre de l'Estoile) 교수의 지도를 받았다. 비록 짧은 기간이긴 하나 삐에르 드 레스트왈르(Pierre de l'Estoile) 교수는 칼빈에게 매우 엄청난 정신적 영향을 주었고, 정의심과 법적 사고력을 길러 주었는데, 그는 후일에 파리 최고 법원장을 역임했고, 그의 아들도 앙리 3세와 4세 치하의 유명한 역사가로 잘 알려져 있었다. 칼빈뿐만 아니라 수많은 프랑스 학자들 가운데서 예리한 법률가로서의 삐에르 드 레스트왈르의 영향을 받은 자가 많다.

그런데 칼빈이 신학에서 법학으로 진로를 바꾸게 된 동기를 그가 후에 펴낸 **시편 주석**에서 다음과 같이 쓰고 있다.

> 어린 시절부터 나의 아버지는 내가 신학 공부하기를 기대하셨다. 그러나 법학이 부자를 만들어 내는 도구가 된다는 것을 안 후에는 마음을 바꾸어서 나에게 물질적 희망을 가져다주는 법학을 공부시키기 위해서 그때까지 공부해 오던 철학 공부를 그만 두도록 했다. 나는 아버지의 뜻에 따랐으며 그 분야에서 최선을 다해 열심히 공부했다.[16]

---

16 *CO*, XXXI, 22; Comm. *Psalms*, *LCC*, XX111, 51f. "My father intended me as a young boy for

오를레앙 대학교에서 칼빈에게 깊은 영향을 준 사람은 독일계 학자로서 헬라어를 가르치던 멜쉬오르 볼마르 교수(Melchior Wolmar)였다. 법학 공부에 큰 기대를 걸고 1528년 오를레앙에 와서 볼마르 교수를 만났을 때, 그의 집에는 9살 난 귀족 자제 하나가 기숙하고 있었는데 그가 테오도르 드 베자(Theodore De Beza)였다. 볼마르 교수는 또한 칼빈에게 헬라어의 신비스러운 경지뿐만 아니라 종교개혁 신앙의 깊은 경지에까지 영향을 미쳤다. 그는 후에 1546년 **고린도후서 주석**을 출판한 후에 볼마르 교수에게 헌정하였다.17

　칼빈이 볼마르 교수를 얼마나 좋아했는지는 볼마르 교수가 당시 유명한 이태리의 르네상스에 사상적 영향을 끼친 법학자들이 모여 있는 부르쥬 대학(Universitès de Bourges)으로 전근갔을 때 거기까지 그를 따라서 학교를 옮긴 것을 보아도 알 수가 있다.

　볼마르 교수는 헬라어를 가르치면서 신약성서 원문을 가지고 칼빈 등 그의 제자들에게 복음의 진수를 가르쳐 주었다. 쟈끄르 페브르 교수로부터 종교개혁 사상의 영향을 받기 시작한 청년 칼빈은 볼마르 교수로부터 신약 성경 원문을 배우면서 이러한 사상이 더욱 자라게 되었다.

　오를레앙 대학에서는 볼마르 교수뿐만 아니라 법학교수들도 칼빈에게 영향을 주었다. 안느 뒤 부르(Anne du Bourg) 교수는 시민법(civil law)을 가르치는 교수로서 1557년 파리 최고 법원 고문이었다. 그는 또한 복음 운동가들(개혁주의자)들 처형법에 필사적으로 반대하였다 하여 1559년에 그레브(Greve) 광장에서 이단자라는 명목으로 화형을 당했다. 프랑수와 오트망(François Hotman) 교수는 국제법 창시자 중의 한 사람으로 평가되는 유명한 법률가

---

theology. But when he saw that the science of law made those who cultivate it wealthy, he was led to change his mind by the hope of material gain for me. So it happened that I was called back from the study of philosophy to learn law. I followed my father's wish and attempted to do faithful work in the field."

17　CO, L, 6f.

요 개혁사상 추종자였다. 그 밖에도 오를레앙 대학에는 프랑수와(François)의 가정교사였으며 고상한 품격의 소유자인 니콜라 베로(Nicolas Bérauld) 교수, 그리고 가스파르 드 콜리니(Gaspard de Coligny) 교수와 오데 드 샤티용(Odet de Chátillon) 교수 등 8명의 쟁쟁한 법학 교수가 있었다.[18]

오를레앙 대학교에서 공부하는 동안 칼빈은 잠을 하루에 4시간 이상을 자본 일이 없고, 음식은 매우 소량으로 섭취할 뿐이었다. 이런 상태에서 너무 과로했기 때문에 이 영향으로 그는 7~8가지의 병을 언제나 몸에 지니고 다녔다. 칼빈 연구의 최고 권위자 중의 한 분인 프랑스의 에밀 두메르그 교수가 쓴 **칼빈의 성격**(Le Caracter de Calvin) 2판에 의하면, 칼빈이 1546년부터는 위장병의 영향으로 만성 편두통이 심했고, 1547년부터는 악성 감기, 1556년부터는 늑막염, 1559년부터는 피를 토하는 폐결핵, 1556년 이래는 삼일열, 1561년부터는 신장결석과 복통으로 고생하다가 그는 마침내 1564년 5월 27일 55세라는 한창 일할 젊은 나이에 세상을 떠나게 되었다.

1531년 5월 26일 봄에 칼빈은 법학사 학위를 받고 그 후 법률 공부를 2년 더 해서 1533년에 법률 면허증(licentiae in laws)을 받았으나 법학 박사학위는 끝내 거절하고 받지 아니했다. 적지 아니한 문헌 가운데 칼빈이 법학 박사학위를 받았다고 기록한 곳이 있고 받은 연대도 1533년이라고 하나 이때 칼빈이 받은 것은 법학 박사학위가 아니고 법률면허증이다. 칼빈은 법학 박사학위는 사양했으나 법률면허증은 받았다. 이것은 변호사 자격증과 같은 것으로 그의 아버지의 영향으로 받은 것일 것이다. 그러나 이렇게 갈고 닦은 그의 고도의 법학지식은 후일에 그가 표현하는 교리의 정확한 언어 구사와 논리 전개에 매우 큰 영향을 끼쳤다고 볼 수 있다.

부친의 사후 그는 다시 인문주의자(humanist)가 되기를 꿈꾸면서 파리로 돌아와서 삐에르 당느(Piere Danes) 교수로부터 고급 헬라어를 거의 완성의 경지에 이르기까지 배우면서 프랑소와 바따블(Francois Vatable) 교수로부터

---

18 Jean Cardier, op. cit., p. 28.

는 히브리어를 배웠다.

이것이 후일 그가 구약과 신약성경을 주석하는 데 필요한 어학 실력의 기초가 되었다. 넓은 범위에 걸친 그의 인문학의 지식 섭렵의 경지를 두고 귀빠땡(Gui Patin) 같은 이는 칼빈을 "유럽에서 가장 박학다식한 사람"이라고 불렀다. 실제로 방대한 양에 해당하는 그의 주석을 자세히 검토해 본 사람이라면 칼빈의 박학다식한 지식의 바다가 얼마나 넓고 깊은지 짐작이 갈 것이다.

그는 1532년에 **세네카의 관용론 주석**(*Commentaire sur le Traitea de la Clemence de Sénèque*)을 발표했다. 스토아 철학자(a stoic philosopher)인 세네카(Seneca)의 작품에 칼빈이 주석을 한다는 것은 매우 의미심장한 일로서 주목해 볼 만하다. 즉 하나님으로부터 직접 그 권한을 부여받은 세상의 왕은 그의 신민들에게 뿐만 아니라 세상의 도덕질서에 대해서도 책임을 져야 한다는 것이다. 그 즈음에 그의 삶 속에 급격한 종교적 회심(évolution religieuse)이 일어났다.[19]

---

19 Doumergue, p. 10.

제3장
망명길에서 꽃피운 위대한 사상

1. 부르쥬(Bourrges)에서 맛본 복음의 진미

파리의 국왕 프랑수와 I세의 누님인 앙굴렘(Angouleme)의 마르퀘리트(Marquerite) 공주는 알랑송(Alencson) 공작 샤를르(Charles)와의 첫 결혼 후에 국왕으로부터 베리(Berry)의 여공작직을 하사받았다. 그녀는 또한 학문을 좋아해서 1529년에는 루이 11세에 의해서 설립된 부르쥬 대학(Collége de la Bourges)에 당대 명망이 높은 이탈리아인 법학자 알씨아(Alciat)를 청빙했고, 이후부터 오를레앙의 삐에르 드 레스트왈르 교수(Pierre de L'Estoile)와 부르쥬의 알씨아 교수 사이에 강한 경쟁의식이 대두되었다.[1]

오를레앙에서는 니콜라 뒤슈멩(Nicolas Duchemine)이 알씨아 교수에 대항해서 삐에르 드 레스트왈르 교수를 지지하는 글 "레스트왈르를 반대하는 알씨아를 위한 오렐 알비시우스"(Aurèle Albicius)의 변호에 대한 반박

---

[1] 마르퀘리트 공주는 베리(Berry)의 여공작이 된 후에 나바레(Navarre) 왕 앙리 달베르(Henri d'Albert)와 재혼한 후 나바레 왕비가 되었으며 그녀는 후일에 앙리 4세의 할머니가 된다.

(Antapologia adversus Aurélii Albucii Defensionmem pro Alicato contra Stellam)을 발표했고, 뒤슈멩과 절친한 관계에 있던 칼빈이 파리에서 이 글을 책자로 출판하는 일에 관여했다. 그리고 칼빈이 1531년에 프랑수와 드 코낭(François de connan)에게 보낸 서신 중에 보면, 자기는 알씨아(Alciat)보다 삐에르 드 레스트왈르(Pierre de l'Estoile)를 더 지지한다는 내용을 담고 있다.

그렇지만 지적 호기심이 깊은 칼빈은 알씨아 교수가 어떤 사람이기에 베리의 여공작 마르쿼리트 공주가 직접 초청할 정도인가 생각하면서 직접 그 교수의 강의를 들어보기 위해서 부르쥬 대학으로 갔다. 그는 거기서도 마르쿼리트 공주가 부르쥬 대학으로 초청한 멜쉬오르 볼마르 교수를 만났다. 칼빈은 여기서도 볼마르 교수로부터 오를레앙에서 시작했던 복음적 교리를 배우는 모임을 계속했다.[2]

이미 앞서 언급한 바와 같이 볼마르 교수가 칼빈의 개혁사상 형성의 초기 단계에서 매우 큰 영향을 미쳤다는 사실을 부정할 사람은 아무도 없다. 역사가 프로리몽 드 레몽(Florimond de Raemond)은 볼마르야말로 칼빈에게 "이단 교리의 달콤한 맛"을 최초로 맛보게 한 사람이었다고 단정했다.

칼빈은 나바레 왕비의 관할지인 부르쥬에서 멜쉬오르 볼마르(Melchior Wolmar) 교수를 만났는데 이는 (칼빈에게는) 불행하고도 불운한 만남이었다.[3] 볼마르 교수는 그리스 문학을 강의하는 사람으로서 언어학에서는 매우 박학하고 탁월한 교수였다. 그는 칼빈의 후계자인 테오도르 베자(Theodore Beza)를 이끌어준 사람이었다. 볼마르는 "칼빈의 기억력은 매우 탁월했으며 정신력은 활발했고, 강사의 의도를 자기 나름대로의 언어로 간단 명료하게 정리해서 표현해 낼 줄 알았으며, 그것을 다시 더 쉽고 더 아름다운 언어로 정확하게 옮겨 놓는 데 매우 탁월하고도 섬세한 능력을 소유하고 있었다"고 했다. 그래서 그를 가까이 두었으며 다른 학생들보다 더

---

2 Jean Cardier, *Calvin, l'homme que Dieu a dopte*(Geneve: Labor et Fides, 1958), 이오갑 역, 칼빈, 하나님이 길들인 사람, p. 30.
3 이 글의 필자인 Florimond de Raemond는 철저히 로마 카톨릭의 입장에서 칼빈을 바라 보았기 때문에 이렇게 표현하고 있는 것이다.

깊이 사랑했다.

  하루는 함께 산책을 하는 중 볼마르 교수는 칼빈에게 신학에 헌신하는 것이 어떠냐고 권유했다. 예수 그리스도의 복음을 위하여 쥐스티니엥(Justinien)의 법전을 그만두고 모든 학문 중의 학문이요 학문의 여왕인 신학 공부를 할 것을 권유했으며… 볼마르는 또한 그에게 루터교의 비밀 교리에 대해서도 몇 가지를 들려주었다… [칼빈이 노용으로 간 후에는] 편지로 내왕을 했고, 그가 독일로부터 입수한 서적들[개혁 사상이 담긴 서적들-역자주]을 보내주었으며, 칼빈에게 주님의 교회를 계몽하는 사업을 계속할 것을 부탁했다. 칼빈은 그 위대한 사업[종교개혁을 뜻함] 가운데로 자기를 밀어 넣었던 사람이 볼마르라고 여러 차례 고백했다.[4]

그러면 프로리몽 드 레몽이 주장하는 바와 같이 과연 볼마르가 자기 자신은 카톨릭 학자로서 개종하지도 아니한 상태에 있으면서, "칼빈으로 하여금 종교개혁이라는 그 위대한 사업을 하도록 밀어 넣었다"라든지 "이단 교리의 달콤한 맛"을 보여 주었다든지 할 수 있을까? 이러한 관점에서 우리는 다시 칼빈이 후일에 **고린도후서 주석**을 써서 출판한 후 이를 볼마르에게 헌정하면서 붙인 서문을 참조할 필요가 있다.

  법률가이며 탁월한 멜쉬오르 볼마르 루(Mechior Wolmar Roux) 씨에게 칼빈이 문안드립니다.[5] 만일 귀하께서 너무 오랫동안 소식을 전하지 못한 나에게 무례하다고 꾸짖는다 해도 저로서는 할 말이 없습니다. 그러나 제가 먼 거리와 또한 지난 오 년동안 그 쪽으로 가는 인편이 전무했다는 이유를 댄다면 변명은 될 것 같습니다… 그러한 저의 잘못에 대해서 화해를 전하는 방법으로 제가 온 정성을 다해서 구성하고 저술한 **성 바울이 고린도 사람들에게 보낸 두 번째 서신에 대한 주석서**입니다. 이 책을 그러한 의도로 귀하에게 헌정합니다. 이 책이 귀하의 은혜에 대한 보답으로서 충분하게 받아들여질 것이라는 것을 조금도 의심하지 않습니다.

---

4 Florimond de Raemond, *op. cit.*, p. 882.
5 이때 원문에서는 칼빈이 "salut"(살뤼)라는 단어를 썼는데는 프랑스어에서 성도들끼리 나누는 친근한 인사말로서 "구원"이라는 뜻이 있다.

그리고 이 책을 헌정하는 더 큰 이유가 또 있습니다. 첫째로 나는 귀하께서 어떤 호의를 가지고 오래 전부터 우리 사이의 우정의 싹을 가꾸어 왔는지 기억하고 있습니다. 귀하께서는 내게 사랑을 베풀 수 있는 기회가 있을 때마다 주저함 없이 솔직하고 진실한 사랑과 능력을 나에게 쏟아 부어 주셨습니다.

내가 소명 때문에 [인문학 분야에서 계속 정진하도록 권유하는 볼마르 교수의 권유를-의미상 첨가] 받아들이지 못했지만, 귀하는 나에게 계속적으로 정진하게 하려고 얼마나 많은 노력과 커다란 신뢰를 쏟아 부어 주셨는지요! 그러나 제가 아버지의 뜻을 받들여서 시민법을 배우러 가서 안 내자요 스승이 되신 교수님을 만나서 헬라어를 배울 당시를 회상해 보면 그보다 더 좋은 때는 없었다고 생각합니다.

교수님은 매우 잘 가르쳐 주셨습니다. 내가 더 이상 그 덕을 볼 수 없었던 것은… 아버지의 죽음으로 나의 공부에 방향 전환이 왔습니다. 그렇지 않았더라면 저의 모든 공부 과정을 마치고 모든 것을 다 꿰뚫기까지 저를 가르쳐 주셨을 것이기 때문입니다… 그러므로 나는 후세 사람들에게 남겨둘 증거[제가 스승님의 은혜를 잊고 싶지 않다는 증거]를 이렇게 남겨 두는 것 이외에 다른 것으로는 저의 소망을 채울 수가 없습니다.[6]

그러므로 위의 두 자료의 비교 연구 결과는 자명하다. 즉 칼빈이 볼마르 교수의 탁월한 헬라어 실력과 그의 개혁 사상의 영향을 받은 것은 아무도 부인할 수가 없지만, 그렇다고 해서 "칼빈으로 하여금 그의 전 생애를 종교개혁 운동에 바치도록 밀어 넣었"을 정도까지 칼빈이 전적으로 볼마르의 영향을 받았다고 주장하는 프로리몽 드 레몽의 학설에는 의의를 제기하지 않을 수 없다.

칼빈이 쓴 **고린도후서 주석** 서문에 보면 분명히 볼마르는 칼빈으로 하여금 종래 해오던 공부를 계속해 나가도록, 즉 칼빈이 그 진로상 방향 전환을 하도록 권유하지 않았음을 알 수 있다. 그럼에도 불구하고 칼빈이 최

---

6   *CO.*, XII, p. 365.

초의 개혁 사상에 입각한 설교를 한 곳은 부르쥬로 보아야 한다.7 부르쥬의 한 거리에 아우구스티누스파의 옛 수도원 벽에 박혀 있는 망루 반쪽이 있는데, 이것은 칼빈이 그곳에서 평소 설교하고 가르치던 "칼빈의 강단"(Chair de Calvin)이 밖으로 돌출해 나온 것이며 칼빈은 거기서 수사학을 가르쳤다고 한다.8

부르쥬에는 고르덴느(Gordaine)라는 광장이 있고 그 광장의 한쪽에는 프와송(Poissons)이라는 장터가 있는데, 거기에는 칼빈이 올라가서 군중들 앞에서 설교를 했다는 "칼빈의 돌"(Pierre de Calvin)에 관한 전설이 전해져 내려오고 있다.9 또한 부르쥬(Bourges)와 아스니에르(Asniere)라는 이웃 마을 사이에 놓여 있는 "칼빈교"(Pont de Calvin)라는 다리도 칼빈이 그곳에서 설교했기 때문에 마을 사람들이 이를 기념해서 붙인 이름이라고 한다.

이때 칼빈의 영향을 받은 법학자 제르멩 콜라동(Germain Colladon)이 후일에 그의 비서가 되었다는 것, 1550년까지도 복음주의자들의 예배가 콜라동의 집에서 계속되었다는 것, 그리고 1553년 방되브르(Vandoeuvres)에서 목사가 된 제르멩 콜라동의 조카 니콜라 콜라동(Nicolas Colladon)이 1564년 칼빈의 후임으로 제네바 대학의 총장으로 오게 된 것 등을 종합해 볼 때 부르쥬와 칼빈의 인연은 결코 과소평가될 수 없다.10

그러나 아버지의 병환이 위중하다는 소식이 노용(Noyon)으로부터 부르쥬에 있는 칼빈에게 들려오자, 1531년 칼빈은 부르쥬를 떠나 노용에 오게 된다. 그러나 아버지는 두 달 후에 세상을 작별하고 만다. 아버지의 임종을 지켜보면서 칼빈은 그의 친구 니콜라 뒤슈멩에게 편지를 쓴다.

---

7 Jean Cardier, *op. cit.*, p. 33.
8 *Ibid.*
9 *Ibid.*
10 *Ibid.*

2. 프랑스 종교개혁의 뇌관

칼빈의 개혁사상은 르네상스의 발원지인 남부 유럽 이탈리아로부터 불어오는 휴머니즘 사상인 남풍과 북부 유럽인 독일 쪽에서 불어오는 루터의 종교개혁 사상인 북풍이 만나는 지점인 프랑스에서부터 시작되었다. 이것은 매우 의미가 있는 것이다. 독일에서 마틴 루터가 95개 조항을 뷔텐베르그(Wüttenberg)에 내다 걺으로써 종교개혁의 포문을 열기 시작한 것이 1517년 로마 카톨릭의 축제일인 만성절(All Saint's Day), 즉 10월 31일이다. 16년 후인 1533년 만성절에 프랑스 파리에서 니콜라 콥이 프랑스 종교개혁의 포문을 연 것도 우연의 일치는 아닌 것이다.

1533년 11월 1일 만성절에 파리 대학교 총장인 칼빈의 친구 니콜라콥(Nicolas Cop)이 마튀렝(Mathurins) 교회에서 전통적 방식으로 화려하게 개막된 총장취임식 연설을 했다. 그가 행한 유명한 개혁 사상을 담은 취임 연설문은 곧 당국에 의해서 문제시되었고 콥과 칼빈에 대해서 파리 경찰은 곧 체포령을 내렸다.[11]

19세기 칼빈 연구가 아우구스트 랑(August Lang)의 저서 **칼빈의 회심**(*Die Bekehrung Kalvins*, 1897)에 의하면, 니콜라 콥은 루터가 이미 1522년 만성절 설교에서 사용했던 본문(마태복음 5:3)과 제목을 다시 사용하였다고 했다. 파리의 소르본느(Sorbonne) 신학부 교수진과 로마 카톨릭 고위성직자들은 이 원고가 이단자 루터의 종교개혁 신학의 영향을 받은 것으로 보고 박해를 가한 것이다. 지금까지 로마 카톨릭의 엄격한 전통에 매여 있으면

---

11 *Ibid.* 칼빈의 후계자 베자(Beza)에 의하면, 이 연설문의 내용은 마태복음 5:1-12을 강해한 것으로서 개혁 사상이 농후한 문체였다고 한다. 니콜라 콥은 프랑스 궁정 왕의 전속 의사의 아들로서 바젤 출신의 의사였으며 당시 개혁 사상을 가지고 있었으며 그가 의사 출신이었기 때문에 신학분야에 깊은 지식은 없었으므로 칼빈이 대신 연설문 원고를 써준 것이다. 이 연설 후에 문제가 되어 대학 4개 학부의 교수 대표자들이 소송에 대비해서 회의를 열었는데 철학부와 의학부 교수들은 총장을 지지했으나 신학부와 법학부 교수들은 로마 교황 편에 서서 총장을 반대했다.

서 성직록의 혜택으로 많은 신세를 져온 칼빈은 이 사건을 계기로 카톨릭 교회의 잘못된 교리와 부패상을 등지고 조국과 고향을 떠나 한평생 종교 개혁 운동에 몸바치면서 생을 마감하게 되었다.

이 연설문의 내용은 서론 부분에서는 에라스무스의 신약성경 제3판 서문을 그대로 인용했으며, 본문 마태복음 5:3은 1525년에 마틴 부처(Martin Bucer)가 라틴어 번역판에 게재한 루터의 설교를 인용했으며, 그 밖에 은근히 흐르고 있는 휴머니즘의 사상은 당대 최고의 인문주의자 쟈끄 르페브르 교수(Jacques Le Fevre d'Etaples)의 영향을 받았다고 프랑수와 방델(François Wendel)은 주장하고 있다.[12] 이 연설문은 칼빈이 써준 것이라는 학설과 콥이 작성한 것을 칼빈이 교정을 목적으로 읽어 주고 그 내용을 자신도 참고하려고 칼빈의 자필로 베껴 썼을 가능성도 있다는 학설도 있으나,[13] 1964년 칼빈 사후 400주년이 되던 해 스트라스부르그 대학의 쟝 로트(Jean Rott) 교수의 연구에 의하여 칼빈의 저작으로 주장된 후부터 쟝 로트의 학설대로 인정되는 학적 분위기가 점차 고조되고 있다.[14]

이 연설문은 G사본, S사본이 있는데 전자는 제네바(Geneva)에 있는 칼빈 고문서 보관소 소장본으로서 칼빈의 책갈피에서 나온 것인데 첫 페이지만 정상 보존 상태이고 사분지 삼은 손상되어 있다. 후자는 스트라스부르그

---

12 *Calvin: The Origins and Development of His Religious Thought*, tr. Philip Mairet(London: Harper & Row, 1963), p. 41.

13 John T. McNeill, *The History and Character of Calvinism*(N. Y.: 1954), pp. 110-11, Wendel, *Calvin*, pp. 40-41, Ganoczy, *The Young Calvin*, pp. 67ff, Williston Walker, *John Calvin*(N. Y.: 1969), pp. 100-101, Karl Müller, *Calvin's Bekehrung*, pp. 188-255.

14 Jean Rott, "Documents strasbourgeois concernant Calvin. Un manuscrit auto graphe: La harague de recteur Nicolas Cop", in *Regards Contemporains sur Jean Calvin: Actes du colloque Calvin*(strasbourg, 1964), pp. 28-49.
August Lang, "Die altesten theologischen Arbeiten Calvins", in *Neue Jahrbucher deutsche Theologieg*(1983), pp. 273-300.
Emile, Doumergue, *Jean Calvin*, Vol. 1(Lausanne: 1899), pp. 331f.
Peter Barth, *Joannis Calvini Opera Selecta*, Vol. 1(Munich: 1926), p. 1.
Jean Cardier, *The Man God Mastered*, tr. O. R. Johnston(London: 1964), p. 36.

(Strasbourg) 대학 도서관 소장본으로서 전형적인 16세기 글씨체로 써진 것인데 콥이 쓴 것으로 알려져 있다.15 S사본은 문체가 세련되지 못하고 어색하며, 중요한 단어가 누락되거나 추가되거나 삭제된 부분이 많이 있는 연설문 초록으로서 콥이 연설할 때 사용했던 것을 피신 중에 바젤에서 머물면서 이것을 만들어서 1534년 4월에 스트라스부르그에 왔을 때 이것을 마틴 부처에게 준 것 같다. 그러나 G사본은 정교한 라틴어로 쓰여 있는데, 매우 정확하고 세련된 문장력이 돋보이는 점으로 미루어 칼빈의 저작으로 인정할 수밖에 없다. 이제부터는 콥의 취임 연설문 내용을 검토해 본다.

기독교 철학

콥은 이 연설을 "기독교 철학의 탁월성"에서부터 출발한다. 그리고 그 탁월성은 "그것이 그리스도에 의해서 인간에게 주어졌으며, 참 진리와 최고의 행복을 보여 주는 것"이기 때문에, 그리고 "이것을 인간에게 주신 하나님이 인간이 되시려고 뜻하기 때문"에 이루어졌음을 주장한다. 아울러 콥은 "영원하신 분이 죽을 수밖에 없는 존재로 오시려 했다"고 말한다.16

---

15 G사본은 라틴어로 쓰여진 칼빈 전집 *Opera Calvini quae supersunt omnia*(ed. by J. Baum, E. Cunitz, and E. Reuss) Vol. 9: 873-875에 전문이 들어 있다. S사본은 스트라스부르그 대학의 Chapitre Saint-Thomas 고문서 보관소에 있고 Opera Calvini, Vol. 10:30-36에 들어 있다. 그리고 S문서가 콥이 쓴 것이라는 증거는 콥이 1534년 4월 5일자로 부처(Martin Bucer)에게 보낸 편지의 글씨체와 완전 일치하기 때문이다.

16 이 연설문의 원문은 라틴어로 쓰여져 있고, 여러 곳에 실려 있다. Herminjard가 편집한 칼빈전집 III, pp. 418-420; *Calvini Opera, ix*, pp. 872-876에 원문이있고, 미국 칼빈 신학교 교수를 역임한 루이스 포워드 베틀즈가 최초로 영문으로 번역한 것과 조셉 타이렌다의 번역도 있다.
Lewis Forward Battles, "Academic Discourse: John Calvin", *The Heartford Quarterly* IV(1965): 76-85. Joseph N. Tylenda, "Calvin's First Reformed Sermon? Nicholas Cop's Discourse-1 November 1533", *Westminster Theological Journal 38*(1975/6): 300-318.

그리스도, 복음, 율법

"그리스도는 중보자이시며 가장 위대하고 높으신 분이시며 그는 생명을 주시는 영으로 우리의 마음을 조명하신다"고 한다. "율법이 그 속에 간직하고 있는 것들이란, 죄인들을 협박하며 짐을 지워주는 것뿐이다. 율법은 아무런 선한 의지도 약속한 것이 없다… 복음은… 우리를 향하신 하나님의 선하신 뜻에 관하여 우리를 가르친다… 오히려 복음은 정말로 칠흑같이 캄캄한 어둠을 몰아낸다. 그리고 우리들로 하여금 보지 못하던 것으로부터 자유하게 한다. 전에는 육신으로만 보았던 자들이 이제는 영혼의 눈이 뜨이게 된 것이다(엡 1:18). 왜냐하면 모세가 쓴 것만으로는 분명하지 않았던 개념들이 이제는 그분께서 보다 완전하게 나타내시는 까닭이다(*Institutes*, II, 8-7).

결과적으로 이 복음은 어떤 명령도 강요하지 않고 도리어 하나님의 선하심, 그의 자비하심, 그의 축복하심을 계시한다."[17] "… 바울은 우리가 그리스도로 인하여 의롭게 되었음을 주장한다(롬 4:23). … 만일 우리의 행위, 도덕 혹은 기념적인 것의 가치에 근거해서 물질적으로 되는 일이라면 너무나 불확실하다. 율법은 하나님의 은혜를 말하나 오직 불분명한 조건에 의해서이다. 즉 율법이 준수되어질 때만이다. 복음은 자유로이 죄의 용서와 칭의를 제시한다. 우리들이 사실 율법의 요구들을 완전히 준행하였기 때문에 하나님에 의해서 영접된 것이 아니라 그리스도의 약속 때문에 영접된 것이다."[18]

---

17 *Ibid.*, p. 18.
18 *Ibid.*, p. 24.

복이 있는 사람들

"복이 있는 사람들은 하나님의 의를 지키려고 힘쓰는 동안에 핍박을 받는 자들이다(마 5:10). 이들은 하나님의 의를 구하되… 하나님의 말씀에 붙잡히려 애쓰는 자들이며, 모든 인간의 꿈과 어리석은 노력들을 경멸하는 자들이다. … 어찌하여 영혼은 파멸시키지 못하고 육체를 망하게 하는 자를 두려워하는가?(마 10:28; 눅 12:4) … 오! 모든 그리스도인들이여, 앞으로 전진하자! 우리 모두 온 몸으로 이런 복을 쟁취하도록 분투·노력해 나가자."19

이 연설문의 첫 번째 특징은 '기독교 철학의 탁월성'을 말하면서 그것이 그리스도에 의해서 인간에게 주어진 것이며, 영원 자존자이신 하나님이 유한한 시간세계, 공간세계로 찾아오신 성육신의 은총에 관한 것이기 때문에 탁월하다고 했다. 그러므로 이러한 하나님께 의지해야지, 자신의 힘을 신뢰하지는 말라고 촉구하고 있다. 이러한 내용은 1533년 6월 27일자 칼빈의 편지(친구 프랑수와 다니엘의 여동생이 수녀가 되려고 한다는 말을 듣고 다니엘을 위로하기 위하여 보낸 편지)에서도 "자신을 신뢰하지 말고 하나님만 의지하라"고 부탁한 서신의 문체와 연설문의 일부 문체가 너무나 동일한 것으로 보아 이 연설문의 원 저작자가 칼빈이 아닌가 하는 확신을 갖게 한다.

이 연설문의 두 번째 특징은 '율법과 복음의 차이'를 강조하는 것이다. 율법은 모세로부터 주어졌으나 복음은 그리스도로부터 주어졌다는 것과 복음은 죄의 용서와 칭의를 제시한다고 하면서 칭의 중심의 구원론이 복음의 핵심임을 강조하고 있다. 이러한 칭의 중심의 구원론은 바울의 은총의 신학으로서, 이것은 칼빈 신학에서도 그대로 계승되면서 강조되고 있다.

세 번째로는 '복이 있는 자'는 "하나님의 의를 추구하며, 의를 위하여 핍박을 받으며, 인간의 꿈과 어리석은 노력들을 경멸하는 자들로서 하나

---

19 *Ibid.*, p. 29

님의 말씀에 붙잡히려 애쓰는 자들이다"고 했다. 이러한 내용도 평소 칼빈이 즐겨 사용하던 표현이다. 이상의 내용으로 추론할 때 이 연설문은 칼빈의 저작이라는 확신을 짙게 한다.

이 당시 소르본느 대학은 신학부가 중심이 되어, 국왕과 왕비를 이단으로 정죄하였다. 콥은 왕비의 동생으로 누이를 이단으로 정죄한 소르본느 교수들은 맹비난하던 중 그가 행한 만성절 총장 취임 연설문이 프랑스 종교개혁을 터뜨린 뇌관이 되었다.

니콜라 콥과 칼빈은 절친한 친구 사이로서 의사인 콥보다 신학사상에 더 전문적인 지식을 가지고 있었으며, 12살 때부터 성직을 받고 18세 때부터는 교회의 부사제직을 가지고 있던 칼빈이, 약 10년 전 만성절에 행했던 마태복음 5장을 주제로 한 루터의 설교 내용을 상기하면서 원고를 직접 작성해서 콥에게 주었을 가능성이 크다. 그리고 이 연설이 있기 1년 전인 1532년에 칼빈은 인문주의자 세네카에 관한 글 **세네카의 관용론 주석**을 출판했다.

칼빈은 이 책을 출판해서 그의 고향 노용에 있는 친구인 생엘르와의 수사 클로드 드앙제스트에게 헌정했다.[20] 이 책은 세네카의 생애에 대한 소개로부터 시작된다. 그리고 당시 유럽 최대의 휴머니스트 에라스무스가 1529년에 편집한 세네카 관용론 본문 내용을 그대로 전재한 다음 한줄 한 줄 주석해 나가는 칼빈의 주석은 매우 논리 정연하며 박학다식한 주석가의 면모가 잘 나타나고 있다. 자크 파니에는 다음과 같이 쓰고 있다.

> [관용론을 주석하는 일은] 칼빈과 같이 집중력이 있는 학도에게는 매우 좋은 연구감이 된다. 자신이 하고 있는 일이 문학의 세계 속에서 일어나는 일이거나 아니면 같은 시간에 일어나는 실제 사건이든지 상관이 없다… 그러나 그가 만일 유명한 종교개혁자로서 성공하지 못했더라면 그

---

20 Jean Cardier, *op. cit.*, Ch. 3.

주석서는 완전히 [사람들에게] 잊혀졌을 것이다.21

세네카의 관용론은 깊이 연구해 볼 만한 충분한 가치가 있는 글이다. 세네카의 글들이 프랑스 문학에 미친 영향은 매우 크다. 프랑스의 대표적 수필가 몽테뉴(Montaigne)의 글 가운데서 체계적인 이야기의 모델들이 주로 세네카에서 많은 영향을 받았고, 코르네이유(Corneille)의 명작 가운데 하나의 주제가 되었고, 라신느(Racine)의 희곡 "브리타니쿠스"(Britanicus) 가운데 뷔루스(Burhus)의 아름다운 독백도 세네카의 저작으로부터 온 것이다.22

칼빈이 이 관용론을 주석한 의도는 당시 신앙의 문제로 이단자 취급을 받아서 박해받고 투옥되고 화형당하는 모든 사람들에게 국왕과 당국이 관용을 베풀어 줄 것을 촉구하는 의미에서 였다고 한다. 그러나 칼빈의 이 의도는 실패로 끝나고 만다.

그러므로 파리대학 총장 연설문에서도 화평케 하는 자를 강조한 것이며 G사본 S사본 양자를 비교해 볼 때 이 연설문이 칼빈의 저작으로 추론된다는 것이다. G사본의 정교한 라틴어 표현과 S사본의 불완전한 문장들을 비교해 볼 때, 칼빈이 완성된 G사본의 연설문을 작성한 것을 콥에게 보여 주었을 때 콥이 메모한 것이 S사본일 것이다.

그런데 칼빈에 대한 체포령이 내려진 것은 직접적으로는 칼빈이 콥의 친구라는 이유 때문이었고, 콥의 연설문을 칼빈이 써 준 것이 밝혀진 때문은 아니라고 했다.

만성절에 연설문이 문제시되어 콥 총장이 의회에 소환되었다. 그는 권위있는 총장의 가운을 입고 전령을 앞세우고 금홀을 들고 그를 호위하는 속관들의 인도를 받으면서 의회로 향해서 걸어가고 있었다.23

---

21 Jacque Pannier, "Recherches sur L'evolution religieuse de Calvin jusqu' sa conversion", *Revue d'Histoire et Philosophie religieuse*(Strasbourg, 1923), p. 209.

22 F. Préchae, *Sénèque: De la Cleamence*, Editons, Guillaume Bud.

23 Emanuel Stickelberg, *John Calvin*(Cambridge: James Clark), n.d., p. 27.

그러나 의회는 그에게 변호할 기회를 주지 아니하고 하루 동안 감옥에 가두어 두었다가 이튿날 아침 일찍 화형에 처하도록 그가 도착하기도 전에 그의 형벌을 미리 결정하고 있었다. 마침 국왕 프랑수와 I세는 파리를 떠나 멀리 지방에 가 있었기 때문에 의회 단독심의로서도 이단자를 처리하기에는 매우 좋은 기회였다.[24] 특히 1528년부터 1532년까지의 파리 대학 소르본느(Sorbonne) 신학부 교수단 및 의회와 국왕은 대립관계에 있었다. 소르본느의 신학 교수단은 카톨릭교계로부터 매우 명예롭고 귀족적인 신분으로 우대받으면서도 의회와는 갈등관계에 있었다. 이때 국왕의 누님 마르쿼리트 공주가 나바르의 왕비로 있으면서 제라르 루셀(Gerard Roussel), 자끄 르 페브르(Jacque Le Fevre) 등의 복음주의 학자들의 신앙적인 영향을 많이 받았다.

그녀는 **죄악된 영혼의 거울**(*Mirror of a Sinful Soul*)이라는 시집을 출판했는데(1532), 소르본느 신학부 교수팀들은 이 책의 내용에 대해서 이단적 저서라는 심한 혹평을 가하고 있었다. 당시 복음주의 경향의 설교 때문에 소르본느 교수진의 미움을 사고 있던 루셀(Roussel)은 1533년 4월 일부 고발자들의 고발에 의해서 당국의 정밀 감시를 받고 있었다. 국왕 프랑소와 I세는 루셀의 후견인인 나바르(Navarre)의 여왕 마르쿼리트 당굴렘(Marguerite d'Angouleme)에 대해서 이단적인 혐의가 있다는 경고에 접하게 되나, 이때 그녀는 임신 중에 있었으므로 더욱 국왕의 동정을 얻고 있었다. 1533년 5월 13일 국왕은 소르본느 교수단 의장 베다를 포함해서 루셀 및 누님인 마르쿼리트를 비난하는 소르본느 교수단에게 파리를 떠나라고 추방 명령을 내렸다. 결국 파리 교구의 주교를 통해서 선포된 추방 명령에 따라 베다 및 다른 몇 명의 교수들은 파리를 떠났다.

1533년 10월 1일 나바르 대학 학생 연극에서 나바르 여왕 마르쿼리트 당굴렘이 성경 읽기에 미쳐 버린 주부로 그려지는 일들과 그녀의 시집인

---

24 *Ibid.*

죄악된 영혼의 거울에 대한 판매 금지 및 시집의 압수 등의 사건이 있었다. 이 해 10월에는 칼빈이 파리에서 친구 프랑수와 다니엘에게 보내는 편지에서 마르퀘리트 당굴렘의 시집 판매 금지에 대한 내용과 제라르 루셀의 설교 요약(칼빈은 그의 편지에서 제라르 루셀을 G라고 약자로 표기하였다)을 보냈다. 그가 친구 다니엘에게 보낸 편지의 일부를 비버릿지1의 **칼빈선집**(Selected Works of John Calvin)에서 옮겨 본다.

> 마르퀘리트(Marguerite)는 자기의 시집 판매 금지 사실을 동생 프랑수와 I세 왕에게 하소연하자, 왕은 파리 대학 교수들에게 이 책을 읽어보았는지, 그리고 거기서 불건전한 종교적 요소를 느끼는 점들을 발견하였는지 묻는 편지를 냈다. 만일 그러한 사실이 발견된다면 교수들은 그것을 어떻게 하면 좋을 지에 대한 자신들의 견해를 왕에게 보고해야만 했다.
> 현직 총장으로서 니콜라 콥은 이런 문제를 문학부, 의학부, 철학부, 신학부의 4개 학부에 알렸다. 그는 첫 번째로 문학부 교수들 앞에서 연설하면서 교수 박사님들이 그들의 통치자인 마르퀘리트 공주에 대해서 경솔하고도 오만한 태도를 취한데 대해서 신랄하게 비난하였다.[25]

소르본느 신학부 교수들의 추방으로 파리에서는 마르퀘리트, 제라르 루셀, 니콜라 콥과 같은 개혁사상을 가진 자들이 일시적이나마 승리한 것처럼 보였으니, 필자는 이를 "1533년 파리의 봄"(자연적 계절의 봄이 아니라 사상적 봄을 말함)이라고 명명하고자 한다. 카톨릭 신학의 아성인 소르본느(Sorbonne)의 총장직에 개혁사상을 가지고 있는 젊은 의사 니콜라 콥이 임명된 것 자체가 당시 유럽 대학 사회를 강타한 큰 충격적 사건이었다. 신학자도 아닌 콥이 이미 유럽 사회에 큰 화제거리가 되어 있는 10년 전 루터의 만성절 설교 내용과 인문주의자 에라스무스의 글을 인용한 연설문으로 인한 불똥은 그와 절친하게 지내던 칼빈에게도 튀고 말았다.

25　Henry Beveridge and Jules Bonnet, *Selected Works of John Calvin*, Vol. 4(Grand Rapids: Baker, 1858), p. 38.

의회의 소환에 응한 니콜라 콥이 의회로 향하고 있는 도중에, 의원 중 복음주의 성향을 가진 의원 한 분이 급히 의회를 빠져 나와 콥이 체포되어 다음날에는 처형될 것이라는 경고를 전했다. 콥을 사랑하는 많은 학생들과 시민들에게 둘러싸인 콥에게 그는 귓속말로 "속히 도망가십시오! 그렇지 않으면 당신은 오늘 체포되어 감옥에 갇혔다가 내일 화형에 처해질 것입니다"라고 말하는 것을 학생 중 일부가 듣고 총장이 샛길을 빠져 사라질 수 있도록 무리를 형성해 시야를 가려 주었고, 총장은 곧 변장을 한 채 바젤로 가는 좁은 길로 빠져나갔다. 그는 그의 고향인 바젤까지 포도원 농부의 옷차림으로 변장해서 도망쳐 가는데 성공했다.[26] 콥 총장을 놓친 추격자들은 표면상의 인물 대신 배후 인물로 지목받고 있는 취임사의 실제적 작성자 칼빈을 체포하기로 결심하였다. 이 비밀이 또 새나갔다.

'칼빈 체포'라는 이 비밀 정보는 곧 칼빈에게 전해졌다. 칼빈은 하나님과 나바르의 마르퀘리트 공주의 보호를 믿고 조용히 포르떼 대학(Collège de Fortet)의 기숙사에 앉아서 열심히 책을 읽고 있었다.[27] 법집행관 모린(Morine)은 칼빈을 구속할 의도로 기숙사를 수색했다. 모린(Morine)이 칼빈의 기숙사 방문을 두드렸을 때 그의 친구들은 이미 칼빈을 침대보에 싸서 창문을 통해서 탈출케 했으니, 이 사건은 마치 바울이 다메섹을 탈출할 때 광주리를 타고 탈출한 것과 비슷한 상황이었다고 후일 사도행전 주석에서 칼빈은 언급하고 있다. 그도 콥이 그랬던 것처럼 포도원의 농부의 옷차림을 하고 걸어서 자기의 고향인 노용까지 갔다.

---

26 Theodore Beza, *Vita Calvini*, 존 칼빈의 생애와 신앙, 김동현 역(서울: 목회자료사, 1999), p. 32.

27 포르떼 대학(Collège Fortet)은 파리에 있는 몽테귀 대학(Collège Montaigu)의 맞은 편에 있는 생트 쥬네비에브(Sainte-Geneviève) 산위에 위치하고 있었다. 이 대학은 헬라어 연구의 열기를 유럽 학계에 불러일으킨 귀욤 뷔데(Guillaume de Bude)가 국왕 프랑수와 I세로부터 설립권을 위임받아 세운 왕립 대학으로서 후에 프랑스 대학(Collège de France)이 되었다. 처음에는 귀욤 뷔데가 에라스무스를 학장으로 청빙했으나 에라스무스는 처음부터 사양했다. 이 학교에는 헬라어 교수로 삐에르 다녜스(Pierre Danès) 쟈크 투생(Jacque Toussain)이 있었고 히브리어 교수로는 프랑수와 바타블(François Vatable)이 있었다.

3. 불후의 명작 탄생

그는 파리 남서쪽 약 440km나 떨어진 지점에 위치한 중소 도시 앙굴렘(Angoulême)과 거기서 또 남쪽으로 280km나 떨어진 네락(Nearac)에까지 갔다. 뚜렌느(Touraine)의 평원과 계곡들, 쁘와뚜(Poitou)의 목장과 숲을 지나서 평온한 시골의 도시 앙굴렘(Angoulême)에 도착한 칼빈은 교회 성가대 지휘자로 일하고 있던 친구 루이 두 뛰에(Louis du Tillet)의 집에서 샤르드 에페빌(Charles d'Eseaille)이라는 가명을 사용하면서 약 5개월간 머물게 되었다. 루이 두 뛰에는 앙굴렘의 교회참사 회원이었고 매우 부유한 그 지방의 유지였다. 그의 넓은 서재에는 당대의 희귀한 수천 권의 책이 있었다. 이곳에서 칼빈이 불후의 명작 **기독교 강요**의 초판 원고를 쓰게 되었다.

초판 원고가 탈고된 것이 1535년 8월 초였고 8월 31일에는 프랑스왕 프랑수와 1세에게 드리는 서문이 완성되었고, 1536년 3월에 초판이 출판 되었다. 초판 출판 후 칼빈은 두 뛰에와 함께 이태리의 페파라르네 왕녀를 방문하였다. 그녀는 루이 16세의 딸로서 종교개혁에 찬동하고 이곳에 망명 중 이었다. **기독교 강요**의 집필을 위한 조건으로서 조용한 주위 환경과 수많은 장서와 넓은 서재 외에도 루이 두 뛰에의 자극과 권유가 있었음을 베자(Beza)는 다음과 같이 기록하고 있다.

> 이 젊은이는 칼빈에게 여러 편의 설교문과 기독교인의 훈계에 대해서 간단한 메시지를 쓰도록 권유했습니다. 두 뛰에는 예수 그리스도를 통해 서만이 구원을 받는다는 아주 순수한 가르침을 올바르게 이해하고자 하는 욕망이 백성들 가운데서 일어나게 하기 위해서 몇 명의 지방 신부들로 하여금 미사 중에 이 작품에 대해서 이야기를 듣도록 주선했습니다.[28]

앙굴렘과 네락 이 두 도시는 당시 개신교도나 인문주의자에게 매우 호

---

28 Theodore Beza, *op. cit.*, p. 34.

의적이었던 마르퀘리트 나바레(Navarre) 여왕의 영지로서 유럽 도처로부터 칼빈처럼 피신해 온 수많은 인문주의자들과 복음주의자들 곧 개신교도들이 이곳으로 많이 몰려들었다. 칼빈은 이곳에서 쎄인톤지(Saintonge) 출신인 자끄 르페브르 데따플(Jacques Lefèvre d'Etaples)을 만나서 그와 교제하면서 많은 영향을 받았다.29

이러한 과정을 겪으면서 칼빈은 로마 카톨릭 교회로부터 돌아서서 새로운 개혁 신앙의 소유자로 바뀌어 갔다. 그의 회심이 점진적인 것이었는지 아니면 갑작스런 것이었는지에 대해서 상당한 논쟁이 있어왔다. 바울은 다메섹 도상에서 "갑작스런 순간"에 주님의 음성을 듣고 회심하였고(행 9장), 어거스틴도 갑작스러운 순간에 "Tolle! Lege!"(들어서 읽어라)는 소리를 듣고 로마서 13:13을 펴서 읽는 순간 회심하였다고 **고백록**(Confession, 8-12-28-30)에 기록하고 있다.

그러나 칼빈의 회심에서는 바울이나 어거스틴이 회심할 때와 같은 극적인 면은 없다. 칼빈 자신이 쓴 **시편** 서문을 보면 그의 회심에 대해서 "Subita Conversio ad docilitatem"라는 말을 쓰고 있는데, 여기서 "Subita Conversio"는 "갑작스러운 개종"(sudden conversion)으로 번역하는 자가 있으나, 실은 라틴어 "subita"는 프랑스어 subite가 아니라 subeo의 과거분사로서 "회심을 경험함으로써"(by a conversion undergone)라고 번역되어야 한다고 폴 스프렝거(Paul Sprenger)는 주장한다.30

그러면 칼빈이 그 자신의 회심에 대해서 기록으로 남긴 것 가운데 1557년에 쓴 **시편 주석** 서문을 인용해 보고자 한다.

---

29 Ibid. 자끄 르페브르 데타플은 1450년 데타플에서 태어나서 1537년에 네락에서 사망한 프랑스의 신학자이며 인문주의자로 개혁사상이 강한 학자로서 파리 대학에서 철학 교수였다. 그는 또한 Meaux 지방의 주교로서 사제직의 개혁과 성경의 대중화 모임을 주도했다.

30 Paul Sprenger, *Das Ratsel um die Bekehrung Calvins, Beltage zur Geschichte und Lehre der Reformierten kirche, II*(Neukirchen Kreis Moers: Neukirchener Verlag der Buchhandlung des Erziehungsvereins, 1960), pp. 56-98.

… 그러나 하나님의 신비하신 섭리가 나를 주관하사 결국 내가 나아가던 방향을 다른 곳으로 돌리셨다. 첫째는 회심을 경험함으로써(subita conversio) 오랫동안 [로마 카톨릭의 가르침에 젖어] 고집스러웠던 나의 마음에 [새로운 진리의] 가르침을 받아들일 수 있는 상태로 만들어 주었다. 왜냐하면 내가 그동안 너무나 철저한 교황의 미신에 빠져 있었기 때문에 [하나님의 은혜가 없이는] 이 깊은 수렁에서 쉽게 구출될 수 없었기 때문이다… 그리하여 참된 경건의 지식에 대하여 약간의 맛을 본 후에 나는 즉시 그 진리의 세계 안으로 들어가고 싶은 매우 강한 열망에 사로잡히게 되었다. 내가 다른 학문으로부터 모두 떠난 것은 아니었지만 그 다른 학문들을 추구하는 열심은 식어버렸다.

일년이 다 지나기 전에 이러한 참 교리를 추구하는 사람들이 수없이 아직 초보상태인 내게 와서 나에게 배우려 할 때, 나도 놀라지 않을 수가 없었다. 당시 나는 항상 숨을 곳을 찾아서 조용한 곳에 떨어져 있기를 원했다. 왜냐하면 나는 천성적으로 다소 수줍어하고 겁이 많아서 언제나 조용한 것과 평온을 좋아했기 때문이다… 그러나 하나님께서는 지금까지 나에게 개인적으로 조용히 휴식하도록 허락지 않으셨다. 하나님께서는 나를 조명받는 곳으로 끌어내시어 대중들의 이목이 집중하는 무대 위에 올려놓으셨다. 사실은 내가 프랑스를 떠나 독일로 갔을 때 항상 내가 바라며 지내오던 것처럼 그 전과 같은 목표를 세우고 거기서 다른 사람들에게는 눈에 띄지 않는 구석진 곳에 살려고 했던 것이다.[31]

칼빈은 라틴어 "docilitas"(가르치기 쉬움)이나 "docilis"(가르침) 등의 용어를 그의 신약성경 주석 가운데 100여회 이상 사용하면서, 이러한 문맥 가운데서 "가르침을 받아들이는 상태로의 전환"(Conversion to teachableness)이라는 말을 자주[32] 사용한 것으로 미루어 보아 자기 자신의 회심이 점진적 과정을 거쳐서 되어진 것임을 암시하는 것이라고 볼 수 있다. 그가 1539년에 야

---

31 John Calvin, *Commentary on The Book of Psalms*, tr. by James Anderson, pp. XI-XIi. [ ]부분은 의미상 문맥을 고려해서 필자가 첨부한 것이다.
32 마 4:22; 요 1:38; 요 1:46; 마 19:16-22; 눅 19:5-6; 마 12:32-33; 요 4:19; 요 9:36; 행 2:37; 행 8:31; 행 9:5; 행 10:9; 행 16:14; 행 16:29; 행 17:4; 행 17:17.

고보 샤돌레토에게 보낸 답변서(Reply to Jacopo Sadoleto)에서, "처음에는 자기 자신이 개혁 사상을 듣지 않으려 하였다"고 고백하고 있다.

그리고 그는 지금까지 믿어오던 자기 신앙 오류를 용납하기가 매우 어려웠기 때문에 새로운 개혁신앙에 대해서 처음에는 격렬하게 거부하였던 자신에 대해서도 솔직하게 고백하고 있다. 그러나 그가 하나님의 말씀을 바로 깨닫고 이해하는 과정에서 로마 카톨릭 교회가 가르치는 그의 죄의식에 대한 가르침과 구원관과 신학의 체계가 잘못되어 있음을 알게 되었고, 오직 믿음으로 말미암아 구원이 이른다는 진리를 알게 됨으로써 무거운 짐을 내던져 버리고 해방을 얻은 기쁨을 맛보았다고 한다. 이러한 내용을 담고 있는 야고보 샤돌레토에게 보낸 답변서(Reply to Jacopo Sadoleto)를 인용한다.

> 그들[로마카톨릭]은 내가 이단과 분파주의라는 두 가지 중죄를 지었다고 고소하였다. 그들이 받아들이는 교리를 내가 거부하므로 이단이라는 것이다. 그러나 내가 잘못한 일이 무엇인가? 나는 하나님 말씀을 들었을 뿐이다. 우리의 영혼이 직접 생명의 길로 들어갈 수 있는 것은 주의 말씀으로 정화되는 것 이외에는 다른 어떤 진리란 없다… 이 새로운 교리는 사람으로 하여금 기독교인의 자세에서 벗어나게 하려는 것이 아니라 그 근원이 되는 머리로 돌아오게 하여, 쓸데없는 것은 벗겨 버리고 그 본래의 순수함을 지켜 나가게 하는 것이다.
>
> 무엇보다도 나는 처음에는 열정적으로 격렬하게 [이 새로운 개혁사상에 대해서] 거부하였음을 고백한다. 왜냐하면 내가 오랫동안 무지와 오류에 빠져 있었음을 고백하도록 권유받는다는 것이 내게는 매우 어려운 일이었기 때문이다. 특히 내가 그 새로운 선생들에게 반대한 이유 중의 하나는 교회에 대한 존경심 때문이었다.
>
> 그러나 내가 일단 귀를 열고 스스로를 [하나님 말씀으로부터] 가르침을 받도록 허용한 뒤부터는 교회의 권위에 손상이 가면 어찌하나 하는 두려움은 사라져 버렸다. 왜냐하면 개혁사상가들은 나로 하여금 로마 카톨릭 교회로부터의 분리와 교회 자체 내에서의 오류를 시정하기 위한 노력

은 매우 큰 차이가 있다는 것을 상기시켜 주었기 때문이다.[33]

역사학자 플레르몽 드 레이몽의 연구에 의하면 네라끄(Nérac)에서 칼빈이 루셀(Roussel)과 자끄 르페브르 데따플(Jacques Lefévre d'Etaples)을 방문했을 때, 칼빈의 개혁구상을 듣고 루셀이 "제발 하나님의 집을 찢어 분열시키지 않도록 중용을 지키게"라고 했다. 그러자 칼빈은 "이 건물은 부분적으로 수리하기에는 너무나 썩어버렸습니다. 그것은 허물어져야만 하고 그 대신에 새로운 건물을 지어야만 합니다"라고 응답했다. 루셀은 이에 "무너지는 벽에 자네가 깔려 죽지 않도록 조심하게"했다는 일화가 남아 있다.[34]

플레르몽 드 레이몽의 주장에 의하면 칼빈이 이곳 앙굴렘에 머무르는 동안에 **기독교 강요**를 저술했다고 한다.

1534년 5월 4일에 칼빈은 그의 고향 노용 교회로 찾아가서 그의 성직록을 사임한 후 프와티에와 오를레앙을 지나서 바젤로 향했다. 이제 칼빈은 명실공히 카톨릭 교회와의 모든 인연을 단절하고 종교개혁의 대열에 공식적으로 참여하게 된다.

지금까지는 주로 다른 사람이 그린 칼빈의 그림을 살펴보았으나, 이후부터는 칼빈 자신이 그린 자화상을 한번 살펴보기로 한다. 우리는 지금까지는 프랑스 노용, 오를레앙, 부르쥬 및 파리를 중심으로 하여 칼빈이 태어난 가문과 그의 출생지 배경과 그의 교육과 그의 개혁사상 형성에 영향을 끼친 역사적인 배경의 전반부에 대해서 살펴보았다.

---

33 *John Calvin's Tracts and Treatises*, Vol. 1. p. 62, 참고. F. Busser, *Calvin's Urteil über sich selbest*(Zürich, 1950), pp. 26ff. [ ]부분은 의미상 문맥을 고려해서 필자가 첨부한 것이다.
34 Florimond de Raemond, *Hist.* de l'Heresie.

제4장

칼빈의 종교개혁 운동

1. 제네바에서의 종교개혁

제네바에 관한 최초의 역사적 기록은 기원전 58년으로 명시된 줄리우스 캐자르(Julius Caejar)의 주석서(Commentaries)에서 발견된다. 초대 교회 시절에 그 도시에 영향을 미쳤던 그리스도인들에 대한 증거가 되는 헬라어 글자인 XP[1]가 새겨진 길가의 돌(street stone)에서 제네바에 대한 성스러운 흔적을 찾아볼 수 있다. 지리적인 위치로 보아서도 제네바는 이태리와 프랑스 독일 사이에 자리잡고 있어서 유럽의 무역중심지(trading center)가 되었다.[2] 1387년에 제네바 시민들은 그들의 지배자들로부터 선거권(franchise)을 획득했는데 H. D. 포스터(Foster)는 이를 가리켜서 "제네바의 대헌장"(Magna Charta of Geneva)이라 불렀다. 그것은 자치권(the rights of self-government)을 얻기

---

[1] Xp는 그리스도를 뜻하는 헬라어(χριστος)의 첫 머리 두 글자이다.
[2] William Monter, *Calvin's Geneva*(N. Y.: John Wiley & Sons, 1967), p. 250; Daniel Buscarlet, *Geneve Citadelle de la Reforme*(Geneve: ⟨n. n.⟩, 1959), p. 203.

위해서 의회를 소집하는 권한을 제네바 시민들에게 준 것이다.3

여러 해 동안 제네바에 대해서 독점권을 행사해 온 카톨릭의 주교와 사보이 가(家)의 대표(Vidom: representative of the House of Savoy)들이 이 도시의 지방 자치제 주민총회(commune)4들에 대해서 압력을 행사하였으나, 제네바 시민들은 꾸준히 선거권을 확대해 나갔다. 16세기 초에 와서는 이러한 압력이 절정에 이르렀다. 1519년에는 제네바와 프라이벅(Freiburg) 사이의 연합 시도가 사보이의 찰스 3세 공작(Duke Charles III of Savoy)에 의해서 무자비하게 진압되었다. 이것이 계기가 되어 제네바와 베른(Bern)과 프라이벅(Freiburg)은 사보이 가의 통치를 반대하는 입장에서 십자동맹을 맺었다.

베른과의 연합은 제네바인들의 자유(Genevese freedom)를 위해서는 스스로 재앙을 불러온 셈이지만, 그것이 전화위복이 되었다. 왜냐하면 주교의 권력과 사보이 가(家)의 영향력을 제네바로부터 몰아낼 수 있었지만 베른의 군대(Bernese troops)가 제네바에 들어왔고 베른 의회는 제네바의 통치자가 되려고 했기 때문이다.5 그러나 제네바 정부는 곧바로 이 위협을 물리칠 수가 있었으며, 그 후에 인근의 28개 마을이 제네바 의회의 영향권 안에 들어왔다. 1536년 이래로 제네바 시는 스스로의 힘으로 독립 공화국을 수립했으며, 이 과정에서 귀족적 자치정부형태(a form of aristocratic self-government)로 발전되어 갔다.6

이러한 조직에 있어서 권력은 소수의 몇 사람에 의해서 집중되었고 이러한 과정은 칼빈의 일시적 패배와 마지막 승리에 이바지하였다는 사실을

---

3 H. D. Foster, *Collected Papers*(⟨n. p.⟩: The Scribner Press, 1929), p. 249.
4 Commune은 중세 유럽 여러 나라에서 시행되던 최소행정구를 가리키기도 하나 때로는 지방 자치제를 가리키기도 하고 때에 따라서는 지방 자치제 주민을 가리킬 때도 있다.
5 Harrison Taylor, *A Historical Study of the Mission of The Church In Geneva*(Richmond, Virginia: Union Theological seminary, 1968), Unpublished Th. D. Dissertation, p. 32.
6 *Ibid*. 이러한 의회의 의무나 역할에 대해서는 Forster, pp. 6, 41. Wendel, p. 50 참조. ※ 칼빈 당시 제네바에는 네가지 의결기구가 있었다. ① 20명 위원으로 구성된 소의회(4명의 행정관과 1명의 재무관) ② 60인의회 ③ 200인의회 ④ 총회(모든 주민 전체로 구성됨)

간과할 수 없는 것이다.

제네바에서는 정치적인 상황(political situation)뿐만 아니라 종교적인 상황도 마찬가지로 급변하고 있었다. 칼빈의 종교개혁 운동 이전까지는 제네바가 로마 카톨릭 도시로서 종교적인 면에서 매우 엄격했다. 그래서 이때까지는 의회의 결정에 의해서 미사에 참석하지 아니하는 것은 법을 어기는 것으로 간주되었다(By rule of the council, it was against the law to be absent from mass). 이때의 제네바의 종교적 분위기를 다니엘 부스카렛(Daniel Buscarlet)은 다음과 같이 묘사하고 있다.

> 술집들은 거룩한 직무(미사) 수행 중에는 문을 닫았다. 동정녀 마리아상이 붙어 있는 정교하고 아름다운 교회식 건축물로 둘러싸인 수많은 수도원, 수녀원, 종단들의 요구와 반응은 사람들이 고통과 유혹, 그리움과 고통으로부터 탈출하는 길을 찾은 것이다.[7]

제네바의 이웃 중 가장 강력한 자치정부를 가진 베른(Bern)이 1528년에 개신교로 전환했다. 그러나 프라이벅(Freiburg)에는 당대의 최고 인문주의자였던 에라스무스(Erasmus)가 살고 있었고 철두철미하게 카톨릭에 충성하는 도시였다. 그 도시가 비록 후에는 제네바와 동맹을 맺긴 했지만 제네바는 그 틈바구니에 끼어서 중도노선을 지키고 있었다. 1532년에 와서야 루터의 이신칭의 교리 내용을 플래카드에 써서 공공 건물에 내다 걸면서 개신교로 전환하는 운동을 시작하였고 곧 이어서 귀욤 파렐(Guillaume Farel)이 이 도시에 도착하였다.[8]

---

7 Daniel Buscarlet, *Geneve, Citadelle de la Reforme*(Geneve: ⟨n. n.⟩, 1959). p. 15. "The taverns were closed during holy offices. "Les processions sont suivies par toute la population." With elaborate church architecture, statued to the Virgin Mary, the appeal and response of the many monastries, nunneries, orders, which were in the environs, the people sought to escape from a time of pain and temptation, of longing and torment."

8 Harrison Taylor, *op.cit.* p. 33. 귀욤 파렐은 1489년생으로 칼빈보다 20살 연장자였다. 그는 개혁 운동에 가담한 혐의로 1524년 프랑스로부터 추방되었다. 파렐의 완고한 고집과 강한 성격 때문에 그의 목회는 성공적이지 못했고 오래 가지 못했다.

2. 칼빈 개혁운동의 점화자(ADVOCATOR)

제네바에서 파렐의 목회는 비록 성공적이지 못했으나 남들이 이루지 못한 것을 그가 이루어 낸 것이 있는데, 그것은 곧 베른으로부터 개신교를 제네바로 가져왔다는 것이다. 종교개혁의 초기적 상황에 비추어 제네바의 영적 상태를 고려해 볼 때 그 공로는 높이 인정해야 할 것이다. 그의 첫 번째 제네바 방문은 매우 짧은 기간에 이루어졌다. 그는 이 일로 인해서 말썽꾸러기 문제의 인물(a troubler)이라는 비난을 받았다. 그는 너무 심한 학대를 받고 목회자의 자리에서 강제로 밀려났다.[9] 그러나 파렐의 성격상 쉽게 포기한다는 것은 있을 수 없는 일이었다. 오르베(Orbe)라는 곳에서 그는 피난민 친구 앙뜨와 프로망(Antoine Fromenit)을 만났고 그를 설득해서 제네바로 돌아와서 개신교 복음주의 운동을 전개해 가자고 했다. 마침내 그는 1533년 가을에는 제네바로 돌아왔다.[10]

1534년 여름에는 파렐이 제네바에 있는 7~8개의 로마 카톨릭 교회당을 점령하여 거기서 개신교의 복음주의적 예배를 드리고 있었다. 토론이 벌어지는 곳마다 로마 카톨릭측 대표들은 곧 패배해 버렸다. 파렐은 1534년 8월 8일 성 삐에르 대성당에서 설교를 했다. 그의 설교를 듣고 또 지금까지 이러한 소용돌이 과정을 면밀히 지켜 본 의회는 귀욤 파렐이 부르짖는 종교개혁에 깊은 관심을 가지게 되었다. 그들은 카톨릭의 미사중단의 결정을 내렸고 로마 카톨릭 사제들은 제네바 시를 떠나야만 했다. 복음주의 운동의 성공과 사보이 가(家)와 베른의 영향이 사라짐으로 말미암아 제네바는 심각한 종교적 공백(a serious religious vacuum) 상태가 되었다.

로마 성직자들이 떠나 버린 까닭에 제네바 사람들의 종교적 도덕적 책임을 의회가 맡았다. 성당의 재산은 모두 몰수되어 병원이나 빈민수용소

9　*Ibid.*, p. 34.

10　*Ibid.*

로 사용되었다.[11] 파렐의 고집스런 주장(insistence)에 의해서 설교자들이 변두리 마을(outlying villages)로 보내졌다. 1536년 6월 28일에는 술집 운영 금지, 신성 모독금지, 맹세금지, 카드놀이 금지 등에 관한 약 200조항에 이르는 의회법을 채택했다.[12]

의회의 이런 결정이 있기 전인 1536년 5월 21일에는 모든 시민이 미사를 포기하고 우상과 모든 카톨릭 의식을 배격하고 하나님의 말씀과 복음주의 법에만 따르기를 서약하였다.

그러나 신구교 간의 전쟁이 완전히 끝난 것도 아니고 개신교 세력이 완전히 이긴 상태가 아니었기 때문에 이후에도 수년간 사보이로부터 오는 군사적 경제적, 핍박은 제네바에서 여전히 존재하였다. 외부 침략에 대비하여 시가지 전체가 무장되었고, 이 도시로 유입되는 피난민과 학생들은 3일 이내에 등록신고를 해야 하며, 주민들 중 일부는 단창이나 화승총으로 무장하고(with pike on hasquebus) 방어 벽에 배치되어 외부 공격에 대비해야만 했다.

칼빈이 도착하기 이전에 파렐과 그의 동료들과 제네바 의회가 해 놓은 업적은 괄목할 만했다. 칼빈이 막 도착할 무렵의 상황을 방델(Wendel)은 다음과 같이 쓰고 있다.

> 파렐은 [사역지] 경계를 확정하고 첫 번째 사역 팀을 뽑았다. 그는 또한 자신보다 훨씬 더 자기의 계획을 정확히 이해할 수 있는 사람이 칼빈이라는 사실을 알았다… 그리고 그는 이제 막 도착한 사람 앞에서 자기 자신을 감출 줄 아는 지혜를 가지고 있었다.[13]

---

11 *Ibid.*, p. 35.
12 Williston Walker, *John Calvin, The Organizer of Reformed Protestantism*(N. Y.: G. P. Putnam's Sons, 1906), p. 18.
13 M. Francois Wendel, *Calvin*, tr. by Philip Mairet(N. Y.: Harper & Row publishers, 1963), p. 49. "Farel staked out the ground and picked the first teams. But he also recognized in Calvin the man who could realize his designs better than he could himself… and he had the wisdom to efface himself before the new commer."

프랑스를 떠나온 칼빈은 잠시 바젤(Basel)을 방문해서 그곳에서 성경을 주제로 한 강의를 하였고, 이 강의 때 이미 그는 성경을 교회의 선생(Doctor-teacher of the church)이라고 했다. 이때부터 칼빈의 명성은 유명해졌고 또한 여러 교회에 설교자로 청함을 받았다. 그리고 그는 교회 회의에서 파렐과 협력하였다. 1536년 5월 24일 시의회는 정부의 통일을 보장하기 위한 법안 초안을 작성하도록 명했고, 같은 해 11월 10일에는 파렐이 신앙고백서를 의회에 제출했으며 주민 모두가 거기에 서명을 해야만 했다.

칼빈과 파렐은 이 신앙고백 안에 개혁 원리들이 모두 표현되어 있다고 느끼게 되었다. 파렐과 다른 설교자들은 제네바에 있어서의 교회 조직과 예배에 관한 법안들을 제네바 의회에 제출했다. 포스터(H. D. Foster)는 이 법안의 내용을 아래와 같이 요약하고 있다.

> 하나님의 말씀에서 시작해서 말씀으로 마치는 본 규정은 6개의 요소로 구성되어 있다. 성찬은 자주 그리고 경건하게 치러져야 하며, 가능한 매월 한 번씩 실시하고, 제명치리를 실시할 것이며, 보편적 신앙고백의 실시와 공중 예배시 시편 찬송 부르기, 어린이의 종교 교육 실시 및 하나님의 말씀에 입각한 혼인법을 시행할 것 등이다.[14]

칼빈과 파렐은 신앙의 일치가 교회에서 무엇보다도 필요하다고 믿었다. 왜냐하면 신앙의 일치가 없는 곳에 교회가 있을 수는 없기 때문이다. 여기서 필요한 것이 권징이다.[15] 이러한 이유에서 칼빈은 교리 문답서(Catechism) 작성의 필요성을 절감하고 이를 편집하기 시작했다. 그는 전에 만들었던 교리문답서의 내용에 있어서는 아무것도 바꾸지 아니했으나, 형식에 있어서는 아이들이 쉽게 이해할 수 있도록 문답 형식으로 바꾸었다.

데오도르 베자(Theodore Beza)가 쓴 **칼빈의 생애**(*The Life of John Calvin*)에

---

14 Foster, *op. cit*, p. 47.
15 B. Harrison Taylor 박사는 이에 대한 근거를 마 18:1; 고전 5장에서 찾고 있다. *Ibid.*, p. 39.

의하면 "이 교리 문답은 확실히 그의 가장 훌륭한 작품들 중의 하나이며 훌륭한 결실을 맺은 작품"으로 분류되었다.[16] 이 교리문답서는 좋은 반응을 보여서 프랑스어 원문에서부터 여러 다른 언어로 번역이 된 후 출판되었다. 라틴어 번역은 저자인 칼빈 자신에 의해서 이루어지고 출판된 후 동부 프리스랜드(E. Friesland) 복음 사역자들에게 헌정되었다. 이것은 다시 헨리 에티네에 의해서 헬라어로 번역되었고, 임마누엘 트레메리어스에 의해 하이델베르그 대학에서 히브리어로 번역되었다.[17]

칼빈 연구에 있어서 세계적 권위자 중의 한 분인 헤셀린크(I. John Hesselink) 박사는 **칼빈의 최초 교리문답서**(Calvin's First Catechism)를 1997년에 저술·출판하면서 이 문답서의 최초 영어 번역자는 폴 퍼만(Paul T. Fuhrmann)이고, 최초의 일본어판 번역자는 신코 노테비끼(Shinko Notebiki)임을 밝히고 있다.[18]

그 첫 부분은 다음과 같이 시작하고 있다.

> 제네바 교회의 교리 문답서와 **기독교 강요**는 이 지역언어로 이전에 출판되었고 현재 최종적으로 요한 칼빈에 의해서 라틴어로 번역이 되었다. 그 교리문답서의 목차는 다음과 같다;
> (1) 모든 사람은 종교적으로 태어났다
> (2) 거짓종교와 참종교의 차이
> (3) 하나님에 관해서 우리가 아는 것
> (4) 인간
> (5) 자유의지[19]

이 교리문답서는 위의 언어 외에도 이태리어 독일어, 게일어 등 여러 나

---

16 Theodore Beza, *The Life of John Calvin*(Durham: Evangelical Press, 1997), p. 61.
17 Taylor, op, cit., p. 61. 이것이 칼빈에 의해서 최초로 불어로 쓰여진 것은 1537년이고 그 제목은 신앙의 교훈(*Instruction in Faith*)이었다.
18 I. John Hesselink, *Calvin's First Catechism*(Louisvill: Westminster John Knox Press, 1997), p. 6.
19 *Ibid.*, pp. 7-38.

라어로 번역이 되어, 그 후 학교 교육에서 귀중하게 사용되고 있다. 이 교리문답서는 1536년에 나온 **기독교 강요**(*The Institutes of Christian Religion*, 1536)에 대하여 핵심적인 사상을 제공하였다.

이 교리 문답의 첫 부분은 33항목의 교리와 십계명, 사도신경, 주기도문 강해가 있고, 성찬식에 대한 해설이 그 다음에 온다. 그리고 인간이 하나님을 알아야 할 필요성에 대해서와 성화의 과정에 대해서 매우 중요하게 취급되고 있으며 아래와 같이 결론을 맺고 있다.

> 그 교리 문답서는 목회자들과 행정관리들의 의무에 강조점을 두고 있다. 하나님의 사자들로 그리고 행정관리로 분류함으로써 그들의 의무를 수행하면서 자유와 법 사이의 균형을 유지하도록 경고해 주는 것이 교리문답서이다. 목회자들은 하나님의 말씀을 통해서 모든 일을 하는 데 담대하다. 행정관료들은 종교의 공적 형식을 보호해야 할 의무를 가지며 이 형식을 통해서 모든 사람들을 취급한다. 시민들은 하나님의 법과 사람들의 법에 복종함으로써 이러한 하나님의 사자들에게 충성한다. 그러나 사람들은 언제나 우리로 하여금 하나님께 반항하는 무엇을 하게끔 명령한다. 지상의 통치자들에게 충성을 바치는 것은 "사람보다 하나님께 복종하는 것이 낫다"(행 4:19)는 절규를 만들어 낸다.[20]

그런데 제네바 시가 개혁자들(칼빈과 파렐 등)에게 대하여 반대하게 되는 상황이 제네바 시와 베른 시의 관계에서 발생했다. 베른인들은 보다 친밀한 종교적인 일체감(closer religious unity)을 갖기 위해서 제네바에 있어서의 그들의 세력과 간섭(their prestige and control)을 강화했다. 동시에 베른은 특히 프

---

20 Taylor, *op. cit.*, p. 42. "The catechism laid stress on the duties of ministers and magisters. Classifying both as ministers of God, it cautioned them to maintain a balance between liberty and law as they fulfilled their duties. Ministers were "boldly dare all things" through the words of God. Magistrates were to protect the public form of religion and deal justly with all men. Citizens were to be loyal to these ministers of God by obeying the laws of both God and man. But whenever men command us to do something against God, a great exception to complete loyalty to earthly rulers was made explicit with the exclamation "it is necessary to obey God rather than man", (Acts 4:19)."

랑스 목사들의 영향을 받는 형식 아래서, 자기네들의 영토가 제네바에 잠식될까봐 염려했다. 그래서 베른의 관리들과 목사들은 베른인들의 교회들(the Bernese churches)에서 사용되고 있는 실제적이고 구체적인 예배 형태와 일치되는 예배를 원했다.[21]

1538년 2월 3일에 있었던 선거 후에 제네바 의회(The Geneva Council)는 칼빈과 파렐의 반대적(negative) 입장에 서서 이러한 예배 행위를 채택할 생각이었다. 칼빈과 파렐이 베른과 협상을 하려고 했을 때, 200여 명의 의회원들은 즉각적으로 이들에게 "정치에 간여하는 것"을 금지하고 하나님께서 명령하시는 대로 복음 선포하는 일만 하도록 명했다.[22]

그래서 칼빈과 파렐도 베른 사람들이 예배드리는 것을 따라 하도록 지시를 받았다. 이러한 요구들에 대해서 완화적 방안을 찾아본 끝에 칼빈과 파렐은 설교와 성찬 집례를 모두 거부했다. 1538년 4월 23일 다수의 투표에 의해서 칼빈과 파렐은 제네바를 3일 이내에 떠날 것을 명령받았다. 이 때 칼빈의 반응은 이러했다.

"정말 잘됐다. 만일 우리가 사람들을 섬긴다면 우리는 좋지 않은 보상을 받겠지만, 우리가 위대하신 우리의 주님을 섬긴다면 그가 우리를 보상해 주실 것이다"고 했다.[23]

칼빈과 파렐은 제네바를 떠나 베른으로 가서 쥬리히 대회(the synod of Zürich)[24]에서 자신들의 입장을 변론도 해보았지만 소용이 없었다. 오히

---

21 *Ibid.* "They sought conformith in certain liturgical practices."
22 Walker, *op. cit.*, p. 207. Forth with, when Calvin and Farel sought to influence the negotiations with Bern, the Council of Two Hundred forbade the preachers "to mix in politics, but to preach the Gospel as God has commanded."
23 *CO.* XXI, pp. 223-226. "Well, indeed! If we had served men, we should have been ill rewarded, but we serve a great Master who will recompense us!"
24 Synod는 장로회의 노회(presbytery)와 총회(the General Assembly) 사이에 위치한 중간 조직으로 '대회'라고 한다.

려 칼빈은 무거운 짐을 벗어난 자유스러운 분위기에서 그의 여행과 연구를 즐길 수 있었다. 바젤(Basel)에서 잠깐 머문 후에 그는 스트라스부르그(Strasbourg)로 가서 3년간 보람있는 삶을 보내게 된다.[25]

3. 칼빈 개혁운동의 온실

칼빈은 그의 학자적 연구와 문서활동을 잘해 나가기 위해서 자기의 여생을 이러한 환경에 적합하다고 생각되는 도시인 바젤에서 보내기로 결심했다. 그러나 그를 잠시도 쉬지 못하게 하며 그로 하여금 종교개혁의 싸움판(the fray)에 계속해서 뛰어들게 강요하는 친구들이 있었다. 그중에는 종교개혁가 중에서 고참자로 명망이 높은 마틴 부처(Martin Bucer)가 있었다. 칼빈은 **시편 주석**에서 다음과 같이 묘사하고 있다.

> 내가 그 도시[제네바]로부터 쫓겨났을 때 나는 그곳에 적응하며 붙어 있는 것보다 더 기뻤다. 직장을 잃고 자유의 몸이 되었을 때 [내 자신이 바라는 대로 따를 수 있는] 나는 사생활을 즐기며 조용히 살아가고자 결심했다. 그런데 저 너무나도 유명한 목사인 마틴 부처가 이전에 파렐이 나를 저주하던 동일한 저주를 하면서 나를 끌어서 새로운 직책을 맡겼다. 요나의 예를 들면서 내 앞에서 위협하기에 나는 [그곳에서] 가르치는 사역을 계속했다.[26]

칼빈이 1538년 9월 스트라스부르그에 도착했을 때 그 도시는 종교개혁

---

25 Wendel, p. 57f, kidd, p. 580.
26 *Library of Christian Classic*(LCC), XXIII, p. 54. "I was more pleased than was fitting when I was forcibly expelled from the city. Then loose from my vocation and free [to follow my own desire], I decided to live quietly as private individual. But that more distinguished minister of Christ, Martin Bucer, dragged me back again to a new post with the same curse which Farel had used against me. Terrified by example of Jonah which be had set before me, I continued the work of teaching."

의 중심도시가 되기 위해서 15년 이상이나 스스로 노력하고 있었다. 매튜 젤(Matthew Zell)의 설교로 종교개혁 운동이 시작되었다. 젤은 볼프강 카피토(Wolfgang Capito), 아비뇽의 프랑수와 람베르(François Lambert of Avignon), 카스퍼 헤리오 그리고 마틴 부처(Martin Bucer) 등의 복음주의자들과 손을 잡았다.

4. 칼빈 개혁사상의 실천적 인턴십

부처는 셀레스타트 알사스(Selestat Alsace)에서 1491년 11월에 태어났는데, 구두방을 하던 그의 아버지는 그가 10살 때 스트라스부르그로 이사를 왔다. 그의 나이 15살 때 교육을 받기 위해 그는 도미니칸 종단(Dominican Order)에 가입했다. 그 후 하이델베르그(Heidelberg)로 와서 그곳에서 인문주의 공부를 해서 명성을 얻었고 사제가 되었다. 마틴 루터(Martin Luther)의 사상에 매혹되어 루터 사상에 대한 공부를 깊이 하게 되었는데, 이로 인해 부처는 마침내 파문(excommunication)을 당했다. 그 후 그는 곧바로 결혼을 했고 교회로부터 쫓겨난 후 1523년부터는 스트라스부르그에 와서 살았다.[27]

그는 곧 설교가들 사이에서 지도적 위치에 서게 되었으며 1531년에는 그들의 회장(president)이 되었다.[28] 그와 그의 동지들은 복음이 시민들의 삶의 전 영역과 관계가 있다는 신념을 가지고 그들이 복음을 적용시키는 일에 착수해야 할 것을 주장했다. 처음에는 개혁의 범위를 복음 선포하는 데 두었으나 곧 사회를 전반적으로 혁신하는 데까지 확산하였다.

1524년 2월 16일 젤의 승낙하에(with Zell's consent), 테오발트 슈바르쯔(Theobald Schwarz)는 대성당에서 미사를 드릴 때 라틴어 대신에 독일어를 사

---

27 Ells, *Bucer*, pp. 1-24.
28 B. Harrison Taylor, *op. cit.*, p. 48.

용했다.29 그가 집례하는 예배 형태는 새로웠는데, 가장 중요한 특색은 성찬식 참석자가 빵과 포도주를 최후 만찬 때 주님이 하신 것처럼 받았다. 이것은 로마 카톨릭 교회에서 지금까지 해오던 것과는 완전히 다른 것이었다.30

일년 후에는 예배 참석한 모든 회중이 부르는 찬송과 설교가 이 예배에 추가되었다.31 이렇게 부처가 개발해서 시작한 개혁주의 예전이 칼빈에 의해 제네바 교회에서 채택되었다.32

부처와 카피토가 목회자들을 위해서 시작한 강의들이 스트라스부르그에 학교 제도를 탄생시키는 데 자극제가 되었고 1525년부터 그 형태가 나타나기 시작했다. 1531년에는 시 정부의 주재하에 학교 이사회(school board)가 조직되었다. 1537년에는 파리로부터 장 스튀름(Jean Sturm)이 공식적인 교장으로 초빙되어 취임하였고 학생지도를 위한 조직적인 제도가 처음으로 시행되었다. 이것은 마침내 공립학교 제도의 시작이 되었을뿐만 아니라 이 학교가 발전되어 스트라스부르그 대학교(the University of Strasbourg)의 모체가 되었다.33

1526년부터는 종교개혁의 사상과 운동이 스트라스부르그 시 전체 분위기를 거의 주도할 정도였으니, 그 도시에 있는 모든 교회들이 매일 설교하는 예배 형태를 시행했다. 매일 새벽 5시와 7시에는 각 교회마다 예배가 드려졌고, 오전 8시에는 대성당(cathedral)에서 예배가 드려졌으며, 아침 식사 후에는 모든 교회당에서 4시간 동안 예배가 드려졌다.34

예배 제도에 대해서 특별히 명료한 도움을 준 것은 부처의 성경에 대한

---

29 이때까지도 미사(Mass)에 사용되는 공식 언어는 라틴어(Latin)였다.
30 Taylor, *Ibid*.
31 이전까지의 카톨릭 교회 예배에서는 설교(sermon)가 없었다.
32 Walker, p. 222, Van de Poll, pp. 16, 19.
33 Wendel, *L'Eglise*, p. 221f; Eels, *Bucer*, p. 46f; *Calvin's Letters*, I. p. 170(XLIII).
34 Taylor, *op. cit.*, p. 50.

명쾌한 해설(Bucer's elucidation of the Holy Scripture)이었다. 그는 1527년에 **공관복음 주석**을 처음으로 출판했다. 과도한 분량면에서 내용이 지엽적으로 흐른 감이 있지만 그것은 부처로 하여금 그 시대에 있어서의 위대한 성경학자 가운데 한 사람이 되게 한 획기적인 작품이 되었다. 이 분야에 있어서의 그의 최대의 성공은 **시편 주석**이었는데 칼빈도 그 후 몇 년 만에 **시편 주석**을 냈다.35 이일 저일 여러 가지 일을 하느라고 워낙 바쁘게 지내다 보니 많은 양의 주석은 내지 못했으나, 1536년에 출판된 마틴 부처의 주석은 칼빈이 개혁 교회를 조직하는 데 매우 깊은 영향을 끼쳤다.36

1529년 2월 21일에 미사가 주민들의 뜻에 의해서 공식적으로 폐지됨과 동시에 스트라스부르그에서는 복음주의적 신앙 수호지침이 선포되었다. 그러나 이러한 선포행위가 그 도시의 복음주의적 개혁신앙에 대해 충성심을 나타냈다고 하더라도 그것을 바로 실천에 옮긴 것은 아니었다. 이를 성취하기 위한 그 도시의 첫 번째 진정한 개혁주의적 권징은 사람들이 잘하는 행위를 더욱 증진시키고 잘못된 설교자를 견책하기 위해서 1531년 키르헨플레거(Kirchenpfleger)가 임명되었을 때부터 시작되었다. 이 권징은 한편으로는 재침례론자들의 분파주의(Anabaptist sectarianism)의 분열을 경계하고, 다른 한편으로는 로마 카톨릭으로 되돌아 가고자 위협하는 것을 경계하기 위해서는 있어야 할 꼭 필요한 것으로 생각되었다. 그래서 아우구스부르그에서 1530년에 처음으로 수락된 바 있는 테트라폴리탄 규약(Tetrapolitan Articles)을 요약한 성명서(statements)가 16개 조항(XVI)으로 부처에 의해서 초안되어 1533년에 스트라스부르그에서 모인 대회(synod)에서 채택이 되었다.37

다른 종교개혁자들과 마찬가지로 부처와 카피토는 두 가지 문제점에

---

35 *CO*, XXXI, p. 14.
36 Courvoisier, *La Notion*, p. 88.
37 Wendel, *L'Eglise*, pp. 243-252.

직면했다. 권징의 합법성과 권징을 시행하는 권한의 주체가 교회냐 아니면 행정 관공서냐 하는 문제였다. 교회의 선교와 권징은 부처가 1538년에 쓴 **영혼의 염려와 올바른 목회에 관하여**(*Von Wahren Seelsorge und Rechten Hirtendienst*)라는 소책자에 대단히 명료하게 나타나 있다.38

1536년에 쓴 **로마서 주석**에서 부처는 네 가지의 성경적 직무에는 목사(pastor), 교사(docter), 장로(elder), 집사(deacon) 등이 있다고 했는데, 부처는 뀨레 따메(*cured'ames*)라는 소책자에서는 보다 더 명백한 구분을 하고 있다. 방델(Wendel)은 또한 다음과 같이 말한다.

> 칼빈이 교회의 가장 근본적인 사역자들에 대해서 고려해 온바 네 종류의 사역자라는 숫자에 대한 최초의 언급이었음에는 의심의 여지가 없다.39

부처의 영향력은 스트라스부르그에만 한정되지 않았다. 그는 매우 넓은 범위에 걸쳐서 두 방향으로 영향을 미쳤다.

첫 번째로는 스트라스부르그 시 안팎으로 복음주의 신앙을 전파하려는 열정이었다.40 그는 또한 베른(Bern), 울름(Ulm), 프랑크푸르트(Frankfurt) 그리고 멤밍겐(Memmingen) 등의 지역에 개혁 신앙의 원리를 채택하도록 이끌어 주고 격려해 주는 데 도구(instrument)로 쓰이는 역할을 했다.41 그는 계속적으로 프랑스의 복음주의자들과 교제를 나누면서 그들의 투쟁에 격려와 조언을 아끼지 않았다.42

두 번째로 부처가 강조한 것은 개혁 교회의 다양한 지체들간에 협력과

---

38   Strohl, *La Pensee*, p. 199.
39   Wendel, *L'Eglise*, p. 190. "It is without doubt that here is the first numeration of the four ministries which Calvin will consider as the fundamental ministers of the church."
40   Taylor, *op. cit.*, p. 53.
41   *Ibid.*
42   Ells, pp. 120, 144, 166.

조화를 이루기 위한 노력이었다. 그는 로마 카톨릭과 재침례파(Anabaptist) 사이에서 중용을 취하면서 루터파와 쯔빙글리파의 분리를 방지하기 위한 다리 역할을 했던 것이다. 특히 성찬에 관한 교리의 원고를 작성하면서 칼빈이 느꼈던 것처럼 루터파와 쯔빙글리파 양쪽 다 수용할 수 있는 원고를 다듬는 일을 끝까지 포기하지 않았다. 이 목표를 달성하기 위해서 그는 개신교 회의마다(colloquy after colloquy) 참석했다.[43] 이 문제에 대한 최종 결정이 칼빈에 의해서 작성되었고 이것을 좀더 자세히 다듬은 중도 노선(a middle position)이 채택되었는데, 이것이 루터파와 쯔빙글리파와는 확연하게 구분되는 개혁파 교회의 기초가 되었다.[44]

학자로서 한적한 곳에 물러나 조용히 쉬면서 연구와 저술에 전념하고자 했던 것이 칼빈의 소원이었는데, 그는 스트라스부르그에서의 3년 동안 매우 바쁜 생활이 계속되는 가운데서도 거대한 양의 신학적인 대작들을 꾸준히 생산해 나갔다. 그는 1536년에 출판한 **기독교 강요**를 개정하는 일을 서둘러 마친 후에 사돌레토(Sadoleto) 추기경에게 보내는 **로마서 주석**을 1540년 3월에 스트라스부르그에서 출판했다. 로마서 본문을 먼저 헬라어에서 라틴어로 단락을 구분하여 번역한 후에 주석과 강해를 덧붙였다. 그는 종래의 단어 분해식, 어휘 모음식 석의 방법에서 탈피하여 문맥 흐름에 따라 성경 원저자의 의도를 알기 쉽게 풀이하는 성경적 주석(biblical commentary)을 최초로 시도하였다. 그리고 **주님의 성만찬에 관한 소책자**(*Short Treatise on the Lord's Super*)에서 성찬에 관한 교리를 명백하게 했으며, 공중 예배를 위한 경건한 음악사용을 위해서 시편 찬송을 편집했다.[45]

부처는 스트라스부르그에 몰려든 500여 명의 프랑스 난민을 목회해 나가는 일과 대학에 나가서 성경 주석을 강의하는 일을 프랑스어를 모국어

---

43 colloquy는 장로교회의 노회(presbytery)와 같은 개신교회의 모든 종류의 종교회의를 말한다.
44 Taylor, *loc. cit.*
45 *Ibid.*, p. 54.

로 사용하는 칼빈이 맡아 주기를 원했다. 1539년부터 칼빈은 스트라스부르그 대학에서 신학 강사로 취임해서 요한복음, 고린도 전서, 로마서 등을 강의하였고, 1540년에는 스트라스부르그 시민권을 얻었다.

"요나처럼 하나님께서 부르실 때 피하여 도망하지 말 것"을 부처가 권고하자 칼빈은 할 수 없이 수락하게 되었다. 1539년 8월에 스트라스부르그에서 칼빈은 **기독교 강요**를 개정하였다. 이것은 1536년 초판에 비해서 부피가 6배 이상 늘어났고 신학적인 측면에서도 몇 가지 주제 면에서 훨씬 더 완벽하게 다듬어졌다. "예정은 하나님과 인간에 관한 지식과 속죄(penitence) 및 믿음에 의한 칭의 등의 내용을 포함한다"는 교리와 특히 "신자들의 어머니로서의 교회가 보여주는 가시적 측면에서의 교회론"을 정립한 것이다.[46] **기독교 강요** 개정판에 있어서 가장 중요한 변화는 그 동기와 목적에 관한 것이었다. 1536년 판에서는 박해에 대한 방어적 차원에서 종교개혁 운동이 일어난 것으로 되어 있으나 개정판에서는 성경 이해를 돕기 위한 것으로 되어 있다. 칼빈이 독자들을 위해서 쓴 머리말을 참고해 보는 것도 좋겠다.

> 이러한 노작을 쓰게 된 나의 목적은 신학을 공부하는 학도들로 하여금 하나님의 말씀을 읽을 때 도움이 되고 또한 쉽게 접근할 수 있게 할 뿐만 아니라 방황하지 않고 바로 정진할 수 있도록 하기 위함이었다.[47]

---

46 *Ibid.*

47 *Inst*, I. p. 5, *Societe les Belles Lettres*(BL) *edition of Institution de la Religion Chrestienne*, 1936, 4 Vols. "Moreover, it has been my purpose in this labor to prepare and instruct candidates in sacred theology for the reading of the divine Word, in order that they may be able both to have easy access to it and to advance it without stumbling."

5. 칼빈 공개서한의 위력

한편 개혁파에 의해서 추방되었던 제네바의 카톨릭 주교 삐에르 드 라 봄므(Pierre de la Bomme)에게 이제는 개혁파 설교자들이 추방되었다는 소식이 들려왔다. 그는 자신에게 제네바 주교 관구로의 복귀 기회가 왔다고 생각하면서 그의 동료인 사돌레토 추기경(Sadolet Cardinal)에게 도움을 청했다.[48] 사돌레토 추기경은 1513년 교황 레오 10세의 비서로 일하다가 1517년에는 아비뇽 근처 카펜트라(Carpentras)의 주교에 임명되었다. 그는 고전을 읽을 수 있는 박식한 인문주의자요 뛰어난 능변가였으며, 그는 맹목적 로마 카톨릭의 추종자는 아니었고 종교개혁자 중의 한 사람인 멜랑히톤의 저술들을 높이 평가하는 자로 알려져 있었다. 그는 단지 시대적 추세의 흐름인 르네상스 물결에 종교개혁 운동이 역행하고 있는 것으로 보아서 종교개혁 운동을 반대하는 입장에 서 있었다.[49]

제네바 시의회와 시민들에게 보낸 사돌레토 추기경의 편지는 다음과 같이 시작하고 있다.

> 그리스도 안에서 신실한 형제 여러분에게와 우리의 어머니인 카톨릭 교회 위에 전능하신 성부와 우리 주님 성자 예수 그리스도, 그리고 성령을 통하여 평화(pax)와 사랑과 일치가 있기를 축원합니다. 아멘.
> 나는 제네바의 예법과 이 자유 도시의 조직과 질서, 시민들의 훌륭한 인격들, 그리고 무엇보다 외국인들에 대한 놀라운 친절을 사랑합니다.[50]

---

48 Emanuel Stickelberg, 박종숙 · 이은재 공역, 하나님의 사람 칼빈(서울: 나단, 1992), p. 99.

49 *Ibid.*, 샤롤레토는 1477년 모데나(Modena)에서 태어나 페라라 대학(University of Ferrara)에서 고전학(Classical Studies)을 전공했다. 그는 당대 최대의 인문주의자 에라스무스와의 친구였다. 1536년에 추기경에 승진했고 1537년 부터는 교회 개혁을 위한 카톨릭의 특별 위원이 되었다. 그는 종교 개혁의 필요성을 일부 인정하였고 1537년 6월에는 필립 멜랑히톤과 그리고 1538년 7월에는 요한 스트롬과 마틴 부처에게도 편지를 보내서 우정을 나누고자 노력했다.

50 Emanuel Stickelberg, *op. cit.*, p. 99.

그의 문체는 매우 정중했으며 제네바 시민들에 대한 존경심과 사랑으로 가득 차 있었다. 성부, 성자, 성령 삼위 하나님을 믿는 신앙 안에서 하나 되게 하시고 평화와 사랑으로 맺어진 공동체를 깨뜨리고 찢고 갈라놓고 있는 현실적 상황에 대해서 깊은 슬픔을 능숙하고 정교한 언어들로 표현하고 있는 그의 메시지는 제네바 시민들 사이에 재빨리 퍼져 나갔다. 그리고 진심에서는 로마 카톨릭을 추종하면서 겉으로만 개혁파의 물결에 따르던 니고데모주의자들에게는 기쁜 소식이었다. 일반적으로 로마 카톨릭 추종자들은 개혁파의 이신칭의 교리를 악마적이고 이단적인 교리로 정죄해 버렸지만 사돌레토는 이에 대해서 매우 신중한 표현을 사용하고 있다.

영원한 구원은 하나님과 예수 그리스도에 대한 "오직 믿음"(sola fide)만을 통해서 우리들에게 주어질 수 있습니다. 그러나 "오직 믿음만으로"라고 내가 말한 것은, 그것이 그리스도인들의 선행과 의무들이 무시되어도 좋다는 말은 결코 아닌 것입니다.[51]

상당히 설득력이 있는 표현이다. 그의 권유는 제네바 시민들이 로마 카톨릭의 품으로 되돌아오라는 열정적 표현에서 클라이막스를 이룬다. 오천년의 역사를 지닌 카톨릭 교회에 대항해서, 이제 겨우 수년밖에 되지 아니하는 개혁파교회의 이 교활한 분열주의자들의 시도는 헛된 공격에 불과하다는 것을 사돌레토는 역설하고 있다.[52]

제네바 시의회는 당시 카톨릭 교회의 중진중의 중진인 추기경 사돌레토가 자신을 낮추는 매우 겸손한 자세에 (좀더 정확히 말해서 아첨하는 표현에) 일단 설득을 당했다. 시의회는 사돌레토의 서신을 좀더 신중히 검토한 후 곧 회신하기로 하고 사자를 돌려보냈고, 사자는 모든 일이 잘되어

---

51 *Ibid.*

52 *Ibid.*, p. 100.

가고 있다고 사돌레토에게 보고하였다.[53] 불안을 느낀 복음주의 진영에서는 회의를 열었다. 그러나 제네바에서는 이렇게 박식한 교황의 대변인에게 대적할 만한 논객이 없었다. 이대로 그냥 넘어가 버리면 로마 카톨릭 교회측의 승리가 인정될 것이고, 제네바는 다시 종교적, 정신적으로는 로마교황의 지배에 들어갈 것이며, 정치적으로 이웃나라에 합병되거나 속국이 되어 모처럼 제네바가 맛본 자유와 독립의 행복한 분위기는 사라지고 말 것은 자명한 이치였다.[54]

이 문제 해결에 열쇠를 쥔 사람은 당시에 단 한 사람뿐이라 생각되었으나 그는 스트라스부르그라는 너무 먼 곳에 있었다. 시민 대표들은 1537년 7월 29일 성 베드로 성당에 모여서 그들이 취했던 개혁 사상에 입각한 신앙고백에 대한 서약을 철회할 것을 요구하고 나섰다. 제네바의 순수한 하나님의 말씀 수호에 대한 위기였다.[55] 이 기간 중 안네시(Annecy)에서 제네바 시민 퀴르떼(Curtet)가 시골 사람들에게 하나님의 말씀을 해석해서 가르쳐 주었다는 이유로 화형에 처했다. 또 제네바 시민 장 랑베르(Jean Lambert)도 복음주의 신앙 때문에 시민들이 보는 데서 혀를 잘리고 화형에 처해졌다. 이로 인해 제네바에 있던 복음주의자들은 불안에 떨고 있었다.[56]

이때 스트라스부르그로부터 칼빈의 공개 편지가 도착했고 수많은 제네바 사람들이 그 사본을 얻기 위해 아우성이었다. 곧바로 서적상의 공급은 바닥이 났다.[57] 칼빈의 답변 서신은 위기에 처한 제네바를 구했다. 그 일부분을 여기 인용한다.

얼마 전에 당신은 제네바 의회와 시민들에게 편지를 썼습니다. 당신

---

53 *Ibid.*
54 칼빈과 개혁 신학(광주: 광신대학교 출판부, 1999), p. 271.
55 Stickelberg, *op. cit.*, p. 101.
56 *Ibid.*, p. 102.
57 *Ibid.*

의 목적을 성취하는 데 필요로 하는 사람들을 격분시키지 않기 위해 아주 부드러운 말로 썼더군요. (중략) 사돌레토여! 현재는 내가 비록 제네바의 목회자는 아니지만 당신이 험담하는 사람들 중의 한 사람으로서 아버지의 사랑으로 제네바를 보살피려 했다는 것을 알아주시기 바랍니다. (중략) 당신은 자신을 의심받게 만드는 의도를 나타내고 있습니다. 목회자들의 임무는 그리스도에게로 영혼들을 인도하는 것입니다. 그러나 당신의 중심의도는 교황의 권세 아래로 영혼들을 끌어가려는 것입니다.[58]

사돌레토를 공박하는 칼빈의 논지는 매우 분명했다. 사돌레토가 1499년에 로마에 가서 올리비에로 카라파 추기경(Oliviero Caraffa Cardinal)의 지도하에 헬라 및 라틴고전을 연구했고, 메디치가의 지오반니(Giovanni de Medici)가 교황 레오 10세(Pope Leo X, 1513-1521)가 되자 사돌레토는 1513년부터 그의 비서가 되었다. 교황 클레멘트 7세(Pope Clement VII, 1523-1534) 때에도 교황청 비서로 일하던 그의 경력을 환하게 알고 있던 칼빈으로서는 그의 편지의 의도가 제네바 시민들을 회유하여 로마 카톨릭 신앙으로 되돌려 놓고자 함을 쉽게 느낄 수가 있었다. 그래서 성 삼위 하나님께 대한 신앙이 아니라 로마 교황에 대한 맹목적 추종을 요구하는 사돌레토의 권면이 신학적으로 잘못된 것임을 지적하고 있는 것이다. 칼빈의 신학의 기저에 하나님 절대 주권에 대하여 피조물로서의 나의 자아를 포기하고 순종하는 것과 하나님께 영광을 돌려드리는 신앙의 궁극적 목적이 있음을 사돌레토에게 보내는 칼빈의 공개 서한이 밝히고 있는 것이다.

우리 가운데 불화의 씨를 뿌리기 위하여 당신은 (사실은 그렇지 않다는 것을 잘 알고 있음에도 불구하고) 우리들을 야망과 돈에 대한 사랑에 눈먼 자들이라고 공격하고 있습니다. 만일 내가 내 자신의 유익만을 추구하려 들었다면 나는 결코 로마 카톨릭 교회를 떠나지 않았을 것입니다. (중략) 재물과 명예에 이르는 지름길은 당신이 우리에게 제시한 조건들을

---

58 *T&T*, I, p. 35.

처음부터 받아들이는 것이 아니었을까요? (중략) 우리의 유일한 목표는
우리들의 비하와 겸손에 의해 하나님의 나라가 확장되어 가는 것뿐입니
다.[59]

칼빈은 사돌레토가 거짓말로 개혁자들이 돈과 명예 때문에 교회를 분
열하였다고 제네바 시민들을 회유하지만 그것이 사실과 정반대임을 논박
하고 있다. 하나님 중심의 신앙을 따라서 오히려 로마 카톨릭 교회에서 돈
과 명예로 유혹하는 것을 거절한 것이 개혁자들임을 밝히 말하고 있다.
교회 분열 자체에 대해서는 칼빈도 반대하고 있다. 참 교회는 전 우주적으
로 하나이며(oneness), 거룩하며(holiness), 보편적(catholicity)이라는 사실에 입각
해서 사도적 전승의 터 위에 서 있는 교회라는 실체를 칼빈이 부정할 리가
없다. 이러한 교회를 그가 찢거나 분리할 수는 없다. 그런데 칼빈은 로마
카톨릭 교회를 이러한 참 교회로 보지 아니한 것이다. 거짓된 교회, 썩은
교회는 부서져야 하고 무너져야 하고 개혁되어야 한다는 것이 칼빈의 사
상이었다.

칼빈은 사돌레토의 의견을 모두 반박하는 것은 아니다. 옳은 말은 옳다
해주고, 그른 말은 조목조목 비판을 가하고 있다.[60] 사돌레토는 카톨릭
교회에 대해서 다음과 같이 말하고 있다.

> 그것에 대해서 간단히 정의하자면 카톨릭 교회는 모든 부분에서 현재
> 뿐만 아니라 언제든지 그리고 어디서든지 그리스도의 한 성령에 의해서
> 지배되는 것이다. 그러므로 한 성령 안에 있는 교회에 불화(dissension)란 존
> 재할 수 없다. 왜냐하면 교회의 모든 지체들은 상호 연결되어 있기 때문이
> 다. 그리고 함께 숨쉬기 때문이다.[61]

---

59 *Ibid.*

60 Point by point he dealt with Sadolet's Letter, agreeing where he could and countering his arguments where he disagreed.

61 *T & T*, I, p. 14. "To define it briefly, the Catholic Church is that which in all parts, as well as at the present time, in every region of the world, united and consenting in Christ, has been

이에 대해서 칼빈은 "하나님의 말씀 선포야말로 교회의 참 표지가 되는 것"이며, 하나님의 말씀과 연결되어지는 곳에 성령이 역사하는 것임을 주장하고 있다.

> 하나님의 말씀 없이 성령을 자랑하는 것이 얼마나 위험한 것인가를 알면 교회야말로 성령에 의해서 다스려지는 곳이며, 그 다스림이 애매모호 하거나 불안정하지 않도록 하기 위해서 성령의 역사가 말씀과 연관되어 있는 것이다.[62]

로마 카톨릭 교회와 재침례주의자들(Anabaptists)은 각각 그들의 권위의 기초를 후자는 성령에만 두고 전자는 교회에만 두어 말씀의 지배를 받는 성경적 권위에 기초를 두는 것과의 균형 유지를 취하지 못하는 교리적 오류에 빠졌다.

칼빈은 로마 카톨릭 교회가 성경에 의해서 정의된 진정한 신앙을 떠나 있으며, 개혁자들은 초대교회의 패턴을 따라서 교회를 새로이 재건할 때 성경적 기초 위에서 재건한다는 사실을 보여 준다. 그는 카톨릭 교회에 대한 공격의 중심을 교리, 권징, 성찬, 예배 등의 네 영역에 두었고, 이 네 가지 영역이 균형을 유지할 때 교회는 안정되는 것이다.[63]

> 성령이 교회보다 선행하며, 말씀을 이해하는 가운데서 교회를 조명하며, 말씀 자체가 리디아의 돌(Lydian Stone)과 흡사하며, 말씀에 의해서 교회는 모든 교리들을 검토하는 것이다. (중략) 말씀 없이 성령을 자랑하는 것은 성령의 인도함이 없이 말씀만 가지고 나아가려는 것이나 다름없이 모

---

always and everywhere diredted by the one Spirit of Christ; in which church no dissension can exist; for all its parts are connected with each other, and breathe together."

62 *Ibid.*, p. 35. "Seeing how dangerous it would be to boast of the Spirit without the Word, he declared that the church is indeed governed by the Holy Spirit, but in order that government might not be vague and unstable, he annesed it to the Word."

63 Taylor, *op. cit.*, p. 56.

순되고 정신나간 짓이다.64

사돌레토에게 보내는 칼빈의 공개서한 사본이 제네바 시에 퍼져 나간 후 제네바의 분위기는 복음주의자들에게 활기와 기쁨을 주는 방향으로 흘렀다. 칼빈의 서신에 대해서 사돌레토는 답변하지 못했다. 다른 지역에 있던 개혁주의자들도 이 사실을 기뻐하였다. 누구보다도 더욱 기뻐하면서 적그리스도인 교황에 대항하면서 시작했던 싸움의 계승자요 완성자로 칼빈을 생각하게 된 뷔텐베르그(Wüttenberg)의 마틴 루터는 "사돌레토가 하나님이 이탈리아뿐만 아니라 온 인류의 창조주시라는 것을 깨달을 수 있다면 좋으련만…"하며 얼굴에 미소를 머금었다.65

칼빈과 파렐을 추방한 제네바 시민들은 삼년 반 동안 그 자리에 네 명의 다른 목회자들을 세웠는데, 그들의 설교는 빈약했으며 그들은 모두 행정관들의 독주를 맹목적으로 추종하는 허수아비였으므로 사람들로부터 존경을 받지 못했다.66 그동안 4인의 행정관(magistrates),67 25인의 소의회(Les Messieurs de Geneve)68 및 60인 의회와 200인 의회69 및 총회(꼼뮨)70로 구성된

64　*T & T*, I. p. 37. The Spirit gives before the church, to enlighten her in understanding the Word, while the Word itself is like the Lydian Stone, by which she tests all doctrines…, it is no less unreasonable to boast of the Spirit without the Word, than it would be absurd to bring forward the Word itself without the Spirit.

65　*CO*, p. 402. Luther, *EpistulaeV*. p. 211.

66　Stickelberg, *op. cit.*, p. 105.

67　이들 위원회들의 의무에 관한 요약은 For summaries of the duties of the councils(p. 50)과 Foster(pp. 6, 41)을 참조할 것: 4인의 행정관(magistrates)은 시민의 총회인 꼼뮨에서 선출되며 행정을 실제로 집행한다.

68　"르메시드 쥬네브"는 "제네바의 신사"라는 뜻이며 4인의 행정관들을 직접 통제 감독한다. 이들은 실제적인 중앙 행정기구로서 제네바시의 외교, 국방, 재정 등의 중요한 실무를 장악한다. 1526년에 제정된 법률에 의하면 이 소의회 의원은 제네바에서 출생한 사람에 한정되어 있었다.

69　60인 의회는 Senate(상원)의 역할을 하고 200인 의회는 하원(the house of representatives)의 역할을 하며 법률 제정과 소의회 의원을 선출할 선거인단 역할도 한다.

70　총회(General Council)를 꼼뮨(Commune)이라고 한다. 꼼뮨은 제네바의 모든 남자 시민으로 구성되었다.

제네바 정부는 외교 문제에서 중요한 특권들을 베른(Bern)에 허용함으로써 커다란 실정을 초래하게 되었다.

이 사실들이 귀욤파(Guillermines)[71]에 의해 시민들에게 알려지게 되었고 이것이 장차 제네바의 독립을 위협하게 될 것이라는 소문이 확산됨으로써 선거에서 귀욤파들이 압도적 승리를 거두게 되었다. 패배자들은 조국의 반역자로 낙인이 찍혀 101년 동안 제네바 시로부터 추방이 선포되고 중죄자들은 참수형을 받았다.[72]

네 명의 허수아비 설교자들은 냉대와 무시를 받는 중에 두 명은 작별 인사도 없이 야밤 도주하다시피 제네바를 떠났다. 이전에 무례하게 추방당했던 칼빈에게 다시 돌아와 달라고 하는 복귀 초청장이 스트라스부르그 1540년 말경에 보내졌다. 이는 시의회가 칼빈 귀환을 위한 모든 가능한 수단과 방법을 강구해 보도록 아미 페렝(Ami Perrin)에게 위임할 것을 결정한 직후에 내려진 조치였다. 제네바 의회에서는 스트라스부르그 의회 앞으로 직접 공문을 보내 자기들에게 그렇게도 절실히 필요한 칼빈을 보내줄 것을 요청했다.[73]

> 이겼습니다! 형제여 어서 이곳으로 오시오! 우리를 구원해 주신 하나님의 뜻 안에서 함께 기쁨을 누릴 수 있도록 빨리 오십시오. 머뭇거리지 마시오! 비참과 불행과 슬픔 가운데 무너져 버린 교회를 다시 일으켜 세우고 함께 기뻐하기 위해서 빨리 오시오.[74]
>
> 비레(Viret)
>
> 그리스도 안에서 우리의 존경받는 아버지여! 이곳으로 오십시오. 당신은 우리의 사람이고 주님께서 친히 당신을 우리에게 주셨습니다. [이곳]

---

71 당시의 개혁파들(the reformers)을 제네바에서는 파렐(Guillaume Farel)의 이름을 따서 귀욤파들(Guillermins)라고 불렀다.
72 Stickelberg, *op. cit.*, p. 106.
73 Herminjard, VI, p. 331-332.
74 *Ibid.*, p. 329.

모든 사람들이 당신을 그리워하여 한숨만 내쉬고 있습니다.[75]

자끄 버나드(Jacques Bernards)

'아니오'라고 말하지 마세요. 만일에 당신이 우리의 청을 거절한다면 그 것은 사람을 거스리는 것이 아니라 성령을 거스리는 것이 되는 것입니다. 추수를 기다리는 열매들이 프랑스에 많이 있다는 것을 기억하시기 바랍 니다. 제네바 교회는 매우 중요한 사명이 있습니다. … 어느 누구도 당신 만큼 강력하고 현명하게 그리고 당신만큼의 능력으로 이 교회를 인도할 수 없습니다.[76]

앙뜨와 마르꾸(Antoine Marcourts)

6. 칼빈의 성별된 심장

시의회는 밀사들을 통해서 "어두움이 지난 후에 빛을 소망한다"(Post tenebras spero lucem)라는 말이 겉봉투에 쓰여진 간절한 내용의 재청빙 서한을 칼빈에게 보낸다.

제네바 시장과 시의회는 우리의 훌륭한 형제요 탁월한 친구인 칼빈 선 생님께 편지합니다. 하나님의 영광과 그의 말씀의 확장만이 당신의 바람 이라는 것을 우리가 알고 있는 한 제네바시의 대·소의회(大小議會)와 총의 회(총의회는 자신들의 이름이 여기에 쓰여 있다는 것을 당신에게 알려 줄 것을 매우 간절히 우리에게 부탁하였습니다)의 이름으로 정중하고도 간 절하게 당신을 초청합니다. 우리들이 당신을 절실히 요청하는 이곳에서 당신의 옛 직무를 다시 맡아 주십시오. 우리는 당신이 어떤 어려움이나 곤 란도 느끼지 아니하는 그러한 방식으로 모든 면에서 당신을 예우하고자 합니다.[77]

---

75 이것은 Jacques Bernards가 1541년 3월 1일에 칼빈에게 쓴 편지의 일부 *Ibid.*, VII, p. 42.
76 *Ibid.*, p. 319.
77 *Ibid.*

제네바 시는 또한 제네바 의회에 대한 칼빈의 좋지 아니한 감정을 염려해서 쥐리히(Zürich)에 있는 설교자들에게도 부탁해서 칼빈을 설득해 줄 것을 요청했다. 그러나 칼빈 자신으로서는 지난 3년 반 전에 추방을 받았을 때 그렇게도 치욕을 느끼게 했던 그 이전의 자리로 돌아간다는 것은 상상해 본 일조차 없었고 생각하기에도 괴로운 일이었다. 칼빈은 파렐에게 "나를 매일 천 번이나 죽이는 그 십자가를 지느니 백 번 죽는 것을 택하겠습니다. 고뇌를 강요당하는 이전의 자리로 돌아가느니 차라리 교수대에 매달리거나 바다에 빠져 죽는 것이 나을 것입니다"[78]라고 그의 심경을 표현하고 있다.

그러나 파렐은 성격상 쉽게 포기하는 사람이 아니었다. 그는 친히 스트라스부르그로 가서, 그가 처음 칼빈을 제네바 어느 여관방에서 저주를 퍼부으면서 칼빈에게 강요해서 여행길에 있던 그를 제네바에 머물도록 했던 것과 동일한 선포를 했다. 칼빈은 다시 불안에 휩싸였고 "만일 이것이 하나님의 소명을 거부하는 것"이 된다면 칼빈의 신앙으로서는 용납되지 아니하는 큰일이라고 생각했다. 오랜 심사숙고 끝에 그는 결국 굴복했다. 그리고 1540년 10월 24일자로 그는 다음과 같은 편지를 파렐에게 보냈다.

> 만일 나에게 이 일을 결단할 수 있는 선택권이 있다면 나는 당신[파렐]의 요구에 굴복하는 것 빼놓고는 무엇이든지 다 할 것입니다. 그러나 나는 내게 속한 것이 아니라(Je ne m'appartiens pas)는 생각이 나를 지배했기 때문에 나는 나의 의지를 죽여서 주님께 제물로 바칩니다.[79]

칼빈이 파렐에게 쓴 이 편지의 내용 곧 "나는 내 것이 아니고 주의 것"이므로 나의 의지, 나의 생각, 나의 소유, 나의 생명까지 주님께 바치자, 곧 "내 뜻과 나의 모든 것을 주를 위해 포기하고 주님께 절대 순종하자"는 나

---

78 *CO*, XI, p. 30.
79 Herminjard, IV, p. 339.

의 존재와 하나님의 절대 주권과의 관계를 그의 **기독교 강요** III권 6장에서부터 10장에서도 논하고 있다.

> 우리는 우리의 것이 아니라 주님께 속한다. 우리는 우리의 것이 아니다. 그러므로 우리의 이성이나 의지가 우리의 생각이나 해야 할 것을 지배하는 일이 없도록 하자… 우리는 우리의 것이 아니다. 그러므로 우리는 애써서 우리 자신을 잊자. 자기가 왕국을 자기 자신의 이성으로부터 빼앗아서 하나님께 돌려 드리기를 얼마나 잘하는지![80]

에밀 두메르그(Emile Doumergue)에 의하면 제네바에서 보름즈(Worms)로 파송한 밀사가 제네바 의회에서 보내온 정중하고도 간절한 초청의 사연이 담긴 편지를 전달해 주자, 이를 읽어 본 칼빈이 뜨거운 눈물을 폭포수같이 쏟으면서 흐느껴 울었다고 했다. 너무나 감격이 북받쳐 그는 두 번이나 방을 떠나 밖에 나갔다가 왔다고 했다.[81]

"내가 졌습니다. 내가 굴복합니다"는 말과 또 "나는 나의 성별된 심장을 제물로 드립니다"(cor mactatum in sacrificium offero)라는 말은 이때부터 칼빈이 자주 쓰던 좌우명이 되었다. 마침내 그는 1541년 9월 13일에 한 사람의 동행자도 없이 단신으로 제네바로 돌아왔다. 단순한 목회자의 자격으로 돌아온 것이 아니라 개혁 운동의 지도자의 자격으로 돌아왔던 것이다.

---

80 *Institution chretienne*, III, VII, 1.
81 Emile Doumergue, *Jean Calvin's, Les hommes et les choses de son temps*, III (Lausanne and Paris, 1899-1927), p. 702.

제5장

칼빈의 선교사상 논의

1. 네 가지 관점

칼빈에게 선교사상이 존재하느냐는 주제에 대한 거론은 칼빈의 신학과 그의 목회사역의 선교적 성격 논의로부터 시작된다. 이에 대해서는 학계에서 최소한 서로 다른 네 가지 관점이 있음을 확인할 수가 있다.[1]

첫째로 칼빈의 선교사상에 대해서 부정하는 견해가 하나 있고, 둘째로 칼빈의 신학과 저술에서 선교적 강조가 적극적으로 포함되어 있다는 견해가 있으며, 셋째로 빌헬름 단크바르(Wilhelm F. Dankbaar)나 요하네스 반 덴 베르그(Johannes Van den Berg) 같은 이들은 칼빈의 선교신학(Calvin's theology of mission)에는 애매모호한 요소가 있다는 주장을 하는가 하면, 넷째로 찰스 채니(Charles Chaney), 피어스 비버(R. Pierce Beaver), 제임스 드 용(James A. De Jong) 등의 학자들과 같이 세계적 선교의 사역에 영향을 미친 칼빈 신학의 중요성에 대해서 결코 간과해서는 안 된다고 주장하는 자들도 있다.

---

1 Carl D. Stevens, pp. 3-4.

2. 칼빈의 선교사상에 대한 부정적 견해

칼빈의 선교사상에 대한 최초의 역사적 논의는 17세기 로마 카톨릭 교회의 로베르 벨라르망(Robert Bellarmine, 1524-1621) 추기경에 의해서 제기되었다. 그는 역사적으로 개신교에 있어서는 선교참여가 없었다는 것을 자신이 연구 조사한 근거를 내세워 주장하면서 종교개혁 운동의 정통성에 대해서 의문을 제기한 바가 있었다.[2]

그러나 칼빈의 선교 문제에 대한 개신교회 내에서의 근대적 논의의 표현은 독일의 선교 신학자이며 현대 선교학의 아버지라고 불리는 구스타프 바르넥(Gustav Warneck)에 의해 다른 종교개혁자들의 선교적 관심과 선교사상 문제에 대한 논의와 함께 칼빈의 선교사상에 대한 문제의 제기가 처음으로 시작된 것이다.[3]

그런데 칼빈의 선교적 비전이나 그의 선교활동에 대한 구스타프 바르넥의 부정적인 입장은 아마 해외선교를 전제로 한 견해일 것이다. 우리가 깊이 숙고해 볼 때, 종교개혁 운동 그 자체가 넓은 의미에 있어서 선교 운동이라고 하는 칼빈의 견해에 수긍이 갈 것이다. 부패하고 타락해 버린 잘못된 교회를 개혁하여 건전하고 바른 교회를 세워서, 죽어 있는 수많은 심령들을 살리는 종교개혁 운동을 자국 내에서의 광의의 선교개념으로 볼 때, 칼빈에게 선교 비전이 없다거나 칼빈의 신학사상 가운데서 선교개념을 찾아볼 수 없다고 단정할 수만은 없다.[4]

종교개혁자들이 해외선교에 직접 가담할 수 없었던 것은 첫째로는 종

---

2 Paul D. Avis, *The Church In The Theology of The Reformers*(Atlanta: John knox Press, 1981), p. 167. ※종교개혁자들의 선교사업에 대한 직접적 참여나 선교비전에 대한 더 자세한 자료는 Hans Kasdorf의 "The Reformation and Mission: a bibliographical survey of secondary literature", *Occidental Bulletin Missionary Review* 4:169-175를 참고하시기 바람.

3 Gustav Warneck, *Outline of a History of Protestant Mission*, ed. by George Roberson, tr. by J. Mitchell and C. Macleroy(Edinburgh: Morrison & Gibbs, 1901), pp. 8-9.

4 C. D. Stevens, Loc. cit.

교개혁 당시에는 스페인이나 포르투칼과 같은 카톨릭 국가에서 모든 해상로(seaways)를 독점하였으므로, 개혁자들이 해외 이교도들을 접촉할 수 있는 여지가 전혀 없었고, 따라서 종교개혁자들은 선교지역으로 진출하기가 매우 어려울 수밖에 없었다.[5]

두 번째 이유는 종교 및 정치적 이유(religio-political reason)이다. 즉 종교개혁 당시 개혁자들에게는 생존상 위협을 느낄 정도로 로마 카톨릭 교회와 구교국가들이 맹렬하게 공격해 왔기 때문에, 개혁교회의 모든 힘은 해외선교 쪽보다는 스스로의 생존을 위해서 쓰는 것이 더 급선무였다. 그래서 개혁자들과 개혁 교회는 현대적 개념의 해외선교에는 힘쓸 여지가 없었다고 보는 것이 바르넥의 견해였다.[6]

개혁자들 중 특히 칼빈의 경우 선교의 실제적 활동이 없었을 뿐만 아니라 선교적 책무(the missionary obligation)에 대한 인식조차도 없었다고 하는 주장에 대해서 생각해 보기로 하자.

예수님께서 사도들에게 분부하신 지상 명령을 사도들에게만 적용시켜 해석해야 한다는 것은 이러한 주장을 하는 자들의 개인적 신학 견해일 뿐이지, 선교에 대한 성경적 견해는 아니다.[7]

바르넥은 이에 대한 두 가지 이유를 다음과 같이 말한다. 첫째 이유는 칼빈이 사도직(the office of apostle)을 선교사직(the missionary office)과 동일한 것으로 보았고, 교회의 항존직(the permanent office of the church)이 아닌 별정직(an extraordinary office)으로 보았기 때문에, 교회가 세워지지 아니한 이교도 지역에 가서 교회를 세우는 데까지만 사도들이 이행해야 할 일이라고 생각했다. 그리고 사도들이 이미 이런 일들을 다 했다고 신학적으로 믿었기 때문에 칼빈이 이러한 사도적 책무로서의 선교에는 관심을 두지 아니한 것이

---

5 Ibid.
6 Ibid.
7 Ibid.

라고 한다.

둘째 이유는 행정장관직(the magistracy)의 직무 중에는 그 지방 불신자들에게 진실한 참종교를 소개시켜야 할 의무가 있다고 보았다. 따라서 이교도 지역에 교회를 세우고 이교도들에게 복음을 전할 수 있도록 배려하는 일은 행정장관들의 책임에 속하는 것이라고 믿었기 때문이다.[8]

예일 대학교의 선교 역사학자 라토렛(Kenneth Scott Latourette) 교수도 "교회의 선교적 확장"(the missionary expansion of the church)이라는 제목하에 7권의 책을 써 나가면서, "종교개혁가들은 선교에 대해서는 거의 관심도 없고 중요하게 취급하지도 않고 있다"고 했다. 라토렛 교수는 "16세기에 있어서 로마 카톨릭의 선교적 확장에 비해서 개신 교회는 유럽 이외의 지역에 대해서는 그들의 신앙을 전파하고자 하는 노력을 거의 하지 않았다"라고 기록하고 있다.[9]

기독교 확장사(*A History of the Expansion of Christianity*)라는 그의 방대한 저서 중에서, 라토렛 교수는 칼빈에 대해서는 겨우 한두 줄 정도 썼고, 그것도 칼빈이 현대적 의미에서의 선교 비전이나 선교사상에 대해서는 아무런 공헌을 한 바가 없다고 기록하고 있다.[10] 이러한 종교개혁과 선교의 논의에서 종교개혁자들이 해외선교에 가담하지 못한 이유를 다섯 가지로 들고 있다.[11]

첫째로, 종교개혁자들은 신학적으로 해석하기를 세계를 복음화시키는 책무, 곧 선교적 의무는 사도들에게 속한 것으로 사도시대가 끝나면서 이 책무는 모두 끝이 났다는 것이다. 그리고 역사적으로도 이미 예수님이 부활 승천하신 후 불과 수십 년 내에 사도들에 의해서 복음이 땅끝까지 모

---

8 *Ibid.*, pp. 9, 19.
9 *Ibid.*, p. 20.
10 Keneth Scott Latourette, *Three centuries of Advance: A. D. 1500-1800*, vol. 3. *A History of the Expansion of Christianity*(New York: Harper & Brothers, 1939), p. 41.
11 라토렛 교수는 그 이유를 여섯 가지로 들고 있으나 필자는 다섯 가지로 묶어 보았다.

두 전해졌다고 믿어야 할 것이라고 주장한다.

둘째로, 로마 카톨릭 교회와 개신 교회 사이에서 계속 되어지는 종교전쟁과 갈등 때문에, 이제 신생교회로 출발한 지 얼마 안 되는 개신교회는 자신의 신학적 정체성 확립(establishing their own theological identities)에 그들의 총력을 기울여야 했기 때문이다.

셋째로, 하나님의 뜻을 받들어서 일반행정 관리를 맡아야 할 책임이 있는 자들(magistrates)이 해외에 복음을 전파할 방안을 찾지 않았기 때문이다.

넷째로, 로마 카톨릭 교회에서 해외선교를 담당한 주요 기관(the chief mission agency)이 수도원(monastery)이었는데, 개신 교회가 카톨릭 제도(Catholicism)를 거부하면서 선교에 있어서 매우 효과적이던 수도원 제도까지 그것이 단지 카톨릭 교회에 속한 것이었다는 이유 때문에 모두 거부했다. 그 때문에 그 이후로 개신 교회는 1792년 윌리암 케리에 의해서 효과적인 선교 수단(means-수도원과 같은 효과적인 선교 기관을 의미)의 필요성을 제창하기까지 약 300년 가까이 선교 기관 하나 없이 지냈다.

다섯째로, 지리적 이유(geographical reason)이다. 이미 앞에서도 약간 언급했지만 16세기부터 18세기까지 유럽의 모든 해상로는 당시 카톨릭 군주국인 스페인과 포르투갈에 의해서 완전히 장악된 상황이었다.

이러한 상황에서 개신교도들이 해외의 이교도들이 사는 땅으로 갈 수가 없었고, 따라서 당시 개신교도들의 해외선교는 불가능하였다고 볼 수 밖에 없다.[12]

선교 역사학자인 스티븐 니일(Stephen Neill)도 라토렛과 비슷한 견해를 가지고 있으며, 루터파 신학자인 카알 브라텐(Carl Braaten)도 루터나 칼빈에게 "선교 의식(missionary consciousness)이 전적으로 결여(totally devoid)"되어 있다는 주장을 하였다.[13]

12　Ibid., pp. 25-26.
13　Carl Braaten, *The Flaming Center: A Theology of Christian Mission*(Philadelphia: Fortress Press, 1977), p. 15.

윌리암 R. 호그(William R. Hogg)는 "칼빈의 기독교 강요와 주석들을 읽어 보았지만, 거기에는 선교신학에 대한 적극적 인식이 전혀 없었다"라고 했다.[14]

미첼 헌터(A. Mitchell Hunter)도 비슷한 견해를 가지고 있었는데, "칼빈이 선교적 열정을 가지고 있었다는 흔적을 찾아볼 수 없었다"고했다. 이어서 "그는 이방인들을 하나님의 긍휼히 여기심에 맡겨두고 하나님의 특별하신 구원의 수단에 의지하는 수밖에 없다"고 했다는 것이다.[15]

3. 칼빈은 선교적 인물이었다는 견해

(1) 칼빈의 비전과 신학은 선교적이었다

칼빈에게 선교적 마음이 있었는가?라는 질문에 대한 데이빗 칼호운(David B. Calhoun)은 '칼빈은 선교적 영웅인가? 아니면 선교의 실패자인가?'라는 매우 인상적인 제목의 글 아래 "칼빈의 신학은 본래부터가 선교적"(missiological)이라고 하면서 다음과 같이 말했다.

> 칼빈은 해외선교를 강력히 추진하지는 아니했다. 그러나 그의 신학은 선교적이었다⋯ 다시 말해서 그의 신학에는 내적 역동성이 본질적으로 포함되어 있는데, 이 역동성이 그리스도인들로 하여금 다른 사람들을 그

---

14 William R. Hogg, "The Rise of Protestant Missionary concern", In *The Theology of Christian Mission*, ed. by Gerald A. Anderson(New York: McGraw-Hill Book Company, 1961), p. 98. "one searches John Calvin's Institutes and Commentaries without finding any positive recognition of a theology of missions."

15 A. Mitchell Hunter, *The Teaching of Calvin: A Modern Interpretation*(London: James Clarke and Co., 1943), p. 154. "He said that Calvin displayed no trace of missionary enthusiasm. He simply lift the heathen to the tender mercies of God and His extraordinary means of salvation."

리스도의 다스림 아래로 포함시키고자 하는 노력을 하도록 만들어 그의 왕국이 전세계로 확산되게 하는 것이다.16

칼호운(David B. Calhoun)은 하나님 나라에 대한 칼빈의 가르침 가운데서 칼빈 신학의 선교 신학적 성격을 발견할 수가 있다고 했다. 에른스트 피스테러(Ernst Pfisterer)도 칼빈의 비전에서는 하나님 나라의 확장은 그 범위가 전우주적이라는 것이며, 이것은 또한 선교 프로그램의 완성을 의미한다고 했다.17

빌헤름 단크바르(Wilhelm F. Dankbaar)도 "하나의 완전한 선교 프로그램의 기초는 칼빈에게서 찾아볼 수 있다"고했다.18 찰스 채니(Charles Chaney)가 쓴 논문 "요한 칼빈의 신학에 있어서의 선교적 역동성"(The Missionary Dynamics in the Theology of John Calvin)이라든지,19 W. 슈라터(W. Schlatter)의 논문 "칼빈의 선교사상"(Der Missionsgedanke bei Kalvin)이 복음주의 선교잡지에 발표된 내용20에도 칼빈의 하나님 나라(the kingdom of God)의 가르침에는 선교의 기초 사상이 존재한다고 했다.

칼호운에 의하면 오늘날 우리가 말하는 선교의 정의를 "복음선포를 통한 이 땅 위에서의 하나님 나라의 확장"(the extension of the kingdom of God through out the earth through the preaching of the Gospel)이라고 본 점은, 풀러 신학교

---

16 David B. Calhoun, "John Calvin: Missionary Hero, or Missionary Failure", *Presbyterian Bulletin*: pp. 16-33. "Calvin did not promote more strongly foreign mission… but is his theology missiological… that is, does it essentially contain an inner dynamic that compels christians to seek to enlist others under the rule of Christ and to spread His kingdom in all the world"

17 Ernst Pfisterer. "Die Missionsgedanke bei Kalvin", *Neu Allgemeine Missions zeitschrift* 11: pp. 93-108.

18 Wilhelm F. Dankbaar, "Het Apostolaat bij Calvijn", *Nederlands Theologisch Tijdschrift* 4: pp. 177-192.

19 Charles Chaney, "The Missionary Dynamic in the Theology of John Calvin", *Reformed Review* 17(March, 1964): pp. 24-38.

20 Schlatter, von W. "Der Missionsgedanke bei Kalvin." *Evangelisches Missions Magazin 53*. 1909: pp. 333-43.

의 선교대학원장을 역임한 아더 글라써(Arthur F. Glasser) 박사의 견해와도 상통한다.

칼호운은 이러한 주장을 입증하기 위해서 하나님 나라에 관해서 쓴 칼빈의 글 가운데 일부분을 인용하고 있다. 특히 '하나님 나라의 보편성'(the universality of the kingdom of God)을 취급하고 있는 칼빈의 글에서, 칼호운은 큰 감명을 받고 있다. 그는 특히 **기독교 강요**(*Institutes of the Christian Religion*)에서 프랑스 왕 프랑수와 I세에게 보내는 서문은 너무나 유명한 글로 알려졌다. 거기서 칼빈은 하나님 나라를 설명하고 있는데 칼호운은 이것이 바로 칼빈에게 선교사상이 존재한다는 증거라는 것이다. "그리스도의 통치는 바다로부터 바다까지, 강들로부터 땅의 끝까지"(from sea to sea, and from the rivers even to the ends of the earth), 다시 말해서 오대양 육대주 이 세상 끝까지 그리스도가 통치하기 위해서는 선교라는 과정이 필요하다고 칼빈은 주장하였다.

하나님 나라가 땅 끝까지 전파되기 위해서는 모든 그리스도인들이 이에 대한 책임감을 가져야 한다고 칼빈이 강조하고 있다. 이를 위해서 그리스도인들은 매일 힘써서 기도해야 하며, 비록 하나님 나라의 성장이 느릴지라도 실망하지 아니하고 꾸준히 하나님 나라의 확장을 위해서 부지런히 일해야 한다고 강조하고 있는 칼빈을 볼 때 우리는 칼빈의 선교사상에 대해서 긍정적으로 말하지 아니할 수가 없다.[21]

사무엘 즈웸머(Samuel Zwemmer)도 칼빈의 선교사상에 대해서는 긍정적인 입장에 선다. 즉 유대인이나 이방인이나 터키인들에 대해서 루터와 칼빈은 매우 상반된 입장에 서 있는데, 루터와는 달리 칼빈은 모든 사람들의 구원을 위해서 기도하고 일해야 할 그리스도인들의 보편적인 책임에 대해서 강조하였다고 즈웸머는 말한다. 즈웸머는 칼빈의 **기독교 강요** 3권 20장 36절부터 40절까지를 인용하면서, 주기도문의 두 번째 간구(the second

---

21　David B. Calhoun, *op. cit.*, pp. 17-19, 30.

petition of the Lord's prayer)에 대한 칼빈의 해설(Calvin's exposition) 중 "우리는 지구상의 모든 사람들을 위해서 기도해야 한다"는 부분에서 칼빈의 선교사상이 포함되어 있음을 옹호한다.

즈웸머와 같이 피스테러(Ernst Pfisterer)도 칼빈이 모든 사람들에게 관심을 갖는 데 대해서 이를 선교적으로 적용(the missiological implication of Calvin's concern for all people)시켜 보려고 노력하고 있다. 그는 또한 "칼빈에게 있어서 선교적 책임의 근거는 주님의 지상명령(The Great Commission)뿐만 아니라 이웃에 대한 우리들의 책임을 가르친 성경의 교훈에서도 찾아볼 수 있다"고 했다.[22] 신약성경에 나오는 '선한 사마리아인의 비유'를 해석하는 칼빈의 해석에서 "하나님의 사랑의 한계는 제한 없이 모든 사람에게까지 미쳐야 함"을 예로 들어서 칼빈의 보편적인 선교관심에 대해서 언급하고 있다.

피스테러는 하나님의 보편적 구원의 제공과 선택의 교리(예정교리) 사이에서 칼빈은 어떤 갈등도 없다고 믿는 것이 칼빈의 선교사상이라고 보았다.

즉 '모든 것이 하나님의 만세 전부터의 예정 가운데 있기 때문에 선교할 필요가 없다'는 것이 아니라, 누가 예정의 수에 들었고 누가 들지 아니했는지 인간 쪽에서는 알 수가 없기 때문에 우리는 더욱 적극적으로 모든 사람에게 힘써서 복음을 전해야 한다는 것이 칼빈주의 예정교리를 믿는 자들의 선교 자세인 것이다(*Inst. III.* 23. 14).

(2) 칼빈의 목회 활동 또한 선교적이었다

칼빈 연구가 중의 한 사람인 프레드 크루스터(Fred H. Klooster)는 칼빈의 목회 활동 가운데 선교적 성격이 있음을 발견하였다고 주장한다. 그는 또한 "종교개혁 그 자체가 선교사업이 되어버렸다"고 주장하고 있다.[23]

---

22 Ernst Pfisterer, *op. cit.*, p. 97.
23 Fred H. Klooster, "Missions… the Heidelberg Cathechism and Calvin", *Theological Journal* 7(1972), p. 183. "… the Reformation itself constitutes a missionary enterprise."

대내선교(home missions)와 해외선교(foreign missions) 사이의 확연한 구분(critical distinction)을 하기 힘들 때는, 종교개혁자들과 선교 문제에 대한 단면을 관찰해 보면 잘 이해가 될 것이다.24

칼빈이 해외선교에는 전혀 관심이 없었던 것처럼 말하는 것은 칼빈에 대해서 넓게 조사하고 깊이 연구해 보지 못한 소치이다. 칼빈이 목회하던 제네바 교회에서 제네바 시민 여러 명을 브라질에 보내어 복음을 전하게 하였다는 사실은 무엇을 말하는가?25 칼빈은 카톨릭 교회가 새로운 대륙에 식민지와 함께 선교활동을 전개하는 데 대해서 개신교 쪽에서도 브라질에 개신교 식민지를 수립하는 데 협조하면서 해외선교의 전개에 충분한 관심을 가지고 있었다고 크루스터(Fred H. Klooster)는 보는 것이다.26

그러나 칼빈은 우선순위에 있어서는 역시 대내선교(home missions)를 앞세웠다. 부패하고 타락된 로마 카톨릭 교회, 썩어서 냄새 나고 쓰러져 가는 헌 집과도 같은 잘못된 교회를 개혁하여 유럽세계를 복음으로 새롭게 하고자 하는 칼빈의 노력은 대내선교(유럽지역 내 선교)의 훌륭한 본보기가 되었다.27 종교개혁이야말로 전세계사 가운데 가장 위대한 대내선교 프로젝트 중의 하나로 불리워야 마땅하다고 크루스터는 주장한다.28

필립 휴즈(Philip E. Hughes)도 칼빈과 제네바 교회의 선교 중심적 경향에 대한 주장자 중의 하나다. 그는 제네바 교회를 "선교의 학교"(a school of missions)라고 했다.29 그의 주장에 의하면 칼빈 당시 제네바에 있던 수많은 목사들이 칼빈의 지도하에 제네바 교회의 선교 비전을 가지고 프랑스로

24　*Ibid.* "a truncated view of the question of the reformers and mission"
25　*Ibid.* "the fact that the Genevan Church sent a group of Genevese to Brazil to reach the native Indians with the Gospel."
26　*Ibid.*
27　*Ibid.*, pp. 186-187. "Calvin's effort to re-christianize Europe became a superb example."
28　*Ibid.*, p. 187. "Calvin's effort to re-christianize Europe"
29　Philip E. Hughes, *The Register of the company of Pastors of Geneva in the Time of Calvin*(Grand Rapids: Wm. B. Eerdmans, 1966), p. 25.

갔다는 사실에 대해서 반박할 수 없는 증거(irrefutable proof)를 가지고 있다고 휴즈는 말한다.30

프랑스뿐만 아니라 브라질(Brazil)에도 같은 일이 전개되었다고 휴즈(Philip E. Hughes)는 말한다. 브라질에 제네바인들(the Genevese)을 보내는 것은 무엇을 위해서인가? 그것은 칼빈과 제네바 교회가 그들의 선교적 과업(their missionary task)을 가지고 원대한 선교적 비전을 이루고자 한 노력이 아닌가?31

'요한 칼빈은 과연 선교적 영웅인가 아니면 선교의 실패자인가?'(John Calvin: Missionary Hero or Missionary Failure?)라는 논문을 발표해서 학계의 관심을 모았던 데이빗 칼호운(David B. Calhoun)은 칼빈이 프랑스에 대한 선교적 공헌의 정도에 대해서는 "놀라움 이상의 어떠한 표현도 더할 수가 없다"고 했다.32

즉 1557년부터 1562년까지 칼빈의 지도를 받은 수많은 제네바의 목사단(the company of pastors in Geneva)이 프랑스를 향해 선교 활동을 전개했다는 것이다. 또한 니콜라스 두란드 빌레가그논(Nicolas Durand Villegagnon)의 요청에 따라서 제네바 교회는 브라질의 복음주의적 식민지 탐험에 참여시키기 위해 일군의 제네바인들을 보냈다.33

이것은 이교도 지역에 하나님 나라의 확장을 가져오기 위한 수단[선교를 의미함-역자주]으로서의 사건을 보여 주었다. 당시 제네바에서 신학 공부를 하고 있던 젊은 신학도 장 드 레리(Jean de Léry)와 삐에르 리쉬에르(Pierre Richier) 목사 같은 사람을 브라질로 보내어 선교에 참여케 한 행위와

---

30 *Ibid.*

31 *Ibid.*, p. 28.

32 David B. Calhoun, *op. cit.*, p. 28. "describes the extent of Calvin's missionary commitment to France as 'nothing less than amazing'"

33 Jean de Léry, *History of a Voyage to the Land of Brazil, otherwise called America*, tr. by Janet Whatley(SanFrancisco: UC Berkeley Press, 1990).

자세는 제네바 개혁자[칼빈-역자주] 자신의 선교적 열정을 반영하는 것이라고 칼호운은 믿고 있다.34

시카고 대학에서 선교역사를 가르쳐 온 피어스 비버(R. Pierce Beaver)교수도 칼빈과 제네바 교회가 브라질에 선교활동을 전개한 것은 칼빈 연구 중에서 매우 중요한 선교의 비전을 보여 주는 좋은 예가 된다고 했다. 만약 이 선교사업이 성공을 거두었더라면 칼빈은 선교에 대해서 조직적인 업적을 남긴 사람이 되었을 것이라고 비버 교수는 덧붙였다.35

4. 칼빈의 선교적 태도는 애매모호하다는 견해

빌헤름 F. 단크바르(Wilhelm F. Dankbaar)는 말하기를 "칼빈은 보통 때에는 조리가 있고 조직적인 사상가로 알려져 있다. 그러나 이러한 그의 조직적인 사상도 선교의 영역에 들어왔을 때에는 아주 애매모호한(ambiguous) 상태로 바뀌어 버렸다"고 했다.36

단크바르가 발견한 칼빈 선교에 있어서의 애매모호성이란 칼빈이 사도직무의 정지(the cessation of the apostolate)와 선교에 있어서의 개인적인 참여의 중요성(the importance of individual involvement in mission)을 동시에 강조하고 있기 때문이다. 단크바르에 의하면 주님의 지상명령을 성취하기 위한 교회의 책무는 사도들이 당대에 이미 완수했다는 중세적 관념을 칼빈이 받아들

---

34 Calhoun, *op. cit.*, p. 32. "It saw the event as a means for extending Christ's kingdom in a pagan land. Calhoun believes that the evangelistic actions and attitudes of the participants in the mission to Brazil, such as the young theological student at Geneva, Jean de Léry, and pastor Pierre Richier, reflect "something of the Geneva Reformer's own missionary zeal."

35 R. Pierce Beaver, "The Genevan Mission to Brazil" in *The Heritage of John Calvin*(Grand Rapids: Wm. B. Eerdmans, 1973), pp. 56-57.

36 Dankbar, *op. cit.*, pp. 184-185. "Calvin's is normally a consistent and systematic thinker, but he becames quite inconsistent when it comes to the area of mission."

이고 있었다는 것이다.37

사도직과 전도자의 직분은 임시직으로서 교회의 설립까지 한정적으로 있는 직분이라고 칼빈은 생각했다는 것이다. 그러므로 그는 사도들이 죽었을 때 교회의 선교적 책임도 끝났다고 생각했다는 것이다.38

단크바르는 또한 칼빈이 주기도문의 두 번째 간구에 대한 칼빈의 주석에서 선교적 관심의 근거를 발견한다고 했다. 칼빈은 세계의 모든 교회가 하나님 나라의 보편적 실현(the univeral realization of the Kingdom of God)을 위해서 기도하고 또한 사역할 것을 격려하고 있다.39 단크바르는 또한 종교개혁자로서 칼빈의 사역에서 선교적 성격을 언급하고 있다.

> 칼빈이 유럽 전체를 상대로 편지를 쓰고, 글을 쓰고, 유럽 전체 사역을 위해 목회자들을 훈련시키는 일을 통해서 종교개혁의 원인을 선포한 곳, 다시 말해서 칼빈의 지도 아래 있는 제네바는 '사실상 사도적 센터'가 되었다.40

칼빈은 다른 종교개혁자들보다 훨씬 더 "사도적 정신"(an apostolic spirit)을 가진 개혁자였다. 그런데 칼빈의 "교회론"과 "직분론"에서는 선교적 성격을 찾아볼 수가 없다고 단크바르는 말한다. 칼빈은 교회의 성격을 역동적 실재(dynamic entity)로 보지 않고 정적인 시각(static perspective)에서 본 것이다. 그가 교회의 직분을 임시직(temporary offiecs)과 항존직(permanent offices)으로 나눈 발상법도 여기서부터 나왔다.

---

37 *Ibid.*, p. 180. "Calvin accepts the common medival notion that the apostoles completed the church's obligation to fulfill the Great Commission."
38 *Ibid.*
39 *Ibid.*, p. 185. "Wilhelm F. Dankbaar finds a basis for the missionary concern in Calvin's comments on the second petition of the Lord's prayer."
40 *Ibid.*, p. 183. "Under Calvin, Geneva became a virtual 'apostolic center' where Calvin proclaimed the Reformed cause through his letters riting and training of ministers for work throughout Europe."

사도적 사역이란 교회의 계속적인 임무가 되는 것이지 그것이 교회의 기초로서의 한시적인 어떤 직분이 되어서는 안 되는 것인데, 칼빈은 이를 직분으로 정해버린 실수를 범한 것이라고 믿는 것이 단크바르의 견해이다.[41]

칼빈의 선교사상에 대한 요하네스 반 덴 베르그(Johannes Van den Berg)의 견해도 "칼빈은 선교에 대해서 매우 애매모호한 태도를 보였다"고 했다. 교회사적으로 볼 때 교회의 선교적 책무를 부정한 개혁자들의 태도는 주목할 만한 일이고 또한 이해할 수 없는 일이라고 그가 주장했다.[42]

종교개혁자들의 선교에 대한 관심과 활동이 결여되었다는 데 대해서 요하네스 반 덴 베르그(Johannes Van den Berg)는 몇 가지 잠재적 이유(several potential reasons)를 찾아내고 있다. 그 중의 한 이유가 수도원 제도(monastic order)를 개혁자들이 배척하면서 로마 카톨릭 교회의 선교확장기구 역할을 담당해 왔던 이 제도를 어떤 다른 대안도 마련하지 아니하고 배제시켜 버림으로써 다른 모든 개혁자들과 함께 칼빈도 선교에 관심이 없거나 선교를 반대하는 인물로 동일시되어버렸다는 것이다.[43]

로마 카톨릭 교회가 사도 계승 사상(the idea of apostolic succession)을 기초로 하여 그 위에 그들의 교회론이 합법성(legitimacy)을 가진다고 주장해 나가고 있기 때문에, 칼빈은 다른 개혁자들과 함께 사도직의 항존성을 거부하였다. 반 덴 베르그(Van den Berg)는 또 주장하기를 로마 교황에 대항하는 교회의 정체성에 대한 논쟁 때문에 칼빈과 다른 개혁 사상가들은 "사도들의 과업이야말로 복음이 전세계에 퍼져 나가게 하는 것이라는 사실 곧 전체로서의 교회(the church as a whloe)의 과업이 선교라는 사실을 잊어버릴 위험에

---

41 *Ibid.*, pp. 187-188.
42 Johannes Van den Berg, "Calvin's missionary message", *The Evangelical Quarterly 22*, 1950: p. 176. "… rather negative attitude of the reformers with regard to the missionary obligation of the church."
43 *Ibid.*, p. 177. "Johannes Van den Berg explores several potential reasons for the reformer's lack of missionary interest and activity."

처해 있었다"고 했다.44

칼빈과 개혁자들의 선교 비전에 있어서 명료성 결여(the lack of clarity)에 대한 중심적인 이유는 외부적 환경 요인이었다는 사실을 반 덴 베르그는 다음과 같이 설명한다.

> 선교적 이상은 과거에 하나의 지하 흐름이었던 것처럼 이방인들 세계의 바다에 접하는 것이 불가능한 상태에 있었고 또한 신학적 반대로 그러한 사조의 흐름이 감추어져 왔는데, 그것은 아마도 부분적으로는 외적 어려움들이 무의식적으로 증가하였기 때문으로 보인다.45

이러한 외적 어려움들이란 종교개혁자들이 이방 세계와 접촉할 수 있는 방법과 기회가 없었다는 것도 포함되었다. 종교개혁 당시 선교사들이 활동할 수 있는 땅은 거의 대부분 로마 카톨릭의 지배하에 들어가 있었고, 개혁가들은 잘못된 교회, 썩어서 무너져 내리는 교회를 깨끗이 청소하고 바르게 개혁하는 데 혼신의 힘을 쏟고 있던 상황이었다. 이러한 이유에서 반 덴 베르그는 "칼빈에게 잠재적 선교사상이 있었다해도 그가 그것을 충분히 표현하지 못하였으므로 따라서 그의 선교에 대한 생각은 애매모호한 상태로 남아 있다"고 결론짓는다.46

---

44 Johannes Van den Berg, "Calvin's Missionary Message", *The Evangelical Quarterly 22*: p. 178. "Calvin, with the other reformers, rejected the permanency of the apostolic office because the Roman catholic puts the legitimacy of their ecclesiology on the idea of apostolic succession."

45 *Ibid*. "The missionary ideal remained as it were a subterranean stream, unable to reach the sea of the Gentile World, and hindered in its speed by theological objections, which were… perhaps partly an unconscious growth of the external difficulties."

46 *Ibid*. "the potential missionary thought of John Calvin was not expressed suficiently, therefore his missionary thinking remained ambiguous."

5. 후세 선교 사업에 영향을 미친 칼빈의 선교사상

위의 견해들과는 약간 다른 또 하나의 시각이 존재한다. 최근 일군의 학자들 가운데는 근대 선교 운동 전체의 뿌리가 칼빈의 신학이라고 주장하는 사람들이 많다. 특히 뉴잉글랜드 청교도 운동을 논할 때 이러한 표현이 나온다. 그들 중에는 피어스 비버(R. Pierce Beaver), 찰스 채니(Charles L. Chaney)와 제임스 드 용(James A. De Jong) 등이 있다.[47] 1961년 **오순절과 선교**(*Pentecost and Mission*)라는 책을 출판한 기독교 개혁교회(Christian Reformed Church) 선교사 출신의 신학자인 해리 보어(Harry Boer)는 "모라비안 선교 세력과 독일 경건주의(German Pietism) 그리고 영국의 윌리암 캐리(William Carey)의 세계 복음화를 위한 탄원이 근대 선교 사업을 시작케 한 독특하고도 결정적인 사건이 되었다"고 했다.[48] 1988년에 출판된 **미국교회사의 재해석**(*Reinterpretation in American Church History*)이라는 책에서 시카고 대학교의 피어스 비버 교수는 보어(Boer)와는 다른 견해를 주장하고 있다. 즉 뉴잉글랜드의 청교도 운동(New England Puritanism)이 근대 선교 운동의 출현을 가능케 한 여건을 제공하였다고 했다.[49]

피어스 비버의 주장에 의하면 메이휴(Mayhew)와 존 엘리옷(John Eliot) 등의 개인적인 노력이 미국의 해외선교운동 태동에 더 많은 영향을 주었다고 했다. 그들의 노력에 의해서 유럽의 개신 교회들의 해외선교 운동도 일어나게 되었다고 비버는 주장한다.[50] 비버는 또한 "윌리암 캐리가 전세계

47　Stevens, *op. cit.*, p. 17.

48　Harry Boer, *Pentecost and Mission*(Grand Rapids: Wm. B. Eerdmans, 1961), pp. 16-17. "William Carey's plea for world evangelization caused the specific and decisive event that launched the modern missionary enterprise."

49　R. Piece Beaver, "Missionary motivation through three centuries", in *Reinterpretation in American Church History*(Chicago: University of Chicago Press, 1988), p. 113. "New England Puritanism provided the context out of which the modern missionary movement emerged."

50　*ibid.*, p. 114. "Their efforts inaugurated not only the permanent missionary endeaver of the American Church, but also the world mission of the European Churches."

적 근대 선교 운동을 최초로 시작한 사람이라는 것은 하나의 신화에 불과하다"[51]고 주장하고 있다.

1976년에 출판한 그의 저서 **미국 선교의 태동**(The Birth of Misisons in America)[52]이라는 책에서 찰스 채니는 "칼빈주의 신학사상(Calvinism)이 전 세계적 개신교 선교운동의 종말론적 뼈대와 모형 그리고 동기들을 제공하였다"고 했다.

찰스 채니에 의하면 칼빈은 오순절과 주님의 재림 사이에는 현격하게 구분되는 삼대 시대 구분이 존재한다는 주장을 하고 있다. 그 첫 번째 시대가 사도들에 의한 교회의 설립시대(the epoch of the establishment of the church)요, 두 번째의 시대가 적그리스도와 이들에 대적해서 개혁자들이 교회를 회복시키는 시대(the epoch of the restoration of the church)이고, 세 번째가 교회의 대번영시대(the epoch of the great prosperity for the church)라고 했다는 것이다.[53]

칼빈은 적그리스도가 쓰러지고, 교리 및 예배 순결을 지향하는 참교회 회복 시대에 종교개혁자들 자신들이 살고 있다고 믿었다. 그리고 적그리스도를 상징하는 로마 카톨릭 교황의 세력이 패하고 하나님의 말씀에 따라서 새로이 개혁된 교회가 번영과 성장을 경험하는 시대의 갈림길에서 칼빈의 신학이 기록된 것이다.[54] 그러므로 칼빈의 신학은 그 형성의 시대적 상황이나 그 동기면에서 보더라도 세계선교의 대전제와 초석이 되는 신학이라고 하지 아니할 수가 없다. 신대륙에 이민 온 청교도들은 이러한 종말론적 시각을 가지고 있었고, 그들은 종교개혁자들보다 한 세기 후에 살았다. 그것은 바로 적그리스도의 시대 말기에 그들이 살고 있었던 셈이다. 찰

---

51 Chaney, *op.cit.*, IX. "It is a myth to view William Carey as the one who launched to whole modern missionary movement."

52 *Ibid.*, p. 32. "Calvinism provided the eschatological framework, the models, and the motives for the world wide Protestant missionary movement."

53 *Ibid.*, pp. 32-33. "Charles Chaney asserts that there are three distict epoches of the church existed between Pentecost and Christ's return."

54 *Ibid.*, p. 33.

스 채니는 당시 적그리스도의 패배 후에 하나님께서는 그의 왕국의 확장과 승리하는 교회의 설립을 미국 땅에서 실행하신다는 확신을 가졌다.55

종교개혁자들의 교회들은 세 번째 시기에 승리하는 교회를 위한 모델을 미리 제공해 주고 있는데 그 교회들이 미국의 교회라고 찰스 채니는 말하고 있다.56 미국 이주 시기의 청교도들(the Puritans of the Great Migration)이 개신교 세계선교 사업을 위한 종말론적 구조를 제공했다고 하지만, 실제에 있어서 개신교 세계선교 사업의 역동적인 힘은 대각성 운동에서 제공된 것이라고 찰스 채니는 주장한다.

청교도들이 선교에 참여함으로 불을 붙이기 시작했고, 대각성 운동에서 실제적으로 세계선교라는 기관차가 움직이기 시작한 것이다.57

찰스 채니는 코튼 마더(Cotten Mother)와 조나단 에드워즈(Jonathan Edwards) 등과 함께 뉴잉글랜드 청교도 운동의 대표자로서 시대적 종말론(epochal eschatology)을 주장하였다는 점에 있어서도 칼빈을 따르고 있다. 그들은 시대적 종말론을 대각성 운동이라는 맥락에서 전개해 나감으로써 그들 이후의 선교 사업에 영향을 미쳤다고 채니는 믿었다.58

전천년주의자(premillenialist)인 코튼 마더는 자신이 새로운 교회 시대의 첨단에 살고 있다고 믿었다. 또한 마더는 이러한 새 시대는 적그리스도의 세력이 마지막으로 끝나면서 모든 것이 새로이 시작되는 시대가 될 것이다. 적그리스도가 무너진 후에 교회의 번창시대가 도래할 것이며 교회는 새로운 오순절을 경험하게 되고 그 새로운 오순절은 성령의 폭발적인 역사의 결과일 것이다. 결과적으로 그리스도의 재림(The Return of Christ) 후에

---

55 Ibid.

56 Ibid.

57 Ibid., p. 148-49. "Charles Chaney also asserted that the Puritans of the Great Migration have provided the eschatological structure for the Protestant World Missionary Enterprise, however, the virtual dynamic power for the Protestant World Missionary Enterprise was provided by the Great Awakening Movement."

58 Ibid., pp. 49ff.

그리스도의 왕국(the Kingdom of Christ)이 전세계적으로 확대될 것이라고 코튼 마더는 믿었다.59

채니는 말하기를 "그것은 조나단 에드워즈의 시대적 종말론이긴 하지만 그것이 선교 활동에 최대의 공헌을 한 것이다"라고 했다. 에드워즈는 종말론에 있어서는 후천년주의자였다. 그는 마더와는 대조적으로 그리스도는 천년왕국 시대가 지난 후에 재림한다고 믿었다. 그러나 마더와 에드워즈가 의견을 같이하는 것은 그리스도의 재림 이전에 전세계적으로 그리스도의 나라가 확장될 것이라고 믿은 것이다.60 에드워즈는 그리스도의 초림과 재림 사이에는 네 가지의 서로 다른 특징을 가지고 있는 시대로 구분할 수 있다고 했다.

각 시대는 교회의 중대한 사건들로 매듭지어졌다. 첫 시대는 사도들의 시대인데 이때는 예루살렘의 함락으로 끝났다. 둘째 시대는 콘스탄틴 대제와 함께한 기독교의 승리로 끝났다. 셋째 시대는 그리스도의 재림으로 끝나게 될 것이다.61 조나단 에드워즈는 자기가 현재 살고 있는 시기는 세 번째 시기의 말엽임을 깨달았다. 그리고 종교개혁은 이 세 번째 시기의 중간에 일어났으며 역사상 최대의 암흑기는 종교개혁 직전이었으니 이때는 적그리스도의 발흥이 바로 그 징조였다.

종교개혁은 적그리스도의 패배와 때를 같이하여 일어났다. 에드워즈는 자기 시대에 보던 것을 그 정점에 이르러 믿은 것이다. 이러한 적그리스도의 패배와 함께 교회는 이방인들이 전세계적으로 몰려오는 것을 경험하게 될 것이라고 에드워즈는 믿었다. 이 시대말에 그리스도 재림의 종말론적 표적이 그의 시대에 교회 부흥 현상으로 나타난 것을 조나단 에드워즈는 믿었다.62 하나님의 선택과 섭리의 주제(the theme of divine election and

---

59 Ibid., pp. 50-56.
60 Ibid., p. 65.
61 Ibid., p. 66.
62 Ibid., p. 68.

providence)는 칼빈의 종말론과 밀접하게 관련되어 있다. 이 주제는 청교도들로 하여금 신앙의 자유를 찾아서 신대륙으로 이민을 오게 하는데 영향을 주었을 뿐만 아니라 그들이 미국에서 선교활동을 펼쳐 나가는 데도 큰 영향을 미쳤다.[63]

채니에 의하면 칼빈의 선택이론에 대한 견해는 개인뿐만 아니라 민족들에 있어서도 한정적으로 보일 수밖에 없다. 뉴잉글랜드 청교도들은 그들의 이민을 이방인들의 충만한 수가 차기까지 일어나고 있다고 해석한다. 존 윈드롭(John Winthrop)이나 존 코튼(John Cotten) 같은 이는 자기들이 뉴잉글랜드로 온 목적이 신적 선택과 섭리에 대한 민족적 계획이 어떠함을 보여 주는 개념을 내포하고 있다고 했다. 인디언들 가운데 이루어진 그의 사역에 관해서 쓰여진 존 엘리옷(John Eliot)의 작품들은 이러한 역사적 계획에 관해서 언급하고 있다.[64] 이러한 종말론적인 뼈대 제공 이외에도 뉴잉글랜드 청교도들은 개신교 세계선교 사업을 위해서도 바람직한 모델을 제공하고 있다.

1640년에 시작된 뉴잉글랜드 청교도들의 아메리칸 인디언들에 대한 선교는 개신교 세계선교에 최대의 자극과 연속성을 제공하였다.[65] 마르타의 포도원(Martha's Vineyard)에 대한 토마스 메이휴(Thomas Mayhew)와 그의 아들(Thomas Mayhew, Jr.)의 작품이나 메인랜드(mainland)에 대한 존 엘리옷(John Eliot)의 작품에서도 이러한 사례를 발견할 수가 있다고 채니는 말한다. 인디안들에 대한 그들의 노력은 궁극적으로 19세기 전세계적 규모의 선교에까지 확대되어 나갔다.[66]

개신교 세계선교에 대한 뉴잉글랜드의 세 번째 영향은 선교적 열정을 위한 동기를 제공해 주었다는 점이다. 피어스 비버는 "3세기를 통한 선교

---

63 *Ibid.*, p. 34.
64 *Ibid.*, pp. 39-40.
65 *Ibid.*, pp. 101-102.
66 Pierce Beaver, *op. cit.*, p. 121.

동기"라는 글에서 19세기까지 개신교 세계선교를 밀고 나간 두 가지의 동기는 '하나님께 영광'과 '인디안의 영혼을 위한 열정'이라고 했다.[67] 제임스 드 용(James De Jong)은 **바다를 덮은 물**(*Waters Cover the Seas*)에서 앵글로 아메리칸의 선교의 일어남과 개신교 세계선교에 미친 영향을 기록하고 있다.

그의 논제는 "천년왕국"의 기대, 특히 후천년주의의 다양한 견해가 17세기와 18세기의 앵글로 아메리칸 선교에 동기를 부여해 주었다는 것이다.[68]

교회가 전세계적으로 확장되어져 갈 것이라는 이러한 천년왕국적 기대(millenial expectations)는 몇 가지 예언적 주제들을 성취시켰다. 그러한 기대들 가운데 (1) 유대인들의 개종, (2) 부름에 대한 이방인들 수의 채워짐, (3) 로마 카톨릭이 종교적으로 이루어 놓은 것의 부서짐 등이 포함된다.[69] 복음의 우주적 승리에 대한 천년왕국의 기대들은 19세기에 와서는 선교적 책임 뒤로 물러서게 되었다. 이러한 천년왕국 대망의 결과로 기독교는 서구 지역으로부터 6대륙으로 확대되었다.[70]

개신교 세계선교 사업이 일어났을 때 직접적 모체(matrix)를 독일의 경건주의나 모라비안 선교에서 찾기보다는 뉴잉글랜드 청교도 칼빈주의에서 찾아야 한다는 견해를 정리해 보았다. 데니스 할레 선교(Danish-Halle Mission)에서 나타난 바와 같이 독일 경건주의와 18세기 모라비안 선교는 개신교 세계선교 사업에 힘을 더해 주었다. 그러나 근대 선교 사업의 직접적인 뿌리를 찾기 위해서는 경건주의를 넘어서 칼빈주의와의 관계를 살펴보아야만 한다. 왜냐하면 칼빈주의야말로 개신교 세계선교 사업 뒤에 주된 세력으로 서 있기 때문이다.

67　Ibid.
68　James De Jong, *Waters Coverthe Sea: Millenial Expectations in the Rise of Anglo-American Missions 1640-1810*(N. V. Kampen: J. H. Kok, 1970), pp. 1-4.
69　Ibid.
70　Ibid. "… from an occidental raligion to the religion of six continents."

제6장

칼빈의 설교에 나타난 선교사상

1. '하나님의 선교 명령'은 사도시대에만 국한된 명령인가?

칼빈과 칼빈주의에 대한 연구는 지금까지 여러 측면에서 매우 폭넓게 그리고 매우 깊이 있게 연구되어 온 것은 사실이다.[1]

그러나 매우 아쉽게도 칼빈과 선교의 관계에 대한 연구는 매우 단편적인 몇 줄의 글들을 제외하고는 그 숱한 역사적 칼빈 연구 문헌들 가운데

---

1 졸저, 칼빈의 선교 사상(서울: CLC, 1999), 초판 부록 pp. 269-356. Emila Doumergue, *Jean Calvin: les hommes et les choses de son temps*, 7 vols, Lausanne, 1899-1917. F. W. Kampschulte, *Johann Calvin: Seine Kirche und sein Staat in Genf.* W. Walker, *John Calvin; the Organizer of Reformed Protestantism*, NY: 1906. A. Lang, *Johannes Calvin*, Leipzig, 1909, R. N. Carew Hunt, *Calvin*, London, 1933. Pimbart De La Tour, *Calvin et l'Institution chetienne*, Paris. J. D. Benott, *Jean Calvin: la vie, l'homme, la pensee*, 1948. , *Calvin: directeur d'ames*, Strasbourg, 1947. A. Lefpang, *La Jeunesse de Calvin*, Paris, 1888. J. Pannier *Recherches sur l'evolution religieuse de Calvin jusqu'a sa conversion*, Strasbourg, 1924. , *Recherches sur laformation intellectulle de Calvin*, Paris, 1931. Q. Green, *John Calvin: A Study in French Humanism*, GRR, 1931. M. Mann, *Erasme et les debuts de la Reforme Francaise* Paris, 1934. 이 밖에도 칼빈에 관한 연구는 신학, 성경해석, 문화사, 정치, 경제, 역사 … 등 매우 많은 영역에서 그 수를 이루 헤아릴 수 없이 많다.

서 거의 찾아보기 어렵다. 뿐만 아니라 선교에 대한 칼빈의 관심이나 사상을 논하는 자들 가운데는 오히려 부정적으로 말하고 있는 자들이 대단히 많다는 것에 대해서 놀라지 않을 수 없다.

그러면 과연 개혁자들이 왜 선교활동을 자극하지도 않았고, 선교학 연구에 공헌도 하지 못하였단 말이 사실일까? 그러면 과연 독일 선교학의 아버지라고 불리는 구스타프 바르네크(Gustav Warneck)나, 미국의 대표적인 선교학자인 케네스 스코트 라토렛(Keneth Scott Latourette)까지도 칼빈을 비롯한 종교개혁자들의 선교사상에 대해서 부정적이었다는 말이 사실이란 말인가?

요하네스 바빙크와 헨드릭 크레머의 제자이며 화란이 낳은 세계적인 석학인 요하네스 페르까일(Johannes Verkuyl) 박사도 역시 그의 저서인 **현대선교 신학 개론**[2]에서 다음과 같이 칼빈의 선교 사상에 대해서 부정적으로 기록하고 있다.

> (1) 개혁자들은 마태복음서의 선교 명령이 사도시대에 국한되었고 이미 성취되었다고 믿었다. 개혁자들과 그들의 동료들이 그 시대의 목적으로까지 제시된 마태복음 28장에 예수님의 약속을 그들의 선교적 임무의 실천과 연관시키지 못했다는 것은 이해할 수 없지만, 그러나 부정할 수 없는 진실이다. 그 후에, 사르비아(Sarvia)와 윌리엄 캐리(William Carey) 같은 후기 인물들은 개혁자들의 생각이 잘못되었음을 증명하였다. (2) 개혁자들은 바로 가까이에 있는 일-유럽내의 개혁 운동-에 온 마음을 빼앗기고 있었다. (3) 개혁자들은 중세 로마 카톨릭에 대항한 중대한 정치적 군사적 투쟁에 빠져 있음으로 해서 선교적 임무를 수행하기 위해 필요한 물질적 자원을 가지지 못했다. (4) 루터와 칼빈 모두는 왕들과 다른 국가 통치자들에게 공적 예배를 유지할 책임이 있다고 믿었다. 그러므로 독일의 루터주의자와 스위스의 칼빈주의자들 모두는 비기독교인과 직접적인 접촉을 갖지 못했다. (5) 반더린드가 **네델란드의 파송**(Zending in Nederland)이란

---

2   J. Verkuyle, *Contemporary Missiology, An Introduction*. 최정만 역, 현대선교신학개론, 서울: CLC, 1990, p. 38.

그의 책에서 말했던 것처럼, 개혁자들이 유럽을 복음화하고 죽었던 영이 되살아나게 하고, 다시 기독교인이 되게 하는 일에 모든 노력을 기울였지만 복음을 전 세계적으로 선포하는 일은 그들의 목적한 바에 있지 않았다는 주장을 펼치는 것도 가능하다. (6) 루터가 세계 선교를 위한 비전을 가졌음을 증명하기 위한 발터 홀스텐(Walter Holsten)과 베르너 엘럿(Werner Elert)의 시도들은 상당히 무리한 것이다. 홀스텐은, 터키인들이 전쟁 포로들에게 이슬람 신앙으로 가르쳤던 것처럼 기독교인들도 그렇게 해야 한다는 루터의 주장 중 단 한 구절을 인용하고 있다. 그러한 단 하나의 권고로부터 세계 선교의 전체적 관점을 추론하기는 어렵다.

칼빈의 종교 개혁 사상 및 제네바에서의 목회 사역이 결과적으로 인류 역사에 미친 엄청난 영향력은 아무리 폄하하고 부정하려고 해도 쓸데없는 일이다. 정확한 사료비판에 기초를 둔 독일의 근대 역사학자 레오폴트 폰 랑케(Leopold von Ranke, 1795-1886)는 역사적으로 칼빈에 대해서 평가를 내리기를 "진정한 미국의 건국자는 요한 칼빈이다"라고 했다.

칼빈은 오늘의 교회가 교회다운 교회로 존재 할 수 있도록 하는데 하나님으로부터 쓰임을 받은 위대한 종이다. 그럼에도 불구하고 종교 개혁 이후 지금까지 선교의 역사를 기술함에 있어서나 선교 사상을 논함에 있어서 그 누구도 칼빈에게 선교 사상이 있다는 긍정적인 주장이나 칼빈의 선교 사상에 대해서 체계적인 시각에서 평가해 주는 사람이 없었다.

그의 예정론 신학 사상에 대한 오해와 편견으로 칼빈이 선교에 대해서 부정적인 시각을 가지고 있었으며, 선교에 소극적일 뿐만 아니라 오히려 선교 운동을 저해하였다고 500년 가까운 긴 세월 동안 칼빈을 매도하고 판단해 온 것은 칼빈 자신으로서는 매우 억울하고 진리를 추구하는 후대 학자가 볼 때 대단히 유감스러운 일이다.[3]

---

[3] J. Van den Berg, "Calvin and Mission", *John Calvin, Contemporary Prophet* (GRR: B. B. H. 1959) p. 167. "When we believe, as we do, that the fulfillment of the misssionary task belongs to the essence of the life of the Church, it is evident that we would consider it serious on mission if a work dealing with the influence of the Genevan Reformer in the broad filed

2. 칼빈의 인격과 그의 설교

본고에서는 칼빈의 설교의 모든 면 모든 내용을 다 논하려는 것은 아니다. 다만 그의 설교에 나타난 선교 사상(The Idea of Missions)만을 찾아보고자 한다. 칼빈은 그의 설교를 통하여 당시 유럽에서 새롭게 불기 시작하는 종교 개혁 사상이라는 바람을 더욱 힘차게 불게 하였을 뿐만아니라 개혁주의 선교 사상의 확립에도 크게 영향을 미쳤다. 칼빈 연구에 평생의 시간을 바쳤고, 생애 마지막에는 주로 칼빈의 설교에 관해서 연구 해 온 프랑스 소르본느 대학교의 리차드 스토페르(Richard Stauffer) 교수에 의하면 칼빈은 매주 두 번, 그리고 매달 둘째 주간에는 매일 설교를 했다고 한다.[4] 어떤 칼빈 연구가는 칼빈이 평균 이틀에 한번 정도 설교했다고 하는 자도 있다. 제네바에서 칼빈이 종교 개혁 운동을 성공적으로 완성시켰다는 것은 그 한 가지 사실만으로도 천추에 길이 남을 업적이 되겠지만, 그가 선교에는 부정적이었다고 하는 역사적 평가는 정당하지 못했던 것만은 사실이

---

of Christian thought and activity, the relationship between Calvin and the work of missions would not have received special attention.

4   Richard Stauffer, "Un Calvin meconnu: le Predicateur de Geneve," in *Bulletin de la Societe de Ihistorie du Protestantisme Francais*, Paris, 1977, pp. 184-203.
Richard Stauffer 교수는 칼빈과 설교(Calvin et Sermon)이라는 주제로 많은 논문을 쓰고 강연을 하였다. 1964년 5월 26일 칼빈의 서거 450주년 기념 심포지움(Colleque)이 스트라스 부룩 대학에서 열렸을 때, 거기서 발표한 "칼빈의 설교에 나타난 1인칭 화법"(*Regards Contemporains Sur Jean Calvin, Presses Universitaires de France*, Paris, 1965, pp. 206-238에 수록), 1977년 6월 29일 스위스의 로망드에 있는 Fribourg, Geneve, Lausanne, Neuchatel 등의 4개 대학교 신학 박사 과정에서 공부하는 학생들에게 "칼빈의 설교학"이라는 특강을 하였고, 1978년에는 "칼빈의 설교에 있어서 신론의 몇가지 불분명한 양상들"을 발표하므로서 칼빈의 설교에 대해서는 세계적인 권위를 가진 석학으로 널리 인정받고 있다. 그의 박사 학위 논문은 Dieu, la Creation det la Providence dans la Predication de Calvin(칼빈의 신론 - 창조와 섭리를 중심으로 -)인데 이 논문은 역시 칼빈의 설교에 나타난 하나님의 창조와 섭리를 주제로 하고 있다. 그는 1978년 9월 26일 화란의 암스테르담에서 열린 제2회 국제 칼빈 연구회의에서 주제 논문을 발표했는데 제목은 "칼빈의 설교에 있어서 신론의 몇가지 불분명한 양상들"이라고 붙였다. 이밖에도 스토페르 교수는 *Lhumanite de Calvin*(칼빈의 인간성)이라는 작은 책자를 통해서 남편으로서, 아버지로서, 친구로서, 목회자로서의 칼빈의 인간미를 자상하게 스케치하듯이 그리고 있다.

다. 1564년 5월 27일 그의 서거 후 상당한 세월이 지나기까지 세상은 그에 대하여 올바른 평가를 하기는커녕 왜곡된 평가 내지는 중상 모략하는 자들이 상당수 있었다. 프랑수아 보당(Francois Baudin) 같은 사람은 **유명한 작은 책자와 허위 고소자의 비망록 이야기에 관하여**(*Ad leges de famosis libellis et de Calumniatoribus Commentarius*)라는 책과 **장 칼뱅에 대한 또 다른 반응**(*Responsio altera ad Joan Calvinum*)이라는 책에서 "칼빈은 겁많고 비겁한 폭군"으로 비난하였다.

또 리용(Lyon)에서 출판된 **제네바의 옛 목회자 장 칼뱅의 생애, 성품, 교리, 사망에 관한 역사**(*Historie de la vie, moeurs, doctrine, constance et mort de Jean Calvin, jadis ministre de Geneve*)라는 책의 저자 제롬 볼섹(Jerome Hermes Bolsec)은 칼빈을 악평하기를 "야심가, 자부심이 강한 자, 오만한 자, 잔인한 자, 약삭빠른 자, 끝까지 복수를 하고야 마는 자"[5] "인색한 자, 욕심 많은 자, 죽은 자도 살릴 것처럼 말하는 사기꾼, 사치스런 생활을 좋아하는 자, 주색잡기에 빠진 자"로 악평을 하는가 하면[6] "심지어는 그가 남색가로서 고향 노용(Noyon)에서는 그의 파렴치한 행위 때문에 정죄되어 노예나 중죄수 몸에 표시하는 달군 쇠 흔적까지 그의 몸에 남겼다"고 쓰고 있다.[7]

그는 또한 "하나님의 버림을 받아, 이와 벼룩에게 온몸이 뜯기고[8] 독충에게 갉아 먹힌 후 하나님을 욕하고 저주하고 모독하면서 절망적인 상태에서 죽어갔다고 했다.[9]

물론 이러한 내용들이 사실과는 전혀 다른, 칼빈의 적들에 의한 중상모략과 비방들이었다. 이 모든 중상 비방들이 표현에 있어서나 문장구성에

---

5 *Ibid.*, 305.
6 *Ibid.*, 325-344.
7 *Ibid.*, 312-313.
8 *Ibid.*, 366-367.
9 *Ibid.*, 384.

있어서 너무도 조잡스럽고 서툴렀기 때문에[10] 웬만한 사람들은 이를 믿으려는 사람이 아무도 없었다. 그 후 수많은 칼빈의 변호자들과 학자들에 의해서 칼빈의 생애에 대한 진면목을 알려 주는 서적들이 쏟아져 나왔다.

세계장로 교회사(*History of the Presbyterian Church of the World*)와 **하나님 나라란 무엇인가?**(*What is the Kingdom of God?*)를 쓴 리드(R. C. Reed, 1851-1925)는 1898년부터 1925년 죽을 때까지 콜롬비아 신학교에서 교회사 교수로 재직하면서 권위 있는 칼빈 연구가 중의 하나가 되었다. 그가 쓴 **칼빈이 가르친 복음**(*The Gospel Taught by Calvin*)에 의하면 "칼빈은 심오한 사상가였으며 아주 지혜로운 조직가, 위대한 학자, 방대한 저술가였다".[11] 그는 또한 "칼빈은 어거스틴의 모든 저술들을 두루 섭렵하고, 찌꺼기로부터 금을 분리하여, 거기에다가 자신의 광산에서 캐낸 것을 첨가시켜서 무한히 값진 보화를 세상에 내 놓았던 것이다"[12] 라고 쓰면서 "바울에서 칼빈까지 어거스틴보다 위대한 인물이 없었고 바울에서 오늘날까지는 칼빈보다 더 위대한 인물이 없다"[13]고 하였다.

그런데 칼빈도 완전무결한 인간이 아닌 이상 그에게도 실수와 단점이 없을 수는 없었다. 그러한 칼빈의 실수와 단점을 이해하려면 당시 온 유럽을 수세기 동안 뒤덮어 오고 있던 영적이며 지적인 암흑의 그림자가 이제 막 걷히려고 하는 시대적 전환기에 그가 태어났다는 사실을 고려해야만 할 것이다.

칼빈의 위대한 모습의 일면에 대한 리드(R. C. Reed) 교수의 글을 여기 조금 더 인용하는 것이 시대적 전환기에 태어난 칼빈 이해에 도움이 될 것 같다.

---

10 Richard Stauffer, p. 9.
11 R. C. Reed, *The Gospel Taught by Calvin*, 정중은 역, 칼빈이 가르친 복음(서울: 새순출판사, 1986), 17.
12 *Ibid.*
13 *Ibid.*

20대의 법학생도로 있을 때 결강하는 교수를 대신하여 칼빈이 강의를 하였는데 나이 어린 조교 칼빈이 대신한 강의가 권위와 연륜을 자랑하던 노교수의 본 강의보다 엄청나게 더 유명하고 인기가 있었다고 했다. 이때 칼빈은 어린 소년의 나이로 명예로운 법학 박사 학위 취득에 대한 제의도 받았으나 칼빈은 겸손히 사양하였다. 23세에 회심하였으며 4년 후에 **기독교 강요** 초판을 출간했다. 이 저서는 지금까지 써진 그 어느 누구의 신학 논문보다도 세계의 사상계에 항구적이며, 광범위한 영향을 끼쳤던 것이다. 이 작은 책 한 권(초판 **기독교 강요**는 부피가 매우 작은 책이다.)이 칼빈으로 하여금 죽을 때까지 제네바라는 소공화국에서 거의 절대적인 군주로 군림하도록 만들어 주었다. 그는 이처럼 지식의 노련한 힘과 인격의 영향력에 있어서 독보적인 존재였다. 그 결과 제네바는 조만간에 순결한 교회와 개혁된 정치 질서의 영광으로 빛났다. 칼빈의 명성은 갑자기 유럽 전역으로 널리 알려졌으며, 수 천 명의 학생들이 그의 강의를 듣기 위해 제네바로 몰려들었다. 또 여러 곳에서 폭정에 시달리던 많은 사람들이 칼빈의 영향력과 그 지배 아래서 안전한 거처를 찾아 제네바로 이주하였다.[14]

이제부터는 칼빈의 설교에 다시 논의의 초점(focus)을 맞춰본다. 우리가 칼빈을 바르게 이해하기 위해서는 반드시 칼빈의 설교를 연구해 보아야 한다. 왜냐하면 칼빈의 전 생애 55년 동안의 절반이 넘는 28년을 칼빈은 오로지 설교에 종사하였기 때문이다.

디모데 전서 35번째 설교에서 칼빈은 다음과 같이 외치고 있다.

개혁주의 전망 속에서 목사의 가장 시급한 역할이란 여전히 복음을 선포하는 일이다. 설교라는 우선적인 과업 앞에서 다른 어떤 일단의 목회적 노력들은 사라져야 한다. 하나님의 말씀을 선포해야 하는 목사들은 자신들에게 위임된 임무를 잘 수행하고자 할 때, 헛된 일을 즐기는 여가를 가져서는 안 될 것이다. 말씀의 사역자들이 하나님께서 자신들에게 명령하시는 것을 수행하고자 한다면 그들은 그들의 시간을 허비하면서 여기저

---

14 *Ibid.*

기 기분 전환이나 하며 돌아다녀서는 안 될 것이다.[15]

마치 예수 그리스도의 사도들이 복음의 내용이 되는 '그리스도 사건'(Christ Events)의 증인이었듯이 목사도 복음을 충실하게 설교할 때, 그가 예수 그리스도의 증인의 역할을 하는 것이므로, 칼빈은 목사를 '사도들의 후계자'라고 했다.[16] 사도들의 주된 사역이 그리스도 사건의 증인 역할을 함으로써 교회를 세워나가는 것이었다면 이것을 다른 말로 표현했을 때 선교적 사역이라고 할 수 있다. 사도는 곧 선교사였다. 목사는 사도요, 사도는 선교사이니 목사는 곧 선교사다.

이러한 논리에서 볼 때 칼빈은 목사의 직책이 기능 내지 사명 적인 측면에서 볼 때는 선교사와 다를 바 없다고 보았다. 그러므로 선교사역을 감당해 나가는 목사에 대해서 논한다는 것은 곧 선교사역을 논하는 일이다. 그렇기 때문에 "선교학"이라는 말도 화란에서는 "사도학"(The science of the apostolate), "사도 변증의 학", "사도적 증가의 학" 등으로 불렸다.[17]

이것은 바꾸어 말하면 사도들이 무엇을 해야 할 것에 대한 논리 정연한 가르침의 체계가 되는데 요한복음 21장 15-17절에 부활하신 예수 그리스도께서 12사도를 대표하는 베드로에게 사랑의 본질적인 의미에 대해서 묻고 사도로서 그가 주님을 사랑한다는 것은 주님께서 명령하신 세 가지 명령을 잘 순종하는 것이라고 했다. '내 양(αρνια: 젖먹이 새끼 양)을 먹이라(βοσκε: 젖을 먹이라)', 는 말씀은 전도명령입니다. '내 양(προβατα: 다 자란 큰 양)을 치라(ποιμαινε: 목양하라)'는 말씀은 목양명령 곧 교회 성장 명령입니다. 그 다음에 다시 '내 양(προβατα: 큰 양)을 젖 먹이게 하라' 이것은 선교 명령입니다. 교회를 성장 시키되 성장하는 교회는 그 힘을 선교 쪽으로 내 보

---

15 칼빈의 디모데전서 35번째 설교, *Calvin, Opera(CO)*, Vol. LIII, p. 427.
16 칼빈의 디도서 첫 번 째 설교, *CO*, LIV., p. 385.
17 선교학의 명칭에 대해서는 필자가 펴낸 〈현대 선교 신학 개론〉(서울: CLC, 1990), 제1장에 자세히 설명되어 있으므로 참고 바람.

내라는 명령 곧, 부활하신 주님께서 사도들을 대표해서 베드로에게 하신 매우 중요한 명령입니다. 교회 성장은 사회적 책임(social responsibility)으로 연장되어져야 할 필연성이 있음을 성경본문이 말하고 있다. 교회가 속해있는 그 사회의 고아와 과부 그리고 노약자들의 생계에 대해서는 교회가 사회보장(social security)적 차원에서 책임을 져야 할 선교적 사명감을 가지고 있다는 것이 성경본문의 의미이다. 목회자는 사도적 사명을 가지고 선교사처럼 일해야 하는 자임을 칼빈은 공관복음에서 지상명령 뿐만 아니라 요한복음과 사도행전을 설교하면서 특별히 강조하고 있다.[18]

3. 칼빈의 설교와 그 영향

칼빈은 설교학에 대한 논문은 전혀 쓰지 않았다. 그러나 칼빈은 일 년에 평균 286번의 설교를 할 정도로 그의 후반기 생애의 대부분의 시간을 설교하는데 바쳤다.[19] 이러한 칼빈의 설교 작품이나 그의 주석 교리서 등을 검토해 보면 거기에는 설교에 대한 칼빈의 일관된 견해를 알 수 있다. 마틴 루터가 성도와 하나님과의 관계를 만인 사제주의적 인식에 기초해서 만인 제사장 교리를 강조한데 반해서 칼빈은 성도와 주님과의 신비적 연합(mysterical union) 사상에 입각해서 그리스도께서 오히려 우리의 대제사장이 되셨고, 왕이 되셨고, 선지자가 되어 주셨다는 그리스도의 삼직(three offices of the Christ) 사상을 강조하였다.

칼빈의 이러한 사상과 확신은 설교를 통하여 거대한 운동으로 확산되

---

18 요한복음 21장 15-17절을 전도명령, 목양명령, 선교명령으로 해석하고 이것을 교회가 영혼구원과 사회적 책임의 두 가지 사명을 동시적으로 이행해 나가야 한다고 함은 필자의 선교신학적 주장이다. 이것은 칼빈의 선교사상이나 로잔 선교정신과도 일치한다.

19 Richard Stauffer, "Un Calvin meconnu: le Predicateur de Geneve". *in Bulletin de la Societe' de l'historie du Protestantisme Francais*, Paris, 1977, pp. 184-203.

어 갔다. 설교의 회복은 새로운 교회관의 핵심이 되었다. 교회는 하나님의 말씀이 설교를 통해서 바르게 선포되어지고 이것이 또한 바르게 전파 확산되어지는 신적 기관(divine agency)이다. 그러므로 칼빈은 설교를 통한 종교개혁 운동을 전개해 나감으로써 근본적인 선교 사상을 확립한 것이다. 칼빈에게 있어서 설교란 목사가 해야 할 가장 근본적인 의무 가운데 하나로 인식되었다. 칼빈은 "목사에게 있어서 설교라는 가장 우선적인 과업 앞에서 다른 어떤 목회적 노력들은 사라져야 한다"고 주장한다.

> 하나님의 말씀을 선포해야 하는 목사들은 자신들에게 위임된 임무를 잘 수행하고자 할 때 헛된 일들을 즐기는 여가를 가져서는 안 될 것이다. 말씀의 사역자들이 하나님께서 자신들에게 명령하시는 것을 수행하고자 한다면 그들은 그들의 시간을 허비하면서 여기 저기 기분 전환이나 하며 돌아다닐 그런 여가를 취해서는 안 될 것이다.[20]

칼빈은 원고에 의존하는 설교를 하지 아니했기 때문에 그가 1537년 제네바에 있는 성 베드로 교회에서 첫 설교를 한 후 얼마간은 그의 설교 내용이 어떠했는지 도무지 알 수 없다. 그 후에 남아 있는 그의 설교를 모아서 정리한 설교 목록이 약 2,050편 가량 된다.[21] 칼빈이 어마어마하게 방대한 양의 설교를 했고 또 그의 설교가 유럽의 종교개혁 운동에 원동력으로 작용 했음에도 불구하고 칼빈의 설교집은 그의 모든 저작 중에서 가장 구하기 어렵고, 또한 가장 적게 알려진 책이다. 1611년 11월까지 칼빈의 설교는 제네바 도서관에서 48개의 원고 뭉치 상태로 보관되어 내려왔다. 그 중에 9개가 소실되고 남은 39개의 뭉치는 1805년에 비좁은 도서관 안에서 너무 많은 공간을 차지한다는 이유로 지방의 책 고물 상인들에게 저울로 무게를 달아서 팔려 갔다. 이것이 1823년 어느 고물상에서 발견이 되어 8

---

20 *CO (Calvin Opera)*, Vol. LIII, p. 427.
21 김재성, 1997, p. 295.

개의 뭉치는 회수되어 도서관에 복귀되었다. 1554년에 시편 119편에 대한 22개의 설교가 출판되어 나왔고, 1558년에는 그리스도의 탄생, 수난, 부활, 승천에 관한 설교들이 출판되어 나왔다. 1574년에는 42개의 **갈라디아서 설교집**과 159개의 **욥기 설교집**이 책으로 출판되어 나왔는데 이것은 10년 내에 다섯 판이 출판될 정도로 대 인기였다. 이후 3년 동안에 십계명, 설교집이 5판 발행되었고, 1581년에는 200개의 설교가 실린 **신명기 설교집**이 출판되었다.

16세기가 끝나기 전에 영국에서는 이미 700편 이상의 칼빈의 설교가 출판된 상태였다. 칼빈은 제네바 대학의 학생들에게 성경 강의를 하면서 성 베드로 교회에서 평일에는 월 수 금 3일간 저녁 5시에 설교했고 주일에는 새벽에 한번하고, 9시에 한번, 그리고 오후 3시에 한번 3차례 설교하다가 이 횟수가 후에는 증가하여 매일 한 번씩 설교하였다.

그의 설교가 현재까지 남아 있는 것은 약 3,000편 정도이다. 그 중에서 구약 571편과 신약 397편은 거의 완전한 형태로 남아 있다. 그가 처음부터 끝까지 순서대로 모두 설교한 것은 창세기, 신명기, 욥기, 사사기, 사무엘 상하, 열왕기 상하, 대선지서, 소선지서, 복음서, 사도행전, 고린도 전후서, 갈라디아서, 에베소서, 데살로니가 전후서, 디모데 전후서, 디도서, 히브리서이다. 그의 마지막 설교는 1564년 2월 6일에 선포되어진 복음서 설교이다.

4. 칼빈의 강해 설교

오직 믿음으로 만이 의롭다 칭함을 얻게 된다는 루터의 이신칭의 교리는 반성직주의(反聖職主義) 사상과 상통하면서 제사장 직분의 보편성 곧 만인 제사장 교리를 강조하게 되었다. 그러나 칼빈은 그리스도와의 신비적 연합(mystical union) 관계를 더 중요시함으로써 그리스도는 곧 제사장직, 왕직, 선지자 직을 삼중(three fold)적으로 감당하시며, 모든 믿는 자들이 그리스도와 연합 관계 하에서는 성도들에게도 이 삼직이 적용된다고 주장하였다. 이러한 종교 개혁자 칼빈의 사상과 확신은 곧 그의 설교를 통해서 일반 성도들에게 널리 파급되었다.

칼빈은 1536년 여행자로 제네바에 잠시 머물렀다가 파렐의 방문을 받고 그의 위협과 저주에 놀라서 붙잡힌바 되었고 그 곳에서 신약 교수로서 성경을 가르치는 일로 시작해서 1537년부터 설교를 하기 시작했다.

그는 로마 카톨릭교회에 의해서 그동안 전통적으로 지켜 내려오던 교회력까지 의도적으로 완전히 무시한 채 성경을 차례대로 강해 해 나갔다. 철저히 준비는 하되 강단에 메모 쪽지 하나도 가지지 아니하고 히브리어 구약 성경과 헬라어 신약 성경만 가지고 등단하였다. 그러면 칼빈 설교의 형식과 내용에 대해서 어떠했는지 구체적으로 상고해 보려고 한다.

(1) 칼빈의 강해 설교에서 성경 본문의 길이는 성경 몇 절이나 될까?

칼빈이 한번 설교를 위해서 채택하는 본문의 길이는, 문맥의 성질에 따라 약간씩 차이가 있긴 하나 보통 한절에서 다섯 절까지 취하는 것이 보통이다. 그리고 전회 설교의 마지막 절을 그 다음 설교 때는 반드시 되풀이 하여 채택함으로써 전회의 설교와 내용상 연속성을 상기시키려고 노력했다.

본문을 한절만 채택한 설교 중에는 구약 예레미야 15장 10절로서 "청중의 증오를 야기하는 설교자"라는 제목의 설교와 15장 15절에서 "조롱자들로 울게 내버려 두라"는 설교가 있다. 두개의 절을 본문으로 택한 설교 중에는 신약 에베소서 1장 3절, 4절로서 "신령한 축복"이라는 제하(題下)의 설교가 있고, 본문이 3절인 설교 중에는 에베소서 1:4-6, "창세 전에 우리를 택하심"이다. 그리고 본문이 4개의 절로서 구성된 설교 중에는 에베소서 2장 3절-6절로서 "은혜로 얻은 구원"이라는 제목의 설교가 있고 "그리스도 안에서 통일되게 하심"이라는 제목의 설교는 에베소서 1장 6절-10

절을 본문으로 한 다섯 절의 길이를 가진 칼빈 설교의 대표적 길이를 보여주고 있다.

(2) 칼빈의 설교제목은 어떻게 설정되었는가?

칼빈의 강해 설교에서 붙여지는 제목의 설정을 연구해 보면 다음과 같이 몇 가지 다양한 성격으로 나타나고 있음을 알 수 있다.

첫째로, '세우심을 입은자'(엡 2:19-22), '신령한 축복'(엡 1:3-4), '부르심의 소망'(엡 1:17-18)처럼 본문 안에 있는 단어와 구절을 그대로 제목으로 가져 오는 경우가 있고, 둘째로, '창세전에 우리를 택하심'(엡 1:4-6), '약속의 성령으로 인 치심을 받음'(엡 1:13-14), '환난은 성도의 영광'(엡 3:13-16)에서처럼 본문 안에 있는 단어와 구절을 약간 변형 첨삭하는 경우가 있으며, 셋째로, 본문의 내용을 포괄적으로 대표할 수 있는 주제어를 본문 밖에서 가져 오는 경우가 있으니, '은사와 그 목적'(엡 4:11-12), '너 자신과 싸우라'(렘 15:19-21), '환난의 때'(렘 16:8-9) 등은 칼빈 설교의 제목이 어떻게 설정되었음을 보여주는 사례 중의 일부분이다.

(3) 칼빈의 강해설교는 전체의 길이가 얼마나 될까?

칼빈의 설교에 있어서 특징 가운데 하나는 그 설교의 길이가 거의 일정하다는 것이다. 보통의 속도로 40분 정도의 길이이지만 그가 천식으로 심하게 고생하던 목회 후반기의 그의 건강 상태를 생각하면 실제로는 약 한 시간 정도 설교했을 것으로 생각된다. 설교 대지는 짧게는 3대지에서 부터 9대지까지 되는 것도 있다.

칼빈은 설교의 표현과 전달문제 뿐만 아니라 설교의 길이의 문제에 있어서도 회중의 수용 능력에 맞추려고 노력하였다. 이 사실은 설교의 일정한 길이와 대지 구분에서 미루어 짐작할 수 있다.

(4) 칼빈은 설교의 표현 중점을 어디에 두었을까?

칼빈의 설교는 표현이 매우 단순하면서도 강한 설득력을 그 안에 내포하고 있는 것이다. 그는 설교의 원고를 작성하지 아니하고 그의 박학다식한 성경 지식과 히브리어, 헬라어의 원어 실력과 성령님의 역사하심에 맡기고자 하는 겸손하고도 순진한 그의 태도 때문에 그는 실제로 하나님으로부터 크게 쓰임을 받은 것이다. 칼빈의 설교는 조직적이라기보다는 자연스럽게 흘러나오는 설교이다.

그의 설교 표현의 두드러진 면은 자유로움이라고 말할 수 있을 것이다. 그는 논리적 교묘함 보다는 분명한 진술을 택했다. 수사학의 대가인 그가 수사학적 표현을 절제했고, 회화적 표현을 사용하기를 좋아했다. 그는 그의 설교를 듣고 있는 청중들에게, 마치 유치원 교사가 유치원 아동들에게 실물과 도화지에 그린 색색가지 그림을 보여 주면서 가르치듯이, 설교를 청각적 영역에서 시각적 효과를 가져다주는 천재적 은사를 발휘하는 설교자였다. 하나님의 창조의 아름다움과 엄위에 대한 묘사에 있어서 칼빈을 능가할 만한 설교자는 없다.

(5) 칼빈은 그의 강해 설교를 어떻게 준비하였을까?

칼빈은 설교에 목숨을 걸고 매우 철저히 준비하는 설교가였다. 그는 병약한 건강 상태에도 불구하고 밤을 새우며 설교를 준비하는 때가 많았다고 한다. 그의 탁월한 성경 원어 지식은 그가 깊이 있게 성경을 연구하여 설교를 준비하는데 매우 유익한 무기가 되었다. 따라서 칼빈의 설교는 단순한 철학적 사색에서 나온 것이 아니라 본문에 대한 철저한 이해와 성실한 준비에서 이루어진 것이다.[22]

---

22 *Sermons from Job, Introduction,* XIII.

칼빈은 설교가 성령의 감동에 의해서 행해져야 한다고 굳게 믿었다. 그는 설교 준비를 철저히 하되 그것을 원고화해서 읽는 일은 절대로 없었다. 이유는 있다. '진인사 대천명'이란 말이 있듯이 준비는 철저히 하고 역사는 성령님께 맡겨버리는 것이 그의 정신과 태도였다. 설교는 본문 자체의 구성을 제외하고는 어떤 일정한 틀을 가지고 있지 않았다. 칼빈은 설교할 때 그가 미리 정해 둔 순서를 따라서 설교하거나 그가 원하는 어떤 방향으로 설교를 끌고 가려는 것이 아니라 성경 본문과 성령님이 이끄는 방향으로만 나아갔다. 칼빈은 설교 후에 그의 기도에서 설교의 요점을 간략히 정리해서 언급하는 것이 보통이었다.

칼빈이 이해한 설교란 설교자가 성경을 인용하여 자기의 말을 하는 것이 아니라 성경을 인용하여 "하나님께서 지금 이 성경 말씀을 통하여 여러분에게 이렇게 전하라고 나에게 말씀하신다"라고 하나님의 뜻이 담긴 메시지를 전달해야 한다는 것이다. 설교를 듣는 사람에게 하나님의 메시지를 전해서 하나님의 요청을 전하고, 그의 설교를 듣는 사람들이 '걸어가는 길 위에 하나님의 말씀의 빛을 조명해 주는 것이 설교'라는 확신을 칼빈이 가지고 있었다.

(6) 칼빈설교의 특성은 단순성과 명료성이다.

칼빈은 항상 "자신은 다만 강단에서 하나님의 말씀을 선포하는 겸손한 종에 지나지 아니한다"라고 말했다. 칼빈은 그의 학창 시절에 이미 당대 유럽 최고 수준의 훌륭한 고전 교육과 수사학에 관한 교육을 받았고, 스콜라주의적 세련된 표현도 잘 알고 있었다. 그러나 그는 항상 하나님의 말씀의 종으로서의 사명에 입각한 단순하고도 명료한 메시지를 전하고자 노력했다. 그의 설교에는 분명한 방향 감각이 있었고, 청중의 가슴이 뛰게 하며 뜨거운 눈물이 쏟아지게 하는 간절한 호소력이 있었다.

그의 설교에는 학문적 특수 용어나 전문적인 어려운 말이 없었다. 그는 추상적인 말의 사용을 절제하고 구체적인 말을 즐겨 사용하였다. 그는 마치 세련된 그림을 그려 나가듯이 설교하였다. 그의 설교에는 일상적인 삶의 현장에서 취한 예화가 많았다. 그는 상상력이 뛰어난 설교자였다. 그는 일반적인 격언을 사용하기도 하고 동식물과 관계된 직유와 은유도 사용하였다. 무엇을 억지로 꾸미기 위해서 말을 선택한 것이 아니라 진리를 명료하게 전달하기 위해서 회화적이고 시각적인 표현을 사용하였다.

(7) 칼빈의 강해 설교 사례

"우리의 화평이신 그리스도"[23]라는 제목은 본문인 에베소서 2장 14절에 있는 말을 그대로 가져왔다. 본문길이는 3절(엡 2:13-15)이고, 설교의 전체 내용은 1) 하나 되게 하시는 그리스도, 2) 그리스도는 우리의 평화, 3) 막힌 담을 허무시는 그리스도, 4) 의문에 속한 계명의 율법을 폐하심 의 4개 대지로 구성되어있다.

설교 내용 요약 :

"아담의 죄 때문에 인간은 모든 의에서 떠났으며, 따라서 본성적으로 하나님과 원수가 되어 있습니다. 우리 안에는 악과 반역 밖에는 없습니다. 사람이 자신을 사랑하고 자랑하지만 확실한 한 가지 사실은 사람에게는 하나님의 진노의 대상이 아닌 요소가 하나도 없습니다. 그런 이유 때문에 우리에게는 그리스도의 도우심이 필요합니다. 왜냐하면 그리스도가 아니고는 우리가 하나님과 교통할 수 있는 수단이 아무것도 없기 때문입니다.

사도 바울은 이방인들에 대해서 말하면서 그들의 상태가 변했다고 말했습니다. 그것은 유대인들에 비해서 하나님으로부터 멀리 떨어져있던 그들이 예수 그리스도의 십자가로 인하여 이제는 더욱 더 가까워졌다는 것

---

23 장 칼뱅저, 배상호역, 칼뱅의 에베소서 설교(상), (서울: CLC, 2000), 251ff.

입니다. 이것은 오직 하나님의 은혜입니다. 하나님께서 그의 손을 뻗쳐 우리를 건져 내시기 전의 비참한 상태를 알지 못하면 우리는 그에게 얼마나 빚지고 있으며 우리를 향한 그의 긍휼이 얼마나 큰지를 결코 알 수가 없습니다."

위에서 보인 칼빈의 설교내용요약 가운데 유대인들에 비해서 하나님으로부터 멀어져 있던 이방인들이 십자가로 인하여 가까워졌다든가, 그리고 우리는 복음의 빛을 진자라는 표현은 벌써 칼빈의 선교 사상을 입증해 주는 것이다. "우리가 출생 전 어미의 태중에서부터 저주 아래 있었고, 마귀는 우리를 그의 폭정 아래 매어 놓았으며 우리는 죄의 노예가 되었고 하나님께서는 우리를 향해 심판자로서 칼을 잡고 계신 이러한 사실을 보면서, 하나님께서 우리를 지옥의 심연에서 천국으로 끌어 올리신 것과 거기서 우리의 기업을 얻은 것과 또한 그것은 결코 실패되지 않을 것, 그리고 우리가 예수 그리스도 안에서 이 모든 것에 대한 확신을 갖고 있음을 생각한다면 우리는 놀라움을 금치 못하며 우리의 이해를 초월하신 하나님의 선하심에 경탄하게 됩니다.

'그리스도가 우리의 화평이 되신다'는 이 주제는 가끔 반복해서 생각할 만한 가치가 있습니다. 이것은 우리의 마음을 하나님께 복종케 하고 그에게 합당한 영광을 드리게 하며, 확고한 지주를 붙잡게 하는데 필요한 것이므로 우리는 이 주제에 대하여 두려움 없이 말해야 합니다. 여기서 첫째로 유의해야 할 점은 예수 그리스도를 통해서라는 것입니다. 왜냐하면 그리스도께서 죽으심으로 우리를 하나님과 화목시켰기 때문입니다. 사도 바울은 에베소 교회 사람들에게 말했으나 이것은 모든 사람에게 해당되는 말입니다. 성령은 오늘날 똑같은 말씀으로 우리 자신의 비참한 상태를 깨닫게 하셔서 우리 스스로 겸비하게 되어 그리스도의 인격 안에서 복음으로 주어진 풍성한 은혜를 받게 하십니다."

(1) 첫째 대지 : 하나 되게 하시는 그리스도[24]

"본문에서 바울은 덧붙이기를 '그는 우리의 화평이신지라 가까운데 있는 자나 먼데 있는 자를 하나로 만드셨다'(2:14)고 하셨습니다. 만일 유대인들이 이방인들과 진정한 형제애를 갖고 연합되지 못하면 그들은 자신들의 구원을 포기한 것이라고 말합니다. 어째서 그렇습니까? 유대인들이 이미 하나님께 가까이 있었고, 하나님께서도 그들을 자신의 자녀라고 간주하셨을지라도 우리 주 예수 그리스도께서 오시기까지는 불완전한 가운데 있었기 때문입니다. 그들에게는 중보자에 의해서 하나님께 연합됨이 필요하였습니다.

유대인들은 자신들에 대한 하나님의 은혜의 확증인 의식과 율법을 가졌습니다. 하지만 그들이 거기에만 머물러 있다면 얼마나 비극입니까? 이것은 짐승의 피가 그들의 허물을 깨끗이 할 수 없으며 하나님 앞에서 은총을 회복시키지도 못하기 때문입니다. 따라서 그들은 예수 그리스도께로 가야만 했습니다. 이런 이유에서 유대인들은 교만해서 이방인들을 하나님의 교회에 들어 올 가치조차 없는 자로 취급하게 되었다고 사도 바울은 말했습니다.

예수 그리스도는 유대인이나 이방인이나 하나님 그의 아버지께로 인도하는 중보자이십니다. 따라서 그리스도가 없는 자는 구원의 소망에서 제외된 자들입니다. 아무도 그 이웃을 멸시하거나 흘겨보아서는 안 됩니다. 유대인이나 이방인이나 예수 그리스도 없이는 하나님 아버지께로 올 자가 없습니다. 곧 예수 그리스도 없이는 구원은 없습니다. 그러므로 예수 그리스도는 유대인이나 이방인 모두에게 전해야 합니다."

---

24 *Ibid.*, 253ff.

(2) 둘째 대지 : 그리스도는 우리의 평화[25]

"어떤 사람들은 이 세상 사람들 보기에 정직하고 흠 없는 인격을 소유했습니다. 어떤 사람은 귀족 가문의 출신이며 어떤 사람은 뛰어난 덕을 소유했습니다. 또 어떤 사람은 재주와 근면을 지녔습니다. 그렇지만 우리가 외향적으로는 하나님께로 가까이 있는 것처럼 보일지라도 하나님의 은총을 얻으며 그를 부를 수 있으며 마지막까지 우리를 아버지의 사랑으로 지키기를 바라는 오직 유일한 길은 예수 그리스도께서 우리의 머리가 되시는 것뿐임을 깨달아야 합니다. 따라서 '예수 그리스도는 우리의 화평이시다'라는 말씀은 아무리 강조해도 지나치지 않습니다. 우리는 하나님과 싸우며 그를 대항해서 계속 전쟁 준비를 하고 있는 반면 예수 그리스도께서는 우리와 하나님 사이를 화해시킵니다. 하나님께서는 우리의 죄와 악행과 타고난 원죄 때문에 우리를 가까이 할 수 없을지라도 예수 그리스도께서는 이 모든 것을 제거해 주시고 그 자신을 닮은 새로운 피조물로 만드실 뿐만 아니라, 그의 사랑하는 자녀로 양자 삼아서 하나님 나라의 상속자가 되게 하십니다."

(3) 세째 대지 : 막힌 담을 허무시는 그리스도[26]

"다음으로 사도 바울은 '예수 그리스도께서 사람들 사이의 벽을 헐어버리셨다'고 말했습니다. 그는 이 비유를 구약의 의식 제도와 모형이 폐기되었다는 선언을 이렇게 표현하고 있다고 설교합니다. 세례는 불신자와 우리 사이를 구별하는 것인데, 유대인과 이방인을 구별할 때는 할례 제도로써 구별합니다. 세례를 받음으로 하나님께서는 우리를 그의 교회에 알리시고 예수 그리스도의 양떼를 삼으시는 표지를 나타내십니다. 할례는 율법의 시대에 이와 비슷한 의미를 가졌습니다. 희생의 제사는 죄용서의 특

---

25 *Ibid.*, 256ff.
26 *Ibid.*, 260ff.

권으로서 하나님께서 아브라함의 가계 외에는 아무에게도 주시지 않았으므로 사도 바울은 그것이 이방인과 유대인의 벽이라고 말했습니다. 이러한 이방인과 유대인을 구별하는 벽이 그 의식의 본질 되시는 예수 그리스도의 오심으로 무너졌습니다. 의식적인 율법은 우리 주 예수 그리스도의 부재를 대신하게 하려는 것이었습니다. 광명한 태양이 떠오르면 희미한 그림자들이 사라지는 것처럼 의의 태양되신 예수 그리스도의 오심으로 말미암아 희미한 그림자의 인도를 받던 모든 의식제도와 모형이 다 사라졌습니다. 그러므로 우리는 이제 믿음으로 아브라함의 가계가 되었으며 하나님께서 은혜로서 받아 주신 자들이 되었습니다. 여기에는 유대인과 이방인의 구별이 없습니다. 세례와 성찬은 오늘날 전 세계를 연합시키는 역할을 합니다. 구약의 제사 및 할례 제도가 폐지되고 새로운 세례 제도와 성찬이 어느 누구에게나 차별 없이 널리 선포되었습니다."

이상의 칼빈의 설교에 깔려있는 메시지는 복음이 모든 세계에 차별 없이 선포되었다는 것을 말해주는 것과 같다. 복음이 모든 세계에 차별 없이 선포되었다고 보는 칼빈의 생각은 그의 설교에 깔려있는 선교 사상을 증명해 주는 말이다.

세례는 어떤 한 민족이나 도시 또는 특정한 나라에만 적용되는 것이 아니지만 하나님께서는 성례를 사용하여 양자 삼으심에 대한 확증을 주셨다고 할 수 있다. '우리가 우리 주 예수 그리스도에게 연합되어 그리스도로 옷 입었다'고 하신 하나님의 진지함과 보증은 너무 값진 것이어서 잘못 사용할 수 없는 것이다.

마태는 예수 그리스도의 족보를 아브라함에서 부터 시작했으나 누가는 예수 그리스도가 오직 유대인만을 위하여 나타나지 않는다는 뜻으로 아담까지 소급하였다. 마태는 예수 그리스도가 구약의 약속을 이루기 위해 오신 분을 강조하였고 누가는 예수 그리스도께서 아담 보다 먼저 계셨고 살리는 제2의 아담으로 오셨음을 표현한 것이다.

선교는 잃어버린 우리의 형제들을 찾아서 하나님의 양자로 삼게 하는 운동이다. 그렇다면 칼빈의 설교 가운데 양자 삼으심에 대한 용어는 확실히 칼빈의 선교 사상을 입증해 주는 것이라 할 수 있다.

(4) 네 번째 대지 : 율법 가운데서도 의문에 속한 법은 폐하심[27]

"율법은 의식의 법과 계명의 법으로 구성되어 있는데, 그가 이방인들을 구원으로 부르시고 결정하실 때 거룩하고 선한 행위의 법은 폐기치 않고 의식의 법들만을 폐기 하신다"고 말한 바울의 주장을 칼빈도 그대로 따르고 있다. 이방인들을 구원으로 부르는 것이 선교이다. "그러므로 율법의 모형들인 할례, 희생, 그들이 가졌던 절기, 음식물에 관한 것, 동물들, 향, 기타 모세에게 지시한 모든 것들로부터 떠나도록 합시다. 왜냐하면 이것들은 모두 예수 그리스도의 오심으로 사라져야 할 것들이기 때문입니다"

이렇게 주장하는 칼빈의 설교에는 문화를 초월한 복음 선교의 사상이 녹아 있다. 칼빈의 설교는 대체로 어떻게 되어 있는지 개관적으로 살펴보았다. 조금도 군더더기가 없다. 인간적인 말이 없다. 설교자 중심의 말이 아니고 모두 예수 그리스도, 성부 하나님, 그리고 성령 하나님, 곧 삼위 하나님의 메시지 중심으로 전개되고 있으며 본문의 주제와 선교적 사상 전달 중심으로 한 설교다.

5. 칼빈의 설교와 선교사상

교회 출발과 본질이 선교적이다.

화란의 칼빈주의 선교신학자인 요하네스 바빙크(Johannes Bavinck)는, "선

---

27 *Ibid.*, 266ff.

교가 교회의 생명력에 관계되는 가장 기본적인 활동영역"이라고 말하면서, 특히 "초대 교회 100년간의 교회 역사는 그대로 선교의 역사"라고 했다.28

초대교회는 여러 가지 특징들 중 사도들이 활동하던 시대이다. 사도들은 주님으로부터 직접 선교의 지상명령을 받은 주님의 제자들로서, 이들은 어떻게 선교할 것인가? 누구에게 선교할 것인가? 라든가 왜 선교해야 하는가? 등등의 선교적 이론을 생각하며 주저하지 아니하였다. 그들은 대상을 가리지 않고 선교사역을 감당하다가 거의 모두 순교하였다.

그렇다면 교회는 출발부터가 선교적으로 출발한 것이며 교회의 본질 자체가 선교적 본질이다. 칼빈은 그의 설교 가운데서 목사의 기능적 임무는 필수적으로 사도의 임무와 연결되어 있다는 것을 강조29하고 있는데 이것은 그의 모든 설교 가운데 흐르고 있는 그의 신념이요 사상이다. 그러므로 칼빈의 설교 가운데는 어디든지 선교사상이 기본적으로 깔려서 흐르고 있다.

이러한 관점에서 칼빈의 디모데후서 1:8-9를 본문으로 한 "선교에로의 부름"(The Call to Witness)이라는 설교를 검토해 보고, 거기서 그의 선교사상이 어떻게 포함되어 있는지 찾아보기로 한다.30

"하나님께서는 복음에서 하나님의 영광과 위엄을 나타내 보이시지만 인간들은 감사치 아니한다"31고 시작하는 칼빈의 설교는 하나님 중심적 메시지이며, 하나님의 영광에서 출발하는 메시지다. 그것은 인간의 타락과 부패한 상태를 보여주는데서 시작하는 특징을 가지고 있다.

---

28 Johannes Bavinck, *An Introduction to the Science of Mission*, 전호진 역, 선교학 개론(서울: 성광문화사, 1978), p. 13.
29 칼빈의 갈라디아서 설교, *CO*. L. p. 645.
30 John Calvin, *A Selected of the Most Celebrated Sermons of John Calvin*, (New York : S & D. A. Forbes Printings, 1830), pp. 25-35.
31 *Ibid.*, p. 25.

"하나님께서는 모든 피조물들이 그를 경배하기를 요구하신다."[32] 는 칼빈의 설교는 하나님의 영광중심, 하나님의 절대적 주권중심인 동시에 또한 "모든" 피조물들, 곧 모든 인류가 다 하나님께 경배를 돌리기를 요구하시는 하나님을 부각시키고 있다. "그러나 대부분의 사람들은 하나님을 배역하고 하나님 알기를 거역하고 하나님을 경배하라고 하는 가르침에 반항 도전하기 때문에" 복음의 증거가 필요하다는 것이다.

"만약 복음이 선포되지 않는다면 예수 그리스도는 죽어 장사되어 있는 것이 됩니다."[33] 이와 같이 칼빈의 설교에는 항상 예수 그리스도의 죽으심과 부활의 선포가 중심이 되어있다는 것을 쉽게 발견할 수 있다. 예수 그리스도의 죽으심과 부활을 모든 사람들에게 알려서 그들로 하여금 하나님께 경배 드리게 하여야 한다는 것이 칼빈설교 메시지의 중심적 흐름이다.

구약성경에서의 선교의 마그나카르타라고 할 수 있는 시편 67편의 선교사상과 일맥상통하는 메시지라고 할 수 있다.

> 하나님은 우리를 긍휼히 여기사 복을 주시고 그 얼굴빛으로 우리에게 비취사 주의 도를 땅 위에 주의 구원을 만방 중에 알리소서. 하나님이여 민족들로 주를 찬송케 하시며 모든 민족으로 주를 찬송케 하소서.

시편 67편 2절에서 "주의 구원을 만방 중에 알리소서"라고 했고, 3절에서 "민족들로 주를 찬송케 하시며, 모든 민족으로 주를 찬송케 하소서"라고 한 것은 마태복음 28장 19절에 "모든 족속"($\pi\alpha\nu\tau\alpha\ \tau\alpha\ \epsilon\theta\nu\eta$)에게 가서, 세례를 주고, 제자를 삼으라고 명령하시는 예수 그리스도의 지상명령과 같은 세계선교의 사상이 내포되어 있다.

"주의 구원"을 "만방" "모든 민족" 곧 "모든 족속"에게 알려서, 그 모든 민족, 모든 족속들로 하여금 주를 찬송케 하며 주께 경배하고 영광 돌리

---

32 *Ibid.*
33 *Ibid.* If the Gospel be not preached, Jesus Christ is, as it were, buried.

도록 하는 것이 선교의 궁극적 목적이다. "예수 그리스도께서 죽으시고 부활하신 목적이 이것일진데, 이러한 복음이 선포되지 않는다면 예수 그리스도는 죽어 장사되어 있는 상태와 같다"는 칼빈의 설교야말로 선교사상의 원동력이 되고 있는 예수 그리스도의 죽으심과 부활에 초점이 맞추어져 있는 것이다.

"그러므로, 우리는 증인이 됩시다. 그리하여 주님께 영광을 돌립시다" (Therefore, let us stand as witnesses, and do Him this honor)라고 외치는 칼빈의 설교에는 그 설교를 듣는 모든 성도로 하여금 복음을 듣지 못하는 곳으로 선교사가 되어서 직접 나가든지, 아니면 선교사를 보내는데 물질로 기도로 후원하는 일에 동참하지 아니하고는 견딜 수 없는 선교적 열정이 솟아나게 하는 메시지다.

칼빈의 설교에서 싹튼 개신교 선교사상

우리가 칼빈의 설교를 깊이 연구해 보면, 실로 개신교회의 선교사상은 칼빈에서부터 시작되었다는 것을 알 수 있다. **이슬람교의 신론**(*The Moslem Doctrine of God*)의 저자요, 이슬람 세계의 위대한 선교사인 사무엘 즈웸머(Samuel Zwemer)는 **칼빈주의와 선교사업**(*Calvinism and Missionary Enterprise*)이라는 글에서 "칼빈은 당시에 이교도에 대한 지식을 성경이나 고전문학을 통해서 밖에는 얻을 수가 없었다"[34]고 전제한 다음 "칼빈의 사상이 현대 선교의 원천이 된다는 것으로부터 선교 역사에 있어서 칼빈의 자리매김이 이루어진다"고 하였다.[35]

세계 3대 칼빈주의 신학자 중의 한사람인 아브라함 카이퍼(Abraham Kuyper)는 1890년 암스테르담에서 열린 제1차 개혁교회(Reformed Church) 세

---

34 Zwemer, *Ibid.*, p. 208. Calvin's knowledge of the pagan nations was taken from the Bible and classic literature.

35 *Ibid.*

계 선교대회 주제 강연에서 "개신교 선교사상은 칼빈에서 시작된다."[36]고 했다.

칼빈은 또한 신명기 33장 18-19절을 본문으로 한 설교에서도 "이방 땅 스불론"과 "열국백성"에 대해서 언급하면서 "하나님은 복음이 한곳에 머물러 있는 것을 원하지 아니하시고 온 세계에 퍼지는 것을 원하신다" 고 역설하면서, "온 세계가 복음을 전파해야 할 선교지요, 온 세상 사람들이 예수를 구주로 믿도록 교회가 선교를 지향해함"을 명령했다.[37]

칼빈은 설교자를 "하나님의 입"(the Mouth of God)이라고 불렀다.[38] 이 칭호는 "하나님의 사자"보다 더 우위의 칭호인데 왜냐하면, "사자"는 하나님이 보내신 "메신저"이지만, 하나님의 입은 하나님의 일부분이기 때문이다. 즉 설교자가 강단에 서서 말씀을 선포할 때, 이것은 바로 하나님 자신이 자기 백성에게 말씀하시는 것과 동일하다고 보는 것이 칼빈의 설교에 나타난 신학사상인 것이다.

"우리는 너무도 우둔하고 어리석어서 강대상으로부터 말씀을 선포하시는 분이 하나님이라는 사실을 알지 못한다. 그러므로 그곳에는 하늘의 위엄이 있어야만 한다."[39]

이와 같이 칼빈에게 있어서 설교란 거룩하고 신성한 신적 행위(divine action)이다. 설교를 통해서 예수 그리스도께서는 우리에게 오시며, 설교를 통해서 하나님께서는 우리에게 말씀하시고, 우리를 찾으시고 우리에게 가까이 오시고 임재하신다[40]고 칼빈은 믿었다.

사도바울의 서신들과 메시지가 그러했듯이 칼빈의 설교는 교리와 권면으로 균등하게 두 부분으로 구분되어있다. 즉 성경의 해석과 듣는 자들의

36　Abraham Kuyper, *Lectures on Calvinism*, (Amsterdam, 1890), pp. 17ff.
37　칼빈의 신명기 설교, 신 33:19 참조.
38　칼빈의 신명기 6번째 설교, *CO* XXV, pp. 666-667.
39　칼빈의 신명기 76번째 설교, *CO* XXVII, p. 107.
40　칼빈의 에베소서 14번째 설교 *CO* LI, p. 415.

현실상황에의 적용이 칼빈 설교의 두 성분이다.⁴¹

칼빈의 성경해석과 선교사상

칼빈의 설교에서 성경해석 방식은 바울신학에서 강조된 구원론 중심적 해석을 그대로 따르고 있다. 바울 신학은 영혼구원 즉 구령의 뜨거운 열정으로 이어지는 선포 구조를 사용하고 있는데 칼빈도 그의 설교 전반에 걸쳐서 이러한 선포 구조를 사용하고 있어서 바울신학을 그대로 계승한 그의 선교적 사상을 입증하고 있다.

칼빈은 설교자가 "이중 음성(Douplex Vox)을 가지고 설교를 해야 한다"고 주장한다. "목사는 두 개의 음성을 가져야 하는데 하나는 양들을 영접하고 모으는 음성이요, 다른 하나는 이리와 도둑을 밀어내고 쫓아내는 음성이다"⁴²고 했다.

그의 디모데전서 22번째의 설교에서도 칼빈은 "우리는 목사로 부르심을 받았다.⁴³ 목사란 양의 무리에 대한 모든 안전을 위해 위임된 자이므로 그는 그 무리를 인도하는 따뜻하고 부드러운 음성만으로는 충분치 않고 이리와 도둑에 대항하여 사납게 외치는 또 다른 음성을 가져야 한다. 그러므로 목회자는 이중의 음성(Douplex Vox)을 가져야 한다. 부드러운 음성으로는 온순한 이들을 권면하고 또 그들을 올바른 길로 인도해야 하며, 날카롭고 무서운 목소리로는 이리와 도둑을 향해 대항하여, 양의 무리에서 그들을 쫓아내고 순수한 하나님의 교리를 유지해야 하는 것이다."⁴⁴

첫 번째 음성은 "양들의 구원을 효과적으로 인도하고 안내하는데" 그

---

41 R. Stauffer, *Ibid.*, p. 71.

42 칼빈의 디도서 주석 Vol. IV. p. 323.

43 칼빈이 목사로 안수를 받았느냐 안받았느냐는 문제에 대해 논란이 있으나 이곳 디모데전서 22번째 설교의 내용으로 볼 때 그는 분명히 목사 신분으로 설교하고 목회 했음이 분명하다.

44 칼빈의 디모데전서 22번째 설교, *CO* LIII, p. 265-266.

기능이 있다고 보았다.[45] 칼빈이 말한 두 번째의 음성을 들어야 할 이리와 도둑의 범주는 건전한 교리의 대적자들이 여기에 해당하므로 그 범위가 단순하지는 않지만 여기서는 설교를 경멸하거나 경시하는 부류만을 언급할 수밖에 없다.

세 종류의 적대자들

칼빈은 세 종류의 적대자들을 상대하고 있다. "곧 개인주의자들, 영성주의자들, 급진적 성서주의자들이다.[46]

개인주의자들은 만인 제사장이라는 개념을 핑계로 내세워 목회사역에 의문을 제기한다. 그들은 생각하기를 각자는 자기 자신들이 자기의 선생이 될 수 있기 때문에 다른 사람을 자기들의 안내자로 삼는 집단을 선택할 필요가 전혀 없다"[47]고 주장한다. 칼빈은 이러한 개인주의자들에게 "만일 우리가 교회에서 선포되는 설교에 의해서 붙들리지 않는다면 우리는 '고삐 풀린 말'이나 '길 잃은 짐승'이 될 것이라"고 꼬집어 말했다.[48]

칼빈에게 있어서의 설교란 독자적인 이해타산과 개인적인 호불호의 감정을 억제하면서 신자들을 한 몸으로 연합하는 풀 수 없는 끈이다.[49] "그리스도께서 주신 질서에 따라 오직 설교라는 은혜의 외적방편 외에는 달리 우리를 완전케 하고 서로 연합시켜줄 방법이 없다."[50]

칼빈의 두 번째의 적대자들은 신비적 영성주의자들인데, 이들은 성령의 직접적인 사역을 잘못 깨닫고, 성경과 설교는 둘 다 불필요하며 다

---

45 칼빈의 로마서 주석 Vol. III, p. 210.
46 R. Stauffer, 박건택 편역, 칼빈의 설교학, (서울: 성서연구사, 1994), p. 74.
47 칼빈의 신명기 194번째 설교, *CO* XXIX, p. 147.
48 칼빈의 신명기 194번째 설교, *CO* XXIX,에서 의미 발췌.
49 R. Stauffer, *Ibid.*, p. 75.
50 칼빈의 에베소서 주석 Vol. III, p. 801.

만 계시와 영감의 은혜를 직접 받아야 한다고 믿는 신비주의, 자유파(Libertins),51 영적광신도들이다.

칼빈은 이들을 향하여 "성경 읽고, 말씀 듣는 일에 전념하는 사람들을 어린애들로 여기는 한 무리의 영적 광신도들이 있는데 이들은 성령을 직접 받기 위해 노력해야 한다고 했다. 오만하게도 이들은 인간들의 모든 사역을 경멸하고, 심지어는 성경읽는 것까지 경멸한다. 그리고 그들은 사탄이 그들의 귀에 불어넣어 주는 숱한 허황된 망상들을 뻔뻔스럽게도 마치 성령의 계시인양 강조한다"52고 했다.

한국 내에도 기도원파, 성령운동파, 직통계시파, 방언파, 예언파 등 하나님으로부터 선포되는 건전한 말씀을 외면하고 신비주의의 으쓱한 골짜기로만 헤매는 자들이 많은 것은 안타까운 일이다.

칼빈의 세 번째의 적대자들은 급진 성서주의자들이다. 이들은 자기들이야말로 매일 읽는 성경으로 충분히 무장되었을 뿐만 아니라, 진리가 자동적으로 성경 읽는데서 나온다고 확신하고 설교에서는 아무 것도 얻을 것이 없다고 여긴다.53 이들은 성경책이 그들의 손에 있는 한 자신들은 어떤 질서에도 면제된 인물이고, 또 그곳에 종속되기를 원치 아니한다.

이들에 대하여 칼빈은 디모데후서 2장15절을 본문으로 한 설교에서 지적하기를 "우리가 단지 성경을 소지하고 그것을 개인적으로 읽는 것으로는 불충분하며, 오히려 성경에서 뽑아지고 우리를 가르치기 위해 설교된 교리로 부수어진 귀를 가져야 한다"54고 했다.

칼빈은 성경의 절대적 권위에 대해서는 누구보다도 강조한 사람이지만,

51　칼빈이 영성주의자들에게 붙여 준 이름인데, 이 말은 원래 라틴어 Libertinus〈Libertus에서 온말로서, 방종의 사람, 방탕한 사람, 무절제의 사람, 자유사상가, 무신앙가 와도 통하는 말임. 칼빈은 그의 히브리서 8:11 주석(*Com, Sur le N. T.* Vol. IV, p. 450)에서는 이들을 Illuminés(조명파들)이라고 했다.

52　칼빈의 데살로니가 전서 주석, Vol. IV, p. 146.

53　R. Stauffer, *Ibid.*, p. 76.

54　칼빈의 디모데후서 12번째 설교 *CO* LIV, p. 150.

종교개혁의 기본 원리가 된 "하나님 말씀 안에서 역사 하시는 성령"(Spiritus in Verbo Operans)은, 그냥 성경의 글자 안에서 역사 하시는 것이 아니라, "설교되는 말씀을 통해서 역사 하시는 성령"(Spiritus in Verbo Praedicato Operans)으로 보았기 때문에[55] 설교 없이 성경이 개인적으로 읽혀지는 것보다는 설교의 안내를 받으면서 교회적으로 읽혀지며 나아가서는 목회적으로 읽혀지는 것을 강조하고 있다.

그 이유를 칼빈은 디모데후서 2장 15절을 본문으로 하여 설교하면서 신자들이 스스로 성경을 올바르게 해석할 수 있는 능력이 부족하기 때문이라고 하면서 다음과 같이 단언한다. "어떤 이들은 성경을 삭제하고, 다른 이들은 갈기갈기 찢으며, 또 어떤 이들은 그것을 다른 뜻으로 왜곡하고, 다른 이들은 그것을 파괴하고 또 다른 이들은 다만 표면에 머무른다. 그리하여 그들은 교리의 중심부까지 도달하지 못하는 것이다."[56]

칼빈은 또한 개인적 성경 읽기가 너무 고조되어 성경숭배 개신교[57]라는 비난을 받을 정도로 교회의 예배와 설교를 경시 내지는 무시, 경멸하고 설교하는 성직자를 인정하지 아니하고, 오로지 성경 읽기만을 강조하는 단체는 교인 한 사람 한 사람이 다 "손에 성경을 든 교황"(Pape, une Bible á la main)으로 만들어 가는 것을 미리 경고한 선지자임에 틀림이 없다.

칼빈의 설교는 선포 선교의 구조

교회성장학의 아버지라 불리는 도널드 맥가브런(Donald A. McGavran) 박사가 소개하는 현대 선교개념 중에는 3P 선교의 개념이 있는데, 현존선

---

55 R. Stauffer, *Ibid.*, p. 76.
56 칼빈의 디모데후서 주석 *Com. Sur le N. T.*, Vol. IV, p. 287.
   계시록 1:3 "이 예언의 말씀을 읽는 자와 듣는 자들"에서 읽는 자는 단수이고 듣는 자는 복수인데 최근 번역된 개역성경에서는 모두 단수로 되어 있어 헬라어 원전과 다르다.
57 R. Stauffer, *Ibid.*, p. 77.

교(presence missions), 설득선교(persuasion missions), 선포선교(proclamation missions)가 그것이다. 필자는 "현존 선교"를 "파송 선교"(sending mission)로, "선포 선교"를 "설교 선교"(preaching mission)로, 그리고 "설득 선교"를 "상담 선교"(counseling mission)의 개념으로 설명하고자 한다.

칼빈의 설교의 실제와 이론에 근거한 사상 속에는 선포선교의 개념(the missionary idea of proclamation)이 풍부히 함축되었다고 볼 수 있다. 복음을 듣지 못한 세계를 향해서 성경말씀만 전해 주는 것에서 그치지 아니하고, 교회를 설립하여 그 교회를 중심으로 하여 설교라는 말씀선포와 양육이라는 선교신학의 사상적 기초를 확립한 것이 바로 칼빈으로부터였으며 이 사상은 곧 선교신학의 고전으로 알려진 우트레히트대학(The University of Utrecht)의 기스베르투스 보에티우스(Gisbertus Voetius)에게 직접적인 영향을 주었다. 그는 선교신학의 원리를 성경에 기초하여 수립하는 개혁주의 선교신학의 선구자가 되었으며 그가 주장하는 선교의 첫 번째 목표는 이교도들의 개종이고 두 번째 목표는 교회의 설립이고 세 번째의 목표는 하나님께 영광을 돌리는 것이다.

이러한 개혁주의 선교신학의 고전적 출발이라고 할 수 있는 보에티우스 신학의 뿌리는 하나님 영광의 신학자요. 교회 중심의 말씀선포의 신학자인 칼빈에게서 그 사상적 기초를 찾아 볼 수가 있는 것이다.

유대인과 이방인의 장벽이 무너짐

칼빈은 디모데전서 2:3-5를 본문으로 한 "모든 사람들의 구원"(the salvation of all men)이라는 제하의 설교에서 "우리가 만일 하나님이 귀하게 여기는 자들을 경멸한다면 이것은 마치 우리가 하나님 자신을 경멸하는 것이나 다름이 없다"라는 말로 시작한 이 설교는 그 제목부터가 선교적인

제목으로 시작하고 있다.[58]

하나님이 원하시는 바 인류 구원의 의지는 곧 선교의 가장 원천적 동기가 되는데, 이 동기는 또한 바울의 선교 사상의 기초가 되었을 뿐만 아니라 칼빈의 선교 사상으로 이어졌다.[59]

칼빈은 또한 이 설교에서 "오늘날 세상의 상태가 바울이 살던 때와 같다고 봐야한다"고 전제하고 "바울이 우리에게 온 세상을 위하여 기도하라고 명한 것은 하나님께서 모든 사람들이 구원받기를 원하시기 때문이다"라고 선포하고 있다. 이것은 분명히 선교적인 메시지이다. 또 탁월한 성경 신학자라 할 수 있는 칼빈이 "사도바울은 어느 특정한 사람이 아닌 모든 사람에게 전세계 구원의 희망을 비춰주셨다"고 했다. "하나님은 우리 모든 사람이 구원받게 하실 것"이며 "모든 세상 사람에게 구원의 희망을 보일 것"이며 "약속을 받은 한 민족으로부터 전 세계로 구원이 전파될 것"이라고 했다. 이것도 역시 강력한 선교적 메시지이다. "예수 그리스도의 오심에 대해서 벽이 무너져 내리고 유대민족과 다른 민족의 구분이 없어졌다. 하나님은 유대민족과 모든 다른 민족들을 구분하셨지만 예수 그리스도는 세상의 구원을 위하여 오셨기 때문에 유대인과 이방인 사이의 차별을 제거하셨다"[60]고 설교하는 칼빈의 사상은 분명히 바울의 이방세계를 향한 선교사상과 연속선상에 놓여있음을 알 수 있다.

사도행전 15장에서 바울과 바나바가 안디옥 교회에서 있었던 변론, 곧 '이방인들도 할례를 받아야 구원을 얻는다'는 유대주의자들의 주장에 대

---

58 칼빈의 설교가 대부분 칼빈의 전집(Opera)에 실려 있는 것은 제목 없이 "디모데전서 제 몇 번째의 설교"와 같이 전해져 오지만, 1830년 New York, S. & D. A Forbes Pointers 사에서 출판한 *A Selection of The Most Celebrated Sermons of John Calvin.* 이라는 설교전집에는 제목이 붙여져 있다. Ibid., p. 97.

59 Ibid.

60 Ibid., p. 98. … the wall was broken down at the coming of our Lord Jesus Christ. God had separated the Jews from all other nations; but when Jesus Christ appeared for the salvation of the world, then was this difference, which existed between them and the Gentiles, taken away.

한 시비를 가지고 예루살렘 교회에 올라와 사도들에게 질문하였을 때 베드로의 유명한 답변이 8절과 9절에 나온다.

> "… 하나님이 우리에게와 같이 저희에게도 성령을 주어 증거하시려고 믿음으로 저희 마음을 깨끗이 하사, 저희나 우리나 분간치 아니하셨느니라."

그러므로 칼빈의 설교 가운데 "예수 그리스도의 오심으로 벽(wall)이 무너졌다"고 함은 유대인과 이방인을 가로막고 있는 모든 문화적 차이 그 중에서 가장 큰 걸림이 되고 있는 할례의 장벽이 무너졌다는 것이다.

사도행전의 기자 누가는 바울과 함께 선교여행에도 동참했던 자이기 때문에 누가의 신학체계는 바울의 영향을 받았던 것이다.[61] 바울은 그러므로 이방인도 유대인과 아무런 차별 없이 성령의 역사에 의하여 믿음으로 구원을 받는다고 하였고 이 선교적 확장(the missionary expansion)이 일어남에 대하여 문화적으로나 지리적으로나 제한을 두지 아니한다고 하였다. 칼빈도 이러한 선교적 확장의 범위를 "온 세상"이라고 한 점에서 바울과 동일한 선교 사상을 공유하고 있다. 그의 설교 "온 세상으로의 전파"(now extended to all the world)에서 칼빈 선교학의 본질이 포함되어 있다. 여기서 '세상'은 '이 땅', '이 세상 사람' 또는 '온 우주'등 여러 의미로 해석할 수 있으나 직접적 영혼의 구원에 관해서 말할 때는 물론 "세상의 모든 사람"이 되겠으나 그 구원의 영향력까지 말할 때는 온 우주까지 그 범위의 확대 해석이 칼빈주의의 사상체계에서는 가능하다. 칼빈의 사상체계는 전 우주적이요 그 우주를 창조하시고 섭리하시는 하나님의 절대주권 중심적 사상체계요 하나님께 영광을 돌리는 하나님 영광 목표의 사상체계인 것이다.

---

61 누가는 사도바울과 선교여행에 동행했던 자로서 사도행전이 그가 기록해 두었던 선교일기를 자료로 삼고 있음을 여러 곳의 기록 내용으로 보아 알 수 있다.
cf. 행 16:10-17, 20:5-21:18, 27:1-28:26에서 "우리"라는 말이 자주 등장하는데서 실마리를 찾을 수 있다.

보편주의의 한 과정으로서의 특정주의

다음으로는 칼빈의 설교에 나타나 있는 선택과 보편주의(universalism) 선교사상에 대해서 잠깐 생각해 보고자 한다. 칼빈은 디모데 전서 2장3-5절을 본문으로 한 "모든 사람의 구원"(the salvation of all men)이라는 제목의 설교에서, "하나님은 세상 모든 사람, 유대인이든 이방인이든, 왕후장상이든 초라한 이름 없는 촌부이든 누구든지 차별 없이 구원의 대상으로 삼으시고 그들이 구원받기를 원하시는 것이 하나님의 뜻 곧 아버지로서 그의 모든 자녀가 다 구원받기를 원하시는 그의 뜻을 우리는 제한해서는 안 된다"고 했다. 하나님의 선택의 조건은 인종적, 문화적, 지리적, 연령적 성별, … 어떤 선행도 아무 것도 없다는 것이다. 즉 무조건적 선택, 그 대상에 어떤 차별을 두지 아니한 조건 없는 모든 사람에 대한 보편적인 선택이라는 것이 하나님의 뜻이라고 했다.[62]

"그러므로 주님께서는 사도들을 임명하사 그의 이름을 유대인들에게만 선포하라고 명령하시지 않고 그의 지상명령은, 예루살렘과 사마리아와 땅 끝까지 증거되고 모든 피조물에게 선포되기 위해서 제자들에게 주어졌다"고 칼빈이 설교한 것을 보면[63] 그의 사상 가운데는 선교의 정신, 선교의 열정이 마치 사도바울처럼 흘러넘치는 것을 볼 수 있다.

바울과 칼빈의 차이라면 그 시대의 상황의 차이가 이 둘의 차이를 만들어 놓았을 것이다. 칼빈에 의하면 하나님께서는 세상의 모든 사람들이 다 구원받기를 원하시고, 이 세상 만물과 온 우주가 다 하나님께 영광을 돌리기를 원하신다. 그러나 세상 모든 사람들이 다 하나님의 뜻대로 구원을

---

62 *Ibid.*, p. 99. through the will of God the gospel be preached to all the world, there is token that salvation is common to all. Thus st. Paul proveth that God's will is that all men should be saved.

63 *Ibid.* He hath not appointed His apostles to proclaim His name only among the Jews, for we know that the commission was given them to preach to all creatures; to be witnesses of Jesus Christ from Jerusalem to Samaria, and from thence throughout all the world.

받는 것이 아니라 예수 그리스도를 믿는 자만이 결과적으로 구원을 받고 나머지는 버림을 받는다. 이것이 칼빈의 예정론이고 선택의 이론인데 이러한 주장이 결코 칼빈의 선교사상과 배치되지 아니한다.

우리는 칼빈의 선교사상을 사상을 이해하기를, 하나님께서 구원의 대상을 삼으실 때 세상의 모든 사람에게 차별을 두지 아니하신다는 것과 그렇기 때문에 우리도 하나님의 뜻을 따라 차별을 두지 말고 세상의 모든 사람에게 지리적 경계선과 문화적 장벽을 넘어서 복음을 권해야 한다는 보편주의 사상의 확실한 성경적 기초를 가지고 있는 선교사상임을 알 수 있다.

하나님께서 먼저 유대인을 선택하시고 이들에게 복음을 주신 것은 하나님의 특별하신 선택주의(particularism)인 것은 사실이나 이러한 특정주의적 유대인의 선택도 궁극적으로는 먼저 이들을 선택하여 이들을 훈련시켜서 이방을 구원하는 도구로 삼고자 하신 것이 하나님의 구원계획의 기조다. 그 구원계획의 실천 과정과 방법에 있어서는 보편주의 속에 포함된 특정주의 곧 보편주의를 이루기 위한 한 과정으로서의 특정주의로 보아야 할 것이다. 칼빈의 설교 가운데도 이러한 내용이 분명하고도 확실하게 강조되고 있다 곧 "하나의 민족이 이제 온 세상에 확장된다"라고 하고 있다.[64]

구약과 하나님의 구원 계획

구약성경은 하나님의 백성들에 관한 구속역사를 나타낸다. 그것은 세계만민들의 맥락 속에서 하나님의 구원 계획이 역사의 현실로 전개되는 심오한 선교적 의미를 내포하고 있다. 인류를 구원하시기 위해서 역사 하시는 하나님의 주권적 활동은 예수 그리스도의 계시에서 클라이맥스를

---

64 *Ibid.*, p. 98. one people are now extended to all the world.

이루시고 예수 그리스도의 구속사건을 통하여 완성된다.[65]

창세기 12장은 이러한 구속사에 있어서 또 하나의 새로운 극치를 보여준다. 그것은 한편으로는 특정주의적인 것이면서도 동시에 또한 그것은 보편주의적인 것이다. 하나님은 한 특정한 민족을 선택해서 그를 통해서 역사 하신다는 점에서 특정하시다. 그러나 그의 사역은 온 민족을 포용한다는 점에서 보편적이다. 이 특정주의 혹은 특정구속론이 배타주의 혹은 구원의 독점주의를 내포하고 있거나 동일시된다고 생각하는 것은 완전히 잘못이다.

실제로 이스라엘은 하나님의 자민족선택을 이렇게 구원의 독점주의 내지는 배타주의로 행사했는데, 이것은 하나님의 인류 구원계획의 뜻과는 완전히 다른 것으로서 하나님의 뜻을 저버린 이스라엘은 결국 하나님의 구원계획의 성취를 위해서 쓰임을 받을 수가 없게 된 것이다. 이스라엘의 선택은 하나님께서 세계만방을 구원하시기 위해서 방법론적 도구로서 쓰시기 위해서 선택하신 것이다. 그러므로 이 선택은 어디까지나 특권이 아니라 세계선교에로 쓰임 받기 위한 봉사요 의무로 생각했어야만 했던 것이다.[66]

그런데 이 보편주의는 "모든 사람들이 궁극적으로 구원받을 수 있다"고 규정하는 알미니안주의적 만인구원설과는 철저하게 구별하여야 한다.[67] 선교를 전제로 한 타종교와의 대화, 그리고 종교다원주의(religious pluralism) 상대주의(relativism)적인 가치관과 포스트모더니즘 등에 영향을 받은 현대의 상당수의 기독교 신학들이, 그리스도께서 세계를 구속하셨기 때문에 만민이 복음을 듣고 그리스도를 구주로 영접하는 것과는 상관없이 모두다 이미 구원을 받았다는 기본적인 전제를 가지고 있는데, 이러한

---

65 Johannes Blauw, *The Missionary Nature of The Church*, (New York : McGraw Hill, 1962), p. 20.
66 *Ibid.*
67 이것도 영문표기상으로는 universalism으로 표기하므로 혼동되기 쉬우니 주의를 요함.

비성경적인 잘못된 주장과 구별하기 위해서 우리는 다시 한 번 죠지 피터스의 말에 귀를 기우려야 한다. 하나님의 구원은 방법론적으로는 특정구속론(particularism)이지만, 언약, 계획 그리고 그 적용의 대상 면에서는 보편주의적 구속(universalism)이다.[68]

그렇다. 하나님은 인류구원의 방법론적 면에서는 특정 구속적이다. 그는 아브라함을 부르시고, 이스라엘을 구속의 도구로 삼으셨다. 그러나 그의 시야, 대상과 기회 그의 목적은 보편적이다. 땅의 모든 족속이 그가 그의 특정한 대표자를 통해서 행하신 결과의 축복을 받을 수 있다.[69]

6. 칼빈의 설교는 그 흐름에 깔린 사상전체가 선교 메시지이다

칼빈을 과연 선교적 인물로 볼 수 있느냐는 질문에 대해서 역사상 오랫동안 논란이 되어 왔다. 현대적인 선교 개념으로 볼 때 혹은 외형상 나타난 타문화권 선교 활동이나 선교적 업적면에서 볼 때 부정적으로 평가하는 자들을 어느 정도는 이해해 줄 수 있다. 그러나 칼빈주의 예정론 교리에 대한 오해로 인하여 칼빈을 반선교적(反宣敎的) 내지는 선교 저해적인 인물로 아주 나쁘게 역사적으로 평가 내리는 것은 매우 유감스럽고 안타까운 일이다.

칼빈의 설교 가운데 지극히 일부분을 연구해 나가면서 그 속에 선교 사상과 관계된 요소들을 분석하고 추론하고 살펴서 칼빈의 신학 사상 가운데 선교적 의지와 관심과 선교적 책임감과 선교적 아이디어가 있었는가를 살펴보았다. 칼빈은 코끼리와 같은 거인이고 필자는 그 다리를 더듬고 있는 장님 같다는 생각이 자꾸 떠올랐다.

---

68 George W. Peters, *A Biblical Theology of Missions*, (Chicago : Moody Press, 1972), p. 89.
69 *Ibid.*, p. 43.

칼빈이 하나님 곁으로 가신지 500여년이 가까워 오고 있는 지금까지 칼빈의 선교 사상에 대한 체계적 연구와 정리가 부족한 결과 그를 역사적으로 잘못 평가하고 있는데 대하여 무지 내지 무관심과 소극적인 태도를 자책해본다.

결론적으로 말하면 칼빈의 설교의 일부분만 보아도 그의 설교 전편에 흐르고 있는 선교적 메시지를 충분히 들을 수 있다. 그의 설교에는 선교 사상이 넘쳐흐르고 있다. 칼빈의 설교를 조금만 들어 보아도 그가 선교적인 인물임을 알 수 있다. 그는 설교를 통해서 제네바를 변화 시켰고 유럽을 개혁했고, 새로운 세계를 건설한 위대한 사상가요, 선각자요, 또한 위대한 선교 사상가였다. 후대의 세계를 움직여 나갔던 위대한 선교사들, 선교학자들이 모두 그로부터 영향 받은 사람들임을 보아도 요한 칼빈은 분명히 위대한 선교 사상가였다.

제7장

칼빈의 성경주석에 나타난 선교사상

1. 성경의 사람 칼빈의 삼성 연합

　종교 개혁자 칼빈의 별명이 성경의 사람(a man of Bible)이다. 역사상 칼빈만큼 성경에 정통했던 자가 없다. 바리새인들은 하나님의 말씀에 대한 해박한 지식을 가지고 교리적으로는 철저히 믿었지만 그 말씀대로 철저히 실천하지 못하고 위선적인 삶을 살고 있었기 때문에 예수님께서는 그 점을 질책하셨다. 그러나 칼빈은 지적 인식을 통하여 하나님의 말씀인 성경을 믿었을 뿐만 아니라 실재적 삶을 통하여 실천적으로 믿었다.

　그의 신학적 사색과 활동을 수영하는데 비유한다면 칼빈은 성경이라는 대해(大海)에서 먼 매우 깊은 곳까지 수영을 경험한 사람이다. 인류 역사상 실로 칼빈만큼 성경연구에 깊이 들어가서 하나님의 뜻에 가장 가까이 접근한 자도 드물다.

　그는 히브리어와 헬라어를 깊이 있게 구사할 수 있는 언어에 대한 비상한 재능을 타고났다. 그의 어린 나이 열두 살부터 성직에 헌신하면서 닦아 온 해박한 성경지식이 기초가 되고, 대학에 다니면서 갈고 닦은 고전에 대한 폭넓은 인문학 지식 위에 삼성 연합 곧 그의 날카로운 지성과 예리하고도 냉철한 천부적 이성과 하나님 경외의 뜨거운 영성의 연합은 칼빈으로 하여금 천추만대에 길이 빛날 위대한 신학자로서 주옥같은 주석들을 쓰게 하였고 "성경의 사람 칼빈"이 되게 하였다. 그는 이 성경 안에 은혜의 샘이 있고 이 성경 안에 구원의 길이 있는 것을 알고 있었기 때문에 그가 일반 사람들이 성경을 더 잘 이해하고 더 많이 이용하도록 자극을 주기를 원했던 것 같았다. 그는 그래서, 누구보다도 이 성경을 잘 풀어 설교했던 초대 교회 시대 '황금의 입'(the golden mouth)을 가진 명 설교가 크리소스톰(Chrysostom)의 설교집을 펴냈다. 이것은 커다란 성과를 거두었으니, 지금도 제네바에 남아있는 칼빈의 자필 기록 편집서문으로 알 수 있다.[1]

2. 성경번역과 선교

칼빈은 1534년 6월 4일 인쇄가 끝난 불어판 성경 올리브땅(Olivetanus) 성경번역에 깊이 관여하였다. 표지에는 이 성경이 전적으로 히브리어와 헬라어 성경만을 유일한 텍스트로 삼아서 번역했다고 했으나 다른 어떤 성경을 전혀 참고하지 아니한 것은 아니다. 구약성경만은 1530년에 나온 자

---

1   CO IX : 831-35. "Calvin wished to stimulate as much use of the Bible by the common people as possible. Because of the growing interest in the Bible, he had plans to produce an edition of sermons by Chrysostom, believing that these sermons would greatly contribute to the use of Scripture. A hand written forward for the edition, dating probably from 1535, is extant in Geneva." (Wulfert de Greef : 90)
   cf. 이 점에 대해서 더 깊이 연구하려면 다음 자료를 참고
   ① John H. McIndo gives an English translation of the foreword in "John Calvin : Preface to the Homilies of Chrysostom," *Hartford Quarterly 5* (1965) : 19-26.
   ② John Robert Walchenbach, John Calvin as a Biblical Commentator : An Investigation into Calvin's use of John Chrysostom as an Exegetical Tutor(Pitsburgh, 1974).
   ③ Alexandre Ganoczy and Klaus Müller, Calvins handschriftliche Annotation Zu Chrysostomus : Ein Beitrag Zur Hermeneutik Calvins(Wiesbaden, 1981).

끄 르페브르 데타플(Jacques Lefèvre d'Etaples) 역에 특히 의존을 한 것 같고 시편만은 올리브땅(Olivetanus) 자신의 작인 것이다. 그는 묵시적인 내용을 번역할 때에는 자끄 르페브르 데따플작을 자주 인용하였다.2

윌리암 파렐의 요구에 따라서, 칼빈은 올리브땅(Olivetanus)의 성경번역에 필요한 재정적 지원을 왈도파(The Waldenses)로부터 1532년 9월 12일 샹포랑(Chanforans)의 총회 때 받아 들이고 그들과 종교개혁에 함께 협력하기로 결의하였다.3 1535년 2월 12일자로 출판된 성경의 머리말에서 올리브땅이 "가난한 교회" 이름으로 헌사를 썼다. 이 성경은 뉘사텔(Neuchâtel) 가까운 곳에 있는 세리레(Serrières)에 사는 삐에르 드 윙글(Pierre de Wingle)에 의해서 출판이 되었고, 1535년 9월에 샹포랑에서 열린 왈도파 총회에 제출되었다.4 1535년 판에만 나오는 라틴어 서문은 칼빈이 썼는데 요아네스 칼비누스(Ioannes Calvinus)라는 라틴어로 그의 이름이 표기 되어 있으며, "황제들과, 왕들과, 황태자들과, 그리고 그리스도의 통치에 복종하는 모든 사람들에게 요아네스 칼비누스가 인사드림"(Caesaibus, Principibus, Gentibusque Omnibus Christi Imperio Subditis Salutem)이라고 되어 있다.5

2　Calvin was closely connected to Olivertanus's French translation of the Bible, which came off the press on June 4, 1535. The title page indicates that the text of the translation is based entirely on the Hebrew and Greek, but that does not take away from the fact that Olivetanus made use of other translations as well. As far as the Old Testament is concerned, he relied especially on the translation by Jacques Lefèvre d'Etaples, which had appeared in 1530, although Olivertanus did produce his own translation of the Psalms. He also made frequent use of the work of Lefèvre in translating the apocryphal writings. (de Greef : 90). 이 책 부록3을 참조하면 칼빈과 성경번역에 관한 더 깊이 있는 연구가 가능할 것이다.

3　de Greef, *Ibid.*

4　See The Cambridge History of the Bible, Vol. 3, The West from the Reformation to the Rresent Day, ed. S. L. Greenslade (New York, 1978), 117-20; Eugénie Droz, "Calvin collaborateur de la Bible de Neuchâtel," in idem, Chemins de l'bérésie: Textes et documents, 4 vols. (Geneva, 1970-76), 1:102-17; Jürgen Quack, "Calvins Bibelvorreden(1535-1546)," in idem, Evanglische Bibelvorreden von der Reformation bis zur Aufklärung (Gütersloh, 1975), 89-116.

5　*CO.* IX: 787-90. cf. 1536년 판 Calvin의 *Institutes of the Christian Religion* ed. by Ford Lewis Battles, rev. ed. (Grand Rapids, 1986), 373-77에 Appendix 4, "John Calvin's Latin Preface to

이 서문에서 칼빈은 성경이 말씀하고 있는 내용을 직접적인 지식으로 모든 믿는 자들이 받을 수 있도록 성경은 그 지방의 토착어로 번역이 되어야 한다고 주장했다. 그는 당시의 카톨릭 지도층이 일반 민중들로부터 하나님의 말씀을 박탈했을 뿐 아니라 최소한 민중이 말씀과 접촉하는 것조차도 허용하지 아니한 것을 통열하게 비판했다.

칼빈은 "하나님의 말씀이야말로 성도들에게 진정한 양식인데, 로마 카톨릭 교회의 성직자들이 성도들에게 이러한 양식을 공급해주지 아니하고 대신에 자기들의 오염된 생각을 공급하고 있다"고 하였다. 그는 로마의 감독과 사제에게 법률 공부를 전공한 사람답게 "등불을 말 아래 감춰두었다는 것"은 죄를 짓는 것이라고 용감하게 선언했다.[6]

칼빈은 또한 1545년 이후에 불어로 출판된 신약성경에 서문을 쓰는데 제휴하였다. 서문의 머리말은 "예수 그리스도와 그의 구원의 복음을 따르는 모든 이들에게"(A tous amatteurs de Iésus Christ et de son S. Evangile, Salut)[7]라고 되

Olivetan's French Bible(1533)." 이라고 되어 있으니 참고 바람.

6 de Greef. *Ibid.*, 91. The Latin foreword, which appears only in the edition of 1535, is by Calvin and has its title Ioannes Calvinus caesaribus, regibus, principibus, gentibusque omnibus Christi imperio subditis salutem(CO 9:787-90). In the foreword Calvin pleads for the Bible in the vernacular so that all believers will be able to have a direct knowledge of what Scripture says. He talks about "impious voices" (the Sorbonne) who deprive simple folk of the Word of God or at least of direct contact with the Word. That is in conflict with true piety and with the intention of God, who has always been pleased to reveal himself to the poor and chose his prophets and apostles from among shepherds and sinners. Calvin also criticizes the priests and bishops who, as shepherds of the sheep, withhold the real food (the Word of God) and offer contaminated fare instead (their own ideas). He declares the bishop of Rome and his priests to be guilty because they have hidden the light under a bushel.

7 CO IX: 791-822) Theodore Beza에 의해서 1576년에 그의 Lettreset avis de Calvin에 실린 라틴어 번역이 출판되었다. A second foreword precedes the New Testament. It is anonymous and written in French, but after 1545 it was associated with Calvin. The heading of this foreword reads: A tous amateurs de Iésus Christ, et de son S. Evangile, salut(CO 9:791-822; a Latin version was published by Theodore Beza in 1576 in his Lettres et avis de Calvin). In this foreword Christ is extolled as the mediator of the new covenant that is the fulfilment of the old. We cannot do without the gospel. Without it we are not Christians. In hteir introduction to this foreword, Irena Backus and Claire Chimelli point out its relationship to two other

어 있었다. 이 서문에서 칼빈은 그리스도께서는 구약의 말씀을 성취하기 위해서 새로운 언약의 중재자로서 칭송을 받으시는 분이시다. 우리는 복음없이는 아무 일도 할 수 없고 그리스도인이라 할 수도 없다. 이 서문의 형식은 1532년에 로베르 에스띠앙(Robert Estienne)에 의해서 출판된 라틴어 벌게이트 성서(Vulgate)8판과 비슷하고 내용에 있어서는 1534년 언약에 관해서 써진 하인리히 불링거(Heinrich Bulinger)의 논문9과 매우 가까운 유사점이 있다고 이레나 바쿠스(Irena Backus)와 크레어 치멜리(Claire Chimelli)가 지적하고 있다.10

1543년에 제네바에서 발견된 칼빈이 쓴 성경 머리말에는 신약과 구약의 관계에 대해서 설명하고 있다. 이 내용이 칼빈이 쓴 두통의 편지 속에서 포함되어 있는데, 내용은 "예수 그리스도께서는 율법의 종결이 되시고 성경에서 기다리는 모든 내용의 총체"가 되신다고 했다.11 1535년판 칼빈의 머리말은 1544년 제네바에서 출판된 성경에 다시 나타난다. 그런데 이 내용은 1543년 그의 편지에 썼던 내용에 조금 더 추가하였다.

1535년판 올리브땅(Olivetanus)의 성경번역에는 여러분의 형제 칼빈이 우리의 동역자, 연합자, 시나이 언약의 백성에게 편지하노라(V. F. C. à nostre allié

---

writings. In form it resembles the Latin foreword to the Vulgate published by Robert Estienne in 1532. In content it more closely resembles Heinrich Bullinger's 1534 treatise on the covenant.

8 La Vraie Piété: Divers traités de Jean Calvin et Confession de foi de Guillaume Farel, ed. Irena Backus and Claire Chrmelli (Geneva, 1986), 17-23.
9 Biblia: Breves in eadem annotationes ex doctissimis interpretationibus et Hebraeorum commentariis(Paris, 1532).
10 De testamento seu foedere Dei unico et aeterno Heinrychi Bullingeri brevis expositio (Zurich, 1534).
11 de Greef, *Ibid.*, 92. 그 편지의 전체 표제어 내용은 다음과 같다.
The complete title of the two letters reads: Deux épistres, l'une demonstre comment nostre Seigneur Iésus Christ est la fin de la loy, et la somme de tout ce qu 'il faut chercher en l' Excriture. Composée par M. I. Calvin. L'autre, pour consoler les fidèles qui souffrent pout le nom de Iésus, et pour les instruire à se gouverner en temps d'adversité et prospérité, et les confirmer contre les tentations et assautz de la mort. Composée par M. P. Viret.

et confédéré le peuple de làlliance de Sinai, Salut)라고 되어 있는데 V. F. C.는 Votre Frère Calvin("여러분의 형제 칼빈")의 약자로 이해되어 왔는데[12] 또 달리 해석하는 사람도 있는데, 비데(Viret), 파렐(Farel), 칼빈(Calvin) 세사람의 이름 첫글자와 관계짓기도 했다.

제네바 학교의 교장인 세바스챤 카스텔리오(Sebastian Castellio)가 신약성경을 출판하려고 1540년에 번역을 한후 1542년 9월 9일에 칼빈에게 찾아와서 감수를 요청했다. 다 읽어본 칼빈은 고쳐야 할 곳이 적지 아니함을 말해주고 그 신약성경 번역의 출판에 동의해 주지 아니했다. 카스텔리오는 칼빈과 이점에 대해서 토론하기를 원했지만 칼빈은 그의 제안을 받아들이지 아니했고 그는 후에 바젤에서 이 성경번역을 끝내고 라틴어는 1551년에 불어판은 1555년에 각각 출판했다.[13]

지금까지 칼빈이 성경번역에 참여하여 왔음을 연대기적으로 설명한 것은 이것만으로도 칼빈이 선교활동에 직접 참여한 사실이 되는 것을 입증하기 위해서이다. 위클리프성경 번역선교회에서는 성경을 번역하러 선교지에 나가는 사람들만 선교사라고 하는 것이 아니라, 그들을 돕기 위해서 나가는 모든 사람들도 선교사로 인정한다. 이런 현대적 선교개념으로 볼 때도 칼빈은 선교활동에 참여한 것이 확실하다.

---

12 Dorz, Chemins, 1:108-15.
13 *CO* XIII: 439. 9월 11일자로 Pierre Viret에게 보낸 편지를 참고. cf. de Greef, *Ibid.*, p. 92. Meanwhile, Sebastian Castellio, the rector of the school in Geneva since 1540, also intended to publish a translation of the New Testament. On September 9, 1542, he approached Calvin with the request to approve his translation. Calvin did not want to hold up the edition, but he informed Castellio that quite a few corrections would be necessary. No agreement could be reached. Castellio did notwant to have the translation corrected, but he did want to arrange for Calvin to go over it and discuss it with him. Calvin would not go along with that proposal, however, since he had the impression that Castellio would argue endlessly about each suggested correction (see CO 13:439-the letter written to Pierre Viret on September 11). Castellio later completed his Bible translation in Basel. The Latin edition appeared in 1551 and the French in 1555. p. 92. 부분 인용.

3. 성경주석과 선교

1536년 파렐이 칼빈을 제네바에 붙잡아 두는데 성공하였을 때 칼빈은 성서문학 강사로서의 첫 사역(Sacrarum Literarum Doctor)을 제네바의 대성당 생삐에르(Saint Pierre)에서 시작했는데 바울서신들을 강의했다. 이 날이 아마 9월 5일로 추정되는데 그 이유는 이 날짜로 파렐이 시의회 재정에서 칼빈의 생활비를 지원해 주도록 신청한 날이기 때문이다.[14] 1537년 이전 언제부턴가 제네바에서 칼빈이 목사로서의 의무들을 수행해 왔지만 칼빈은 학생들에게 성경을 강의하는 것을 항상 가장 중요하게 생각했다.[15]

1538년 칼빈이 스트라스부르그로 왔을 때, 그는 처음으로 그곳에 몰려온 프랑스 난민을 위한 목사가 되었다. 그러나 1539년 1월 1일 이후부터는 장 스트룸(Jean Sturm)이 교장으로 있는 고등학교(초급대학)의 생도에게 요한복음과 고린도전서를 강의했으며, 그는 신약해석을 강의하는 교사로 임명받았다.[16] 칼빈의 성경강의는 언제 어디서나 청중에게 크게 감명을 주어 항상 인기가 높고 명성을 떨쳤기 때문에 그는 제한 없이 성경본문(text)을 주제로 강의하였다. 이것이 가능한 것은 그가 성경주석 쓰는 일을 쉬지 않고 해왔기 때문에 특별한 준비 없이도 평소에 써둔 주석으로 강의할 수 있었다. 주석은 신약부터 쓰기 시작했다. 1540년 3월 스트라스부르그에서 출판한 로마서 주석이 칼빈의 첫주석이다. 물론 이후에 더 좋게 다듬고 정정해서 1551년과 56년에 개정판이 나오긴 했으나 칼빈이 주석을 쓰기 시작한 것은 아마 1536년 9월 5일부터 바울서신들의 강의안 초안이 기초가 되어 나중에 주석으로 출판되어 나온 듯 하다.[17] 후기의 칼빈주석들은 그

---

14 de Greef, *Ibid.*, p. 93.
15 *Ibid.*, p. 94.
16 *Ibid.*
17 칼빈이 실제로 주석을 쓰기 시작한 것은 1532년 세네카 관용론 주석을 쓴후 부터가 아닌가 생각해 볼 필요가 있다. 이 주제에 대해서는 다음을 참고하시기 바람.
    Commentarii in Epistolam Pauli ad Romanos. Improved editions appeared in 1551 and

가 제네바의 대성당 생삐에르 옆에 위치한 오디트와르(Auditoire)에서 강의하는 것을 서기들이 기록하여 이것을 다시 다듬어서 주석으로 출판했다.

칼빈이 1539년 10월 18일자로 바젤대학의 헬라어 교수인 시몽 그리내우스(Simon Grynàeus)에게 쓴 편지가 칼빈의 로마서 주석초두에 보인다.[18] 이 편지 내용은 이보다 훨씬 이전에 칼빈과 그리내우스(Grynàeus)가 좋은 주석의 기준(The Criteria for a Good Commentary)에 대해서 논의했던 사실을 상기시킨다.[19] 이때 두 가지 기준 곧 교의적 설명이 되도록 간결히 되어져야 한다는 것과 저자의 의도가 무엇인가를 분명히 해주는 것이라고 했다. 여기에 대해서는 필립 멜랑흐톤(Philipp Melanchthon)과 하인리히 불링거(Heinrich Bullinger)와 마틴 부처(Martin Bucer)의 우수한 로마서 주석이 이미 나와 있음을 칼빈이 언급하면서 하나님께서는 어느 한사람에게 모든 사물에 대한 뛰어난 통찰력을 독점적으로 다 주시는 것은 아니라고 했고, 이점에서 우리(칼빈과 그리내우스)가 겸손히 협력해야 할 당위성이 있다고 했다.[20]

주석가는 혁신의 열정에 이끌려서도 안되며 논증이나 남을 공격하거나

1556. For the text (of 1556 and the variants from 1551) see CO 49:1-292. A new edition of the commentary was produced by T. H. L. Parker: Iohannis Calvini Commentarius in Epistolam Pauli ad Romanos (Leiden, 1981). Parker gives the text of the commentary of 1556 with the variants from the editions of 1540 and 1551. A complete French translation of Calvin's commentary on the Epistle to the Romans appeared in 1550 (Commentaire de M. Iean Calvin sur l'Epistre aux Romains) after only summaries had been published in 1543 and 1545 (respectively, Exposition sur l'Epistre de Sainct Paul aux Romains: Extraicte des commentaires de M. I. Calvin, and Argument et sommaire de l'Epistre Sainct Paul aux Romains, pour donner intelligence à toute l'épistre en peu de parolles. Par Iehen Calvin). See also Benoit Girardin, Rhétorique et théologique: Calvin, le commentaire de l'Epîstre aux Romains (Paris, 1979); T. H. L. Parker, "Calvin the Exegete: Change and Development," in Calvinus ecclesiae doctor, ed. Wilhelm H. Neuser (Kampen, 1980), 33-46.

18 CO X: 402.

19 Hans-Joachim Kraus, "Calvin's Exgetical Principles," Interpretation 31(1977): 8-18; Parker, *Calvin's New Testament Commentaries*, 49-68.

20 de Greef, *Ibid*., p. 95. "They had agreed that the principal virtue of an exegete is perspicua brebitas, by which they meant that dogmatic explanations should be kept as brief as possible. Furthermore, an exegete must concentrate on the mens scriptoris, that is to say, on making clear what a given writer intended to say."

자신의 야망을 만족시키는 그러한 태도로 주석해서는 안된다고 그의 로마서 주석서문에서 말하면서 로마서야말로 성경의 감추어진 보화들을 모든 사람들에게 열어주는 통로의 키가 된다고 했다. 그리고나서 그는 모든 서신들의 내용에 대한 개관을 열거하고 있다.21

로마서 10장을 주석하면서 칼빈은 "복음의 선포가 이방인들의 믿음을 일으키게 하는 원인이 되고 복음선포의 원인은 하나님의 선교(The Mission of God)이다"고 했다. 여기서 칼빈은 하나님의 구원계획을 최초의 원인으로 하는 '하나님의 선교'(Missio Dei)를 말하고 있다.22 14절 말씀을 주석하면서 "하나님의 진정한 부름에 대한 이해는 하나님에 대한 지식이 없이는 불가능함을 전제하고 있다. 하나님을 아는 지식은 하나님의 말씀이 선포되는 곳에서 존재하며, 하나님의 특별섭리와 예정에 의하여 하나님의 부르심이 있는 곳에 믿음이 일어나고, 믿음이 있는 곳에 하나님의 말씀의 씨앗(Seed of The Word)이 선행하며 복음이 선포되는 곳에 하나님의 부르심이 있는 것"이라고 했다.23

그는 또한 "이 하나님의 부르심은 유효(efficacious)한 부르심이고 열매를 거두는데 의심의 여지가 없다"고 했고, 이 부르심에 대하여 "이방인들이 하나님의 나라로 초대받는 일에 결코 제외되지 아니하고 있다"고 했고 "하나님은 이방인들이 구원에 참여함을 허락하셨다"고 했다.24

21　*Ibid.* "A Key That Gives Access to All The Hidden Treasures of Scripture"

22　John Calvin, *Commentary on the Epistle to the Romans*, Tr. & Ed. by The Rov. John Owen, (Grand Rapids: Wm Eerdmans Pub. Co., 1947), p. 395.

23　*Ibid.* "Quomodo ergo invocabunt eum in quem non credidernt? quomodo vero in eum credent de quo non audiverint? quomodo autem audient absque pradicante?"

24　*Ibid.*, p.397. Now where his calling is thus efficacious and fruitful, there is there are a clear and indubitable proof of the divine goodness. It will hence at least appear, that the Gentiles are not to be excluded from the Kingdom of God, for God has admitted them into a participation of his salvation. For as the cause of faith among them is the preaching of the gospel, so the cause of preaching is the mission of God, by which it had pleased him in this manner to provide for their salvation.

그의 부르심이 이와같이 유효하고 열매를 맺는 곳에 분명하고 의심할 여지 없는 하나님의 선이 증명되어진다. 따라서 하나님께서 이방인들을 그의 구원에 참여하도록 허용하셨기 때문에 그들이 적어도 하나님 나라에 들어가는 것에서 제외되는 일만은 없을 것이다.

4. 로마서 주석과 하나님의 선교 신학

전술한 바와 같이 로마서 주석은 칼빈이 주석을 쓰기 시작한 첫작품으로서, 여기에 이미 이방인들의 구원에 관한 칼빈의 선교사상을 발견할 수가 있다. "이방인들에게 복음을 선포하는 것이 하나님의 선교"(The Mission of God)를 하는 것이라고 한 것은 후에 에큐메니칼 선교신학에서 Missio Dei(하나님의 선교)라는 용어와는 표현상으로는 동일한지는 모르나 그 내용과 사상에 있어서는 큰 차이가 있다.[25]

복음을 듣지 못한 이방인들에게 복음을 선포하는 것이 칼빈의 선교관(Calvin's View on Mission)이다. 우리는 칼빈의 신학사상 중 가장 중요한 한 부분이 말씀선포의 신학사상임을 그의 주석이나 **기독교 강요**, 설교를 통해

---

25 칼빈의 로마서 주석에서의 하나님의 선교(The Mission of God)의 개념은 하나님께서는 이방인들에게도 그의 유효한 부르심의 범위를 제한하시지 아니하신다는 것과 이방인들이 하나님 나라에로의 초대를 받는 그 과정에 있어서의 일을 수행하는 것이 "하나님의 선교"로서 이 과정의 일을 하나님은 교회라는 기관에 맡기셨다고 보는 것이 칼빈의 선교사상이다 (기독교 강요 제IV권 전반부 참조). 그런데 에큐메니칼 선교신학에서 주로 비셜후프트등에 의해서 주장되는 Missio Dei 개념은 칼빈이 표현한 "하나님의 선교" 개념과는 전혀 다른 정반대적 개념을 주장하고 있다. Missio Dei 신학에서는 하나님을 선교의 주체로 보고 성경에는 하나님의 선교의 의지로 가득차 있음을 전제하고 이러한 하나님의 선교의 뜻은 전지전능하신 하나님 자신에 의해서 수행되어 지는 것이지 이것이 인간의 의지나 노력에 의해서 되어지는 것이 아니며, 교회가 하나님의 구원사역을 수행하는 것이 아니라 교회는 하나님 구원사역의 결과로의 코이노니아 라고 한다. 그러므로 선교는 하나님 자신의 영역이지 교회의 활동이 될 수 없다고 주장한다. 그러므로 칼빈이 표현한 하나님의 선교는 하나님 → 교회 → 세상의 패러다임을 가진 전통적인 교회의 선교의 기초가 되고 있음에 반해서, Missio Dei의 선교의 패러다임은 하나님 → 세상 → 교회의 틀을 가지고 있기 때문에 신학적으로 교회의 선교활동의 위축을 가져온 것이다.

서 수없이 거듭거듭 반복 강조하고 있음을 볼 수 있다. 칼빈의 "하나님의 선교" 개념도 말씀선포를 통한 선교의 개념이다. 다시 말해서 칼빈의 선교는 어디까지나 교회를 전제한 말씀선포의 선교관이다. 그러므로 칼빈의 선교는 하나님께서 교회를 사용하셔서 세상을 향해서 복음을 선포하게 하셔서 영혼들을 구원하게 하시는 패러다임을 가진 선교라 할 수 있으며 이러한 선교 패러다임에 의해서 기독교의 세계선교의 주된 흐름이 전개되어 온 것을 볼 때 칼빈은 과연 개신교회 세계선교 신학에 사상적 기초를 제공하였다고 볼 수 있다. 그후에 보에티우스(Gisbertus Voetius 1589-1676)에 의해서 ①이방인들의 개종(Conversio Gentilium) ②교회의 설립(Plantatio Ecclesiae) ③하나님 영광의 선포(Gloria et Menifestatio Gratiae Divinae)라는 전통적 선교의 내용과 목표가 확립되었다. 이것은 전적으로 칼빈의 선교사상 위에서 이루어진 결과라 할 수가 있는 것이다. 보에티우스는 17세기 화란의 대표적인 칼빈주의 선교신학자로서 그의 대표작 "교회정치"(Politica Ecclesiastica)에서 그는 선교 기원론을 전개하면서 삼위 하나님은 교회를 도구로 사용하셔서 선교사역을 수행한다고 주장했다. 이것은 앞서 칼빈이 말한 하나님의 선교사상과 거기에 내포된 하나님 → 교회 → 세상의 패러다임을 그대로 계승하고 있음을 쉽게 이해할 수 있다.

로마 카톨릭 교회의 어떤 선교신학자는 보에티우스가 로마 카톨릭 선교신학으로부터 영향을 받았다고 주장하나[26] 보에티우스는 로마 카톨릭

---

26 J. Vanden Berg, *Ibid.*, pp. 172-73. "Of more importance was the missionary interest which was present in the circle of seventeenth century Clavinism in the Netherlands. There we witness a remarkable outburst of zeal for the cause of missions, which also led to practical results. It was the theologian Gisbertus Voetius, who in his works gave ample room to the treatment of the missionary activity of the church. We give him special attention, since in him for the first time Calvinistic theology proved its value for the cause of missions. A Roman Catholic author contended that in his missiology Voetius was quite dependent on Roman Catholic missiology. This contention is not fully without ground. There was indeed some formal influence of Roman Catholic authors on Voetius, but there is no reason whatever to suppose that Vetius' missiological interest was a symptom of a return to more "catholic" ideas which was asserted to be one of the marks of the so-called "Second Reformation." On the

교회와는 달리 토착교회의 자율성을 강조했고, 교회의 설립을 통해서 하나님께 영광을 돌리며 하나님의 은총을 이방인들에게 나타내는 것을 선교의 궁극적 목표로 하므로써 칼빈주의 사상에 기초를 둔 현대선교 신학의 기초를 놓다. 알미니우스(Arminius)의 신학사상에 대해서 칼빈주의 5대 강령의 선포로 유명한 도르트 회의(1618-1619)에서 보에티우스는 윌리암 에임스(William Ames: 1576-1633)와 함께 교회의 본질로서의 선교적 사명(The missionary obligation as the nature of the church)을 확정하는데 결정적 공헌을 하였다.27

칼빈의 로마서 주석에 이어 1542년과 45년에 유다서와 베드로 전후서가 칼빈에 의해서 출판되었지만, 이것은 칼빈의 강의안을 출판한 것이고 순수하게 주석으로 로마서 다음에 나온 것은 고린도 전후서로 보는 것이 타당하다.28 1546년 1월 24일자로 칼빈이 팔라이와 브레다의 군주 드 뿌공(Jacques de Bougogne Lord of Falais and Breda)에게 헌정한 책이 고린도전후서 주석으로서 서문에 헌사가 들어있다(CO, XII: 258-60). 드 뿌공은 챨스 5세의 궁정에서 자라나서 젊은 청년 시절에 종교개혁에 가담해 왔다. 1543

---

contrary, the essence of his missiology was in full harmony with the principles of th Genevan Reformer."

27 J. A. Jongeneel, "Voetius, Zendingstheologie de eerste comprehensive protestantse zendingtheologie," in De Onbekende Voetius, J. Van Oort. ed. (Kanpen: kok, 1989), pp. 117-147. Wm Ames의 저서로는 John D. Eusden에 의해서 편집된 *The Marrow of Theology*(신학의 정수, Boston: Pilgrim Press, 1968). 참조할 것.
윌리암 에임스는 네델란드의 보릴 지역에서 영국인 종군 목사로 있었고 1622년부터는 Franeker 대학 신학교수로 가르쳤다. 그는 당시 Utrecht 대학교수인 Gisbertus Voetius와 Johannes Hoornbeeck에게 영국의 청교도의 사상적 영향을 미치게 하여 이들로 하여금 화란에서 제2의 종교개혁(Second Reformation)이 일어나도록 하였다. 이에 대해서 더 자세한 내용은 Sprunger, K. L., 의 *The Learned Dr. William Ames*(Urbana, 1972)을 참조할 것.

28 Latin: *Iohannis Calvini Commentarii in priorem Epistolam Pauli ad Corinthios* (Strasbourg, 1546–CO 49:293-574), and *Ioannis Cammentarii in secundam Pauli Epistolam ad Corinthios* (Geneva, 1548–CO 50:1-156); French: *Commentaire de M. Iean Calvin, sur la première Epistre aux Corinthiens, traduit de latin en francois* (Geneva, 1547), and *Commentaire de M. Iean Calvin, sur la seconde Epistre aux Corinthiens*, traduit de latin en françois (Geneva, 1547).

년 10월 14일 칼빈은 드 뿌공과 그의 아내 욜랑드 드 쁘레드로데(Yolande de Brederode)에게 프랑스를 떠나 이민을 가도록 충고해 주었는데, 프랑스에 있으면 그들이 위험한 것을 느꼈기 때문이었다. 1556년 1월 24일자로 칼빈은 고린도전후서 전체를 다시 주석하고 새로운 서문을 썼다. 칼빈은 또한 이 고린도전후서를 과거 그에게 오르레앙에서 헬라어를 가르쳐 주었던 볼마르(Melchior Wolmar)에게 1546년 8월 1일자로 헌정을 하였다.

그가 동료 파렐(Farel)에게 쓴 편지에 의하면(CO, XII: 391) 그가 경제적 어려움에 처했을 때 그를 도와준 스트라스부르그에 있는 벤델린 라이헬(Wendelin Rihel)에게 이 책을 출판하도록 하는 것을 의무로 느꼈다고 했다. 불어판 고린도전후서가 1547년에 출판되고 라틴판이 1년 후에 또 제네바(Geneva)에서 출판되었다.

이러한 연유 때문인지 고린도전후서의 주석에는 다른 주석에 비해서 헬라어가 더 많이 등장한다. 고린도전서 3:5-6을 주석하면서 복음의 전파는 마치 식물(Plant)을 새로운 땅으로 옮겨 심는 것에 비유하고 있다. "Ego plantavi, Apollos rigavit; at Deus incrementum dedit"에서 "나(Ego)는 심었고(plantavi), 아볼로(Apollos)는 물을 주었으되(rigavit)" 이 말은 "나" 곧 바울과 아볼로는 5절에 "사역자들"(Ministri)로서 하나님의 선교를 위해 하나님께서 사용하시는 도구와 같은자들[29]이기 때문에 선교는 하나님께서 자기의 뜻대로 하시되 인간사역자들을 사용하신다는 것과 각각 그의 은사에 맞게 사용하신다는 것과 고린도 교인들을 향해서 "우리는 하나님의 밭에서 하나님과 협력관계에 있습니다. 하나님이 자라게 하십니다."(Dei enim cooperarii sumus, Dei agricultura, Dei ædificatio estis.)라고 한 것은 선교적 의미가 깊다. 곧 이방인들이 사는 그곳을 "하나님의 밭"(Dei agricultura)이라 한 것은 요즈음 용

---

29 John Calvin, *Commentary on First Epistle to the Corinthians*(Grand Rapids: Wm Eeretmans Pub. Co., 1948), p. 126. "Those are mmisters whose services God makes use of, not as though they could do anything by their own efforts, in so far as they are guided by his hand, as instruments."

어로 바꾸면 "하나님의 선교지"(The Mission Fields of God)가 된다. 그 밭에서 나(Ego=Paul)는 복음을 심었고, 아볼로는 물을 주어 가꾸듯이 부지런히 가르쳤으나, 선교는 그것만으로 되는 것이 아니고 식물을 하나님께서 자라게 하셔야 하듯이 복음도 하나님께서 수용자들의 마음에 받아들이도록 하셔야 널리 전파되는 것이다.30

이와 같이 칼빈은 그의 주석에서 철저히 하나님 중심의 선교, 말씀선포 중심의 선교를 펼치면서 복음과 문화와의 관계를 씨(Seed=Plant)와 토양과의 관계로 보고 있다. 여기에서 우리는 토착화 선교사상의 아이디어를 발견할 수가 있다. 칼빈은 선교문제에 대해서 하나님의 인도하심에 대한 확신을 가지고, 인간의 사역이 아닌 하나님의 사역이라고 믿었다. 영혼들이 구원의 빛 앞으로 나오는 것은 하나님의 은혜에 의한 것이고 구원사역을 위한 인간의 활동도 하나님의 은혜가 없이는 불가능하다고 했다. 구원의 문을 여시는이도 하나님이시요, 하나님이 선교의 길을 여시고 자기 종을 부르셔서 이 위대한 사역을 맡기시는 것이다. 고린도후서 2장 12절 주석에서 "주의 종들은 기회가 주어졌을 때 전진하지만, 문이 닫혔을 때는 열매맺을 소망이 보이지 않는다. 문이 열린다는 이 생각은 전적으로 하나님께 속해 있는 것이고 우리는 전적으로 하나님의 긍휼에만 의지할 뿐이다. 이방세계에 대한 문이 하나님의 손에 의해 열였을 때 이것은 실로 하나님의 섭

---

30 *Ibid.*, p. 127. "That the earth may bring forth fruit, there is need of ploughing and sowing, and other means of culture; but after all this has been carefully done, the husbandman's labour would be of no avail, did not the Lord from heaven give the increase, by the breaking forth of the sun, and still more by his wonderful and secret influence. Hence, although the diligence of the husbandman is not in vain, nor the seed that he throws in useless, yet it is only by the blessing of God that they are made to prosper, for what is more wonderful than that the seed, after it has rotted, springs up again! In like manner, the word of the Lord is seed that is in its own nature fruitful: ministers are as it were husbandmen, that plough and sow. Then follow other helps, as for example, after casting the seed into the ground, they give help to the earth as much as is in their power, until it bring forth what it has conceived: but as for making their labour actually productive, that a miracle of diving grace—not a work of human industry."

리적 사실로 받아들일 수밖에 없다."고 했다. 칼빈에 의하면 교회는 선교하기 전에 전적으로 수동적 자세에서 하나님의 뜻을 기다려야 한다는 것을 뜻한다.[31]

5. 성경주석헌정은 놀라운 문서 선교활동/업적

칼빈의 라틴어판 갈라디아서, 에베소서, 빌립보서, 골로새서의 주석이 인쇄 완료된 것이 1548년 제네바에서 였다.[32]

이 주석책을 칼빈은 1548년 2월 1일 뷔텐베르그의 공작인 크리스토프(Christoph, duke of Wüttenberg)에게 헌정했는데 크리스토프 공작은 당시 몽 벨리아(Mont Béliard) 지역을 관장하고 있었고, 그 지역에서 1543년과 44년에 크리스토프 공작이 루터교식의 예배를 인도하려다가 삐에르 뚜상(Pierre Toussaint) 등의 무리와 충돌하는 문제가 발생했다. 칼빈은 삐에르 뚜상에 의해서 크리스토프 공작에게 헌사를 쓰도록 강요당했다. 칼빈은 생각하

---

31 John Calvin, *Commentary on The Seond Epistle to the Corinthians*: 1948. 2:12. J. Vanden Berg, *Ibid.*, p. 169.
"But what is the task of the church in this respect? In the first place we must remark that Calvin was deeply convinced of God's guidance in this matter; not the work of man, but the work of God receives the central place; it is not our work, but God's electing love when souls come to the light of salvation; human activity is only possible by the grace of God; it is God who opens the door, who shows the way, who calls his servants to the great task. In his *Commentary on II Corinthians* 2:12 Calvin writes that the servants of the Lord make progress when the opportunity is given, but that the door is closed where no hope of fruit becomes visible. This idea of the opening of the door was fully integrated into the whole of his thinking: we are totally dependent on the mercies of God; but at the same time the circumstances of that period corroborated this view: it was really felt as a providential fact when the door to the heathen world was opende by the hand of God. This does not mean that according to Calvin the church had to wait in complete passivity."

32 de Greef, *Ibid.*, p. 96. Latin: *Ioannis Calvini Commentarii in quatuor Pauli Epistolas: Ad Galatas, ad Ephesios, ad Philippenses, ad Colossenses* (Geneva, 1548—CO 50:157-268; 51:137-240; and 52:1-132); French: *Commentaire de M. Iean Calvin, sur quatre Epistres de Sainct Paul: Assavoir, aux Galatiens, Ephésiens, Philippiens, Colossiens* (Geneva, 1548).

기를 라틴어를 알고 있는 공작이 헌사를 읽으므로서 바른 길을 가게 될 것이라 생각했다.33

여기서도 우리는 칼빈이 선교적 동기(The Missionary Motive) 내지는 선교적 목적(The Missionary Purpose)에서 위의 네 서신의 헌사를 쓰고 있음을 볼 수 있다.34 1948년 7월 25일에 칼빈은 디모데전후서의 라틴판 주석을 어린 영국 왕 에드와드 6세의 후견인으로 1547년부터 49년까지 섬긴 섬어셋의 공작인 에드와드 세이모아(Edward Seymour, duke of Somerset)공에게 헌정하였다(CO XIII: 16-18). 에드와드 공작은 토마스 크랜머(Thomas Cranmer)의 지원을 받으면서 영국의 종교개혁을 시작하였다.35 칼빈은 에드와드공에게 영국 땅에서 종교개혁을 해나가는 그의 열정을 격찬하고 바울이 디모데에게 가르쳐 준 교회정치(Church Government)의 형태(pattern)를 영국에서도 따라주기를 희망했다(CO XIII: 300-302).

이제 칼빈은 제네바를 중심으로 전세계를 향하여 문서선교 활동을 펼치는 것이다. 칼빈에게 있어서의 종교개혁 운동은 부패와 타락으로 무너져 내린 교회를 바로 세우고 그 교회의 기초 위에 말씀의 선포를 통해서 이방 땅에까지 선교를 확장해 가고자 함이 칼빈의 선교사상이다. 그렇다면 종교개혁 자체가 선교의 기초 초석을 놓는 작업이라 할 수가 있겠다.

1549년 3월 25일자로 칼빈은 제네바시의 의회에서 자기의 히브리서 주석의 출판 허락을 청원하면서 그는 성경에 기초한 책 이외의 어떠한 책도 인쇄되는 것을 원하지 않는다고 했다. 청원은 곧 허락되었고, 같은 해 라틴어와 불어판 히브리서 주석이 나왔다. 1549년 3월 23일자로 써진 머리말에서 칼빈은 폴란드의 아우구스트(Sigismund August) 왕에게 이 히브리서 주석

---

33 *Ibid.*, p. 97.

34 *Ibid.* Latin: *Ioannis Calvini Commentarii in utramque Pauli Epistolam ad Timotheum* (Geneva, 1548–CO 52:241-396); *Commentaire de M. Iean Calvin, sur les deux Epistres de Sainct Paul à Timothée, traduit latin* (Geneva, 1548).

35 *Ibid.*

을 바친다(*CO* XIII: 281-86)고 했다. 그는 히브리서의 내용이 그리스도의 영원한 신성과 승귀의 가르치는 직분과 독특하신 제사장직 등을 충분히 언급하므로서 우리들에게 그리스도의 권세와 직분을 생생하게 잘 설명해 주는 책이라고 하면서 다른 것에 비길데 없는 보화로 이 서신을 귀하게 여겨야 할 의무가 교회에 있다고 했다.

전에 요한 에크(Johann Eck)가 미사에 관한 작은 책자 한 권을 왕의 아버지에게 헌정한 사실을 상기하면서 칼빈은 "미사는 그리스도의 제사장직에 위배되는 행위임을 국민들이 깨닫기를 바란다"고 하면서 왕이 폴란드의 종교개혁을 앞장서서 추진해 주실 것을 간절히 부탁했다.[36] 거듭 강조되는 말이지만 이와 같이 칼빈이 주석을 쓴 동기가 첫째는 하나님의 말씀 곧 성경에 근거하지 아니한 저작활동은 하지 않기로 한 것과 둘째는 이 주석 저작활동을 통해서 하나님 나라 확장(당시 칼빈으로서는 종교개혁 운동의 확산을 하나님 나라 확장의 가장 급선무요 최선책이라고 생각했다.)에 기여하고자 했음을 히브리서 주석 머리말에서 살펴보았다. 필자가 "칼빈의 선교사상"이라는 주제에 대해서 더깊이 연구하기 위해서 금세기 최대의 칼빈신학 사상 연구가로 알려진 미시간주 홀랜드시에 있는 웨스턴 신학대학교 존 헤셀린크(John Hesselink) 총장을 찾아갔을 때[37] 그가 하는 말

---

[36] de Greef, *Ibid.*, p. 98.
폴란드 왕에게 보내는 이 히브리서 주석헌사는 칼빈과 폴란드의 접촉의 시작이다. 다음을 참고 바람.
Oscar Barrel, "Calvin und Polen" in *Regards contemporains sur Jean Calvin: Actes du colloque Strasburg 1964*(Paris, 1965), 253-68. ※ 칼빈이 로마가톨릭교회의 미사를 반대하는 이유는 1534년 파리의 플래카드 사건에서 명백히 나타나있다.(이 책 부록 2에서 번역되어 있으니 참고 바람)

[37] 1998. 7. 31. 11시 30분에 시간 약속을 하고 101 E. Thirteenth Street, Holland에 위치한 Western Seminary를 방문했다. Hesselink 박사님은 1961년 Basel 대학에서 박사학위를 받고 지금까지 칼빈연구에 세계 최고의 권위를 가진 학자로서 12년간 일본에서 선교사로 신학강단에서 강의했고 Western 신학대학교의 역사 신학교수로서 그리고 총장으로서 재직하면서 "*On Being Reformed*," "*Calvin's Concept of the Law*," "*Calvin's First Catechism*" 등의 명저를 저술한 학자이다. 세계적으로 권위있는 학술단체인 세계칼빈학회의 회장직을 두번이나 역임하신 박사님은 특히 그의 "*Calvin's Concept of the Law*"는 K. Barth(Basel), H.

필자와 헤셀링크 박사(칼빈의 선교사상 담론장면)

이 "칼빈에게 현대적 개념의 선교활동이 두드러지게 나타난 것은 없다할지라도 그의 선교사상과 선교에 대한 개념은 확고하다"고 했으며 "그는 전유럽의 황제들, 왕들, 귀족 통치자들을 상대로 해서 어마어마한 규모로 문서 선교활동을 전개한 선교사상가요 선교의 선각자요, 선교지도자로서 그가 종교개혁 당시 선교라는 개념에서 활동할 수 있었던 최선의 일을 그가 한 것"이라고 했다. 1549년 11월 29일자로 칼빈은 또한 디도서 주석 서문을 쓰면서 "예수 그리스도의 진정한 종 나의 가장 사랑하는 형제, 그리고 우리 주 예수 그리스도의 사역을 위한 동역자 된 파렐(Guillaume Farel)과 삐에르 비레(Pierre Viret)에게 바친다"는 헌사를 썼다.

1550년 2월 17일자로 된 그의 데살로니가 전서의 머리말에서는 과거 그

Berkhof(Leiden), Brian Gerrish(Chicago), T. F. Torrance(Edinburgh) 등의 격찬을 받고 있는 금세기 칼빈 연구의 최고의 권위서로 알려져 있다.

에게 라틴어를 가르쳐준 마투랑 꼬디에(Mathurin Cordier)에게 바친다는 헌사를 쓰면서 "이 주석으로부터 도움받는 자는 꼬디에(Cordier) 선생에게 감사해야 한다고 했다. 동년 7월 1일자로는 가정주치의인 브노와 테스토르(Benoit Textor)에게 데살로니가후서의 헌사를 썼는데 위의 두 서신 인쇄는 1551년에 바울서신 전체 주석의 편집이 완성되었을 때(A Complete Edition of Epistles of Paul)38에 나왔다. 바울서신 전체가 출판되어 나온 주석에서는 빌레몬서 주석(CO LII: 437-50)도 첫선을 보였는데 테오도어 베자(Theodore Beza)가 전체의 서문을 썼다. 야고보서, 베드로전후서, 그리고 유다서 주석을 칼빈은 1551년 1월 24일자로 영국왕 에드와드 6세에게 헌정했다. 헌사에서 트렌트회의(The Council of Trent)에 관해서 자세하고도 광범위하게 쓰고 있다.39

이 헌사에서 칼빈은 요시아 왕이 순수한 이스라엘 참종교를 복구시킨 사례를 들면서 복음은 어떠한 종교행사의 이름으로든 그 명백한 진리가 가리워져서는 안된다고 했다. 특히 카톨릭에서 행하는 죽은 자들의 영혼을 위한 기도나 성자의 중재기도의 남용이나 성자의 이름으로 행해지는 맹세등 진정한 기독교를 타락시키는 이런 모든 요소에 대해서 왕이 앞장서서 금지해 주실 것을 촉구했다. 그는 영국왕께 보내는 주석을 니콜라스 데 라폰테인(Nicolas de La Fontaine)이라는 사람을 시켜서 직접 전달하게 하였다.40

---

38 *Commentarii in Preorem Epistolam ad Thessalonicenses* (CO LII: 133-80).
39 (*CO* XIV: 30-37). Latin: *Ioannis Calvini Commentarii in Epistolas Canonicas, unam Petri, unam Ioannis, unam Iacobi, Petri alteram, Iudae unam* (Geneva, 1551-CO 55:201-500); French: *Commentaires de M. Iean Calvin sur les Canoniques* (Geneva, 1551).
40 de Greef, *Ibid.*, p. 99.

6. 하나님나라 확장과 선교사상

칼빈은 사도행전을 2부로 나누어서 주석했는데, 1장부터 13장까지는 제1부로서 1552년 2월 29일자로 덴마크 왕 크리스찬 3(Christian Ⅲ)세에게 헌정하였고, 2부는 14장부터 28장까지인데 덴마크 왕자 프레데릭(Frederick) 공에게 1554년 1월 25일 헌정하였다.[41]

이 주석에서 칼빈은 로마의 교황을 '적그리스도의 사자'라고 공격하면서 많은 사람들을 그릇된 멸망의 길로 이끌고 있다고 했다. 이에 대해 우리는 "복음을 선포하며 그리스도의 왕국을 확장해 나가야 한다"는 칼빈의 글은 분명히 복음선포에 의한 세계선교의 사상을 풍성히 함축하고 있는 것이다.

사도행전 1장 8절을 주석하면서, 칼빈은 "Let us fight stoutly under Christ's banner; let us go forward manfully and courageously in our vocation, and God will give fruit in due time."이라고 했다. 즉, "그리스도의 깃발 아래 힘있게 싸우자, 씩씩하고 용감하게 우리들이 받은 소명 안에서 전진하여 나가자 그러면 하나님께서 때가 되었을 때 열매를 주신다"고 했고 "하나님의 나라는 복음을 선포하는 곳에 존재한다"(The Kingdom Consisteth in The Preaching of the Gospel)든지 혹은 "복음의 선포에 의해서 그리스도는 온 세상을 그에게 복종시키게 하신다"(He subdueth unto himself all the whole world by the preaching of the Gospel)는 해석에서 칼빈의 선교적 개념(The missionary concept of Calvin)을 충분히 발견할 수가 있는 것이다.

칼빈은 또한 "주님은 제자들이 단 하루의 공간(눈 앞에 보이는 세계만)을 위해서 사역해서는 안되고 전세계가 그들에게 할당되었다는 사실을 알려

---

41   *CO* XIV: 292-96., *CO* XV: 14-17. Latin: *Commentariorum Ioannis Calvini in Apostolorum, liber 1* (Geneva, 1552–*CO* 48:1-317); French: *Le Premier Livre des Commentaires de M. Iean Calvin, sur les Actes des Apostres* (Geneva, 1552); Latin: *Commentarius Ioannis Calvini Acta Apostolorum* (Geneva, 1554–*CO* 48:317-574); French: *Le Second Livre des Commentaires de M. Iean Calvin, sur les Actes des Apostres* (Geneva, 1554).

주었다"고 했고 엡 2;14을 인용하면서 이방인과 막혔던 담이 헐리고 하나님의 나라가 어디든지 설 수 있다 "(His Kingdom may be erected everywhere.)고 하므로써 복음선교의 범위가 전세계적이며, 유대인과 이방인의 차별이 없이 즉 어느 누구에게나 어디나 선교의 대상이 되고 있음을 주해함으로써 칼빈의 선교신학이 현대적 선교신학에서의 개념과 조금도 차이가 없음을 발견할 수 있다.

요한복음의 주석은 1553년 1월 1일자 칼빈의 서문에서 제네바시의회와 평의원들에게 바친다라고 쓰고 있다.[42] 그는 이 헌사에서 제네바(Geneva)야말로 여러 다른 곳에서 쫓겨온 피난민의 피난처라고 하면서, 그리스도께서는 복음이 선포되는 도시는 자기 백성들이 그곳에서 안전하게 살 수 있도록 가까이 보호하신다는 사실을 시의회가 알아야 할 것이라고 했다. 1월 5일 그 자신이 요한복음 주석 한권을 가지고 시의회로 갔다.[43]

칼빈은 요한복음 3장 16절을 주석하는 가운데, "하나님께서 인류를 사랑하시사 독생자를 주셨는데 누구든지 믿는 자는 멸망 받지 아니하고 영원한 생명을 얻게 된다고 하는 성경말씀에서 '누구든지'(whosoever)라는 보편적인 용어(universal term)을 쓴 것은 모든 사람이 영원한 생명을 얻도록 초청 받음에 있어서와 믿지 않음으로써 단절되는데 대해 변명치 못하게 하는데 있어서 차별이 없다는 말이다. 그리고 세상에 대한 하나님의 화해는 모든 사람들이 예외 없이 그리스도를 믿는 일에 초대됨으로써 영생에 들어가는 문으로서의 그리스도는 온 세상에 대하여 열려있다. 그 문으로 들어서고 안들어서고는 개개인의 믿음에 의한 결단이며 개인의 책임이다"고 하므로써 세계선교의 가능성에 대해서 언급하고 있는 것이다. 이러한 관점에서 볼 때 칼빈은 반덴 베르그(J. Vanden Berg)의 지적대로 현대적 의미

---

42 de Greef, *Ibid*., p.100. *CO* 47:v-vi, Latin: In *Evangelium secundum Iohannem, Commentarius Iohannis Calvini* (Geneva, 1553–*CO* 47:1-458); French: *Commentaire sur l'Evangile selon Sainct Iean* (Geneva, 1553).

43 *Ibid*.

에서의 선교개념을 가지고 있었다. 다만 비기독교 세계의 영적 갈구와 교회의 선교적 책임에 대해서 어떠한 자세였는지에 대해서는 이미 언급한 바와 같이 칼빈이 살던 16세기라는 시대적 배경과 그가 활동하던 제네바라는 공간적 배경을 충분히 검토한 후에 칼빈의 선교를 비판하는 것이 타당성을 가지는 것이다.[44]

7. 선교기지로서의 교회

칼빈의 공관복음서 주석은 1555년 8월 1일에 라틴어와 불어판이 함께 제네바에서 출판되었고, 영국의 난민성도들이 모여 있던 프랑크푸르트(Frankfurt) 시의회에 헌정했다.[45] 공관복음의 주석은 마태복음을 기준으로 하여 그 순서에 따라 마가복음과 누가복음도 틀을 맞추어 갔는데 마틴 부처(Martin Bucer)가 1527년에 이미 이러한 방식으로 출판한 공관복음의 방식을 칼빈이 따른 것이다. 왜냐하면 공관복음 셋을 나란히 비교하지 않고는

---

44 J. Vanden Berg, *Ibid.*, p. 168. "The question is not, however, whether this modern concept of missions was familiar to Calvin, but simply whether he saw the needs of the non-Christian world and the obligation of the church to go out into this world to preach the message of Christ. With regard to the first point, we must not forget that because of various factors the heathen world as well as the world of Islam lay outside Calvin's horizon. His knowledge of the non-Christian world was to a large extent limited to what he had learned from classical authors, while the fact that the colonizing powers were Roman Catholic put up a strong barrier between the world in which the Reformer moved and that part of the world to which a later age would give the name of "mission field." Still it appears from his works that Calvin looked forward to the conversion of the nations, to the spread of the kingdom of God all over the world. In this context it is a remarkable complication that we find in Calvin some reminiscences of the old legend of the division of the world between the apostles."

45 *CO* XV: 710-12, de Greef, *Ibid.*, p. 100. Latin: Harmonia ex tribus Evangelistis composita, Matthaeo, Marco et Luca; adiuncto seorsum Iohanne, quod pauca cum aliis communa habeat. *Cum Calvini Commentariis* (Geneva, 1555–*CO* 45); French: *Concordance* qu 'on appelle Harmonie, composée de trois Evangelistes, asçavoir S. Matthieu, S. Marc, et S. Luc; item, l'Evangile selon Sainct Iehan: *Le Tout avec les Commentaires de M. Iehan Calvin* (Geneva, 1555). See also Dieter Schellong, *Calvins Auslegung der synoptischen Evangelien* (Munich, 1969).

많은 부분에서 온전히 해석이 되지 않기 때문이다.

칼빈에게 선교사상이 있었느냐 없었느냐를 논함에 있어서, 칼빈에게는 현대적 개념의 선교사상이 없었다고 주장하는 자들 중에서 랄프 윈터(Relph Winter)나 라토렛(Kneth Scott Latourette) 같은 학자들은 칼빈이 선교의 수단으로서의 소달리티(Sadality, 교회와는 별개의 전문 선교기구)를 인정하지 않았기 때문에 선교부재를 초래했다고 비판한다.

그러나 칼빈이 로마 카톨릭의 수도원과 같은 선교기구와 그 활동에 대해서 결코 모르고 있었던 것은 아니다. 칼빈의 마태복음 23장 15절의 주석을 보면 예수님께서 바리새인들을 질책하실 때 그들이 "교인 하나를 얻기 위해서 바다와 육지를 두루 다니는" 열심을 당시 로마 카톨릭 교회에서 수도원 운동을 열렬히 전개하여 외지선교 활동을 펴는 것과 비교하면서, 이들의 선교 결과는 "배나 더 지옥 자식이 되게 만드는 것"이라고 하는데서 우리는 칼빈의 확고한 선교관을 발견하게 된다. 즉 칼빈은 선교의 당위성에 대해서는 어느 누구보다도 더 강하게 강조하는 학자다. 그가 강조하는 선교사상은 확실한 성경적 기초를 가지고 있다. 그러나 그 선교의 기지가 되는 교회가 부패하고 썩어져 있는 상태에서는 선교활동을 전개하는 것이 오히려 지옥자식을 만든다는 결론이 나온다. 그러므로 하나님의 말씀에 기초한 건전한 교회를 신속히 세운 후에 선교활동을 전개해 나가야 한다는 것이 칼빈의 선교관인 것이다.[46]

칼빈의 구약주석 중에는 이사야 주석이 1551년에 제일 먼저 나왔다.[47]

---

46 J. Van den Berg, *Ibid.*, p. 168. "Calvin was aware of the missionary activities of the monastic orders of the Roman Catholic church, but in a vehement and not quite reasonable attack upon their method of proselytizing he compared their work with the activities of the Pharisees, who compassed sea and land to make proselytes whom they further turned into devils (Comm., Matt. 23:15) Perhaps Calvin's estimate of the missionary work of the monastic orders made him the more averse to anything that could possibly approach our modern concept of institutionally organized missions."

47 T. H. L. Parker, *Calvin's Old Testament Commentaries*(Edinburgh, 1986): Wulfert de Greef, *Calvijn en het Oude Testament*(Amsterdam, 1984).

이사야 주석은 처음부터 주석으로 쓰여진 것이 아니라 이전에 칼빈의 이사야서 강의를 들어온 니콜라스 데 갈라시우스(Nicolas Des Gallasius)가 1549년에 그의 노트를 잘 다듬어서 칼빈에게 보이고 칼빈이 정정 가필하여서 1550년 12월 25일 영국왕 에드와드 6세에게 헌정하였다. 여기서 칼빈은 이사야도 왕의 혈통을 가진 자로서 최고의 왕(왕중왕)이신 그리스도를 잘 섬겨 왔다는 사실과 하나님에 대한 참된 지식은 그리스도가 오신 후에 전세계로 확산될 것임을 말하면서 신약의 시대는 선교의 시대가 될 것이라고 해석하고 있다. 칼빈은 신약의 시대를 사도시대, 적그리스도의 시대(중세 로마 카톨릭 시대), 그리고 교회 확장의 시대로 보았는데,[48] 교회 확장의 시대가 곧 선교의 시대인 것이라고 칼빈은 믿었다.

그래서 칼빈은 이사야 주석 49:23을 예로 들면서, 영국왕 에드와드 6세가 영국에서의 교회의 개혁에 협력해 줄 것을 당부하면서 하나님께서는 얼마간의 어려운 시기가 지나면 자기교회를 다시 세우실 것을 말했다. 칼빈은 이사야서 주석을 쓰면서 특히 선지직(The office of the prophets)에 대해서 해설하면서 율법의 해설자로서(As Interpreters of The Law) 그들은 율법에 어떤 다른 것을 더해서도 안되며 그것을 충실히(faithfully) 해설해서 율법의 권위를 떠받들어야 한다고 했다.[49] "우리 시대에는 미래적 예언이라는 의미에

Latin: *Ioannis Calvini Commentarii in Isaiam prophetam* (Geneva, 1551); French: *Commentaires sur le prophète Isaïe. Par M. Iean Calvin* (Geneva, 1552).

48 C. L. Chaney, *The Birth of Missions in America*(Pasadena: Wm Carey Library, 1976), pp. 32-33. "Calvin postulated a tri-epochal program of time between the coming of the Holy Spirit and the second advent of Christ. The first period was that of the Apostles, during which the Gospel was offered to the whole world(see *John Calvin's commentary on Matthew* 24:14). The second epoch was the period of the manifestation of Antichrist, Calvin understood his own age to be that of the most effective work of Antichrist. This helfs explain why all of Calvin's theology was written to people in the throes of persecution. His theology was written to the Church under-the-cross. The final period was that of the great expansion of the church. During this epoch the fullness of the Gentiles would come in, the ends of the earth would come to christ and the Antichrist would be defeated."

49 de Greef, *Ibid.*, p. 103.

서의 하나님의 계시(revelation from God in the sense of predictions about the future)는 받지 않고 있기 때문에 특별한 사건과 일에 있어서 하나님의 심판에 대해서 알기 위해서는 선지자의 시대와 오늘의 시대를 비교해 보는 것은 가치 있는 일이며, 오늘날 이런 일은 경건한 교사들(doctores)에 의해서 선지자들의 선포에 대해서 말해진다면 유익이 있을 것이다"라고 칼빈이 이사야 주석에서 쓰고 있다.50

칼빈의 이사야 주석이 1551년에 에드와드 6세에게 헌정되었는데 그는 1553년에 죽고 동생 메리 여왕이 왕위를 계승하자 영국에서 개신교회는 심한 박해를 받았다. 메리 여왕도 1558년에 죽자 그 동생 엘리자벳 여왕이 왕위를 계승하게 되었고, 그녀의 통치기간은 영국교회가 종교개혁의 혜택을 크게 받을 것으로 기대되었다. 피터 마터 베르미글리(Peter Martyr Vermigli)가 칼빈에게 1558년 12월 1일자로 쓴 편지(CO XVII: 391)에서 "이세벨은 이제 죽고, 예루살렘의 성벽은 이제 재건 할 수 있게 되었다"고 했다.

칼빈은 1559년 1월 15일자 신판 이사야서 주석을 엘리자베스 여왕에게 헌정하면서, 전에 에드와드 6세에게 부탁했던 것과 동일하게 영국에서의 교회개혁을 간절히 바라며 여왕께서는 힘있게 이 일을 해나가실 수 있을 것이며 앞으로 수많은 복음적인 저술들이 영국에서 출현하게 될 것이고 난민들이 돌아올 수 있을 것이라고 했다.51 그러나 여왕은 이 헌증을 받지 아니했다. 그 이유는 존 낙스(John Knox)가 제네바에 머무르는 동안에 여왕의 통치를 비난하는 신랄한 논문(a caustic treatise)인 "괴물통치와 여인제국을 향한 첫 번째의 경고 나팔"(The First Blast of the Trumpet against the Monstrous Regiment and Empire of Women)을 썼기 때문이다.52

칼빈은 존 낙스(John Knox)에게 편지하면서 하나님의 특별하신 섭리와 축

---

50 Ibid.
51 CO XVII:413-15. de Greef, Ibid., p. 103.
52 CO XVII: 566.

복에 의해서 특별은사를 받은 여자들의 다스림이 보다더 하나님의 영광을 분명히 나타낸다면 이는 하나님께서 남자들의 나태함을 부끄럽게 하시고자 함일 것이라면서 구약의 훌다와 드보라(Huldah and Deborah)의 예를 존 낙스에게 제시해 주었다.53 그리고 하나님의 특별섭리에 의해서 수립된 정부들을 뒤엎는 일은 있어서는 안될 것이라고 칼빈은 강조했다. 칼빈은 또한 그 문제의 논문이 존 낙스에 의해서 제네바에서 출판되는 사실을 몰랐으며 그것을 기뻐하지도 않는다고 했다. 그것으로 인해서 큰 혼란을 야기시키는 것은 옳은 일이 아니며 차라리 없었던 일로 하는 것이 좋겠다고 했다.

칼빈의 이사야 주석은 장차 메시야의 오심에 대한 하나님의 약속(God's Promises)이 가장 명쾌하게 그리고 가장 많이 예언되어 있음과 함께 이와 관련해서 필연적으로 교회가 세계적으로 확장될 것으로 그 예언들을 풀이하고 해석한 본문중의 하나가 이사야 10장이다. 전술한 바와 같이 칼빈은 신약의 시대를 삼분하여 사도들의 시대, 적그리스도의 시대가 끝나면 세계선교의 시대(=교회확장의 시대)가 올 것으로 보고 이 때는 이방인들이 대대적으로 개종하여 전세계적으로 교회가 확장되어가는 교회 중심의 세계적 선교시대로 묘사하였다.

칼빈은 이사야 10장 23절을 해석하면서 다니엘 9장 27절이나 로마서 9장 28절과 비교하면서 하나님의 이 예언의 말씀은 그 예언을 한 선지자의 시대에, 소수의 남은자를 제외하고는 하나님 나라에 들어가지 못하지만 땅끝까지 온 세계중에 만군의 여호와의 선교의 의지는 실현된다고 칼빈은 주석했다.54

---

53 *CO* XV: 125, de Greef, *Ibid.*, p. 104.
54 다니엘 9;27, 로마서 9;28. "It was almost incredible that the Jews, to whom so many promises had been given, and with whom God had made an everlasting covenant ······ and in this sense it is used by Daniel and other passages (Dan. ix. 27). Paul quotes this passage, (Rom. ix. 28)."

칼빈은 또한 이사야 11;12 말씀 "여호와께서 열방을 향하여 기호를 세우시고, 이스라엘의 쫓긴자를 모으시며 땅 사방에서 유다의 이상한 자를 모으시리니"를 해석하면서 "그리스도께서 우리에게 선포하신 그 복음이 이방인 가운데서 널리 전파되어 높임을 받는다"는 매우 선교적인 강한 의미에서 해석을 하고 있다.55

또 이사야 19장 18절에서 여섯 성읍 가운데 "여호와를 가리켜 맹세하는 다섯 성읍이 구원을 받을 것"이며 칼빈은 "멸망받을 성읍은 그중에 다만 하나가 있을 것"이라고 주석함으로써 선교의 왕성한 상태가 도래하면서 장만성 같은 이방도시도 복음의 선교에 의해 구원받는 것을 은유적으로 표현(the metaphorical expression)하였다고 칼빈은 말한다. "가나안 방언을 말하고"를 칼빈은 "가나안의 입술로 말하고"(speaking with the lip of Canaan)이라고 했고, 방언은 "부분이 천체를 대표하는 것"(taking a part for the whole)을 은유적으로 표현한 것인데 그 내용은 신앙고백이라고 했다.56 진정한 하나님에 대한 지식을 알려주는 언어는 하나밖에 없으며 그것이 가나안 방언이라고 했고 온 세계 각처에서 이 가나안 방언이 전파되어 쓰이게 될 것이라고 하였다.

칼빈은 이사야 19장 24, 25절 "그 날에 이스라엘이 애굽과 앗수르로 더불어 셋이 세계 중에 복이 되리니 이는 만군의 여호와께서 복을 주어 가라사데 나의 백성 애굽이여, 나의 손으로 지은 앗수르여, 나의 산업 이스라엘이여 복이 있을 찌어다 하실 것임이니라" 주석함에 있어서 "복음 선교의 결과 에집트와 앗수르와 같은 이방민족이 복을 받고 이스라엘과 함께 구원에 참여하게 된다는 약속이 이뤄지는 것"이라고 해석하고 있다.

---

55 John Calvin, *Commentary on Isaiah*, p. 391. "… so a banner is here held out to us, that we may assemble to it, namely, the gospel, which the Lord has lifted up among the Gentiles, by which Christ is preached to us."

56 *Ibid.*, p. 69. "By the word lip he means the tongue, … for by the tongue he meta phorically de scrifes confession."

이사야서 2장 2절 "만일에 여호와 성전의 산이 많은 산들의 꼭대기에 굳게 설 것"의 주석에서 칼빈은 "이것은 그리스도의 왕국에 관해서 말하고 있는 것"이라고 했고 "이미 우리들이 실제적으로 말일에 도착했다"(We have actually arrived at the end of age)고 보았다. 그리스도 통치 아래서 교회의 상태는 보다 완전하게 될 것"이라고 하여 교회로 이방인들이 몰려오는 것을 마치 바다에서 배가 파선하여 떠다니던 사람들이 항구로 밀려들어와서 구원을 얻는 것처럼 이방인들이 모여드는 것으로 해석하고 있으며57 이와 같이 말세에 이방인들이 자발적으로 그리스도께로 나아옴(spontaneous coming heathens)이 이사야서에 나타난 선교사상의 특징이라고 말한 화란의 요하네스 바빙크(J. Bavinck)는 철저한 칼빈주의 선교신학자로 알려져 있다.58 "만방이 그리로 모여 들 것이라"를 칼빈은 "모든 민족이 교회로 흘러들어가게 된다"로 해석하였다. 여기서 이사야는 앞으로 교회확장의 선교시대가 되면 모든 민족들이 복음을 향하여 물흐르듯 교회로 모여들 것을 내다보았다. 이방인들이 자발적으로 교회로 나아온다는 선교적 비전에 넘치는 성경주석이다.

이와 같은 곳이 칼빈의 이사야 주석에 몇군데 더 보인다. 45장 6절의 "해 뜨는 곳에서부터 지는 곳까지 나 밖에 다른이가 없는 줄을 무리로 알게 하리라"는 부분을 주석하면서 칼빈은 "종말에는 복음이 한 민족에서 다른 민족으로 차츰 차츰 전파되어서 온 세계로 퍼져 나갈 것"이라고 했다.59

또 이사야 49장 6절에서는 이스라엘을 "이방의 빛으로 삼아 나의 구원

---

57 John Calvin, *Ibid.*, pp. 89-93. (2:2)
58 J. H. Bavinck, 선교학 개론, 전호진 역, (서울: 성광문화사, 1981), p. 42 참조.
59 John Calvin, *Ibid.*, p. 402. (45:6) "This was not indeed immediately fulfilled; for, although the fame of that victory was spread far and wide, yet few understood that the God of Israel was the author of it; but it was immediately made known to the neighbors, and was communicated by one nation to another, till the report of it was spread throughout the world."

을 베풀어서 땅끝까지 이르게 하리라"는 부분을 칼빈은 사도행전 13장 47절 말씀을 가지고 와서 주해하고 있는데, 사도행전 13장에서는 사도바울이 바나바와 더불어 유대인들을 향하여 "하나님의 말씀을 마땅히 먼저 너희에게 전할 것이로되 너희가 버리고 영생 얻음에 합당치 않은 자로 자처하기로 우리가 이방인에게로 향하노라"하면서 이방인 선교로 나갈 때 그 근거를 이사야 49장 6절 말씀을 인용하면서 이사야 선지자가 이미 오래전에 신약교회가 이방선교의 사명을 감당할 것을 예언했다고 칼빈은 주석하고 있다.

이밖에도 이사야 49장 18절에서 "그들이 다 모여 네게로 오느니라"라든지 49장 22절의 "내가 열방을 향하여 나의 손을 들고 민족들을 향하여 나의 기초를 세울 것이라" 라든지 49장 23절의 "열왕은 네 양부가 되며 왕비는 네 유모가 될 것이며" 라든지 54장 2절의 "네 장막터를 넓히며 네 처소의 휘장을 아끼지 말고 널리 펴되 너의 줄을 길게하며 너의 말뚝을 견고히 할지어다"에서는 '장막터', '처소의 휘장', '말뚝' 등의 독특한 은유어들(metaphors)을 사용해서 하나님의 선교적 의도를 효과적으로 잘 표현하고 있는데, 하나님은 자기 교회의 복구 뿐만아니라 교회의 상태가 더욱 좋아지도록 지켜주시겠다는 하나님의 약속을 이사야가 예언한 것을 칼빈이 역사의 종말에 교회의 선교적 차원에서 주석하고 있다.[60] 우리가 지금까지 알고 있기로는 칼빈이 종교개혁에만 급급해서 선교에는 무관심해 온 것으로 알았다면 칼빈의 신학에는 교회의 복구(restore) 혹은 개혁(reformation)에만 중심을 두고 있는 것으로 생각하는 것은 칼빈을 바로 이해하지 못하고 있는 것이다. 칼빈은 이사야 54장 2절의 주해에서 하나님은 교회의 복구뿐만 아니라 교회가 복음선교에 의해서 어린아이 상태에서 어른 상태로 크게 성장할 것이며 그리스도의 재림 때까지 이 일이 성취(땅

---

[60] 사49:18,23; 사54:2. "He continues his argument under other metaphors, and promises that the Lord will not only restore his church, but will bestow upon her a condition far more excellent."

끝까지 복음이 전파되는 일)될 것이라고 하는 놀라운 선교적 비전에서의 해석을 내리고 있는 것을 볼 때 칼빈은 실로 놀라운 선교사상의 선구자요 선교신학자라고 할 수 있다.[61]

또 이사야 55장 5절에서 "네가 알지 못하는 나라를 부를 것이며 네가 알지 못하는 나라가 네게 달려올 것"을 말하며 56장 8절에서 "이미 모은 본 백성외에 또 모아"라는 말씀의 해석도 선교적 차원에서 했고 또 60장 1절에서 "일어나 빛을 발하라"는 명령도 어둠의 땅 선교지에 복음선교의 빛을 비출 것과 65장 1절 "나를 찾지 아니하던 자에게 찾아냄이 되었으며"라는 말씀의 주해에서도 선교의 사상을 발견할 수가 있다.

8. 그리스도 왕국 사상과 선교 대헌장

칼빈이 창세기 주석을 내놓은 것은 1554년인데 라틴어와 불어판이 같은 해에 나왔다.[62] 칼빈은 창세기 주석을 1554년 3월에 죽은 삭소니의 선거제후인 요한 프리드릭(Johann Friedrich)의 세 아들들에게 헌정하면서, 하나

---

61 John Calvin, *Ibid.*, pp. 135-6. (54:2) "The conception was concealed, as it were, in the mother's womb, and no outward appearance of it could be seen; but afterwards the people were increased, and after the firth the church grew from infancy to manhood, till the Gospel was preached. This was the actual youth of the church; and the next follows the age of manhood, down to Christ's last coming, when all things shall be fully accomplished."

62 de Greef, *Ibid.*, p. 104.
Latin: *In primum Mosis librum, qui Genesis vulgo dicitur*, Commentarius Iohannis Calvini (Geneva, 1554–CO 23:1-622); French: *Commentaire de M. Iean Calvin sur le premier livre de Moyse dit Genèse* (Geneva, 1554). See also Lewis F. Lupton, "Calvin's Commentary on Genesis," in idem, A History of the Geneva Bible, vol. s, Vision of God (London, 1973), 107-17; Richard Stauffer, "L'Exégèse de Genèse 1, 1-3 chez Luther et Calvin," in Centre d'études des religions 여 liver, In principio: Interprétations des premiers versets de la Genèse (Paris, 1973), 245-66 (this article is also found in Richard Stauffer, Interprètes de la Bible: Etudes sur les réformateurs du XVIe siècle [Paris, 1980], 59-85); Claude-Gilbert Dubois, "Jean Calvin, commentaires sur le premier livre de Moyse," in idem, La Comception de l'histoire en France au XVIe siècle(1560-1610)(Paris, 1977), 307-15.

님의 말씀에 순종하여 교회의 통일성을 중요시 할 것을 당부했다.[63] 이들은 비록 예배의식에는 큰 차이가 있었지만, 로마 카톨릭에 대항해서 이 소수의 사람들이 그리스도의 순수한 가르침에 따르고자 하는 열망은 대단했다. 루터교 신학자들의 조언에 따라 왕자들은 칼빈의 주석헌정을 받아들이지 않았는데 왜냐하면 칼빈은 주석 여러 곳에서 성찬에 대해서 루터와 다른 견해를 비판적으로 표현한 것이 루터를 모욕했다고 그들이 칼빈을 오해했기 때문이다.[64]

칼빈은 창세기 3:15이나 12:1-3에서도 선교적 의미를 많이 내포하는 해석을 썼다.[65] 칼빈의 시편주석은 1557년에 라틴판과 불어판이 나왔는데 불어판 번역이 라틴어에 가깝게 접근하지 못해서 1561년 두 번째의 불어판이 다시 나왔다.[66] 칼빈이 시편주석을 시작한 것은 1552년부터이고, 1555년부터 1559년까지는 '회중들'(Congrégations)이라고 하는 주말 성경연구회에서 시편을 연구토론하였다. 또한 칼빈은 주일 오후 설교에서는 시편을 자주 강해 하였다. 이러한 강의 초안과 설교를 주석으로 만들어 내라는 친구들의 권유에 의하여 시편주석이 나왔다.[67] 시편 67편을 해석하

---

63 *CO* XV: 196-201.
64 *CO* XV: 260-61. cf. Chancellor Francis Burckhardt가 칼빈에게 보낸 편지 내용 참조.
65 John Calvin, *Commentary upon the Book of Genesis*, p. 167. pp. 341-9.
66 de Greef, *Ibid.*, p. 105.
    Latin: *In librum Psalmorum, Iohannis Calvini Commentarius* (Geneva, 1557–CO 31 and 32); French: *Le Livre des Pseaumes exposé par Iehan Calvin* (Geneva, 1558); *Commentaires de M. Jean Calvin sur le livre des Pseaumes. Ceste traduction est tellement reveue et si fidèlement conferée sur le latin, qu'on le peut juger estre nouvelle* (Geneva, 1561). See also S. H. Russell, "Calvin and the Messianic Interpretation of the Psalms," SJTh 21(1968): 37-47; John Robert Walchenbach, The Influence of David and the Psalms on the Life and Theught of John Calvin (Pittsburgh, 1969); Hans-Joachim Kraus, "Vom Leben und Tod in den Psalmen: Eine Strdie zu Calvins Psalmenkommentar," in idem, Biblisch-theologische Aufsätze (Neukirchen, 1972), 258-77; and Willem Balke, "Calvijn over de geschapen werkelijkheid in zijn Psalmencommentaar," in Willem Balke et al., eds., Wegen en gestalten in het gereformeerd protestantisme: Een bundel studies over de geschiedenis van het gereformeerd protestantisme aangeboden aan Prof. Dr. S. van der Linde (Amsterdam, 1976), 89-103.
67 *Ibid.*

면서 "이 시편은 그리스도의 왕국에 관한 예언"이라고 전제하고, "유대인에 대한 하나님의 축복을 구하는 기도부터 시작하여 주변국가와 땅끝까지 축복이 미쳐서 그들이 구원받고 함께 주님께 영광을 돌리게 해달라"고 간구하고 있다. 이것은 곧 하나님께서 선민으로서 이스라엘을 먼저 구원하셔서 이방구원을 위한 도구로 삼으시고자 한 하나님의 구원계획을 노래하고 있는 것으로서 구약에서의 선교의 대헌장(The Magna Charter of the Old Testament)이라고 하는데 칼빈은 이러한 선교적 관점에서 시편을 해석하고 있다.

칼빈은 요나서 주석을 통해서 "파송"의 의미를 포함한 선교사상을 해설하고 있다. 요나는 이방민족에게 보내어져서 하나님의 구원의 복음을 강권적으로 선포케 하시는 하나님의 선교를 수행해 나가는 선교사상을 바라볼 수가 있다. 아모스 9장 12절에서는 "에돔 가운데도 남은자의 수에 들어갈 구원의 역사가 있다"고 주석하며 전투적 교회와 선교의 연결을 암시하고 있다.[68] 칼빈에 의하면 그리스도의 왕국(The Kingdom of Christ)은 필수적으로 전투적 성격을 가지며 공격적이고 정복적인 성격을 가지고 있다(Is essentially militant and aggressive and all conquering)고 했다. 이러한 그리스도의 통치(Regnum Christi)는 교회로 하여금 모든 인류가 복음의 영향력 아래 들어오도록 강권하는 것이다. 이것이 그리스도 왕국과 교회의 선교이다. 그의 주석을 통해서 살펴본 바와 같이 칼빈의 선교는 구원론적 성격이 강하고 또한 교회중심적 선교이며 메시지 선포적 선교이다.

현대선교 신학에서는 선교의 목표를 3p의 3층 집에 비유하여 설명하기도 한다. Presence(현존), Proclamation(선포), 그리고 Persuasion(설득)을 현대선교의 3층집이 라고 하며, 비기독교 세계에 기독교 신자가 가서 살게되면 현존의 선교라는 1층집이 세워진 셈이다. 거기에 복음의 선포가 이루어지면

---

68 John Calvin, *Commentaries on Amos*, p. 407. (9:12), dkahtm 9:12, "Utpossideant reliquias Edom et omnes gentes, super quas invocatum est nomen meum"

2층집이 올라간 셈이며 설득이 이루어지면 3층집이 완성된 것으로 본다. 맥가브란 - 와그너의 교회성장 학파(Church Growth School)에서는 선교의 궁극적 목표를 현존 → 선포 → 개종에로의 설득까지의 3층 집을 짓는데 두고 좋은 전략을 통한 설득은 많은 신자를 얻을 수 있다고 강조하고 있다.

사회참여를 개인 영혼구원 보다 더 우선시하고 있는 에큐메니칼 선교신학에서는 선교 대신에 증거(Witness)라는 용어를 대치하고 말씀선포에의 선교를 포기하고 정치 및 사회 참여의 행동신학(Doing Theology)으로 나아간다. 이들은 현존의 선교신학 즉 선교할 현장에 가서 말없이 행동으로 그리스도의 빛을 비추면서 증거의 삶을 살아가는 것이다.

그러나 칼빈의 선교사상은 하나님의 말씀을 교회를 통해서 선포하여 하나님께 영광을 돌리며, 비기독교 세계에 하나님의 영광을 선포하여 알리는 것이다. 칼빈의 영향을 받은 모든 개혁주의 선교학자들은 이러한 칼빈의 선교사상을 계승하고 있으며, 또한 계승해서 더욱 발전시켜 나가야만 할 것이다.

제8장

〈기독교 강요〉에 나타난 요한 칼빈의 선교사상

1. 〈기독교 강요〉와 칼빈의 신학

기독교진리 변증한 불후의 명작

칼빈의 신앙과 신학을 대변하는 것이 **기독교 강요**다. 이것은 사도시대 이후 가장 확신에 넘치는 기독교 진리 변증서라고 평가 받고 있다. 이것은 중세까지의 철학과 카톨릭 신학을 집대성한 〈신학 대전 Συμμα Θεολογια〉의 저자이며 스콜라주의를 대표하는 토마스 아퀴나스의 신학 사상이나, 당대 유럽 최고의 지성으로 알려진 에라스무스의 인문주의 사상을 능가하는 복음주의 최정상 학자의 위치에 칼빈을 올려놓은 인류역사에 길이 남을 불후의 명작이다. 만일 많은 사람들에게 성경다음으로 위대한 책 한권을 선정하라고 하면 **기독교 강요**라고 대답할 사람이 대단히 많을 것이라고 어떤 유명한 학자가 말했다.

기독교 강요라고 번역한 라틴어 원전 〈Institutio Christianae Religionis〉는 직역하면 '기독교 종교 원론'인데, 이 유명한 책의 초판은 칼빈의 나이 불과 26세 되던 1536년 1월에 스위스 바젤에서 라틴어로 출판이 되었다.

이 책은 출판 되자마자 유럽 전역에 대단한 충격파를 던진 화제작이 되었다. 저자 칼빈은 약관의 젊은 나이에도 불구하고 유럽의 거의 모든 사람들로부터 주목받는 인물이 되었고 이 책은 출판된 지 1년 만에 매진이 되어 버렸다.

초판 출판 후 3년이 지나 1539년에 11개 장이 증가된 개정 증보판은 총 17장이 되었고 '하나님에 관한 지식'과 '인간에 관한 지식'으로 구분 된 두 가지 지식과 삼위일체론을 상당히 확대해서 해설한 부분이 추가 되었고, 명칭도 〈Institutio Christian Religions〉로 약간 변경해서 출판했다.

그런데 놀라운 것은 이 책이 초판 발행 후 1539(라틴어 판), 1541(프랑스어 판), 1543(21장 증보 판), 1550(라틴어 증보판), 1559(라틴어 최종 판), 1560(최종 판 프랑스어 번역) 등 총 6판이 나오면서 내용이 더 충실하게 확대되고 증가되기는 하여도 그의 신학 사상에는 조금도 변화나 차이가 없다는 사실이다. 판이 거듭될수록 성경에 관한 해석적 지식은 점점 더 깊어가고 고전적 인용의 범위는 더 확대되어 갔는데 이것은 그가 끊임없이 성경을 파고들어 성경지식을 넓혀 갔지만 성경의 핵심진리에 관해서는 처음부터 정확한 지식을 가지고 초판의 골격을 잡았기 때문에 세월이 지나면서 성경의 지식과 고전의 내용들이 깊고도 넓게 추가되어도 **기독교 강요** 초판의 신학적 중심 사상의 흐름에는 조금도 흔들림이나 기본 방향을 수정한 곳이 없다는 것은 참으로 놀라운 일이다.

그러므로 칼빈의 신앙과 신학 사상의 중요한 체계는 **기독교 강요** 초판에 거의 다 들어있다고 보아야 할 것이다. 그것은 창조주 하나님의 위엄에 대한 심원한 지식과 하나님의 말씀에 대한 경외의 마음을 가지게 함으로써 경건한 하나님의 사람들로 하여금 성경을 올바르게 이해하도록 하여 하나님을 경외하는 지혜를 가지고 참된 복음진리를 전하고 참된 하나님의 백성이 되어 사회와 국가 발전을 위하여 자기들의 삶을 전적으로 헌신하게 만드는 선교적 목적을 가지고 있다.

선교적 두 가지 목적

이 목적은 두 가지로 요약이 되는데 첫째는 기독교 교리를 가능한 범위 내에서 쉽고도 단순하게 조직화해서 모든 경건한 하나님의 사람들로 하여금 쉽게 이해하도록 하기 위함이다.

둘째는 기독교 진리를 오해해서 진실한 하나님의 백성들을 박해하는 자들로 하여금 참 기독교 진리를 깨달아서 박해를 중단케 하기 위함이었다.

이 목적을 위해서 칼빈은 **기독교 강요**의 진리 항목의 내용이나 배열 순서를 독자적으로 생각해내지 아니하고 어거스틴과 루터, 쯔빙글리, 멜랑히톤 부처 등 여러 개혁자들의 의견을 항상 겸허히 참고하고 이들의 주장들을 종합하고 체계화해서 그 자신의 독창적인 작품을 완성한 것이다.

그러나 **기독교 강요**의 기초가 된 제 1의 신학 원리와 원천은 성경이며, 여기에 그가 섭렵한 고전 문학과 고전 사상들이 그가 죽기 5년 전까지 23년이라는 긴 세월이 지나도록 끈질기게 수정되고 덧붙여지고 다듬어져서 드디어 80개 장(chapters)에 이르는 대작이 1559년에 완성된 것이다. 특히 1559년과 1560년에는 칼빈이 사일열(四日熱)이라는 병에 걸려 죽음을 넘나드는 고통가운데서도 **기독교 강요** 최종판 교정 증보 작업에 매달렸으니 칼빈의 일생은 오로지 이 한권의 저서에 쏟아 부어진 인생이라고 해도 결코 지나친 말이 아니다. 이 한권의 저서에서 칼빈은 신앙의 줄기를 뻗치고 신학의 꽃을 피우고, 사상의 열매를 영글게 했다.

2. 〈기독교 강요〉 초판의 저작 동기와 내용

프랑스 종교개혁의 뇌관

앞에서 "망명길에 꽃 피운 위대한 사상"이라는 제하(題下)에 1533년 '파리의 봄' 사건에 대한 언급이 있었는데 이것은 독일에서 시작된 개혁사상의 바람이 견고한 카톨릭의 아성인 파리에도 불어오고 있었다는 말이다. 당시 프랑스 왕 프랑수와 1세의 누님인 마르퀘리트 당굴렘 공주가 나바르 왕비로 있으면서 〈죄악의 거울〉이라는 시집을 펴낸 것이 이단 시비의 발단이 되어서 공주를 비판한 소로본느 교수 여러 명이 국왕에 의해서 파리에서 추방당하고, 문학부, 의학부, 철학부, 신학부 교수들에게 공주의 이단혐의 사실 검증과 그 처분에 대한 의견진술서 제출을 국왕이 요구하였고, 콥 총장은 문학부 교수단 앞에서 그들의 통치자인 공주에 대해서 교수들이 취한 오만한 태도에 대해서 신랄히 비판하는 연설을 하였다.[1]

그 후 같은 해 가을 만성절(1533년 11월 1일)에 콥의 파리대학 총장직 수락 강연 사건이 프랑스 종교개혁의 뇌관을 터뜨렸다. 이 사건은 예상치 못한 방향으로 유럽의 역사와 지도를 바꾸어 놓았으니 당시 사건의 당사자인 콥 자신의 운명뿐만 아니라 이 연설문을 대필해준 칼빈의 운명에도 엄청난 변화를 가져왔다.[2]

파리대학 총장직 취임 강연문 사건으로 의회의 소환을 받은 콥은 도중에 탈출해서 자기 고향인 스위스 바젤로 망명하는데 성공했으나 강연문

---

1 Henry Beveridge and Jules Bonnet, *Selected Work of John Calvin*, Vol. 4.(Grand Rapids: Baker, 1858) p. 38, 졸저, 칼빈의 선교사상, (서울: CLC, 2000), p. 58.
2 졸저, *ibid.*, pp. 59-61. 이 강연의 원고를 누가 썼는가에 대해서는 몇 가지 학설이 있다. 칼빈이 써 주었다는 학설과 칼빈이 줄거리 초안만 잡아 준 것을 콥이 정리해서 강연했다는 학설과 또 그 반대로 칼빈이 완전 원고를 써준 것을 콥이 줄거리만 메모해서 강연했다는 등 다양한 여러 주장이 있다. 이 문제에 대해서는 이 책 부록1.에서 콥의 강연문 완전 원고 전문을 필자가 직접 번역해서 처음으로 국내 학계에 소개하면서 자세한 해설을 서두에 첨부했으니 참고 바람.

작성에 관련혐의를 받은 칼빈이 대신 당국의 추적 대상이 되었다. 칼빈은 파리의 포르떼 대학의 기숙사 방에서, 마치 사도 바울이 광주리를 타고 다메섹을 탈출한 것처럼, 침대보에 싸여서 창문을 타고 탈출한 후, 파리 서남 쪽 440km 떨어진 앙굴렘(Angoulem)에 갔다. 이 곳은 평원과 계곡, 푸른 목장과 아름다운 나무 숲, 그리고 파아란 하늘에 떠가는 흰 구름 등 자연 경치가 매우 아름다워서 오랜 망명길에 쫓긴 칼빈에게 휴식과 평온을 되찾게 해주었다. 여기는 교회 성가대 지휘자로 일하는 칼빈의 친구 루이 두 뛰에(Louis du Tille)가 살고 있었는데, 칼빈은 그의 집에서 약 5개월 동안 머물렀다. 그는 부유했고 그의 넓은 서재에는 수 천 권의 희귀한 고전들이 잘 갖추어 져 있었다. 이 서재는 쫓기는 망명객 칼빈에게 불후의 명작을 잉태시키고 탄생시킨 산실이 되었다.[3]

여기서 그는 친구 루이 두 뚜에의 권유에 따라 박해받는 성도들을 구하기 위해서 쉽고도 간결한 기독교 변증서를 쓰게 되었고, 그것이 결과적으로 유럽사회 전체를 감동의 물결로 흔들어 놓고 종교개혁운동을 사상적으로 심화시켜 나가면서 기독교 세계선교의 든든한 기초를 닦은 **기독교 강요**를 탄생시킨 직접적인 동기가 된 것이다.

파리 벽보 사건

칼빈의 망명기간 중에 파리에서는 또 하나의 사건이 발생했으니 곧 1534년 7월 17일 밤 파리의 벽보사건이었다. 이것은 뉴사텔(Neuchatel)의 교회 목사 앙뜨왕느 마르꾸(Antione Marcourt)에 의해서 카톨릭 미사를 너무 남용한다고 강력하게 비판하는 벽보를 붙이는 것에서 시작된 사건이었다. "유일하신 중보자, 구세주 우리 주님의 그 거룩하신 성찬을 직접 반대하여 만들어진 교황주의의 미사는 무섭고 용납할 수 없는 남용이다."라는

---

3 졸저, *ibid*. p. 61.

벽보 내용이 공개되자 카톨릭은 이 사건 연루자 바돌로메 밀론외 여러 명의 사건 연루 혐의자를 화형에 처했다. 이 사건이 유럽 전역에 전해지자 독일 교회는 크게 개탄하고, 카톨릭의 종교적 폭력을 대대적으로 성토했다. 카톨릭 당국은 이 사건을 은폐시키기 위해서 거짓으로 재침례파 교도들을 중상모략하는 음모를 소책자로 만들어서 배포하였다. "폭도들은 종교적 이유 이외에도 정치적 음모가 그 속에 있다"라는 유언비어를 퍼뜨려서 국왕 프랑수와 1세를 자극하였고, 국왕은 이 거짓음모를 정당화하는 포고문을 1535년 2월 1일 공포하면서 재침례파 뿐만 아니라 개혁주의 신앙을 가진 성도들을 무차별 체포하여 처형하였다. 이 사건에 대해서 칼빈은 크게 분노해서 프랑스 왕에게 드리는 글을 **기독교 강요**서문에 기록했다.

기독교강요 초판 내용 배열

칼빈은 **기독교 강요** 초판의 내용배열을 루터의 요리 문답과 같이 하여 기독교 전체 진리의 뼈대는 쉽고도 간결하게 배열시키고 거기에 자세한 해석과 조직화를 위해서 세심한 배려를 기울이면서 경건한 하나님의 백성들이 하나님의 말씀을 더욱 높이고 창조주 하나님에 대한 심원한 지식을 가지도록 하였다.

이러한 목적을 위해서 구약 전체의 요약을 제1장에서 '율법'이라는 주제 아래 담아서 십계명을 해설하였고, 제2장은 우리가 믿고 있는 '신앙'의 대상이신 '삼위일체신'과 '교회론'을 사도신경 해설로 쉽고도 간결하게 설명하였다. 제3장에서는 주기도문을 해설함으로서 기도의 신학적 실천적 이해를 도모하였고, 제4장은 성찬에 대해서 해설하였다. 제5장은 카톨릭의 '견신' '고해' '안수' '결혼' '종유' 성례가 성경적인 성례가 아닌 거짓 성례라고 주장하는 논쟁적인 기술방법을 사용하여 교황주의의 잘못을 비판하고 공격하였다. 제6장은 그리스도인의 자유의 개념을 해설하고 교회와 국가의 관계에 대해서 논설하고 있다.

3. 칼빈의 예정의 교리는 과연 선교에 저해적 요인인가?

칼빈의 신학 : 구원론 중심의 선교신학

칼빈의 예정론 사상이 선교에 방해적 요인으로 작용했다고 보는 자들이 있다. 하나님께서 구원할 자와 유기자를 미리 예정해 놓으셨다면 인간 쪽에서 선교할 필요가 어디 있겠느냐는 논리이다. 미국 개신교 해외선교사 파송 175주년을 기념하는 신문특집에서 미국에 있는 어떤 목사님이 쓰신 글의 일부를 여기 잠깐 인용하고자 한다.

> "1812년은 미국의 개신교 기독교회가 해외에 처음으로 선교사를 파견한 역사적인 해입니다. 이전까지는 미국의 어느 교회도 해외에 선교사를 파송하여 복음을 전하려 하지 않았습니다. 왜냐하면 당시 미국의 모든 교회는 칼빈의 예정론의 영향으로, 인간의 모든 운명이 하나님에 의해서 이미 모두 예정되어 있으므로 선교는 우리가 할 수 있는 사역이 아니라고 하고 따라서 해외에 복음을 전할 필요가 없다고 생각했기 때문입니다. …"[4]

이것은 어디까지나 예정론이란 어휘로부터 느껴진 선입견에 의거한 추론적인 주장이고, 칼빈의 예정론과 선교의 관계를 깊이 잘 이해하지 못한 데서 오는 유감스러운 오해이다. 결론부터 말한다면 선교는 본질적으로 구원론적 성격을 가지는 것이며 칼빈의 신학은 영혼구원의 열정에 불타는 구원론 중심의 선교신학이요, 땅끝까지 모든 족속($\pi\alpha\nu\tau\alpha\ \tau\alpha\ \varepsilon\theta\nu\eta$)이 하나님께 영광을 돌리는 것에 목표를 둔 하나님 영광 중심의 선교신학인 것이다.

정 원태 교수는 그의 저서 **열정 칼빈주의**에서 칼빈주의는 원래 성령의 뜨거움이 그 신학사상 가운데 녹아있다 라고 전제한 다음, 열정 칼빈주의

---

4 이정남, "미국 개신교 해외 선교사 파송에 대하여" *Street Journel*, 1988. 9. 15. p. 33.

자들은

> "하나님의 존엄과 영광에 압복되어 **예배의 사람**이 되고, 그 존귀하신 하나님의 뜻을 찾아서 순종하기 위해 **기도의 사람**이 되고 그 결과 성령의 생활 충만을 받아 성령님의 인도와 주장을 온전히 받게 되며 또 하나님의 사역을 감당하기 위한 성령의 능력 충만을 받으므로 **증거의 사람**이 되는 것이다."[5]

고 말했다. 칼빈주의자가 예정론의 잘못된 교리(?) 때문에 선교를 하지 아니 하는 것이 아니라 칼빈주의자야 말로 성경의 절대권위를 믿고 하나님의 영광을 위해 사는 사람들이기 때문에 성경에서 명령하신 하나님의 선교 지상 명령에 복종하여 뜨겁게 증거와 선교의 삶을 사는 사람들이라고 정 원태 교수는 주장했다. 그리고 증인이란 의미를 나타내는 마르투스(martus)는 '순교자'라는 의미도 가지고 있듯이 칼빈주의자들은 순교적 각오를 가지고 증거의 삶을 살아가는 자들이 되어야 한다고 주장했다. 그는 또한 종교개혁자들을 비롯하여 칼빈이야 말로 선교에 있어서 진정한 기초공사를 한사람이라고 했다.

> "칼빈의 시대는 (기독교회의 상태가) 외적 성장의 시대라기 보다는 내적 개혁의 시대였다. 로마 카톨릭 교회는 부패가 극에 달해서 그 교회에 대한 개혁없이 선교에 주력했을 경우 하나님의 교회는 하나님의 영광을 손상했을 것이다. 그러므로 종교개혁자들과 칼빈은 전도를 등한히 했다기 보다는 먼저 교회의 내적 개혁에 몰두하고 다음에 전도와 선교에 주력하려고 했기 때문에 그러한 비난(선교의 사상이나 의도가 없다는)을 받은 것뿐이다."

고 주장했다. 그의 짧은 생애지만 한국교회의 강단과 신학교단에서 정통 보수 열정 칼빈주의를 뜨겁게 외치다가 먼저 하나님 나라로 가신 한국의

---

5 정원태, **열정칼빈주의**(서울: CLC, 19), p. 71.

칼빈주의자 고 정원태 교수의 주장을 보더라도 칼빈주의 신학과 신앙에는 뜨거운 선교의 의도와 선교의 열정이 흐르고 있다. 그리고 살아있는 칼빈주의에는 또한 신학과 선교에 조화가 있다.[6]

칼빈주의 신학은 사변철학이나 구령의 정열이 없는 차가운 도덕 강령(Moral Code)이나 추상적 예정교리가 아니라 하나님 구원의 은혜와 그 놀라운 신비적 사역에 두려워 떠는 신학인 것이다.[7]

예정론과 선교의 관계

영국 런던의 침례교 평신도 목회자 출신 윌리암 케리(William Carey)가 인도선교사로 나가기로 작정하고 준비하는 과정에서 이사야 54:2의 말씀으로 해외선교의 필요성을 역설할 때 당시 극단적 칼빈주의(Highper Calvinism)를 추종하는 예정론 신봉주의자로 구성된 장로교 목사 그룹으로부터 그의 선교열정의 불을 끄는 쓴 충고를 받았다. 이것을 후세 사람들은 마치 예정론이 선교를 반대하는 교리인양 예화 때 종종 잘못 사용해 온 것도 사실이다.[8]

그러나 우리가 칼빈의 **기독교 강요** Ⅲ권 23장 14절에서 예정론과 선교의 관계를 다음과 같이 기록하고 있다.

> 우리는 누가 예정의 수효 안에 속하는가 혹은 속하지 않는가를 모르기 때문에 모든 사람이 구원을 얻도록 마음을 쓰지 않으면 안 된다. 따라서 우리는 만나는 모든 사람이 우리의 평안에 함께 참여하는 자가 되도록 노력하는 일이 필요하다.[9]

---

6 Ibid.
7 정성구, "칼빈주의와 선교" **칼빈주의 사상대계**(서울: 총신대출판부, 1995), 38.
8 Calvin's Missionary Message: Some Remarks about the Relation between Calvinism and Missions, *Evangelical Quarterly* 22(1956),175.
9 *Institutes*, Ⅲ, xxiii, 14.

그러면 칼빈신학의 중심 구조가 과연 무엇이며 칼빈의 예정론의 위치는 어떠하며 칼빈의 예정론과 선교의 관계는 어떠한 것인지 칼빈의 **기독교 강요**를 중심으로 고찰해 보고자 한다. 칼빈의 신학은 한마디로 말해서 구원론 중심의 신학 구조를 가지고 있다. 이에 대한 칼빈주의 조직신학자 한철하 교수의 견해는 다음과 같다.

> … 칼빈신학 즉 칼빈의 기독교 종교에 대한 가르침을 어떤 각도에서 보느냐 할 때 "구원론적"으로 이해해야 한다. 즉 "구원"이란 것을 중심에 놓고 칼빈의 전 신학사상을 조명해야 된다는 뜻이다.[10]

칼빈의 신학이 하나님의 절대주권 중심, 하나님 영광 중심의 신학이라 해서, 하나님에 대해서만 서술되어진 신학체계가 아니라, 하나님께서 그 중심에서 계시지만 칼빈의 관심은 하나님께서 창조하신, 타락된 인간을 어떻게 구원하시는가에 초점이 맞추어져 있음을 알 수 있다.

예정론은 곧 구원론이다

기독교 강요 제Ⅲ권은 구원론 중심으로 전개되는데 Ⅲ권 전체의 흐름이 하나님의 절대주권을 강조한 내용(Ⅲ권 21장) 결론 부분에 가서 예정론을 취급하고 있다. 칼빈은 인간의 구원은 하나님의 절대주권의 소관이지 인간 자유의지의 산물이 아님을 강조하면서 다음과 같이 언급하고 있다.

> 하나님의 뜻대로 지배되는 곳에서 인간의 행위는 아무 것도 생각할 수 없는 것이다. 하나님께서 우리를 거룩하게 하시려고 택하셨다면 분명히 우리가 그렇게 되리라고 예견하셨기 때문에 택하신 것은 아니다.[11]

---

10 한철하, **칼빈신학의 구원론적 이해와 복음사역의 중요성** (아세아 연합신학 대학교, 1994. 1. 22.), 미간행 논문.

11 *Institutes*, Ⅲ, xxiii, 3.

개혁주의 예정의 교리(*The Reformed Doctrine of Predestination*)를 저술한 로레인 뵈트너(Loraine Boettner) 박사는 **기독교 강요**에 나타난 구원론은 칼빈 자신이 철저히 이해한 성경진리에 의거하여 논리적인 체계를 세운 것으로서 그 내용을 한마디로 말하면 "인간의 궁극적 구원은 인간의 선행에 있는 것이 아니고 하나님의 은총" 이라는 것이다.12 **기독교 강요** III권의 제목을 통상 성령론으로 알고 있는 자 많고 또 이형기 교수가 요약한 **기독교 강요 요약**에도 III권을 성령론 이라고 붙였다.13 그러나 칼빈이 본래 붙인 제목은 "우리가 그리스도의 은혜를 수용하는 방법"(The Way in Which We Receive The Grace of Christ)이다. 우리가 하나님의 은혜를 수용함에 있어 성령의 역할에 초점을 맞출 때 "성령론"이 될 것이며 구원에 초점을 맞출 때는 "구원론"이 될 것이며 믿음에 초점을 맞출 때 "믿음론" 내지는 "신앙론"이 될 것이며, 하나님의 미리 계획하시고 예정하신 뜻에 초점을 맞출 때 "예정론"이 될 것이다. 칼빈신학 연구에 있어서 세계적 권위자인 포드 레위스 배틀스(Ford Lewis Battles)의 **기독교 강요분석**(*Analysis of the Institutes of the Christian Religion of John Calvin*)에 의하면 **기독교 강요** III권의 내용은 다음과 같다.14

    A. 인간의 마음속에서의 성령의 사역(The Working of the Spirit in Men's Hearts-Foundation of Book III).
    B. 믿음(Faith-scholastic fals vs. true notion of faith).
    C. 회개(Repentance-true repentance and fals views of repentance).
    D. 성도의 삶(The Christian Life).
    E. 믿음에 의한 칭의(Justification by Faith).

---

12 Loraine Boettner, *The Reformed Doctrine of Predestination*, 이 책이 한국에서는 홍의표에 의해서 칼빈주의 예정론으로 번역되어 1977년 보문출판사에서 출판되었다. (p. 215 참조)
13 존 칼빈 지음, 이형기 요약, 기독교 강요 요약(서울: 크리스챤 다이제스트, 1997),257.
14 Ford Lewis Battles, *Analysis of the Institutes of the Christian Religion of John Calvin*(Grand Rapids: Baker, Book, 1980), 20-21.

F. 성도의 자유(Christian Freedom).
G. 기도(Pray-an affirmative interpretation of prayer in general and the Lord's prayer in particular).
H. 예정(Predestination-God's Freedom vs. man's freedom).
I. 최후의 부활(Final Resurrection).

등 9개의 주제로 구성되어 있는 **기독교 강요Ⅲ권**은 칼빈신학의 구원론적 보고(寶庫)이다. 다시말하면 칼빈신학의 중심 진리는 "하나님의 구원"이요, 이 구원은 하나님(제I권 신론)께서 그 아들 예수 그리스도(제Ⅱ권 기독론)를 대속물로 희생하여 이루어주시는 하나님의 절대 주권 중심의 사역으로서 성령의 역사에 의해서 믿음으로 회개를 통해서 의롭다 칭함을 받고, 죄와 어둠의 권세로부터 자유함을 누리면서 기도를 통하여 주님과 신비적 연합관계 안에서 연결되어 최후의 부활까지 하나님의 뜻 안에서 모든 것이 예정되어 있다는 구원의 서정(Ordo Salutis) 교리가 Ⅲ권의 내용이다.

하나님 절대주권적 은총 : 예정

그런데 이 Ⅲ권은 성령의 사역에 의한 구원을 보이고 있기 때문에, 칼빈의 영향 하에 있는 대부분의 개혁주의 신학에서는 성령론을 별도로 다루지 아니하고 구원론에 포함시켜 버리는 경향이 있다.[15] 칼빈의 신학은 한 마디로 하나님의 은총의 신학이라 할 수 있는데 이것은 칼빈이 바울과 어거스틴으로부터 물려받은 유산이라고 할 수 있다. 칼빈에게 은총의 표현은 곧 예정론이라 할 수 있다. 그는 은총을 회심사건에서 체험했다. 칼빈은 첫 회심에서 하나님의 전능하심을 체험하였고 이 은총에 대한 칼빈의

---

15 Louis Berkhof, *Systematic Theology*, (Grand Rapids: Eerdmans, 1979), pp. 432ff. Common Grace–Ordo Salutis.
H. Hoekaema, *Reformed Dogmatics*, (Grand Rapids: R. F. P. A; 1976).
J. O. Buswell, *A Systematic Theology of the Christian Religion*, (Grand Rapids: Zondervan, 1962).
※찰스 핫지나 존 머레이도 비슷한 경향이 있다.

응답은 "경외"로 나타났고 하나님 영광 목적으로 살아가는 삶으로 나타났다. 우리는 칼빈의 정확한 회심 일자는 알 수 없으나(대략 1529년에서 1532년 사이로 추측) 그의 시편주석(1557) 서문에서 그의 회심사건에 대한 힌트를 찾아볼 수 있다.[16]

"나는 교황주의의 미신에 너무나 중독 되어 있기 때문에 이 깊은 늪에서 헤어나기가 힘이 들었다 그러나 하나님께서는 갑작스러운 회심(Subita Conversio)에 의하여 나의 마음을 녹여 말씀의 가르침을 받아들일 수 있게(Docilita) 하셨다."

칼빈은 어느 날 어느 순간 갑자기 자기를 회심시켜 주신 것이 하나님의 절대 주권적 은총이라고 밖에는 달리 설명할 수 없는 하나님의 전능하심을 이렇게 체험하였다.

예정론의 위치

이 예정론이 **기독교 강요**에서 차지하는 위치는 Ⅲ권 총 9개장에서 제8번째 위치한다. **기독교 강요** 초판(1536년)에서는 내용 전체가 6장으로 구성되어 있는데[17] 그 중에 독립된 예정론 항목이 없고 제2장 교회론 안에 예정론의 내용이 포함되어 있다.[18] 이 예정 교리는 1537년 "신앙의 훈련"

---

16 T. H. L. Parker, *Portrait of Calvin,* (London: SCM, 1910), pp. 20-22.
17 초판 기독교 강요의 내용.
   1장 ------ 율법론
   2장 ------ 삼위일체신과 교회론
   3장 ------ 기도
   4장 ------ 성찬론
   5장 ------ 성찬의 바른집행
   6장 ------ 그리스도인의 자유
18 Wilhelm Niesel, *The Theology of Calvin,* (Westminster Press, 1956), 칼빈의 신학 이종성 역, (대한기독교서회, 1973), p. 165.

(Instruction in Faith)의 제13장 "선택과 예정"에서 독립된 하나의 교리 체계로 첫 취급을 받았고, "제네바 신앙문답"(Le Catechism de Leglise de Geneve, 1537)에서도 비로소 독립된 항목으로 다루어졌다. 1539년 **기독교 강요** 2판에서는 전17장중 제8장에서 예정교리를 취급하였고, 1559년 라틴어 **기독교 강요**에서는 예정론을 제Ⅲ권 성령론 속에서 마지막 종말론과 기도 사이에서 취급하고 있다.[19] 칼빈 연구가들은 칼빈신학 체계의 무게 중심(重心)이 예정사상에 쏠려 있는 것처럼 말하는 것은 전적 타당성이 있는 것은 아니라고 한다. 예정사상은 칼빈 사상의 출발점이 아니고 그가 은총을 말할 때, 논리적으로 도달한 귀결점이다.[20]

---

19 *Institutes*, III, xxi, xxii, xxiii, xxIV,
cf. 다음은 5종류의 기독교 강요에서 자료의 첨가와 주제 위치의 변화를 보인 도표인데 Ford Lewis Battles의 *Analysis of the Institutes of the Christian Religion of John Calvin*으로부터 인용하였다.

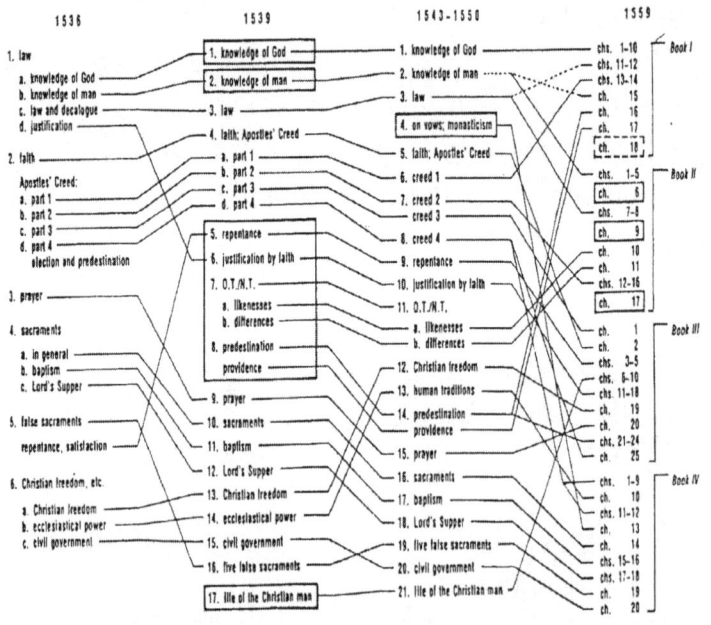

20 전경연, 칼빈의 생애와 신학사상(서울: 한국신학대학 출판부, 1984), pp. 70-71.

그러므로 예정론은 구조와 형식상으로는 **기독교 강요**의 일부분이지만 칼빈신학의 전체적 체계상으로 볼 때, 성령론이 그렇듯이, 예정론의 정신이 밑바닥에 깔려서 전체적으로 흐르고 있다. 성경의 근본적 주제와 하나님의 선한 뜻과 그의 자유와 절대주권 사상이 그 안에 포함되어 있으므로 "칼빈신학에서의 예정론의 위치는 부분이 아니라 전체적이라고 하면서, 칼빈신학은 하나님의 절대적 은총을 종합적으로 표현한 예정론 신학"이라고 박 봉랑 교수는 단정한다.[21] 테오도르 베자(Theodore Beza)라든지, 1618년 도르트회의(The Synod of Dort), 웨스트민스터 신앙고백서 등에서도 이 예정론을 신학적인 주제 중에서 가장 중요한 것으로 여겨서 그들의 신학체계의 대전제로 삼고 있다.[22]

그러나 1564년에 나온 **하이델베르그 요리문답**(*The Heidelberg Catechism*)을 비롯하여, 16세기의 신앙고백들인 제1 스위스 신앙고백, 제2 스위스 신앙고백, 스코틀랜드 신앙고백, 39조항 신앙고백은 예정교리를 모든 신학적인 사고의 대전제로 설정하지 아니했다.[23] 그러면 칼빈의 신학이 과연 예정론 신학이라고 할 만큼 칼빈 자신도 그렇게 인정하고, 또한 그의 신학사상의 결정체라 할 수 있는 **기독교 강요**에서도 과연 그렇게 표현되어 있을까?

예정론과 그리스도의 구속사역

기독교 강요 III권 총25장 중 제21장부터 24장에 위치한 칼빈의 예정교리는 칼빈의 **기독교 강요** 초판(1536)에는 보이지 아니하다가 1539년판 총 17장 가운데 제8장에서 예정과 하나님의 섭리(Predestination/Providence)라는 제

---

21 박봉랑, "칼빈의 예정론" 칼빈신학의 현대적 이해(서울: 한국신학대학 출판부, 1978), p. 129.
22 Philip Schaff, *The Creeds of Christendom*, Vol. I, (New York: Harper & Brother, 1931), p. 769.
23 *Ibid*.

목으로 처음 등장한다. 그 후 1543-50년에 가서는 총21장으로 늘어난 가운데서 제14장에서 예정론이 위치하다가 1559년 최종 결정판인 라틴어판에서는 지금까지 일반에 널리 전해져 오는 것과 같이 제Ⅲ권의 마지막 결론 부분에서 다루었지 제Ⅱ권인 예수 그리스도의 구속사역에서 예정론을 다루고 있지 아니 한 점에 우리는 주목해야 한다. 이것은 그리스도의 구속사역이 직접적으로는 예정론과 관계를 가지지 아니한다는 매우 중요한 의미를 가지고 있다. 예정론의 위치가 성령론과 교회의 선교쪽에 가있는 것은 예정론이 선교와 직접적인 관련을 가지는 것을 의미하는 것이다.

칼빈의 **기독교 강요**의 시대적 구조의 변화를 보면 칼빈의 신학사상이 어떠한 흐름 속에서 형성되어 확정되었는지를 위의 각주 16에 있는 도표를 보면 쉽게 짐작이 간다.

바울/어거스틴/루터의 예정교리

어거스틴의 경우 구원은 인간의 자유의지의 공로가 아니고 전적으로 하나님의 은총의 결과라고 주장하는 문맥에서 예정의 교리가 나오는데 그는 이 예정교리를 은총과 자유의지의 문제를 취급하는 반 펠라기우스 작품들(The Anti-Pelagian Writings) 가운데 취급하고 있다.[24]

루터의 경우도 가브리엘 삐엘(Gabriel Biel) 등이 주장한 자유의지에 의한 구원을 반대하여 "오직 은혜와 믿음에 의한 구원"을 주장하다가 이 예정교리를 언급하게 된다.[25] 따라서 어거스틴, 루터, 칼빈 모두가 구원은 오직 하나님의 은총에 의한 선물(엡 2:8)이라고 하는 바울의 구원론에 입각하

---

24 *A Select Library of the Nicene and Post Nicene Fathers*. Vol. V. (Anti-Pelagian Writings), ed. by Philip Schaff. cf. On the Grace and Free Will(AD. 426-27). and On the Predestination of the Saint(AD. 428-29).

25 H, K. Rhee, *A Study of Man in Erasmus and Luther*, (Ph. D. Dissertation at Drew, 1980), p. 178.

여, 인간의 이성이나 자유의지에 의한 공로가 무용지물임을 주장하는 곳에서 이 예정의 교리를 등장시키고 있다.

어거스틴, 루터, 칼빈의 예정교리의 기원은 물론 바울이다. 바울은 로마서 9장에서 11장까지 이 예정의 교리를 전하고 있다. 그러면 바울신학에서의 예정의 교리의 위치를 로마서의 구조를 통해서 파악할 때 이 교리가 칼빈에게서는 어떤 위치를 차지하고 있는지 쉽게 알 수가 있을 것이다.

> 롬 1장 - 3:20, 하나님에 대한 무지와 인간의 죄상
> 롬 3:21 - 6장, 은혜와 믿음에 의한 구원
> 롬 7장 - 8장, 성도의 좌절과 갈등을 통한 궁극적 승리
> 롬 9장 - 11장, 예정교리
> 롬 12장 - 16장, 성도의 윤리

이러한 바울신학의 체계와 칼빈 신학의 체계상 예정론이 차지하는 위치에 있어서 유사점을 찾을 수 있다. 즉 그것은 은혜와 믿음에 의한 구원의 체험(롬 3:21-6장)을 경험한 성도가 다시 한번 좌절과 갈등을 거쳐서 승리의 기쁨(롬 7장-8장)을 가지고 고백하는 구원받은 성도의 신앙 고백적 성격이 바울신학의 구조라면 철학자들의 사유 속에서나 존재하시는 하나님이 아니라 우리를 직접 창조하시고, 우리가 살고 있는 이 세상을 창조하신 창조주 하나님(the knowledge of God as the creator)26은 계시(revelation)의 하나님으로서 예배를 받으셔야 할 대상(God as object of worship)이지만, 타락한 인간이 멸망 받게 되자(the fall and degeneration of the human race)27 그리스도를 보내어 구원하고자 계획하시고, 인간의 마음속에 성령으로 하여금 역사(the working of the spirit in men's heart)하게 하시고 믿음(faith), 회개(repentance)를 통하여 새로운 삶을 살아가게(the christian life) 하시고 믿음에 의한 칭의(justification by

---

26 *Institutes*, I, xi~xxv.
27 *Institutes*, II, I.1~6

faith)와 기도(prayer)를 통한 그리스도와의 연합(union)을 통하여 승리의 삶의 순서 다음에 예정의 교리가 나오는 것이 칼빈의 신학 구조인데 이로써 우리는 위의 두 신학 구조를 함께 포개 놓고 보면 바울과 칼빈은 거의 일치된 신학사상 구조를 가지고 있다고 볼 수 있다.

다음은 바울과 칼빈의 신학 구조를 비교해본 도표이다.

〈바울과 칼빈의 신학구조 비교 도표〉

바 울 〔로마서의 구조〕	칼 빈 〔기독교 강요의 구조〕
A. 창조주 하나님에 대한 무지로 인한 인간의 죄상(1장~3장20절)	A′. 창조주 하나님에 대한 지식과 불신자에 대한 심판, 인류의 타락과 멸망상태(I권~II권6장)
B. 그리스도의 은혜와 믿음에 의한 구원 (3장21절~6장)	B′. 율법과 복음, 그리스도의 구원 믿음, 회개 〔II권7장~III권5장〕
C. 성도의 궁극적 승리(7장~8장)	C′. 성도의 삶, 믿음에 의한 칭의, 성도의 자유, 기도〔III권6장~20장〕
D. 예정교리(9장~11장)	D′. 예정교리(III권21장~24장)
E. 성도의 윤리(12장~16장)	E′. 성도의 삶의 공동체로서의 교회와 성례와 시민정부(III권25장~IV권32장)

위의 도표에서 A와 A′, B와 B′, C와 C′, D와 D′, E와 E′는 서로 거의 포개질 정도로 일치를 이루고 있다.

그렇다면 우리는 칼빈의 예정의 교리와 선교사상이 어떤 관련이 있는지? 선교와 관련해서 과연 칼빈을 부정적으로 평가하는 자들의 주장대로 이 예정의 교리가 선교를 저해하는 요소로 작용하는지 아니면 이 예정론이 오히려 적극적인 선교의 원동력이 되는 신학사상으로 작용하는지를 검토해 보기로 한다.

예정론과 성령의 사역

칼빈이 그의 예정론을 **기독교 강요** Ⅲ권 성령론 가운데 위치시킨 것으로 보아, 예정의 교리는 성령의 사역과 밀접한 관련성을 가진다는 사실을 알 수 있다. 즉 성령이 선교와 관련을 가진 것 같이 예정론도 선교와 관련성을 가지고 있다는 논리가 성립한다.28 물론 어거스틴에서와 같이 은총을 깨닫게 하시는 것도 성령의 사역이 아니고는 불가능한 일이다. 예정론이 하나님의 창조사역을 기술하는 **기독교 강요** Ⅰ권에 소속되지 아니하고 Ⅲ권 성령론에 소속되는 것은 반드시 성령의 사역을 통한 인간의 구원과 관련성을 가지기 때문이며, 인간의 구원은 반드시 선교라는 미련한 방법(고전 1:21)을 통해서 이루는 것이 하나님의 뜻이기 때문이다.

성령의 중심사역은 하나님의 은혜를 수용하여 회개와 믿음을 통하여 구원으로 연결되는 사역이다.29 성령이 우리 안에 찾아오셔서 믿음을 불러일으키시고, 회개의 역사를 통해서 하나님과 화해를 가져온다. 칼빈은 하나님과 인간의 화해 관계를 남자와 여자의 결혼관계로 비유한다.

> "남여가 결혼하여 뼈 중의 뼈요 살 중의 살이 된다. 이 둘은 하나가 된다. 그런데 예수 그리스도께서는 성령을 통해서만 우리와 연합하신다. 이 성령의 은혜와 능력에 의하여 우리는 그리스도의 지체들이 된다. 그 결과 우리는 그리스도에 예속되고 또한 우리는 그리스도를 소유한다."30

그리스도-성령-신비적 연합

우리가 그리스도와 관계를 가질 수 있는 것은 오직 성령을 통해서만

---

28 *Institutes*, Ⅲ, xxi.1
29 *Institutes*, Ⅲ, I.3.
30 *Ibid*.

가능하며, 이 신비적 연합(mystical union)에 의해서 우리는 그리스도를 소유할 뿐만 아니라 그리스도와 우리는 한 몸으로 연합하여 그리스도와 우리는 하나가 된다.[31] 다시 말하면 성령은 말씀의 은혜를 통해서 우리를 예수 그리스도와 연합시킬 때, 우리에게는 믿음이 일어나고 회개의 역사가 일어나서 성도의 성화된 삶이 시작된다. 믿음(신앙)이란 성령의 주요역할(Praecipuum Eius Opus)이다.[32] 그런데 성령은 말씀을 통해서 일하신다. 신앙(Fides)이란 성령이 은총의 외적수단인 교회의 선포된 말씀을 통하여 우리의 지성(The Mind)을 조명시키시고 우리의 의지(The Heart 혹은 The Will)를 선택과 결단과 확고부동한 신뢰에 이르게 한다.[33] "복음 말씀을 듣는데서 성령의 조명과 감화로 신앙이 생기는 것이다. 신앙과 말씀은 영원한 관계에 있으며, 이 복음말씀에서 이탈되면 신앙은 성립할 수 없고 지탱될 수 없는 것이다."[34] 성령의 주된 사역이 그리스도와 우리와 연합 관계를 맺어 우리로 하여금 그리스도의 은혜(Christi Beneficentian)와 아버지 하나님의 총애(Paterum Dei Favorem)를 깨달아 아는 "양자의 영"(The Spirit of Adoption)을 받은 자가 되고, 거룩과 위엄에 찬 창조주요 심판 주가 되시는 하나님은 아버지가 되신다.[35]

이 양자됨이 곧 중생(regeneration)이요 새 피조물(new creature)(고후 5:17)인데 이 과정에서 하나님은 성령에 의하여 그리스도와 연합관계 아래 있는

---

31 *Institutes*, III, ii.24.
32 *Institutes*, III, I.4. ※ 구원의 서정(Ordo Salutis)은 학자마다 그 순서에 차이가 조금씩 있다. 성령이 말씀의 은혜를 느끼게 해주어서 예수그리스도와 신비적 연합이 일어나게 할 때 믿음이 발생하고 회개의 변화가 나타난다. 회개 후에는 하나님의 은총을 깨달아 양자의 영을 느낌이 중생체험이다. 중생체험 후 의롭다칭함을 받고 성화 영화에 이른다. 이 7단계는 그 앞에 하나님이 예정하시고 불러주시는 자에게만 일어난다.(예정-소명-믿음-양자-중생-칭의-성화-영화)
33 *Institutes*, III, ii.33.
34 *Institutes*, III, ii.6.
35 *Institutes*, III, I.3.※ 믿음-양자-중생-칭의는 거의 동시적으로 일어난다고 보는 학자들이 많다. 바울은 로마서 8:30에서 예정-소명-칭의-영화 네 단계로 묶었다.

우리의 믿음을 보시고 은혜로 "의롭다" 칭해주시는데 이를 의인(義認)이라 하고 이 의인(the justified)된 자가 구원받은 자이다. 구원받은 자에게는 성도의 자유가 확보된다.36 이렇게 볼 때, 구원이란 전적으로 성령의 사역이요, 성령이 우리 안에서 역사하셔서 어떤 사람은 구원을 향한 변화를, 다른 사람은 그 반대의 변화를 가져오게 하시는 것은 전적으로 하나님의 예정 사항이라는 것을 칼빈은 바울로부터 배운 것이다.

"그런즉 하나님께서 구원 하고자 하시는 자를 긍휼히 여기시고 유기 하고자 하시는 자를 강퍅케 하신다— 토기장이가 진흙 한 덩이로 하나는 귀히 쓸 그릇을, 하나는 천히 쓸 그릇을 만드는 권이 없느냐"37

그렇다면 성령은 창조 전에 이미 하나님께서 그리스도를 통해서 인류를 구원하시고자 예정(엡 1:4)하신 그리스도와 우리를 연합함으로써 우리 안에 그리스도가, 그리스도 안에 우리가 있게 되므로 결국 우리도 창세전에 예정을 입은 결과가 된다. 이러한 성령이 사도들 안에서 역사할 때 사도행전의 역사가 일어났다. 사도행전은 초대교회 선교확장의 역사요 성령께서 사도들을 통해서 역사하시는 성령의 행전이다. 그러므로 성령은 곧 선교의 영이시다. 성령 충만한 초대교회사도들이 가는 곳마다 수많은 사람들 속에 성령이 역사하여 구원의 역사가 폭발적으로 일어났다. 칼빈이 예정론을 성령론에 예속시킨 주된 이유가 여기에 있다. 예정론은 칼빈의 구원론의 중심사상이요 구원론은 성령론에 의해서만 성립되기 때문에 칼빈의 예정의 교리는 과연 선교의 원동력이 되는 성령론이 인간의 구원과 관계를 맺는 필수 통로가 되며, 이 비밀 통로의 문을 여닫으시는 열쇠는 오로지 하나님만이 갖고 계신다.

---

36 *Institutes*, III. xix.2, III. xix.7, III. xix.14.
37 롬 9:19, 21.

바울신학과 칼빈신학에서 예정론의 구조와 위치

칼빈은 그의 신학 패턴을 바울신학에 근거를 두고 있다. 그러기 때문에 바울신학의 구조와 같은 위치에 예정론을 두고 있다. 칼빈 신학에서 예정론의 존재가 1536년 초판에는 제2장 교회론 안에 잠복해 있다가 1538년의 교리문답서(Catechism)와 1539년 **기독교 강요**에서 발견되는데 1538년 교리문답서(Catechism)에서는 제 13번째 선택과 예정(election and predestination)이라는 항목으로 나오고, 1539년 **기독교 강요**에는 제 8장에서 그리고 1543년판 **기독교 강요**에는 제 14장에 위치하는 것을 봄으로써, 그 위치가 조금씩 변동되어짐을 발견할 수 있다. 그리하여 1559년 최종판에서는 전술한 바와 같이 바울의 로마서의 구조와 거의 일치된 구조를 이루고 있는 것을 보았다. 그런데 바울의 예정론이 로마서 9장부터 11장까지 나타나 있는데 그 중에 10장은 특히 선교의 장으로 유명하다.

> "성경에 이르되 누구든지 저를 믿는 자는 부끄러움을 당하지 아니하리라하니 유대인이나 헬라인이나 차별이 없음이라 한 주께서 모든 사람의 주가 되사 저를 부르는 모든 사람에게 부요 하시도다. 누구든지 주의 이름을 부르는 자는 구원을 얻으리라."[38]

특히 선교사 파송 예배 때마다 혹은 각 교회나 교단의 선교대회나 선교헌신예배 때마다 인용되는 성경 본문(text)가 바로 바울신학에서 예정론 교리를 표현하고 있는 로마서 9장부터 11장까지의 중심부에 자리하고 있는 10장이라는 사실로부터 바울의 예정론의 중심 의도는 분명히 영혼의 구원에 있고 이를 위한 선교의 장으로 연결되는 선교활동과 선교의 실천을 바울은 강조법의 수사학을 사용하여 최대한 강조하여 표현하고 있다.

---

38 롬 10:11-13.

"그런즉 저희가 믿지 아니하는 이를 어찌 부르리요, 듣지도 못한 이를 어찌 믿으리요, 전파하는 자가 없이 어찌 들으리요, 보내심을 받지 아니하였으면 어찌 전파하리요, 기록된바 아름답도다 좋은 소식을 전하는 자들의 발이여 함과 같으니라."[39]

바울의 예정론 속에 선교의 사상이 들어있다면 바울신학의 패턴에 따라 같은 구조로 신학체계를 구성한 칼빈의 예정론 속에도 선교의 사상이 들어있다고 보는 것이 논리의 타당성이 있지 아니한가?

그리고 우리는 칼빈에게 있어서 소위 실천적 삼단 논법과 같은 논리를 발견한다. 즉 ①하나님의 예정에 의하여 선택함을 받은 사람은 생활에 있어서 열매를 맺는다. ②나는 택함을 받은 사람이다. ③고로 나도 열매를 맺어야 한다는 논리이다. 이를 다시 선교 쪽으로 적용해 보자. ①하나님의 예정에 의하여 택함 받은 자는 복음 선교에 있어서 열매를 맺는다. ②나는 택함 받은 자이다. ③고로 나도 복음 선교의 열매를 맺어야 한다.

예정교리의 적극성이 선교의 원동력

이러한 논리에 의해서 실제로 17세기의 칼빈주의자들과 퓨리탄(Puritan)들이 사회전반으로 파고 들어가서 사회를 개혁하며 과학문명을 발전시키며 새로운 세계를 정복하여 신천지를 개척하여 미국을 건설하며, 온 세계를 향하여 복음 선교사를 파송하는 역사를 일으켰다. 독일의 역사학자 랑케가 "미국의 건국자는 칼빈이다"라고 한 말은 참으로 옳은 말이다. "믿는 자들은 구원을 오직 하나님의 선물로 여기고 하나님의 부르심은 여러 가지 형태의 표적(Signs)들로 나타난다. 우리들은 이 표적(Sign)들을 보고 우리들의 피택을 확인한다."[40] 이는 "성령이 내주하신다는 증거로서의 중생

39　롬 10:14, 15.
40　*Institutes*, III. xIV.20.

의 열매들이기에 성도들은 이 증거를 보고 온갖 역경 중에도 하나님의 도우심을 계속 기대한다. 이와 같은 열매를 보고 그들은 하나님을 아버지로 경험한다."[41] 따라서 "성도들은 이 부르심의 열매를 보고 주님께서 자기들을 하나님의 자녀로 택정하셨음을 안다"고 칼빈은 말한다.[42]

그의 기독교 강요에 나타난 칼빈의 이러한 예정 교리의 적극적인 사상이 오히려 선교의 힘 있는 원동력으로 작용하였다고 볼 수 있다. 지금까지 세계선교 역사상 예정론 교리를 믿고 따르던 자들이 선교에 훨씬 더 열심이 있었던 것도 이를 증명해 준다. 어거스틴, 마틴 부처, 윌리암 케리, 아브라함 카이퍼, 요하네스 바빙크, 헨드릭 크레머 등은 대표적 예정론자요 또한 철저한 예정론 신봉자들이 그 시대마다 세계선교를 대표하던 인물이었다.

역사적으로도 알미니안주의에 대항하여 1618년에 칼빈주의 5대 교리를 확정한 돌트회의(The Synod of Dordt)는 그 신조 제1장이 예정론으로부터 시작한다. 이 신조는 예정론이 결코 선교를 배제하지 않는다고 못 박음으로서 다른 신조보다 선교사상을 더 많이 더 강하게 함축하고 있다.

4. 칼빈의 교회론에는 과연 선교사상이 있는가?

1) 교회의 선교적 임무에 대한 칼빈의 태도

반덴베르그와 빌헤름파우크의 잣대

"칼빈은 과연 선교적인 인물이었는가? 라는 질문에 대해서, 우리는 먼저 선교의 개념(the concept of missions)을 오늘날 우리가 알고 있는 현대적 형태

---

41 Ibid.
42 Ibid.

곧 교회의 특별한, 분리된 과업으로서의 제도적 선교사업의 개념(idea)으로 생각한다면 칼빈과 개혁자들에게는 제도적인 선교사역이 있었다고 말하기는 곤란한 것이다."[43]라고 반 덴 베르그(J. Van den Berg)는 말했다. 칼빈의 선교사상에 대해서 긍정적인 지지자중의 한사람인 그가 이렇게 말한 것은 물론 현대적 형태의 선교개념 곧 교회와는 분리된 특별한 과업으로서의, 제도적인 선교사업(the institutional missionary work)으로 생각할 때, 그 당시 종교개혁의 초기로서 지교회로 말하면 아직 개척교회를 막 시작할 때와 같아서 해외선교에 관심을 기울일 여유가 없었다. 칼빈 당시의 16세기의 시대적 상황에서의 종교개혁의 세력은 영아기에 불과했던 반면 로마 카톨릭의 세력은 천년의 긴 역사를 지내오면서 인적 물적 넘치는 선교자원과 로마 카톨릭 국가인 스페인과 포르투갈은 전 세계의 해상권과 항로를 장악하여 로마 카톨릭 교회의 막강한 선교후원 세력이 되었으나, 당시 종교개혁의 후원세력은 아직 너무 미미했기 때문이다.

그러므로 우리가 "오늘날의 현대적 선교개념의 잣대로 종교개혁자들의 사상체계를 측정하려고 시도한다는 것은 잘못된 시각"에서 출발하는 것이라고 주장하는 반 덴 베르그(J. Van den Berg)의 주장[44]은 전적으로 옳다. 종교개혁자 칼빈에게 선교의 사상이 있느냐 없느냐를 논함에 있어서 없다고 주장하는 학자들도 많이 있고 부정적 시각에서 그의 잘못된 신학사상이 선교 발전에 방해가 되었다고 주장하는 사람들이 많이 있기 때문에 앞에서는 그의 예정론에 대해서 살펴보았고 여기서는 그의 교회론에 대해서 생각해 보고자 한다.

"교회의 하는 일이 모두가 다 선교다."라고 한다면 더 이상 논할 바가 없

---

43 J. Van den Berg, *Ibid*., 168.
"When we try to give an answer to the question whether Calvin really was what we may call 'mission-minded', we have to make due allowance for the fact that the concept of missions as we know it in its modern form, the idea of an institutional missionary work as a separate task of the church, lay beyond the horizon of the reformers."

44 *Ibid*.

지만 선교개념을 어떻게 정의하느냐에 따라서 그리고 교회의 본질과 사명을 어떻게 보느냐에 따라서 칼빈의 신학 사상 중 그의 교회론과 선교의 관계는 어떠하며, 그의 교회론 가운데는 과연 선교사상이 있는가? 이것이 필자의 주된 관심이다.45 그런데 문제는 비기독교 세계의 필요 즉 그들의 영적 상태와 교회가 이들에게 선교사를 파송해서 그리스도의 복음을 선포해야 할 교회의 의무에 대해서 칼빈이 과연 올바로 깨닫고 있었느냐는 점이 중요하다.46

칼빈의 교회론에서는 선교의식이 결여되어 있다는 비판에 대해서 전호진은 다음과 같이 설명하고 있다.

> "칼빈의 교회론은 부패한 교회의 개혁에 강조점을 두었기 때문에 교회의 사명보다 교회의 본질에 더 치중하였다. 개혁주의 일부 학자들은 말씀, 권징, 성례[를 교회의 3대 표지로 내세우고 있는 칼빈]의 교회론에는 선교가 배제되었다고 주장한다. 선교적 교회관이라기 보다 전투적 교회관(militant church)이 칼빈의 특징이다."47

위의 설명은 마치 "칼빈의 교회론에는 선교가 배제되어 있다" 라든가 "선교의식이 결여되어 있다"는 비판에 대해서 전 호진은 수긍하면서 그 이유를 교회의 사명보다는 본질에 치중하다 보니, 선교 사명에는 힘을 기울이지 못했다고 변명해 주고 있다. 그러나 그 변명은 옳지 않다. 선교는 교회의 사명이라고 하기보다는 교회의 본질로 보아야 한다(Johannes Blauw, The Missionary Nature of the Church). 기독교 신앙은 본질적으로 선교적이다. 그러므로 교회는 그 시작부터가 선교적으로 출발했다고 말할 수가 있다. "초대교회는 뜨거운 선교 정신에 의해서 교회의 신학(the theology of the church)

---

45 cf. 선교의 개념에 대해서는 필자의 논문 "선교의 개념과 본질에 대한 연구" *The Journal of World Mission Studies*, (129-174)를 참고바람.
46 Vanden Berg, *Ibid*.
47 전호진, *Ibid*., 21.

이 형성 되었다"고 말한 빌헤름 파우크(Wilhelm Pauck)의 말을 인용하지 않더라도 교회의 시작에 관한 가장 권위 있는 기록인 사도행전을 읽어본 독자라면 그 누구도 "교회가 시작부터 선교적으로 출발했다"는 주장에 반대할 사람은 아무도 없다.

그리고 우리가 칼빈의 선교 사상을 논함에 있어서, 어떤 사상이 행위나 사건이나 업적으로 충분히 나타나는 경우도 있지만 특수한 환경의 제약 때문에 그렇게 되지 못하는 경우도 있다. 칼빈이 살았던 선교적 환경이 바로 그러했다. 사상이란 물론 어느 정도 환경에 영향을 받지 않는 것은 아니지만 오히려 환경을 이끌어 가고 환경에 영향을 주고 환경을 변혁시키는 것이 사상이다.

선교의식으로 충일한 칼빈사상

칼빈의 사상에는 선교의식으로 충일하다. 칼빈의 종교개혁은 세계선교를 위한 든든한 기초공사 작업이다. 세계선교를 위해 출항할 배들을 위해 항구를 구축하는 작업이요, 세계선교를 위해 출동할 비행기가 뜰 공항을 닦는 작업이다.[48] 칼빈의 선교사상 옹호자인 반 덴 베르그(J. Van den Berg) 조차도 칼빈이 이방 세계에 대해서 가지고 있는 지식이란 그가 고전 작품들로부터 얻은 것이 거의 전부요, 종교 개혁가들이 활동하던 지역과 복음이 전해지지 못한 이방 세계(unreached people) 사이에는 로마 카톨릭 교회가 쌓아놓은 높은 장벽이 가려 있어서 칼빈의 선교사상에 제한적 요소로 작용했다고 하는데[49] 그럴듯한 설명이기는 하나 필자는 이러한 설명에도 동

---

48 정원태, *Ibid.*, 72.

49 Van den Berg, *Ibid.* "With regard to the point, we must not forget that because of various factors the heathen world as well as the world of Islam lay outside Calvin's horizon. His knowledge of the non-Christian world was to a large extent limmited to what he had learned from classical authors, while the fact that the colonizing power were Roman Catholic put up a strong barrior between the world in which the Reformer moved and that part of the world to which a later age would give the name of "mission field."

의할 수 없다.

칼빈의 방대한 양의 저작을 뒷받침하는 독서의 배경은 시의 고금, 양의 동서를 망라한 넓은 폭과 깊이를 가지고 있었다. 그는 서구의 지성을 대표할만한 인문주의적 지식과 날카로운 판단과, 냉철한 지성과 깊은 사색 속에 거닐면서, 당시의 세상 형편에 결코 어둡지 아니했다. 그는 그리스도의 통치(Regum Christi), 혹은 하나님의 왕국(The Kingdom of God)이 전 세계 땅 끝까지 확장되어 모든 민족이 회심하여 주께 돌아오기를 간절히 바라던 사람이었음이 그의 저작들 가운데 많이 나타나고 있다.[50]

칼빈의 많은 저작들과 설교 가운데서는 아직도 복음을 듣지 못하고 있는 수많은 사람이 있다는 사실을 안타깝게 생각하고, 그리스도의 재림 때까지는 이들에게 계속 복음이 전해져서 하나님 나라가 계속 확장되어 가야 할 것을 주장했지만, 후기 칼빈주의자들과 루터파 정통주의자들은 "사도들에 의해서 복음이 이미 땅 끝까지 전파되어서 선교의 지상명령은 이미 다 성취되었다"고 하는 신학적으로 잘못된 주장을 하였기 때문에 칼빈의 선교사상이 크게 오해되어온 것이 사실이다.[51]

카톨릭 선교 기구-수도원

칼빈은 당시의 로마 카톨릭 교회에서 공식적 선교의 기구로서 수도원(monastery)제도를 활성화하여 해외교세 확장에 전력하고 있음에 대해서도 충분한 정보와 지식을 가지고 있었다. 그는 중세 천여 년간 암흑의 소굴이었던 수도원을 강도의 굴로 생각했다. 칼빈은 그의 **기독교 강요**에서 어거스틴의 말을 인용하면서 "수도원에서 수도를 쌓은 사람보다 더 훌륭한 사람을 만나본 일이 없다"고 하면서 동시에 "수도원에서 타락한 사람보다

---

50 cf. *Ibid.* "Still it appears from his works that Calvin look forward to the conversion of the nations, to the spread of the Kingdom of God all over the world."

51 cf. *Ibid.*, 169.

더 악한 인간을 만나본 일도 없다"[52]고 수도원의 타락상을 규탄하는 가운데 "정결한 기도실이어야 할 그곳이 매춘굴이라고 말하지 않고 지날 수 있는 곳이 모두 몇 개나 될까?"[53]라고 탄식하였다. 소위 교회 밖의 선교기구[54] 즉 자발적 선교단체들(voluntary missionary societies)을 칼빈이 고려하지 않았거나 만들어 내어 활용하지 않았고 오직 제도적 교회만 인정했기 때문에 개신교 초기에 선교부재를 초래하였다[55]고 비판하는 자들이 있지만 수도원의 썩고 타락한 상황을 누구보다도 잘 알고 있는 칼빈으로서 그 원인이 수도원이라는 선교기구(Sodality)를 파송하고 있는 모체(뿌리)인 교회가 부패하고 썩었기 때문이라고 진단을 내린 결과, 선교보다 더 시급하고 근본적인 문제 해결은 썩은 거짓 교회의 개혁을 통한 참 교회를 만들어 나가는 것이라고 생각했던 것이다.

하나님 영광의 극장

칼빈은 이 세상 전체의 총체적 회심을 열망하면서 이 세상을 하나의 극장에 비유하고 있다.[56] 하나님의 영광의 극장(Theatrum Gloriae Dei)으로서, 인

---

52 *Institutes*, IV. 13.15
53 *Ibid.*
54 Ralph Winter는 이러한 '선교기구'를 그의 논문 "Two Structures"에서 Sodality라고 했는데, 이를 Paul E. Pierson은 Missionary Structure(선교구조)라고 했고 Snyder는 Para-Church Structure(방계적 교회구조)라고 했으나 필자는 이를 "형성적 교회구조"(形成的 敎會構造)라는 용어를 사용하고자 한다. 이것은 선교사역에 의해서 복음이 전파되면 회심자가 생기고, 이들이 모여서 교회가 형성되어 가는데, 조직교회가 세워지기까지 즉 교회형성 단계까지의 복음전파 과정을 수행하는 선교기구의 선교학적 학술명칭으로 "형성적 교회구조"라고 최초로 하계에 제안한다. (그러나 선교단체를 교회와 동일시 할 수는 없다.)
55 Ralph Winter는 그의 논문 "Two Structures"에서 제도적 교회를 Modality라고 했으며, Pierson과 Snyder는 공히 Church Structure(교회구조) 라고 했으나 필자는 이를 "정형적 교회구조"(定型的 敎會構造)라고 번역할 것을 제안한다.
56 Van den Berg, *Ibid.* "Once and again a desire for the total conversion of the whole of the earth flares up in his works, in which we meet a man who has one burning passion: that this world may be come 'theatrum gloriae dei' a theater where the glory of God become visible in the life of mankind, and though the non-Christian nations only play a minor part in this

류의 삶 가운데 하나님의 영광이 빛나고 있는 극장으로서 비기독교 민족들이라 할지라도 배제되지 아니하고 그 극장에서 작은 역할이라도 담당함으로서 이 세계가 모두 하나님께 영광을 돌리기를 뜨겁게 소원하는 열망이 칼빈의 저작 가운데 많이 보이는데도 칼빈의 사상 가운데 선교의식이 결여되어 있다고 할 수 있는가?

칼빈은 **기독교 강요**에서 이 땅에 임한 하나님 나라에 대해서 주기도문을 해설하면서, "하나님의 인간통치가 하나님 나라"라고 정의를 내리면서 "성령의 비밀한 영감을 통한 하나님의 말씀의 역사"[57]를 통하여 소극적으로는 우리 자신의 죄악을 철저히 회개하고 육체의 모든 욕망을 없애며 사는 것이요, 적극적으로는 하나님 나라의 평화로운 상태와 하나님 나라의 순수성을 교회를 통하여 확장하면서 주님이 다시 오시는 날까지 하나님은 그의 나라를 확장하신다(고전 15:28). 교회와 성도들은 십자가를 지는 삶을 통하여 하나님의 나라를 확산시켜야 하며 끝내는 하나님의 영광에 참여하게 된다는 것을 확신하여야 할 것이다[58]라고 주장하는 칼빈의 신학사상이야말로 선교 지향적인 신학사상이라고 할 수 있다. "하나님 나라의 순수성을 교회를 통하여 확장"하는 일이야말로 "선교"라고 할 수 있으므로 이를 주장하는 칼빈은 분명한 선교신학사상을 소유하고 있었다.

2) 칼빈의 교회관과 선교

가시적 교회/불가시적 교회

칼빈의 신학사상이 태어날 때부터 천부적으로 확정적 완성 형태로 가지고 나온 것이라든지, 어느 한 순간 갑자기 생각해 낸 것이 아니라 오랜

---

theater, yet they are not excluded from his mighty vision."
57 *Institutes*, III.xx.42.
58 *Ibid.*

시간을 두고 사색하고, 다듬고, 고치고, 가꾸어온 결정체임을 우리는 칼빈의 서적을 깊이 대조 연구해 보는 가운데서 발견할 수가 있다.

여기 교회론에서도 그의 교회관이 1536년 초판 **기독교 강요**에서의 그것과 마지막 1559년 판(라틴어판) **기독교 강요**의 내용에서 그 차이를 발견할 수 있다. 초판 **기독교 강요**에서 칼빈은 교회를 정의하기를 "피택자의 우주적 총수"(Universus Numerus Praedestinatorum)이라고 했다.

존 딜렌버그(John Dillenberger)에 의해서 편집 출판된 **칼빈선집**(*John Calvin Seclections from His Writings*)에 실린 칼빈의 1536년 초판 **기독교 강요** 제Ⅳ부 초두에 칼빈은 교회에 대해서 다음과 같이 정의하고 있다.

> "첫째로 우리는 거룩한 보편적 교회, 다시 말해서 천사든 사람이든(에베소서 1:9-10; 골로새서 1:16); 사람 중에서는 죽은 자든 산 자든; 살아 있는 자면 이 세상 어디에 있든지, 피택 된 자의 총수(the number of the elect)인 거룩한 교회를 믿는다. 교회는 하나이고 하나님의 백성과 그 공동체도 하나인데 우리 주 예수 그리스도가 지도자이고 왕자이며, 몸의 머리이시다."59

우선 우리는 여기서 칼빈의 교회의 정의를 내림에 있어서 주목해야 할 사항이 몇 가지 있다. 교회의 두 가지 개념 즉 가시적 교회와 불가시적 교회 중에서 초판 **기독교 강요**에서는 불가시적 교회, 우주적 교회, 천사까지도 죽은 자들까지도 선택자의 수에 들기만 하면 다 교회에 속하는 것으로 보았다. 이러한 그의 사상이 1559년 **기독교 강요** 최종판에서는 가시적 교회에 대해서 강조하는 쪽으로 수정하게 되었다는 점에 주목해야 한다.

칼빈이 처음에는 불가시적인 교회를 더 중요시하고 가시적 교회에 대해

---

59 *Institutes*, (1536) Ⅳ., ed. by John Dillenberger, (Missoula, Montana: Scholars Press, 1975), 295. "First we believe in the Holy Catholic Church, that is, the number of elect, whether they be angels or men (Ephesians 1:9-10; Colossians 1:16); of men, whether dead or now living, in whichever lands they dwell or whatever they are scattered throughout the world. There is one Church and society and one people of God, of which Christ our Lord is leader and prince and, as it were, the leader of one body."

서는 관심을 적게 가진 것은, 중세의 로마 카톨릭 교회가 가시적이고 유형적인 면에 너무 치중한 결과 교회의 본질적인 면에서는 타락하고 썩어버려서 교회 본연의 모습을 상실한데 기인하며 또 당시 현실적으로 로마 카톨릭이라는 가시적 유형교회와의 투쟁 상태에서 카톨릭 교리를 반대하는 입장에 서있기 때문이며, 루터의 교회관으로부터도 상당한 영향을 받았기 때문이다.60

파리에서 일어났던 만성절 사건 이후 칼빈이 1535년 바젤에 있는 루이 듀 띨레(Louis du Tillet) 집에서 피난생활을 보내면서 **기독교 강요** 초판을 썼는데 그것을 쓰게 된 동기는 재세례파, 자유 성령파 등의 좌경 급진주의적 종교개혁 운동자들이 1534년 10월 프랑카드 사건(The Affair of Plancards)을 유발시켜서 시끄럽게 하자 프랑스왕 프란시스 I세가 개신교도들을 무차별 투옥 화형 등으로 박해할 때 왕과 집권층을 위해서, 그리고 그리스도를 갈망하는 조직의 복음주의자들을 위해서 그 책을 라틴어로 썼으나 서문만은 프랑스어로 썼는데 "프랑스 왕 프란시스 I세에게 드리는 서문 (Prefatory Address to King Frances I of France)"이라고 제목이 붙여진 글에서 로마 카톨릭 교회의 잘못된 교회론을 비판하면서 "교회란 외형적인 모습이 없이도 존재할 수 있음"을 주장하였다.

> "그러나 우리는 두 가지 점에서 저들의 교회관을 비판합니다. 첫째로 저들은 교회의 형태는 유형적이고 가시적이라고 주장 합니다 둘째로 저들은 이 형태가 무엇보다도 로마 카톨릭 교회의 교황의 보좌와 그 밑에 종속되는 계층 질서적 성직 체계에 있다고 주장합니다. 하지만 우리는 반대로 교회란 가시적 외형이 없이도 존재할 수 있으며, 이 외형은 저들이 바보처럼 찬양하는 외적인 훌륭함에 국한 될 수 없다고 주장합니다. 오히려 교회는 전혀 다른 두 가지 표지를 가집니다. 그것은 말씀을 순수하게

---

60 Wendel, Calvin; *The Origins and Development of His Religious Thought*, (Durham: Ladyrinth Press, 1987), 294.

전파하는 것과 성례전을 합당하게 집례 하는 것입니다."[61]

불가시적 교회관에서 가시적 교회관으로

이러한 칼빈의 교회론 사상은 스트라스부르그 목회기간(1538년 9월 ~1541년 9월) 동안 부처(Bucer)와 교제하면서 종래의 교회관을 수정하게 되었다. 부처는 가시적 교회에 대해서 매우 적극적인 사상을 가지고 있었는데 이것이 칼빈에게 영향을 끼친 듯하다. 왜냐하면 1539년에 출판된 칼빈의 **기독교 강요** 제2판에 부처의 사상을 더욱 발전시킨 칼빈의 가시적 교회론이 등장하기 때문이다. 그 후 1543년판에는 더욱 추가되고 다듬어진 교회론의 거의 완성된 모습을 발견하게 된다.[62]

"성경은 두 가지 교회가 있다고 말한다. 성경에서 "교회"라고 하는 말은 어떤 경우에는 하나님 앞에 있는 모든 사람을 의미한다. 이 교회에는 양자로 삼으시는 은혜에 의해서, 하나님의 자녀가 된 사람들과 성령의 성화에 의해서 자녀가 된 사람들과 성령의 성화에 의해서 그리스도의 참된 지체가 된 사람들만이 들어 갈 수가 있다. 이런 의미의 교회는 현재 지상에 살아있는 성도들뿐만 아니라 천지창조 이후 지금까지 선택받은 모든 사람을 포함한다. 그러나 종종 "교회"라는 명칭은 한 하나님과 그리스도를 섬긴다고 고백하는 지상위에 흩어져 있는 많은 사람들을 지칭하기도 한다. 그들은 세례에 의해서 그리스도에 대한 믿음을 얻게 되며, 성만찬에 참여함으로 진정한 교리와 사랑에 의한 우리의 하나됨을 증거하고 주의 말씀 안에서 일치하며, 말씀을 전파하기 위해 그리스도께서 제정하신 성직을 보존한다."[63]

칼빈은 어거스틴(Augustine) 위클리프(Wycliff) 후스(Hus)에 이어서 가시적 교회와 불가시적 교회의 교리를 주장하는 자가 되었다. 이 두 교회 중에서

---

61 "*Library of Christian Classics.*" (Philadelphia, The Westminster Press, 1960), 25.
62 *Institutes*, IV. iii.2.
63 *Institutes*, IV.I.7.

불가시적 교회는 구성원 100%가 참 교회인 반면에 가시적 교회에는 이름과 겉모습만 그리스도인인 많은 수의 가짜, 위선자들이 섞여있는 것이 현실이다. 칼빈은 어거스틴과 더불어 "양의 우리 밖에 많은 양들이 있고, 양의 우리 안에 많은 이리가 있다"[64]고 주장한다. 조직신학자들은 불가시적 교회를 무형교회 천상교회, 승리교회, 영원한 교회로 호칭하며, 가시적 교회를 유형교회, 지상교회, 전투적 교회라고 불렀다. 그런데 유형교회가 존재함으로써 그 사역에 의하여 무형교회가 확장되어진다. 말씀과 성례를 통해서 아직 참으로 신앙을 가지지 않은 유형교회내의 사람들에게 신앙을 가지도록 하여 그리스도의 구원에 참여토록하며 권징을 통하여 위선적인 그리스도인들을 교회 밖으로 내보내는 것이 교회의 사명이자 목회라고 할 수 있다.

칼빈의 예정론적 교회론

불가시적 교회와 가시적 교회를 칼빈이 제시한다 해서 서로 다른 두 개의 교회가 존재하는 것은 결코 아니다. 교회는 전 우주적으로 하나이다. 그리고 교회의 구성원은 "세상 어디에 있든지"라는 표현 가운데서 칼빈의 신학체계가 지리적으로 전 세계적 범위를 차지하고 있는데 여기에 선교적 의미가 있다. 또 창조 이래로부터 주님이 다시 오실 때까지의 시간적 범위로 볼 때 이것도 바로 선교의 시간적 범위와 같다. 그리고 전 세계 영혼이 이 택자의 범위에 들어오고 못 들어오고는 하나님만이 아시는 예정사항이므로 칼빈의 교회론도 결국은 예정론적 교회론이라 할 수 있다. 우리는 전장에서 이 예정론 속에 선교적 의미가 있음을 파악했다. 루터에게는 칭의론이 그의 교회론의 기초가 된 것처럼 칼빈에게는 예정론이 그의 교회론의 기초가 되어있다. 칼빈에게 있어서 교회의 기초는 하나님의 비밀스런 선택이다.

---

64 *Institutes*, IV.1.8.

"우리는 하나님의 비밀스런 선택과 그의 내적 부르심을 생각해야 한다. 왜냐하면 누가 하나님의 자녀인지 하나님만이 아시기 때문이다. 많은 무리 가운데 아주 적은 숫자의 선택된 사람들이 있으며 소수의 알곡이 많은 쭉정이들로 덮혀있기 때문에 우리는 하나님만이 그의 교회에 속하는 사람이 누구인지 아신다는 사실을 인정해야 한다. 교회의 기초는 하나님의 비밀스런 선택이다."[65]

칼빈이 교회의 기초를 예정론 위에 둔 것은 어거스틴의 영향인 것 같다. 어거스틴은 도나티스트 논쟁에서 자신의 교회론을 주장함에 있어서 예정론을 주장했으며 펠라기우스에 대해서도 은총을 강조하면서 필연적으로 이 예정의 교리를 사용하였다.

항존직과 임시직

칼빈의 교회론 가운데 교회를 섬기는 자들을 에베소서 4:11에 근거하여 ①사도들 ②선지자들 ③전도자들 ④목사들 ⑤교사들로 구분하고 이들이 교회를 지도해야 한다고 했다. 이중에 목사와 교사는 교직 중 교회 안에 항존하는 일상직(the ordinary office=항존직)으로 두고, 사도들, 선지자들, 전도자들의 교직은 교회가 출발할 당시에 생겼으며, 그 후에는 필요에 의해서 생길 수도 있는 비상직(the extraordinary office=임시직)으로 두었다.[66]

칼빈은 사도직에 관하여 마가복음 16:16을 들면서 "너희는 온 천하에 다니며 만민에게 복음을 전파하라"에 근거하여 사도직이란 복음 선포와 하나님 나라 건설을 어떤 국한된 지역이 아니라 온 세상 어디서나 하는 것이라고 하였다(고린도전서 3:10 참고). 이는 오늘날의 선교사들에 해당하는 직이다. "사도"라는 말 apostle은 "대사"라는 말인 ambassador(사절, 사자)라는 말과 어원적으로 통하는 말이라고 하며, 선교사라는 말 missionary

---

65 *Institutes*, IV.I.2.
66 *Institutes*, IV.iii.4.

도 어원적으로는 라틴어인 mitto(보냄을 받은 자) 곧 "사절"이라는 어미이므로 "사도"는 "선교사"가 되는 것이다.

칼빈이 종교개혁이라는 로마 카톨릭 교회와의 투쟁을 수행해 나가면서도 교황의 사도계승권을 주장하는데 대해서 이를 부정하기 위해서 사도직을 임시직의 카테고리에 넣고, 사도직의 임무는 12사도로서 종료되었다고 했다. 이것은 로마 교황의 사도계승권을 부인하는 것이지 복음 선교의 필요성 자체를 부정한 것이 결코 아님이 칼빈의 전체적 신학사상 구조와 성격에서 잘 나타나 있는 바다. 예언직이란 구약의 예언서를 기록한 예언자들과 같은 것이 아니고 에베소서 4:11에 나오는바 "하나님의 특별한 계시를 받은 자들"을 의미한다.[67]

"전도자들"이란 사도들보다는 지위가 낮은 자들로서 그들의 직책과 기능에 있어서 사도들 다음가는 사람들이었다. 성경상의 예로는 누가, 디모데, 디도 등과 예수님이 파송하신 70인(눅 10:1) 등이 모두 전도자들이었다.[68]

그런데 우리가 주목해야 할 것은 칼빈이 교직을 열거하면서 사도직, 예언직, 전도직을 목사직과 교사직 앞에 둔점이다. 목사직과 교사직을 항존직이라고 강조한 것은 그 만큼 칼빈의 신학이 교회 중심의 신학이라는 것을 알 수 있으나 임시직으로 분류한 사도직과 예언직과 전도직을 항존직 위에 둔 것은 칼빈의 신학이 선교 우선적 신학임을 말해주고 있는 것이다.

칼빈주의 신학자로 스코틀란드 에딘버러대학교 조직신학 교수 토마스 F. 토렌스(Thomas Forsyth Torrance)가 쓴 하나님 나라와 교회(*Kingdom and Church*)라는 책에서 칼빈의 교회관을 취급하면서 다음과 같이 말했다. "칼빈은 교회와 관련해서 설립(aedificatio), 발전(profectus), 성장(incrementa)을 말하면서, 또다른 한편으로는 하나님의 영광이 궁극적으로 나타나는 것

---

67 *Institutes*, IV.iii.4.
68 *Institutes*, IV.iii.4.

과 관련해서 이것이 이해되어져야 한다고 주장했다. 종말론적 성취가 그리스도의 오심에 의해서 이루어지는데 숨겨졌던 것이 마침내 드러나게 된다."[69] 토랜스 교수의 주장은 결국 칼빈의 교회론 가운데는 선교사상이 있다는 것이다. 교회를 통하여 하나님의 영광이 나타나는 것이 시편 67편과 관련지어 생각해 볼 때 이것이 바로 선교정신이다. 세계만민이 구원을 얻고 주를 찬양하는 것이 하나님 영광(Divine Gloria)의 궁극적 나타남(ultimate manifestation)이다.

성도의 어머니로서의 교회

기독교 강요 제4권 교회론에서 칼빈은 또한 하나님께서 성도의 어머니로서의 교회를 주셔서 그 품속으로 무지하고 게을러서 진리를 꺼려하는 우리 인간을 초대하신후 그리스도와의 교제 안에서 신령한 관계를 지탱하도록 돌보아 주신다고 했다.[70]

> "하나님은 교회의 품속으로 그의 자녀들을 모으시기를 기뻐하시고, 이들이 유아와 어린이로 있을 동안 교회의 도움과 목회로서 양육시키시고 이들이 장성하여 신앙의 목표에 도달할 때까지 교회의 어머니다운 돌봄으로 인도하신다."[71]

하나님은 이 목적을 이루시기 위해서 복음을 교회에 맡기셨다.[72] 칼빈

---

69 T. F. Torrance, *Kingdom and Church*, (N. J.: Essential Books, Inc, 1956), p. 96. "On the one hard, then, Calvin can speak of the Church in terms of aedificatio, profectus and incrementa, but on the other hand he insists that this is to be understood in terms of the ultimate manifestation of the divine gloria, so that the progress of the Church is to be spoken of in terms of eschatological fulfilment, in terms of hiddeness and final unveiling."

70 *Institutes*, IV.I.1, cf. Wihelm Niesel, *Die Theologie Calvins*, 2nd edn, Munich, 1957. §.13.I. p. 185. "The church is the sphere of the self-revelation of God and of the encounter between Christ and ourselves."

71 IV.I.1, cf. 이형기, *Ibid.*, 459.

72 *Ibid.*

은 그의 독특한 신학적 표현 방법을 써서 이 복음은 보물이며 "이 보물을 하나님께서 교회에 맡기셨다"고 했다.

"주님께서는 이 복음의 보화를 교회에 맡기셨다. 그래서 주님은 "목사와 교사"(엡 4:11)를 세우시고, 그 입들을 통하여, 그의 백성(성도)들을 가르치신다. 그리고 주님은 이들에게 권위를 부여하셨고, 보편교회(Catholic Church)의 일치를 가져오는 신앙고백과 교회의 올바른 체제를 부여하셨다. 무엇보다 주님은 성례전들(주로 세례와 성찬)을 세우셨으니 이 성례전을 경험하는 우리 믿는 자들은 이 성례전이 우리의 신앙을 양육하고 강화시키는 데에 없어서는 안 될 수단임을 느낀다."[73]

기독교 강요에 나타난 칼빈의 교회론 중에 우선 성도의 어머니로서의 교회[74] 비유에서 교회의 선교적 의무 내지 사명(the missionary duty or obligation of the church as the mother of the believers)을 찾아볼 수 있다. 자녀를 낳는 일은 어머니의 일 중 가장 중요한 일이다. 자녀를 낳으면 가족이 늘어난다. 그리고 어머니는 그 자녀를 돌보고 기른다.

맥가브란(Donald A. McGavran) 박사나 와그너(C. Peter Wagner) 박사와 같은 풀러의 교회성장학파는 교회의 성장과 선교를 동일한 개념으로 본다.[75] 그리고 "하나님께서는 성도의 어머니로서의 교회에 복음의 보화를 맡기셨다"고 했는데, 칼빈의 신학사상이 다 그러하지만, 이것은 바로 매우 강력한 성경적 지원을 직접 받고 있는 선교 신학적 사상이다.

즉 마태복음 25장 14절에서 30절 사이에서 예수님이 제자들에게 달란

---

73 IV.I.1.
74 이 때의 교회는 물론 가시적 교회(Visible Church)이다. cf. George William Morrel, *The Catholicity of Calvin's Doctrine of the Church*, (Pasadena: Fuller T. S. 미 간행 석사학위논문, 1964), 48ff.
75 McGavran 박사는 그의 명저, *Understanding Church Growth*에서, 교회성장을 E-0, Growth, E-1 Growth, E-2 Growth, E-3 Growth로 구분하고 E-0를 Inner Growth(내적성장), E-1을 Expansion Growth(외적성장), E-2를 Extension Growth(확장성장), E-3를 Bridge Growth(가교성장)으로 표현하고 이 모두를 선교개념에 포함시켰다.

트 비유를 말씀하신 것이나 누가복음 19장 11절에서 27절 사이에서 므나 비유를 말씀하신 것에서 주님은 "이윤을 남기는 것" 곧 "수적증가"를 비유로 말한 것은 선교적 개념이다. 달란트를 맡긴 주인이나 므나를 맡긴 귀인은 예수 그리스도다. 달란트나 므나는 복음이고 그것을 맡은 사람은 교회다. 그가 다시 돌아 올 때는 그리스도의 재림의 시기이다. 교회는 주님의 재림 때까지 복음을 전하는 일에 최선을 다해야만 한다는 선교적 사명을 비유로 말씀하신 것이다.

달란트나 므나를 장사 밑천으로 하여 이윤을 남기는 것은 복음을 부지런히 전해서 많은 영적 결신자를 얻는 열매를 거두도록 교회에 강력히 촉구하는 복음 메시지임에 틀림이 없다. 칼빈이 그의 최종판 라틴어 **기독교 강요**(1559)의 제Ⅳ권에서 교회를 설명함에 있어서 무엇보다도 이러한 강력한 선교적 의미를 담고 있는 비유를 제일 먼저 들고 있다는 것은 그의 신학 사상의 건축물이 성경과 바울신학의 주춧돌 위에서 선교 지향적으로 세워졌다는 사실로 설명되어 질 수가 있다. 선교 신학적 시각에서 바라볼 때 성경은 선교의 책이요 바울은 위대한 선교사요 바울신학은 선교의 신학이다. 그렇다면 그 주춧돌 위에 세워진 건축물인 칼빈의 신학도 선교적 신학이라고 할 수 있다. 그렇다! 칼빈의 **기독교 강요** 제Ⅳ권의 교회론은 교회의 선교적 사명을 고취하고 있는 강력한 선교적 사상으로 출발하고 있다.

5. 칼빈의 선교사상은 개혁신학의 수원지

칼빈에게 선교의 사상이 있느냐 혹은 없느냐는 질문에 대해서 선교신학계에서는 지금까지 긍정 쪽과 부정 쪽의 의견이 엇갈리고 있으나 긍정적인 시각보다는 오히려 부정적인 시각이 우세하다는 것은 매우 유감스러운 일이라 하겠다. 필자는 칼빈의 선교사상을 연구함에 앞서서 먼저 "칼빈의 선교사상"이라고 표현된 것이 존 칼빈의 선교사상(John Calvin's thought on mission), 존 칼빈의 선교개념(The missionary Concepts of John Calvin), 존 칼빈의 선교적 사유(The missionary idea of John Calvin), 칼빈 신학에서의 선교적 요소(The missionary elements in the John Calvin's theology), 존 칼빈의 선교 중심적 의지(The mission-mindedness of John Calvin), …… 등 여러 가지 표현이 있는데, 이러한 여러 방향에서의 접근과 노력을 통해서 개혁주의 선교신학의 수원지가 되어야 할 칼빈의 선교사상을 재검토할 필요가 있음을 주장하였다.

칼 D. 스티븐(Carl D. Setvens)은 "우리가 칼빈에게 선교의 의지가 있느냐 없느냐 하는 것을 논하기 전에 먼저 그의 선교사상에 영향을 미친 교회론이 어떠하냐를 살펴보아야 한다"고 했다.[76]

필자는 **기독교 강요**의 분석연구를 통하여, 칼빈의 구원론을 검토하고 지금까지 칼빈의 예정론이 선교에 저해적 요인으로 작용해왔다는 종래의 주장에 대해서도 재검토해야할 당위성을 그의 교회론과 함께 살펴보았다.

칼빈에게 있어서 선교는 어디까지나 구원론적 성격이 강하다. 하나님의 복음이 전 세계에 전파되고 땅 끝까지 구원이 이르러야 한다는 지극히 당연한 성경적 사상은 바울신학의 초석이었고, 이러한 바울신학은 칼빈신학의 전제가 된 것이다.

칼빈의 구원론은 바울의 로마서 9장 10장, 11장에 근거한 예정론 교리와 같은 맥락에서 보아져야 한다. **기독교 강요**의 III권 21장부터 24장까지의 칼빈의 예정교리와 로마서에서 전개되고 있는 바울의 예정교리가 선교사상을 전제로 한 것임을 비교해 볼 때, 칼빈의 예정의 교리도 선교와 밀접한 관련성을 가진다는 논리의 타당성을 살펴보았다.

예정론이 하나님의 창조사역을 기술하는 **기독교 강요** I권에 소속 되지 아니하고 III권 성령론에 소속된 것은 반드시 인간의 구원과 관련성을 가지는 것이기 때문이며 인간의 구원은 반드시 선교라는 방법을 통해서 이

---

76 Carl D. Stevens. *Calvin's Corporate Idea of Mission*. (Philadelphia: Westminster,1992). 227.

루시는 것이 하나님의 뜻이기 때문이다.[77]

그리고 칼빈신학은 바울신학의 패턴이 연속된 것으로 볼 수 있고 바울신학이 선교 지향적 신학이기 때문에 바울의 선교사상을 의심하지 아니하는 자라면 칼빈의 선교사상도 의심할 필요가 없다.

칼빈의 **기독교 강요** 제Ⅲ권에 특별히 성령론이 집중되어 있다고 하지만 칼빈의 성령론은 **기독교 강요**에 어디든지 골고루 퍼져 있다고 보는 학자들이 많은데, 그렇다면 성령의 사역과 선교의 관련 아래에서 볼 때 칼빈의 **기독교 강요**에는 선교사상 내지는 선교의 개념이 풍부하다고 보아야 할 것이다.

칼빈의 **기독교 강요**에 나타난 예정교리의 적극적인 사상이 오히려 선교에 힘을 공급해 주는 원동력으로 작용하였다고 볼 수가 있다.

칼빈의 교회론을 검토해본 결과에 있어서도 토렌스(T. F. Torrance) 교수의 주장과 같이 **기독교 강요**를 통해서 살펴본 칼빈의 교회론에서도 선교사상이 강하게 내포되어 있다. 또한 **기독교 강요**에 나타난 칼빈의 교회론 중에 우선 "성도의 어머니로서의 교회"라는 비유에서 교회의 선교적 의무 내지는 사명을 찾아볼 수 있었다. 칼빈은 그의 최종판 라틴어 **기독교 강요**(1559) 제Ⅳ권에서 교회를 설명함에 있어서 달란트의 비유나 므나의 비유를 제일 먼저 들고 있는 것으로 볼 때 **기독교 강요** 제Ⅳ권 교회론은 교회의 선교적 사명을 고취하고 있는 선교사상에서 출발하고 있다고 볼 수 있다.

기독교 강요에 나타난 선교 사상을 검토하면서 예정론이야말로 기독교의 세계 선교에 수원지가 되는 사상임을 논증하였다. **기독교 강요** Ⅱ권에 하나님의 형상(Imago Dei)대로 지음 받은 인간이 본래의 형상인 하나님을 찾는 본능이 어떤 인간에게나 있음을 강조한 칼빈의 이론에서 후기 칼빈주의자들의 타문화권 선교에 불을 붙였고, 칼빈의 선교 사상에서 청교도들의 인디언 선교, 그리고 미국의 해외선교 운동으로 연결되어져 온 성격

77　고전 1:21

을 분석 검토해 보면 그것은 곧 칼빈의 위대한 선교사상을 더욱 심화 발전시킨 것이다. 칼빈이 제네바를 중심으로 교회개혁운동과 함께 선교활동을 전개해 나간 것은 당시 그가 처한 상황에서 최선을 다한 것이다.

제9장

위대한 선교적 삶을 살다 간 선교사상의 선구자

칼빈은 그의 삶 자체가 위대한 선교적 삶이었다.

법학공부를 하기 위해 오를레앙에 간 칼빈은 다시 프랑스 왕에 의해서 밀란에 있는 대학에 법학 교수로 임명받은 당대의 석학 알치아띠에게 사사받기 위해 부르쥬(Bourges)로 갔다. 그곳에서 헬라어 교수인 볼마르(Wolmar)를 만났고 그로부터 헬라어와 함께 뜨거운 복음의 열정을 배웠다. 칼빈의 가슴 속에는 복음전파의 불길이 타고 있었다. 그는 이집 저집으로 찾아다니며 전도하면서 설교했다. 모든 사람들이 이 젊은 설교자의 열정적 설교에 매료되었다고 했다.[1]

그리고 그가 3년간 스트라스부르그에서 목회한 기간도 선교사역으로 간주해야 한다. 지금도 수많은 한국교회가 해외에 있는 한인교포들의 목회사역을 돌보기 위해서 파송하는 사역자들을 선교사로 대우하고 있는 것을 고려한다면 칼빈이 스트라스부르그에서 프랑스로부터 넘어오는 수

---

1 Timothy Tow, *A Glimpse of The Life and Works of John Calvin*, 임성호 역 (서울: 도서출판 하나, 1998), p. 26.

많은 피난민들을 돌보아온 사역은 당당히 선교사로서의 사역이라고 부를 수 있다.

스티븐스(Stevens)도 칼빈이 프랑스에서 활동한 사역, 제네바에서 활동한 사역을 모두 칼빈의 선교활동이라고 주장했다. 이렇게 볼 때 칼빈은 결코 선교의 이론적 기초만 제공한 것이 아니라 실제 선교의 사역활동도 했다고 볼 수 있다.[2] 그리고 브라질에 직접 선교사를 파송하는 현대적 파송 선교의 개념에 입각한 선교활동도 칼빈에게 실제로 있었다. 칼빈은 유럽에서 교회를 개혁하고 복구하는 일과 함께 선교의 활동을 통해서 새로운 세계에 교회를 확장하는 일도 병행한 것이다.[3] 1577년 제네바에서 신학을 공부하고 있던 22살의 장 드 레리(Jean de Léry)가 쓴 **브라질 여행기**(*Journal de Bord de Jean de Léry en la Terre de Breasil*)에 의하면 그는 평소부터 선교에 참여하기 위한 열망을 가지고 있었으며, 실제로 제네바 교회에서 파송하는 브라질 선교에 동참해서 자세한 기록을 남겼다.[4]

제네바 교회는 빌레가그농(Nicolas Durand de Vilegagnon)과 그의 수행자 일행을 브라질에 파송하였다. 리오데자네이로에 도착 즉시 빌레가그농(Vilegagnon)은 칼빈에게 목사와 신자를 더 파송해 줄 것을 요청했고 칼빈은 제네바 교회에서 그들의 요구대로 2차 파송을 실시했다. 그러나 인솔자 빌레가그농(Vilegagnon)은 브라질 총독의 압력에 못이겨 로마 카톨릭교회로 복귀하였고 나머지 인원은 순교를 당했다. 그 중 레리가 구사일생으로 제네바에 돌아와서 신학공부를 마치고 개혁교회의 목사가 되었다. 후일에 레리가 저술한 **일명 아메리카라고도 하는 브라질 땅까지 항해역사**(*History of a voyage to the Land of Brazil, otherwise called America*)에 의해서 칼빈의 브라질 선교의 사실이 알려졌다.

---

2 Carl D. Stevens, *Ibid.*, pp. 165, 188.
3 *Ibid.*, p. 202.
4 *Ibid.*, p. 203.

칼빈 설교 가운데서 선교적 열정이 넘치는 설교가 많은데, 1556년 3월 6일자 설교 가운데는 "이 땅의 모든 사람들을 하나님에게로 이끌고자 애쓴다"라든지 "모든 사람들이 다 일치된 가운데서 하나님을 찬양하고 모든 사람들이 그분을 섬기게 하기 위해서"라든지 "우리가 하나님이 우리들의 아버지라는 사실을 안다면 그분이 모든 사람들에게 알려지기를 원해야 하지 않겠습니까?"라는 구절이 있다. 이렇게 선포하는 칼빈의 설교야말로 선교적 설교라고 하지 아니할 수가 없다.

칼빈의 주석이야말로 성경중심의 해석, 곧 성경을 성경으로 풀어나가는 주석으로 유명하다. 그러므로 칼빈에게 있어서는 성경의 권위는 무엇보다도 중요하다. 그래서 칼빈은 **기독교 강요**를 쓰기 전에 이미 성경번역에 관여한 사실이 있다. 성경번역은 선교에 있어서 가장 기초가 되며 또한 필수적 과정이다. 칼빈은 로마 카톨릭 교회가 중세 제롬이 번역한 벌게이트(Vulgate) 라틴어 성경을 쓰고 있는 점을 지적하면서 "오역 투성이요 신학적으로 아주 잘못된 이런 성경을 쓰는데서 부패하고 타락된 교회가 나온다"고 했다. 그는 성경을 번역하는 데 관여했고 성경을 강의하다가 성경을 주석하였는데 그의 주석 가운데 수많은 곳이 선교사상으로 충일함을 이미 앞에서 언급하였다.

칼빈은 선택교리를 말하면서 선택의 증거들이 선행(善行)의 열매라고 했다. 이와 같이 칼빈의 선교사상에 있어서도 목회현장에서, 혹은 제네바 시정치에의 참여, 선교사의 파송, 유럽의 왕들과 통치지도자들에게 성경주석과 **기독교 강요**를 헌정하면서 "종교개혁에 동참하여 참되고 바른 교회를 세워 나갈 것을촉구"하는 이런 모든 일들이 곧 칼빈이 할 수 있었던 최선책의 선교였던 것이다.

진실로 그는 항상 하나님 앞에서(Coram Deo)라고 하는 신전의식을 가지고 순간순간 최선을 다해서 하나님께 영광을 돌리는 위대한 선교적 삶을 살다가 간 선교사상의 선구자였다.

부 록

1. 니콜라스 콥의 1533년 11월 1일 파리대학교 총장직 수락 학술 강연문(全文번역)
2. 파리의 1534년 플래카드 사건
3. 1535년 칼빈의 라틴어 올리브 땅 불어성경 서문
4. 칼빈이 1538년 작성한 교리문답서
5. '칼빈과 문화'를 주제로 한 문헌자료 모음
6. '칼빈, 칼빈주의' 주제별 연구 참고 자료

부록 1

니콜라스 콥의 1533년 11월 1일
파리대학교 총장직 수락
학술 강연문(全文번역)[1]

(The academic discourse delivered by Nicolas Cop
on assuming the rectorship of the University of Paris)

무언가 위대하고 무언가 탁월한 사상의 이해나 표현이 있다면 그것은 기독교 철학입니다. 다시 말해서 인간에게 진리와 행복을 보여주기 위해서 그리스도에 의해서 신적으로 주어진 철학이 기독교 철학이라는 말입니다. 그것을 통해서만이 우리는 하나님의 자녀라는 사실을 이해하고 싶습니다. 이 철학의 천부적인 탁월성과 걸출성은 세상의 모든 지혜를 덮어

---

[1] 이것은 칼빈 사상연구에 매우 귀중한 자료에 속하는 것인데, 1965년 6월 1일 데일 쿠퍼 (Dale Cooper)와 포드 루이스 배틀즈(Ford Lewis Battles)에 의해서 영문으로 번역되어 하트포드쿼터리(*Hartford Quarterly*) 지에 발표된 것을 필자가 최초로 한국어로 번역한 것이다. 콥의 강연문 원고로 현존하는 것은 두 종류가 있는데 하나는 완전 본(a full text)이고 다른 하나는 부분본(a fragment)이다. 전자는 스트라스부르그의 성 토마스교회 고문서 보관소에 있고 후자는 제네바 도서관에 있다.
여기에 실린 연설문 전문(全文)은 1926년 바르트(P. Barth)와 니젤(W. Niesel)이 편집한 칼빈 선집(*Opera Selecta* : Vol. 1. pp.4-10)에 있는 것을 주 본문(main text)로 하고 제네바 부분 본을 이태릭체로 괄호(bracket)속에 덧붙여서 학적자료의 가치를 높였다.

버릴 수 있습니다. 내가 알기에는 이 지혜에 뛰어난 자들은 인류 중에서 동물 수준을 넘어선 모든 사람들을 능가하는 것입니다.

이것은 의심의 여지가 없습니다. 왜냐하면 이 사람들은 전심을 다하여 사물을 파악하려고 하기 때문에 나머지 사람들 보다 더 위대하고 더 탁월한 것입니다.[2] 이런 종류의 철학은 놀랍고 거룩합니다.[3] 왜냐하면 그것을 인간에게 가져다주기 위해서 하나님이 사람이 되려고 의도하셨기 때문입니다. 영원하신 그 분이 유한한 존재가 되셨기 때문입니다. 말씀이 우리와 함께 하시도록 해 주신 것 보다 우리를 향하신 더 큰 사랑은 없다고 나는 생각합니다. 어떤 관계가 더 가깝고 더 확실한 것입니까? 우리가 예술이나 자연 과학, 윤리, 그리고 인문학들의 유용성[4]에 대해서 아무리 환호하고 찬양해도 모든 철학자들이 오랜 동안 찾고 찾아도 하나님의 뜻을 발견하

이 연설문의 앞 부분은 마르틴 루터가 1522년 만성절 축제(the Festival of All Saints)에서 행한 산상수훈 설교를 1526년 마르틴 부처가 스트라스부르그에서 라틴어로 번역해서 출판한 것을 콥이 인용한 것이고, 연설의 후반부에 '기독교 철학'은 신약성경 제3판 서문에 쓴 에라스무스의 글을 콥이 인용한 것이라고 요한칼빈의 회심*(Die Bekehrang Johannes Calvins)* 의 저자 A.랑(Lang)이 주장하고 있다.

그러나 이러한 랑의 주장에 타당성이 없음이 본문헌의 각주에서 번역자인 필자에 의해서 밝혀지고 있다. 그러므로 여기 번역한 부록들은 모두 칼빈과 칼빈주의 연구에 있어서 대단히 중요한 몇몇 학설들에 관한 검증 및 증빙자료로서의 가치가 높다. 이 자료에는 그 동안 칼빈연구에서 잘 알려져 오지 않았던 것인데 칼빈이 소르본느 대학 교수들을 '괴변주의 자들'이라고 맹비난한 내용이 들어 있다. 그리고 콥의 연설문은 멜랑흐톤이 1521년에 출판한 공공의 장소*(Locci ommunesi)*에서 인용한 루터의 논문인 '율법과 복음'과 마르틴부처가 1521년에 출판한 전도의 계속성에 대한 해설*(Enarrationes Perpetuae in Evangelia)* 에서 나온 '은혜의 신학'(a theology of grace) 사상이 이 연설문의 기저에 흐르고 있다.

2 강연의 첫 몇 줄에서 강사는 '탁월하다' '능가하다'라는 동사 'praestar'와 그 파생어인 비교급 형용사 praestantior(more excellent) 와 명사 praestantia(excellence)에 대해서 다양하게 강조를 하였다. 명사 'praestantia'의 비교급 용법에 대해서는 포드 루이스 배틀즈(Ford Lewis Battles)저 *A Concordance of Calvin : Institute of the Christian Religion (1972,1978)* ad verbum. 참고.

3 '기독교 철학'에 관해서는 칼빈의 1559년 판 기독교강요에 'Subject Matter' LCC 20.6.f, n.8: also 3.7-9, n.1(1539sus 판 과 1536년 판 기독교강요 p.68에 key word 'philosophy'를 주석하면서 칼빈은 에라스무스가 번역한 성경의 형식을 자주 인용하였다. 칼빈은 후기에 마태복음 5장 1절-12절 〈산상설교〉를 주석할 때 두 종류의 철학을 대조하지 않고 '이교 철학'과 '그리스도의 학교'(기독교 철학을 칼빈은 이렇게 표현하였다)로 대조하였다.

4 cf. Cicero, *On the Nature of gods*, 2.58. 145.

지 못했던 것을 알려주는 그 철학과 비교가 되겠습니까?[5]

어떤 용서가 하나님의 은혜에 의해서 만이 죄 씻음이 됩니까? 모든 사람의 가슴에 성화와 영생을 가져다주는 성령은 어떤 약속을 주십니까? 사람들이 가치 있다고 하는 것들을 나는 이해할 수가 없습니다. 마음의 기쁨과 좋은 삶, 축복된 삶을 살아가기를 추구하는 모든 관심에서 해방받기 위해서 기독교철학은 청구서를 채우는 그 이상입니다. 그것은 과거처럼 마음의 동요 속에 있습니다. 그래서 복음의 영광과 가치가 큰 것입니다.

나는 복음을 설명할 특별한 기회를 얻었습니다. 그래서 나는 나의 현재의 (파리대학교 총장이라는) 직책이 이것을 할 수 있게 해 준데 대해서 더욱 기뻐하고 있습니다. 그러나 수많은 세부적인 것들 가운데 우리의 담화가 어디서 시작되어야 하고 어디서 끝나야 하는지 몰라도 나의 강연이 언급하고 있는 것보다 토의 주제가 더 광대하기 때문에 나는 오늘날 우리의 교회에서 일반적으로 읽혀지고 있는 복음서 메시지에서 주제를 다루고자 합니다.[6]

그러나 내가 시작하기 전에 내가 원하는 바는 여러분이 하나님 아버지께 진정한 중보자이신 그리스도의 이름으로 최상의 그리고 최고의 불타는 기도로 나아가서 우리의 마음에, 생명을 주시는 성령님으로 비추어 주시도록 간구해야 할 것입니다.[7]

그는 모든 선의 근원이신 아버지의 영광이기 때문에 우리의 모든 대화가 그에게 영광을 돌려야 합니다. 그를 호흡해야 구원을 얻습니다. 그가 우리를 주목하시게 해야 합니다. 우리는 그가 우리 마음속으로 들어오셔서 우리를 그의 은혜의 이슬로 씻어 주시도록 기도해야 할 것입니다. 우리는 최고의 아름다움으로 최고의 축복받은 동정녀에게 엄숙한 예의로 인

---

5   *Institute 1559*, 3.6.1;2.2.15;1.8.1. 참조
6   로마서 성구집(lectionary)에서 '모든 성도를 위한 잔치'가 마태복음 5:1-12에 있는 것을 알 수 있습니다.
7   히브리서 7:25, *Institute* 1536 년 판 p. 70.

사를 올리기를 바랍니다.

"은혜 충만으로 인사하라"(눅1: 28) [8]

"마음 가난한자 복 있도다." (마태복음 5장 3절) 처음부터 우리는 이 복음 메시지의 목표를 성실하게 찾아내서 그와 관련된 모든 문제들이 그 복음과 관련을 가지고 있다는 사실을 알아야만 합니다. 그리고 율법과 복음에 대한 설명을 비교해서 이해해야만 합니다.[9]

복음이 바로 그 메시지입니다. 구원을 가져다주는 그리스도에 관한 메시지입니다. 그는 성부 아버지에 의해서 모든 사람들에게 영생을 주기 위하여 도우러 오신 분이었습니다. 율법은 계율적인 훈계이며, 위협적이고, 부담을 주며, 선의로 약속하는 것은 하나도 없습니다. 이에 비해서 복음은 위협적이거나 계율적 훈계로 사람들을 강제로 몰고 가지도 아니하며 우리를 향하신 하나님의 최상의 뜻을 가르쳐 주십니다.

그러므로 복음을 평범하게 그리고 정직하게 이해하려는 사람은 누구나 율법과 복음의 설명을 이해해서 모든 것을 검증해보아야 합니다. 이러한 방법을 따르지 아니하는 자들은 그리스도의 철학(기독교 철학)에 적절히 운도 띄울 수 없을 것입니다. 이것은 지금까지 가장 치사한 자들(소르본느 대학의 신학자들을 가리킴)이 끌어 왔던 어려운 난제들이었습니다.[10]

---

[8] In Sermon Luke 1:26-30 (OC 24.63) "inasmuch as it is intended not exclusively for the Vergin but for the instruction of all God's children in order that recognize how God has taken pity on them, to draw themback from death's confusion where they were. and lead them to the hope of life, and of eternal salvation." Later he carefully distinguishes this from he superstitious development of the Romish "Ave Maria." In this later sermon is obviously the elaboration of what could only be hinted at in the Rectorial Address!

[9] Law/Gospel, of. *Institute*, 2.11.10.

[10] The following strictures on the Sorbonne theologians(= Sophistae) seem to stem from Melanchthon, *LC(1521)*, passim. By the mere use of this opprobrious epithet, Cop and his co-worker were thrust at once into the feud that had been raging since 1121 between the Paris Faculty of Theology and the Lutheran. The 1521 edition of the Loci Communes is loaded with such phrases as "Sophists", "stupid Scholastics", "hypocritical theologians", "so-called doctors of theology", "godless Sophist professors of theology", "Sophistic hypocrisy", etc. No wonder the Paris theologians identified the new rector and his young theological counsellor

그들은 염소 가죽을 뒤집어쓰고 그칠 줄 모르는 싸움을 이끌어 왔습니다.[11] 그들은 논쟁하고 토론은 하였으나 신앙에 관해서, 하나님의 사랑에 관해서, 죄의 용서에 관해서, 은혜에 관해서, 칭의에 관해서, 진실한 사랑에 관해서 진실한 사역에 관해서는 전혀 토론하는 일이 없었습니다. 만일 그들이 올바로 토론하고 있다면 그들은 그들의 괴변적인 법칙들에 온갖 오염물을 담아서 남을 헐뜯고 욕하는 일은 하지 아니할 것입니다.

저는 이 자리에 만장하신 여러분에게 이러한 이단적인 자들은 절대로 따라가지 말기를 부탁드립니다. 이들은 하나님을 대적하고 모욕하는 자들입니다.

그러나 우리는 좀 더 자세를 낮추어 우리자신을 그러한 처지에 두고 생각해 보아야합니다. 우리는 이 특별한 메시지 속에서 복음의 규범으로부터 떠난 그리스도를 가정하지 아니하면 안 됩니다. 그(복음의 규범으로부터 떠난 그리스도)는 율법을 통해서 사역하며 우리에게 '마음이 가난한자가 되라', '온유한 자가 되라', '마음을 청결히 하라', '화평케 하는 자가 되라'고 강압적으로 명령하는 자일 것입니다. 왜 그가 우리에게 미리 상급을 제시할까요? 그것은 사람이 선물에 마음이 흔들려서는 안 되고 그리스도에 집중하고 하나님의 영광만 구해야 하는 자는 벌 받는 것이나 지옥의 두려움에서 벗어나기 위해서는 아무 것도 하지 않아도 되기 때문입니다. 이들은 관계의 그물망을 통해서만 신적 철학을 읽는 사람들의 사상입니다.[12] 누가 입술로 그것을 맛볼까요?[13]

그러나 복음보다 앞서지는 마십시오. 로마서 1장 22절에서 "스스로 지혜 있다하나 어리석게 되어"라고 말한 바울의 말을 사용하십시오. 나아가 복음이 흑암의 세력을 물리치고 육체의 눈먼 상태에서 자유를 주어 단번

---

wish the circle of religious dissent! Calvin was to use the epithet frequently in later writings.
11 Horace, *Epist.*, 1.18.15; see Erasmus, *Adagia*, 1.3.53.
12 Cicero, *De Oratare*, 1.35.162; see Erasmus, *Adagia*, 3.1.49.
13 Erasmus, *Adagia*, 1.9.92f; of. Sen., *Epist.*, 10.3.

에 보게 됨으로 마음의 눈도 열리게 됩니다. 강압적인 교훈과 명령들은 모세가 충분히 그리고 명확하게 기록하지 못하였습니다. 그것을 여기서 명확히 가르쳐 주고 있습니다.[14]

결론적으로 말해서 복음은 어떠한 요구도 강요하지 아니합니다. 그러나 복음만이 하나님의 선하심과 자비와 유익을 나타내 줍니다. 주님께서 '선물'[15]이라는 말과 '상급'[16] 이나 '기쁨'이라는 말을 동일시하고 있는데 대해서는 놀라지 마십시오.[17] 주님은 "너희 상급이 천국에서 크기 때문이다."(마태복음 5:12)라고 하셨습니다. 여러분 잠시 주목해 주십시오. 하나님께서 주시는 유익은 자주 '상급'으로 표현됩니다. 그것은 물론 우리들의 선행이나 받을 자격 때문이 아니고 오직 다른 이유인 하나님의 은혜 때문에 우리에게 오는 것입니다. 그러나 우리의 의무가 우리의 선행을 훨씬 앞지르고 있는 한 하나님께서 사람들에게 해 주신 모든 것에 그들은 만족하고 '상급'이라는 용어도 맞는 말입니다.

만일 내가 비유 하나를 든다면 이런 관점에서는 보다 뜻이 명쾌히 전달될 것입니다.[18] 가족 중에 아들 하나가 아버지를 기쁘게 해 드리기 위해

---

14 Cf. *Inst.*(1536), p. 29, keyword "notion", and note to Melanchthon, *LC* (1521)(Eng. tr., *LCC* 19.74).

15 End of Geneva fragment.

16 Cf. Luther, Sermon 58, on All Saints'Day(1 Nov. 1522), WA 10.3.400.19ff. On the interchangeability, for Calvin, of praemium(gift), mirier(reward), and retributio(recompense) see Inst.(1536), p. 41, keyword "recompense." Also: Harmonia Evangelica, Matt. 5:12/Luke 6:23(*OC* 23.165); *Sermons tour l' Harmonie Evangealique*, Sermon 65 Matt. 5:12) [*OC* 24.820], and other contexts in Calvin's writings. A theology of grace must thus radically view God's "reward" to man.

17 A similar comparison is to be found in Bucer, *EN*, I(for.44r. 11-13), on Matt. 5:12: "Just as a father says to his little son: 'Pay close attention. You will receive a splendid reward from me, that is, new clothes, or something else.' Now this clothing is a reward and yet is not a reward. It is a reward because it follows work; it is not a reward because that work has not followed it but is contingent upon the free gift of the father unless that work is perfect."

18 Latin: *filius familias*. The archaic classical genitive in as used in the terms *paterfamilias*, *materfamilias*, etc., here connotes the absolute paternal control over the Roman family reflected in Roman law. It would seem, if Calvin be the author of this piece, that he is here

서 있는 힘을 다 해서 아버지를 향한 그의 의무를 다 하려고 했지만 그가 물려받은 상속에 비하면 그의 노력은 아무것도 아니었습니다. 결국 사람들은 빚진 것이라는 의미에서가 아니라 아버지를 향한 아들의 보답 이상의 의미 때문에 이것을 '보상' 이라고 합니다. 성경에서는 '보상'이라는 의미를 보통 이렇게 사용하고 있습니다.[19] 달리 말해서 누가 영생을 '월부금'으로 이해하는 사람이 있겠습니까? 누가 영생을 우리의 선행에 대한 보상 또는 우리의 선행이 영생과 맞먹는 가치가 있다고 생각하거나 주장하는 것을 의미 있다고 할 수가 있습니까?

복음 중에서 이 특별한 몇 구절만 봐도 그리스도는 우리의 목전에서 은혜와 자비를 베풀어 주시고 모세의 가르침을 올바르게 해석하셔서 율법 이해의 방법을 알게 해 주셨습니다.[20]

마태복음을 주목해서 봅시다. 무리들을 보시고 예수님은 산에 오르셔서 제자들이 가까이 오자 입을 열어 말씀하시되 "심령이 가난한자 복이 있다"고 말씀하시면서 그들을 가르치셨습니다. 성도님들이여! 보십시오! 그리고 우리를 향하신 하나님의 특별하신 도우심에 관해서 깊이 한번 생각해 보십시오. 하나님은 우리가 오랜 어둠속에서 잠에 떨어져 있는 것을 원치 아니 하시고 깊은 잠에서 우리가 깨어나기를 원합니다. 그는 우리 안에 있는 거칠고 불완전한 것들을 완전하게 되도록 매만져 주십니다. 계명은 고대인들이 이방신들을 섬기지 못하게 주어진 것입니다(출애굽기

---

mingling his legal knowledge with a reminiscence of the parable of the prodigal son.

19 *Mercesis* the Vulgate rendering for μίσθος, used in the New Testament in the sense of payment for work done, as reward(or punishment), recompense(usually by God) for "the moral quality of an action." Arndt-Gingrich, Lexicon, μίσθος, q.v. Cf. Bucer, EN, I[for.44r.19ff](Matt. 5:12), with discussion of "reward" in such Old Testament passages as Gen. 15:1, Jer. 31:16, Ps. 127:3. Bucer concludes: "From these passages it is abundantly clear that 'reward' in the Scriptures denotes whatever benefits we receive from the Lord."

20 Here, in germ, is the whole exegetical basis of Calvin's handling of the dialogue: Jesus Christ in the Sermon on the Mount "interiorizes" and interprets according to the original lawgiver's intention the Ten Commandments. See *Inst.*(1559), 2.7-8. Cf. Luther, Sermon 58[WA 10.3.401.33ff], correlating the Ten Commandments with the eight Beatitudes.

20:3). 사람들이 무지 속에 살았기 때문에 그들은 우상을 하나님 것과 같이 이해했습니다(출애굽기 20:4-5).

우리는 이 모든 것을 다 악하다고 생각해서는 안 됩니다. 이방의 우상들은 은과 금으로 장인들의 손으로 만들어진 것이어서 입은 있어도 말은 못합니다(시편 135:15f, vs 134:15f).[21] 비록 그들이 최고로 진실하고 우상들에 대해서 확신을 가지고 있다 할지라도 그들은 여전히 만족을 줄 수가 없습니다.

주님은 심령이 물질이나 피조 된 어떠한 대상에게도 바쳐지는 것을 원하지 아니 하십니다. 그는 심령의 자유를 선포하십니다. 그리고 어떠한 사물에도 얽매이지 않고 오직 주님에게만 향하게 하십니다. 그리고 어떠한 경우에도 인간의 힘에 상황에 따라가지 않게 하십니다. 그는 우리가 인간의 모든 선을 과소평가 하게하고 인간의 모든 명예에 관심을 가지지 않게 하십니다. 그러나 나는 우리가 하나님보다 세상을 더 좋아하고 육신이 영을 정복할까봐 두렵습니다. 우리 중에 누가 그들의 동료보다 신분이 상승하는 것을 사랑하지 아니할 사람이 있으며 또 누가 사람들로부터 존경받는 것을 소위 말하는 '신적 철학'에 비추어 잘못된 동기라고 말할 자가 있습니까? 누가 인간의 선을 갈망하지 않겠습니까? 누가 복음으로 하나님을 기쁘시게 해드리는 것 보다 시시한 작은 것들로 인간을 더 기쁘게 하는 것을 더 좋아 할 사람이 있습니까?

오! 인간의 추하고 괴상한 어리석음이여! 오! 헛된 영광이여! 우리는 하나님께서는 "마음을 보시고 심령을 찾으신다."(시편 7:10, 계시록 2:23) 든지 또는 "그는 우리 영혼을 송두리째 부서뜨려서 지옥에 보내신다(마태복음 10:28)는 사실을 눈이 어두워 보지 못하고 있습니다.

오! 짐승 같고 어리석은 사람들, 야수의 속성이 현재 그들 안에 꽉차있

21　On idols, see *Inst.*(1536), pp. 19ff. Cf. Luther, *Sermon* 58[WA 10.3.402.14ff], specifically linking the First Commandment with the First Beatitude.

어서 형편없이 되어 버린 그들! 오 형제들이여 ! 우리들은 모두 그리스도의 심판석 앞에 서게 된다는 사실을 모르고 있습니까?[22] 만일 우리가 그것을 명확하게 이해한다면 우리는 우리의 정력을 경건하게만 사용하고 영적으로만 사용할 것입니다.[23]

우리는 재난이나 질병이나 재앙이나 환난을 만나 하나님에 의해서 연단을 받을 때 기뻐해야만 합니다(로마서 8:35). 왜냐하면 그리스도는 애통하는 자에게 복을 주시려고 부르시기 때문입니다(마태복음 5:4). 그들은 고결한 삶을 살아 보려고 열망하며 온갖 노력을 다하며 덕을 쌓기 위해 심혈을 기우려 애쓰며 남들이 보다 나은 삶과 올바름으로 이끌기 위해 힘써보지만 자신의 능력이 부족함에 실망합니다. 그러나 이런 것들은 '의를 추구하는 배고픔과 목마름'입니다(마태복음 5:6).

하나님의 말씀이 우리를 속이지 않는다면 주리고 목마른 자들은 채워질 것입니다. 하나님의 복음은 하나님의 사랑에 의해서 죄 사함 받은 그들의 양심을 보증해준다는 것을 확실히 깨닫게 해줍니다. 그리스도인에게 이것보다 더 기쁜 것은 없습니다. 이보다 더 좋은 것도 없습니다. 이것을 이해 못하는 자들은 깊은 과오에 빠져 살아가야 합니다. 그 양심이 의심하면 예배가 무슨 소용이 있으며,, 경건이 무슨 소용이 있고, 종교가 무슨 소용이 있습니까?[24]

그래서 바울은 로마인들에게 보내는 그의 서신에서, 화해와 칭의는 우리가 가지고 있는 자격이나 훌륭한 장점에 의거하지 아니한다는 주된 논

---

[22] See Rom. 14:10. Cf. the pleas of the minister and the layman before the divine judgment-seat in Calvin's *Reply to Sadolet*[Eng. tr., *LCC* 21.246ff, 250ff].

[23] *Pietas*("godliness") is a key word in Calvin's theology. In his "Letter to the Reader"(which introduces the Institutes of 1559) he announces his purpose: "I have no other purpose than to benefit the church by maintaining the true doctrine of godliness."

[24] Cf. *Inst.*(1536), pp. 151f, and Melanchthon, *LC*(1521), 7[Eng. tr., *LCC* 19.113]. ※ 필자의 글 "주리고 목 마른자의 행복"을 참고. 졸저, 성공하는 사람들의 8가지 행복조건(서울: 쿰란출판사, 2015) p. 78 이하.

거에 의해서, 양심에서 추호의 의심이 없도록 역설을 하고 있습니다. 그는 시편 32:1-2절을 인용하면서 "허물을 용서받고 죄의 가림을 받은 자는 복이 있으니 그런 자에게 주님은 죄를 따지지 아니 하신다(로마서 4:8). 하나님의 의에 관해서 오래 생각한 후에 그는 너의 자랑이 어디 있느냐? 그것은 이미 닫혀버렸다. 원리가 다 무엇이며 행위가 다 무엇인가? 차라리 믿음의 원리가 있다. 왜냐하면 사람이 율법의 행위에 의해서가 아니라 믿음에 의해서 의롭다 칭함을 받기 때문이다."(로마서 3:27f)라고 말했습니다.

그러면 로마서 4장 시작하는 부분에서 "우리가 무슨 말을 하리요? 아브라함이 육신을 따라서 하나님을 발견하였는가? 만일 그가 행위에 의해서 의롭다함을 받았다면 그는 무언가 자랑할 것이 있지만 그러나 하나님 앞에서는 없으니 이에 대해서 성경이 뭐라고 말씀하고 있느뇨? '아브라함이 하나님을 믿으니 이것이 그에게 의로 인정을 받았다(로마서4:1-3)."고 하였습니다. 이러한 토대 위에서 바울은 아무런 까닭이 없이 우리가 그리스도 때문에 의로워졌다고 주장합니다(로마서 4:23f). 다시 말해서 어떤 방식으로든지 그 (칭의)문제가 우리의 행위나 도덕이나 의식적 가치에 관련이 있다면 그것은 완전히 일고의 가치도 없는 것입니다.

율법은 그것이 성취되어 진다는 조건 아래서만 하나님의 긍휼을 언급하고 있는 것입니다. 복음은 죄의 용서와 칭의를 자유롭게 제공하고 있습니다. 우리가 율법의 요구를 충족하기 때문에 하나님으로부터 용서를 받는 것이 아니고 그리스도의 약속 때문에 용서 받는 것입니다. 만일 사람이 이 약속을 의심한다면 그는 경건한 삶을 살 수도 없을 것이며 그는 스스로 지옥 불을 준비하고 있는 것입니다. 만일 믿는 자가 몸소 저지른 비행에만 주님께서 관심을 가지고 계신다면 그는 믿는 자들의 죄만 용서해 주실 것입니다. 그러므로 우리가 만일 하나님께서 우리의 죄를 사해주신다는 확신이 없다면 우리는 가장 비참한 존재가 됩니다(고린도전서 15:19).

동물적인 인간은 사랑을 받을 만한지 미움을 받을 만한지 아무도 알지 못한다는 것을 나는 잘 알고 있습니다(전도서 9:1b)[25] 바울이 사용한 말에서 "육신적인 사람은 하나님으로부터 주어지는 것들을 받지 못하지만 영적인 사람은 모든 것을 분별하며 모든 것을 받습니다"(고린도 전서 2:14ff). 이것을 부인하는 자들은 모두 복음 전체를 뒤엎어 버립니다. 그들은 예수님을 완전히 장사지내버립니다.

그리고 그들은 하나님에 대한 진실한 예배를 모두 파괴해 버립니다. 왜냐하면 하나님은 조금이라도 의심하는 자의 예배는 받지 아니하시기 때문입니다. 그리스도인이 의심하는 것보다 더 큰 악에 떨어지는 일은 없다는 믿음을 나에게 가져다 준 것은 복음입니다. 그리고 언제든지 그것이 우리를 짓누르고 고통에 시달리게 할 때마다 우리는 이렇게 부르짖습니다. "주님 우리의 불신을 도와주소서."(마태복음 5:3) 그리고 "의를 위한 주림과 목마름을 주소서"(마태복음 5:6). 그들의 능력에 실망하지만 하나님의 은혜와 죄의 용서와 의롭다고 여겨주심에 대해서는 확신하게 하소서"[26]

복음으로 다시 돌아가 봅시다. "화평케 하는 자는 복이 있나니 저들이 하나님의 자녀라 불릴 것이다."(마태복음 5:9) 오 이것이야말로 모든 그리스도인들이 힘써 지켜 나가야할 가치를 가진 것 아닙니까! 평화보다 더 좋은 것이 어디 있습니까? 평안보다 더 좋은 것이 어디 또 있습니까? 하나님을 알지 못하는 이방인들도 성전 건물을 위해서 존경심을 가지고 최고의 열심을 내는 것을 화평케 하는 것으로 생각하였습니다.[27]

그리스도인들이 얼마나 더 평화의 유지를 위해서 노력해야 하며 부조

---

25 Cf. *Inst.*(1559), 3.2.38.

26 Certainty of salvation is a characteristic mark of the Pauline-Augustinian revival of the 16th century Reformation, from Luther onward. Calvin reflects on it in many places, e.g., in the Epistle Dedicatory to Francis 1, *Inst.*(1559)[Eng. tr., *LCC* 20.13].

27 On the temple to Peace, see Suetonius, *Lives of the Caesars,* Vespasian, 9; also, Josephus, *Jewish War*, 7.5.7. After Titus's victory over the Jews, with the fall of Jerusalem in AD 70, and a defeat of the Germans at the same time, Vespasian had built at Rome with great speed, a temple dedicated to the Goddess Pax.

화 가운데 조화를 다시 회복해 가도록 노력해야 합니까? 이방인들은 안정된 삶을 살아가기 위해서 평화를 추구하지만 반면에 그리스도인들은 하나님의 뜻 안에서 그들이 보다 위대하고 나은 하나님의 아들들이 될 것을 알기 때문입니다.

세상의 평화는 공허하고 열매가 없는 평화이므로 그리스도인들은 영적 평화를 위해서 주로 노력합니다. 세상의 평화는 외적 악을 제거하는 것을 그 내용으로 하고 있습니다(요한복음 14:27 참조); 우리들에게 적들을 만들어 주고 있는 하나님을 향한 부조리의 뿌리가 여전히 남아 있는 한, 그것이 이웃에 친절하게 하는 것으로, 외적으로 선행들을 하는 것으로 인정되고 있는 것입니다.

하나님을 대적하는 적이 있는 곳에 어떻게 세상의 평화가 오래 유지되겠습니까? 그러므로 인간의 마음에 평화를 만들어 주는 자에게 복이 있습니다.[28] 그런 사람은 교회에서 의견의 불일치를 제거하고 진리의 말씀으로 오래 참으며 결코 위협적인 행동을 하지 않습니다. 하나님 말씀을 믿지 아니하는 자들이 고문(torture)을 한들 어떻게 감동을 받아서 그렇게 할 수가 있겠습니까?

만일 그리스도가 모든 이방인과 유대인들을 모두 멸망시킨다면 우리는 그를 모방하지 말아야 하지만 우리의 최고의 지도자이신 그분은 말씀으로 그들(이방인들과 유대인들을 모두)을 차라리 매혹시켰습니다. 교회 안에서 평화를 회복하는 일에 있어서 이 불행한 시대에 우리는 '칼 대신 말씀'(마태복음 10:34)을 사용해야 할 것인데! 사탄은 "완전 무장을 한 사람이 집을 지키고 있을 때"(누가복음11:21) 등등의 하나님의 말씀에 의해서 정복당하거나 아니면 확실하게 정복당한 것이 아닙니다.

그리스도가 (사탄을 이긴 것은) 인간의 이유가 아닙니다. 그리스도는 인

---

28 Cf. *Psychopannychia*(1534/5)[Eng. tr., T. & T. 3:435]; peace=tranquility of conscience.

간의 고통거리 때문이 아니라 더 강한 자이기 때문입니다.29 오랜 동안 불화하고 있는 자들은 그리스도를 따르지 아니하는 자들 이거나 타락한 바리새인들입니다. 그리스도께서 자유와 친절과 준비된 마음을 요구하신다는 것을 모르는 자 누가 있습니까? "화평을 만드는 자는 복을 받았습니다(마태복음 5:9) 그 다음에 그는 그 진리의 말씀에 의해서 불화 가운데 있는 자와 화해를 합니다.

더욱이 "의를 위하여 박해를 받는 자는 복이 있습니다."(마태복음 5:10) 로마인들은 그들의 레굴루스30를 찬양하는데, 그 사람은 신앙을 지키기 위해서 더 이상 참을 수 없는 끔찍스러운 고문을 참았던 사람입니다. 아테네 사람들은 신뢰할 만한 그들의 소크라테스31는 이교도의 신들(헬라의 신들: 역자 주)을 모욕하였다는 법정의 선고를 받고 죽기를 주저하지 아니한 것을 보고 존경할 수가 없었습니다. 그러나 하나님의 의에 관해서는 아무것도 알지 못하는 그리고 하나님의 의 가 아니고 자기의 의를 구하는 그런 사람들을 어떻게 복 받은 사람이라고 말할 수가 있겠습니까?32

착한 사람의 명예를 훼손하거나 왕자들을 모욕하다가 박해를 받는 이야기는 끝없이 많이 할 수 있지만 그런 사람들에게 하나님이 복을 주셨다는 말은 성경에 한마디도 없습니다. 하나님의 의를 구하다가 "박해받는 자들이 복이 있는 자들"(마태복음 5:10)이라고 했습니다. 진실로 그들은 하나님의 말씀을 붙들고 하나님의 의를 구하는 자들이지 그들의 대화는

---

29 Cf. Luke 11:22. The source of this rejected allegorization(if it ever was an interpretation and not merely a rhetorical heightening of his argument by Calvin) has not been determined.

30 On Atilius Regulus, see *Inst.*(1559), 2.4.8, n. 15. The author has obviously drawn this from Augustine, City of God, 1.15. The reference was previously used by Calvin in his *Commentary on Seneca*'s *De Clementia*(1532),1.25, p. 321.

31 Cf. *Inst.*(1559), 3.24.10.

32 On the blessedness of the righteous heathen, Calvin and Zwingli were in disagreement. Cf. Zwingli, *Exposition of the Faith*, 12. "Eternal Life"[Eng. tr., *LCC* 24.275f, and Calvin, Inst. (1559), 2.3.4; also 2.2.17, n. 64. Calvin's view reflects more closely that of Augustine, *City of God*, 2.17, 23; 3.17.

복음의 지척[33]에서 시시껄렁한 인간의 꿈 따위는 경멸하는 자들입니다. 이들은 바울이 전한 구절 "우리나 혹 하늘로부터 온 천사라도 우리가 너희에게 전한 복음이외에 다른 복음을 전하면 내가 전에 말한 대로 지금도 그대로 말하노니 저주를 받을 지어다".(갈라디아서 1:8f) 이런 것들로 인하여 박해를 받는 자는 기뻐하고 행복해야 합니다. 그리고 우리는 우리의 명예나 우리의 이름에는 관심이 없고 하나님 예배나 하나님의 뜻을 세우는 데나 진리의 선포에 냉담해집니다.

"사람들이 여러분을 헐뜯고 비난하고 거짓말로 여러분을 나쁘게 말할 때 여러분에게 복이 있습니다."(마태복음5:11) 그러면 우리가 그 진리를 대담하게 떠드는 대신 차라리 덮어버려야 할 때는 언제입니까? 하나님보다 차라리 사람을 더 기쁘게 하는 것이 옳습니까?(데살로니가 전서 2:4; 사도행전 4:9; 갈라디아서 1:10), 영혼은 멸하지 못하고 육신만 멸하는 자들을 두려워해야만 합니까(마태복음 10:28;누가복음 12:4f)? 우리의 모든 죄를 위해 죽고, 그의 피가 영원한 죽음과 사탄의 족쇄로부터 우리를 자유하게 해준 그분의 이름으로 우리가 조금의 고통도 참지 못한다면 인간은 얼마나 배은망덕합니까?

세상과 악한 자들은 복음으로 순수하고 진지하게 믿는 자들의 마음에 파고들어가는 자들을 이단자나, 사기꾼이나, 유혹하는 자나, 나쁘게 말하는 자라고 라벨을 붙이려고 하지는 않습니다."그들은 그들이 하나님을 섬기고 있다고 생각합니다."(요한복음 16:2)[34] 고난과 역경 가운데서도 하나님께 감사하며 평정을 잃지 않고 이 모든 것을 참는 자는 행복하고 축복을 받은 자들입니다. 이런 자들에게 주님은 "기뻐하라 하늘에서 너의 상이 크기 때문이다."고 말씀하십니다.(마태복음 5:12)[35]

---

33 Erasmus, *Adagia*, 1.5.6. Cf. Calvin, *Inst.*(1559), 3.15.8, n. 16a; 3.19.13.

34 This verse is used in exactly the same way at *Inst.*(1559), 4.2.6.

35 The fate of the true "evangelicals" at the world's hands, here briefly sketched, is eloquently set forth in *Calvin's Epistle Dedicatory to Francis I.*

그러므로 그리스도인 여러분 우리는 이 복을 받기 위해서 전력을 다해서 노력합시다. 우리에게 그의 말씀으로 신앙과 희망과 사랑을 모든 사람 안에 가지게 해 주신 하나님께서 우리에게 기쁜 마음으로 복음을 믿게 우리 마음을 열어주시기를 기원합니다. 그리고 하나님은 한 분이시며 오직 그만이 마음에서 우러나는 예배를 받으셔야 하며 그의 이름 때문에 우리가 고난을 받아야하며 모든 것을 참아야 합니다. 성령의 능력에 의해서 우리가 소망 안에서 이겨나갈 수 있도록 믿음을 가지고 기쁨과 화평을 주님께서 우리에게 채워주시도록(로마서 15: 13) 그리고 마침내 천국에서 영원한 승리를 축하하기를 기원합니다, 아멘

부록 2

파리의 1534년 플래카드 사건[1]

TRUSTWORTHY ARTILES ON THE HORRIBLE, GREAT & UNBEARABLE ABUSES OF THE PAPAL MASS

　　오만하고 자만심에 가득 찬 교황의 미사에 반대해서 진리의 증인으로서 하늘과 땅에 고하노니 만일 하나님께서 고쳐주지 아니 하시면 미사에 의해서 세상은 황폐, 파멸, 상실, 저급의 상태에 빠져있거나, 있게 될 것입니다. 왜냐하면 미사에 의하여 주님은 터무니없는 신성모독을 당하고 있으며 사람들은 더 이상 고통을 받지 않아도 될 일들과 더 이상 참고 견디지 않아도 될 일들을 더 참고 견뎌 나가야 하기 때문입니다. 그러나 사례가 보다 쉽게 이해되기 위해서는 아티클(articles:주제별 소논문)로 한 가지씩 진행해 나가는 것이 적절하겠습니다.

　　첫째, 구주 예수 그리스도는 하나님으로부터 우리의 대제사장과 목자로 기름부음을 받으시고, 그의 몸과 영혼과 생명과 그의 피로 우리의 성화를 위하여 가장 완전한 제사로 드리셨으니, 그 제사는 이제 다시 보이는 어떤 형태의 제사로도 드릴 필요가 없으며 또 드려도 안 되는 것임을 모든

---

[1] 이 자료는 *Aspects de la Propaganda Religeuse* (Drose.1957) pp.114-119에 전재된 "Les Placards de1534"을 Robert Hari가 영문으로 번역한 것이다.

그리스도인들이 확실히 알고 있어야 합니다. 왜냐하면 이것(미사를 반복해서 드리는 것)은 마치 그(그의 희생 제사가)가 (우리의 구원을 위해서) 비효과적이며 불충분하며 불완전한 것처럼 그와의 관계를 포기하는 것이나 다름이 없는 것입니다. 그러한 것을 말하는 것뿐만 아니라 생각하는 것도 끔찍스럽고 참담한 신성모독입니다.

이 지구상에는 과거로부터 현재까지 대여섯 종류의 희생 제사를 드리는 비참한 자들이 살아 왔습니다. 그들은 마치 그들이 우리의 구원자인 것처럼 그들 자신을 예수 그리스도의 자리에 두거나, 그들이 살아 있는 자들이나 죄인들을 다 만족시키는 하나님께서도 인정하시며 기뻐하시는 아브라함, 이삭, 야곱이 드렸던 희생 제사를 드리고 있다고 말하면서 그들 자신을 그리스도로 만들고 있습니다.

그들이 이것을 공공연히 행하는 것은 성경의 전체적 진리에 위배되는 것입니다. 왜냐하면 예수그리스도께서 위대하고도 놀랍게 그리고 모두를 위하여 밖으로 그리고 가시적 희생 제사를 드리신 것은 다른 어떤 제사도 폐기하시고 면제하시고 하나도 남겨 놓지 아니 하셨기 때문입니다.

내가 말하고 있는 것은 히브리서 7장, 9장, 그리고 10장에서 단순하게 보여주고 있는 것인데, 내가 모든 사람에게 그것을 부지런히 심사숙고하라고 권면하고 있습니다. 그럼에도 불구하고 (믿음이) 가장 적은 자들을 위하여 7장에 써진 것을 약간 언급하면 "이러한 대제사장은 거룩하고 악이 없고 더러움이 없으며 우리에게 합당하니, 그는 자기 죄를 위하여 그리고 백성의 죄를 위하여 날마다 제사 드리는 것과 같이 할 필요가 없느니라. 그가 이렇게 한 것은 그가 <u>단번에</u>(once for all) 자기를 드렸기 때문이니라." "<u>단번에</u> 자기를 드렸다"는 말에 주목하십시오. 이와 같은 봉헌 제사는 과거에도 결코 없었으며 앞으로도 결코 반복되는 일은 없을 것이며 이와 비슷한 어떤 것도 결코 있을 수 없을 것입니다. 9장에서도 마찬 가지로 재림 때까지 은혜의 그리스도는 그의 피에 의하여 <u>단번에</u> 지성소에 들어 갔습니다. 여기에 그가 직접적으로 말한 대로 그가 자기를 <u>단번에</u> 드림으로써 영원한 속죄가 유효해졌습니다. 이러한 이유 때문에 우리는 예수 그리스도의 죽으심 이외에는 어떤 다른 희생 제사도 우리의 속죄를 위해서 필요하지 아니하다는 사실이 분명합니다.

10장에서도 마찬 가지로 "주여, 나는 당신의 뜻을 행하러 왔습니다.

그 뜻에 의해서 그리스도의 몸을 단번에 드림으로 우리가 성화되었습니다. 그리고 성령께서 이에 대해서 증거 하시기를 "나는 그들의 불법을 더 이상 기억하지 않을 것이다. 그리고 그들의 죄가 어디에 있든지 더 이상 죄를 위하여 어떤 제물을 바치는 것도 더 이상은 없을 것입니다. 이것은 히브리서 5장, 7장, 8장 그리고 10장에서 내가 이미 보인 사도 바울의 필연적인 논쟁입니다.

사도 바울은 말하기를 옛 율법의 희생제사의 불완전함 때문에 전적으로 완전한 그 무엇이 드려질 때까지 날마다 다시 시작하는 것이 필요했으니 이것이 예수 그리스도에 의해서 단번에 완전히 이루어졌습니다. 그러므로 나는 제사를 드리는 모든 사람에게 그들의 제사가 완전한 제사인지 불완전한 제사인지 묻습니다. 만일 그것이 불완전 한 것이면 그들은 이 불쌍한 세상을 학대해 가고 있는 것이 아닌지? 그리고 만일 완전하다면 그것을 반복할 필요가 있습니까? 제사지내는 자들이여 계속 나아가시오. 그리고 대응할 힘이 있으면 대응 하시오.

두 번째로, 이 불행한 미사에서 떡과 포도주가 예수 그리스도가 육체적으로, 실제로, 행동적으로, 완전히, 그리고 인격적으로 살과 뼈가 있는 살아계신 현존으로서의 위대함과 완전함이 포함되고 감추어져 있는 것으로 잘 못 이해하게 하는 자가 있을 때, 마치 온 세계가 공적으로 우상 숭배에 빠진 것처럼 말하는 자가 있습니다. 성경과 우리의 신앙은 우리에게 이렇게 가르치지는 않습니다. 완전히 정 반대적입니다. 예수그리스도께서는 부활 후에 하늘에 올라가셔서 전능하신 하나님 아버지 우편에 앉으셔서 산자와 죽은 자를 심판하러 오십니다.

또한 사도 바울은 골로새서 3장에서 "당신이 예수와 함께 높아지려면

위엣 것을 찾으라. 거기서 그리스도는 하나님 우편에 앉아 계십니다."라고 기록하고 있습니다.

"미사 중에 계시는 그리스도를 찾으라. 또는 제단에서 그리스도를 찾으라."고 하지 않았습니다. 그러나 하늘에 계신 그리스도는 찾으라고 하셨으니 그 이유는 실제의 몸은 동일한 시간에 한 장소에만 있을 수 있기 때문에 그의 몸이 하늘에 있다면 땅에는 있을 수가 없고, 땅에 있다면 하늘에는 있을 수가 없다는 것은 올바르게 인식되어 질 것이기 때문입니다.

성 어거스틴은 예수그리스도의 말씀 가운데서 이것을 잘 알고 있었습니다. 그는 다음과 같이 쓰고 있습니다. "세상 종말 때까지 주님은 위에 계십니다. 그러나 주님의 진리는 여기 우리와 함께 있습니다. 그의 부활하신 몸은 한 장소에만 있어야 하지만, 진리는 모든 장소에 퍼져야 하기 때문입니다.[2]

폴겐티우스도 다음과 같이 비슷한 말을 쓰고 있습니다. 그가 인성에 따라 지상에 계실 때는 하늘에 계시지 아니하였고 하늘로 승천 하실 때는 궁창을 떠나셨습니다. 그러나 그의 신적이고 무한한 본질 때문에 그가 하늘에서 지상으로 비하하실 때도 그는 하늘을 떠나시지 않으셨고, 하늘로 승천하실 때도 지구를 버리지 않으셨습니다.[3]

그밖에 그가 하늘을 떠나 인자의 출현이 가시적이고 드러날 때 누군가가 당신에게 "그리스도가 여기 있다 저기 있다 하거든 믿지 말라"는 성경

---

[2] Augustine, John's Gospel, 30.1[PL 35.1632]. This passage, quoted in a collage of Augustinian passages by Gratian, Decr., 3.2.44[Friedberg, 1.1330.3438], was used in sixteenth century debate on the eucharist. Zwingli , in his treatise On the Lord's Supper(1526), 2[LCC 24.222], cited it as a medieval canonical refutation of scholastic interpretation of the dominican words of institution. Calvin cited the same passage from memory at the Lausanne Colloquy of 1536 and used it again in his Second Defense against the Lutheran Westphal in 1556(See Introduction, p. li.). Thus it served both against Roman Catholic transubstantiation and against Lutheran ubiquity.

[3] Fulgentius of Ruspe, *To Transimund, King of the Vandals*, 2.17[PL 65.265.10-14]. This passage was earlier cited by Zwingli against Luther in the Marburg Colloquy(1528).

(마태복음 24: 23ff)말씀에 의해서 오류 없는 증거를 가지고 있습니다.

예수그리스도는 말씀하시기를 그것을 믿지 말라고 하십니다. 그리고 제사 지내는 자들은 그것을 믿을 필요가 있다고 말합니다.

가련한 우상 숭배자여 자신의 과오를 인정하고 진리를 고백함으로써 여러분 자신을 정리해보십시오. 지금 곧 당신이 하나님의 도움으로 특별히 분명하게 그리고 공개적으로 현재의 문제에 관해서 작성한 소논문에 대해서 반응을 해 보는 것은 적절할 것이며, 당신이 지옥 갈 눈먼 상태에 있음을 깨닫지 못하고 있다는 것을 모르는 자는 여자나 어린 아이 중에도 아무도 없습니다.

세 번째로, 이 가련한 우상 숭배자자들은 과오를 쌓고 또 쌓기 때문에 그들은 정신 나간 상태에서 말하거나 천사들 가운데서 먹은 떡에 관해서 또는 컵에 부은 포도주에 관해서 말하는데 그것은 이미 떡이나 포도주로 남아 있는 것이 아니고 위대하고 놀라운 말씀에서 말한 바대로 질적으로 변화된 예수 그리스도에 의해서 포도주와 떡의 사건들 아래 숨겨지고 포장된 악마의 교리가 되었으니 이것은 모든 진리에 위배되며 모든 성경에 확실히 위배됩니다. 그리고 그들이 발견하고 알아낸 이 터무니없는 말 "화체설 영송"의 터무니없는 근거에 대해서 나는 묻습니다.

성 바울, 성 마태, 성 마가, 성 누가와 고대 교부들은 아무도 이런 것을 말하지 않았습니다. 그러나 그들(미사자들)은 예수그리스도의 성 만찬에 대해서는 언급하고 있습니다. 그들(그리스도 주위의 군중들)은 공개적으로 그리고 단순히 떡을 먹고 포도주를 마셨습니다.(마태복음 26장; 마가복음 14장; 누가복음 22장; 고린도 전서 11장)

성 바울이 고린도 전서 11장에서 어떻게 기록하고 있는지 한번 보십시오. "사람이 스스로를 점검 하십시오." 그는 "너 자신을 점검해 보기 위해서 체발한 사람을 바라보라"고 말하지 않고, "사람으로 하여금 스스로를 점검하라 연 후에 이 떡을 맛보고 먹어라"고 말 했습니다. 그는 "예수 그리스도의 몸이 떡의 재료, 종류, 모양 아래 있다"고 말 하지 않았습니다. 그는 순수하게 말하기를 "이 떡을 먹어라"(고린도 전서 11장)라고만 했습니다. 성경은 속이지 않습니다. 그러므로 떡이라고 한 것은 정확하게 인식한 것이기 때문에 여기에는 환상이 아닙니다. 유사한 것이 다른 곳에 다음과 같이 기록되어 있습니다. "안식일에 우리가 떡을 나누기 위해서 모였다." (사도행전 20장) 이 명백한 문맥에서 성경은 떡의 종류나 떡의 모양이나 떡과 유사한 그 어떤 것이 아니라 그것이 바로 떡이라고 확실하게 말 했습니다. 누가 그런 비웃는 방해꾼들, 그런 전염병 같은 자들, 거짓 적그리스도들을 지지하고 참고 견딜 수가 있겠습니까? 그들은 뻔뻔스럽고 건방진 사람들처럼 일반적인 관습에 따라 고집이 세고 거만하기 때문에 반대쪽 결론이나 결정에 이릅니다. 이런 이유 때문에 사람들이 그들(미사자들)을 하나님과 말씀의 적으로 거부하는 것은 옳고 또한 대단히 싫어하는 것은 당연합니다.

네 번째로, 미사의 열매는 예수그리스도의 성만찬의 열매와 완전히 반대적인 것이기 때문에 그리스도와 베리알이 공통점이 전혀 없다는 것이 조금도 놀라울 것이 없습니다(고린도 후서 6장 15절). 예수그리스도의 성만찬의 열매는 그를 믿는 믿음을 공적으로 선포하는 것이며 예수그리스도의 수난과 죽음을 실제로 기억함으로서 구원을 확신하는 것입니다. 이것 때문에 우리가 저주와 지옥 멸망에서 구원을 받았습니다. 또한 그가 우리를 사랑하셔서 그의 생명을 우리 위해 주셨고 그의 피가 우리를 깨끗하게 해 주셨기 때문에 그 위대한 사랑과 자비를 기억하기 위하여, 또한 우리가 그 떡과 잔을 취함에 있어서 우리는 모두가 예수그리스도와 함께 살고 또한 예수그리스도와 함께 죽어야 한다는 위대한 정신적 유대를 가지고 사랑해야 한다는 권고를 받는 것입니다. 그리고 날마다 성장하는 믿음 안에서 겸손도 온전히 성장하는 가운데 하나님의 위로로 채워가면서 모든 양선과, 최고의 온유와 사랑을 겸비한 자비 안에서 스스로를 훈련하면서 이것이 영혼을 충실히 회복시키는 것이 확실합니다.

그러나 미사의 열매는 경험이 우리들에게 보여준 그대로 확실히 다릅니다. 왜냐하면 그것에 의해서 예수 그리스도를 아는 모든 지식이 다 사라지며 복음의 선포가 거절되고 훼방되며, (미사에 의하여) 시간은 종소리 울리고, 소리 지르고, 계획표나 만들고, 행사들이나 치르고, 촛불이나 켜고, 향이나 피우고, 가면행렬이나 하고, 나쁜 장난 거리나 만들어 내고 해서 그런 것 때문에 양무리가 비참하게 속고 이런 것들 때문에 굶주린 늑대들에게 잡아먹히고 갉아 먹히고 삼킴을 당하는 양들 같습니다. 그리고 이러한 간통 자들의 도둑질을 숙고하지 못 할 자 누가 있겠습니까?

이러한 미사에 의하여 그들은 모든 것을 쓰러뜨리고 모든 것을 파괴하고 모든 것을 삼켜버림으로써, 그들은 군주들과 왕들과 상인들과 지주들과 죽은 자들과 산 자들 곧 모든 자들의 권리를 빼앗아 갔습니다. 그것에 의해서(미사를 드림으로써) 그들은 근심 없이 살아가며, 더 이상 아무것도 필요로 하는 것이 없으며, 더 노력할 필요도 없으며, 원하는 것이 무엇이 더 있겠습니까? 그들이 그것(미사)를 강력히 유지하고 있음에 대하여 의심을 가져서는 안 됩니다. 그들이 가지고 있지 아니한 어떤 다른 힘을 가지고 그들은 죽이고, 불태우고, 파괴하고, 강도처럼 그들에게 반대하는 자는 모두 살해합니다. 진리가 그들을 찌릅니다. 진리는 그들을 위협합니다. 진리는 그들을 추적해서 그들을 붙잡습니다. 진리가 그들을 마침내 이깁니다. 간단히 말해서 진리에 의해서 그들은 멸망당합니다. 그렇게 될 지어다. 그렇게 될 지어다. 아멘.

부록 3

1535년 칼빈의 라틴어
올리브 땅 불어성경 서문[1]

황제 폐하, 제왕 전하, 대공 군주 귀하, 그리고 그리스도의 영도에 순복하는 모든 분들에게 칼빈이 인사 올립니다.

모든 새로운 책은 출판되어지기 위해서 특별한 권리를 얻어야 한다는 것은 이유나 공익이 없더라도 얼마 전에 결정이 났습니다. 만일 이러한 특

---

1 이 자료는 제목이 명시하는 바와 같이 최초의 불어로 번역된 성경 서문을 칼빈이 라틴어로 쓴 것으로 칼빈의 사상과 신학연구에 매우 귀중한 가치를 가지고 있는 것이다. '성경번역'은 선교신학에서 가장 중요시 하는 '핵심 주제'이다. 그런데 최초의 불어판 성경번역에 칼빈이 서문을 썼다는 사실은 칼빈에게 선교사상을 입증하는 대단히 중요한 증거(evidence)가 되기 때문에 〈칼빈의 선교사상〉 개정 증보판을 내면서 최초로 한국어로 번역해서 내놓는다. 이 성경 본문은 삐에르 로베르 올리브땅(Pierre Rober Olivetant)이 불어로 번역한 원고를 1535년 뉴사텔 근교의 작은 마을인 Serriers에 있는 삐에르 드 윙글(Pierre de Wingle)씨의 인쇄소에서 *La Bible Qui este toute la Sainte escripture* 라는 이름으로 출판되었으나 통상 '올리브땅 성경'이라 부른다. 이후 출판된 모든 불어판 신약성경에는 칼빈이 불어로 쓴 서문이 예외 없이 등장하지만 라틴어로 쓴 것은 바로 이 1535년 판에만 있다. 이 성경의 본문 전체를 다 참고 하려면 *OC* 9.787-790 에서 찾아 볼 수 있고, 15-6 세기 모든 불어 성경을 찾아보려면 1983년 Geneve의 Droz에서 Betty Thomas Chamber 가 발행한 *Bibliography of French Bible* 을 참고 하시기 바람.

권으로 꾸며지지 아니한 책이 오늘날 한권도 없다면 인쇄업자의 이익을 위해서 성급하게 추천을 해주신 대공군주께 명예나 금전적 유익이 없다는 것은 당연한 것입니다. 그러나 그 선하고 중요한 증언 곧 그 책이 진실로 인간의 눈을 위하여 빛을 보게 될 가치가 있음이 선포됩니다. 이것 때문에 우리가 쉬지 않고 수많은 책들을 측정도 해보지도 않고, 기쁨도 없이, 부끄럼도 없이, 무언가를 생산해 내려고 미친 듯이 쓰고자 하는 열정을 억제하는 것은 적절한 것입니다.[2]

더 나아가서 이름 없이 남아 있기보다는 차라리 폭력적인 일들에 연루되어 악명이 높아져 이름을 내고 싶어 하는 어리석은 열망을 불태우는 사람들이 적지 아니 합니다. 이제 그들은 무절제한 이기심으로 좋은 책이든 나쁜 책이든 출판을 허가할 뿐만 아니라 그들의 결단에 의해서 최악의 것을 인준하기까지 하도록 나라 군주님들을 나쁘게 충동질하고 있습니다.

이것(책을 출판한다는 것)은 거룩한 사역을 제공합니다. 그 거룩한 사역이란 새로 태어난 것도 아니고 사람에 의해서 만들어 진 것도 아닌, 그 이유가 거의 사람들의 증언을 요구하는 것처럼 보이지 아니하는 것입니다. 확실히 위엄이 타협되는 것 이상으로, 거룩한 사역이 그런 하찮은 칭찬이나 받는다면 그것은 가장 사악한 야합이 될 것입니다. 그러므로 최고의 왕, 하늘과 땅과 바다의 주님, 왕 중 왕의 지성소와 영원한 진리가 그것을 출판하는 특권의 보증자입니다.

이 보증 자가 우리에게 책을 위대하게 그리고 멋있게 출판하라고 명령합니다. 이 명령은 모든 사람, 모든 시간, 그리고 모든 계층에 의해서 공적, 사적 존경을 받기를 원하라고 합니다. 여기에 모든 사람이 하나같이 순종해야하는 칙령이 있습니다. 그러나 단순한 보통 사람들 중에서 이러한 하나님의 비밀을 출판한다는 부끄러운 일들이 있다고 아우성치는 경건치 못한 소리가 약간 들리고 있습니다. 그러한 자들 가운데는 인생의 중반에

---

2   Cf. Juvenal, *Sat.*, 8.50.

자주 실패하고 배운 것은 거의 없거나 전무한 가운데서 천성으로 타고난 능력으로 상당한 지원에 의한 일반적인 도움을 받음으로서, 전 생애동안 신비한 것들을 연구하는데 다 보낸 자들이 있는데, 그들은 궁극적 목표를 획득한 자들로 나타나게 되어 있습니다.

그러면 교양과목에서 모든 것에 대해서 무지한, 이런 가난한 문맹자들이 배운 일 없이 어떻게 그러한 것들을 (마치 그들이 실제 종교행사에 참여한 것처럼) 이해합니까? 그러면 주님은 그 자신을 위하여 목자들의 지위로부터 예언자들을 선택하시고, 어부들의 배로부터 사도들을 선택하신 이래로 왜 지금은 제자들을 선택하시지 않습니까?

마음이 크고 관대한 랍비들이라도 그들이 보통사람들이나 무학자들과 함께 배운다는 것을 부끄러운 운명이라고 생각한다면 그들은 전혀 존경할 없습니다. 또 주님으로부터 배운 것을 제외 하면 가장 야비한 사람들 보다도 더한 그러한 선생들로부터 배운다는 것이 얼마나 불명예스러운 것입니까? 이런 것들에 대해서 하나님에 의해서 보냄을 받은 예언자들, 교사들, 그리고 성경해석자들에 의해서 적절하게 가르쳐지는 한 하나님의 놀라우신 선하심을 인식하도록 강요해온 교회로부터 가르치고 배우는 소명을 벗어던져버렸다는 사실을 나는 끝까지 말하지도 않았습니다. 그러나 충성스러운 사람들은 그들의 하나님이 말씀하시는 소리를 듣고 하나님의 가르침을 배우는 것이 허용됨을 갈망합니다.

모든 사람이 하나님의 가르침을 받기 때문에(이사야 29:9); 새끼에게 젖을 뗄 때 가슴이 찢어질 것 같다고 말씀하시는 그분 자신 안에서 여전히 일하고 있으라고 고백하시기 때문에(이사야 28:9); 그는 어린 아이들에게 지혜를 주시기 때문에(마태복음 11:25); 그리고 복음이 가난한 자들에게 직접 선포되어지기 때문에(마태복음 11:5) 하나님의 뜻은 가장 작은 자에 의해서 가장 위대한 자에게 이루어진다는 것을 아십시오. 그러므로 우리는 하나님의 학교에서 성장하고 있는 모든 계층의 사람들이 있다는 것을 알았을 때, 모든 육체에 성령을 부어 주시겠다고 약속하신 그의 진리를 깨닫게 됩니다(요엘 2:28; 사도행전 2:17).

랍비들은 이것에 대해서 분개하고 화를 냅니다. 이것은 하나님의 혜택을 보면서도 하나님을 욕되게 하는 게 아니고 무엇입니까? 오! 만일에 그들이 예언하는 네 딸들을 가진 빌립과 동일한 시대에 살았다면(사도행전 21:9) 그들은 얼마나 부끄럽게 처신했을까요? 그렇지 않으면 그들은 부끄러운 행동을 하는 그들을 수용했을 것입니다. 그러나 그들이 자주 기뻐하는 하나님의 말씀을 실제로 강하게 경멸하면서, 그들이 그렇게도 정중하게 대하는 척하던 교부들의 본은 받으려고 최소한의 흉내라도 내지 않는 것은 무엇 때문입니까?

제롬은 그의 연구의 파트너로서 여자들을 단순히 경멸하지는 않았습니다. 크리소스톰과 어거스틴은 이런 연구에 일반 사람들을 강요하지는 않았습니다. 그들이 교회에서 들은 것을 그들의 가정에서 적용하도록 얼마나 자주 주장하였습니까? 일반 사람이 성경 읽는 것이 사제들이 읽는 것보다 더 필요하다고 크리소스톰이 특히 강조하는 것은 왜 그렇습니까? 그것은 다양한 관심과 세상 사업의 기복에 이리저리 휘말리다가 그들이 이 닻을 내리지 않았다면 이 시대의 좌초로 곧바로 빠져들어 버리고 말았을 것입니다.

순교자 팜필리우스는 남자와 여자들이 죽었을 때, 집에서 항상 성구를 준비하였는데 그는 유세비우스로부터 칭찬을 들었습니다. 그것이 단지 그처럼 보다 더 순수한 시대에 있지 않고 많은 햇수가 지난 후 마침내 군중들이 부패 타락하고, 자기들의 욕망에 빠지고, 믿음도 없고, 게을러서 이러한 종류의 공부를 포기할 때까지 이 자유는 앞으로 전진 하면서 퍼져 나갔습니다.

지금 그것이 회복되기 시작하는 곳에 이 폭군이 군중들로 하여금 보편적 선에 접근하는 것을 금지하는 것이 나타났습니다. 그것은 진실로 마치 어떤 사람이 불과 물과 일반적인 물질 요소들을 그들이 사용하는 대로 보이지 아니한다고 그것들을 부인하는 것과 같습니다.

양들은 목회자들이 (그들의 이름을) 불러주고 생각해 주기를 원하기 때문에 목회자들이 양의 목구멍에 넘어가는 삶의 먹이를 강제적으로 낚아채기 위해서 부들부들 떠는 자들이 있습니다. 목회자들에게 그러한 잔인함이 있다는 것을 누가 생각이나 하겠습니까? 그들은 말하기를 군중들은 보통 사람들의 단순함을 몰라서 허물에 빠지거나 이해할 수 없는 일들로 타락하거나 음식에 든 독을 마시는 등으로 위험이 있다고 합니다. 이런 점에 대해서 이유를 대는 것은 얼마나 부끄러운 일입니까?

복음에 "죽는 자에게는 사망으로 좇아 사망에 이르는 냄새"(고린도후서 2:16)요 "유대인에게는 거리끼는 것이요, 그리스인에게는 미련한 것이니"(고린도 전서 1:23) "그러므로 그것이 읽혀지지 못하게 하고 들려지지 못하게 하라 그래도 그것은 유대인이나 그리스인 할 것 없이 모든 믿는 자에게 구원을 주시는 하나님의 능력입니다"(고린도 전서 1:18; 1:24 conflated). "그리스도는 수많은 거치는 돌 위에 놓인 걸림 돌로서 모든 걸림 돌들을 가루로 만들어 버리기 때문에 그리스도는 걸림돌이 아니라 영생이고 하나님 아버지에게 이르는 유일한 길이요 진리입니다."(요한 복음 14:6)라는 말들이 있습니다.

사람들은 이런 것들이 충분히 본질적이지 않다고 생각할 때 그들은 지금 세상을 어지럽게 하고 있는 이단에 빠져듭니다. 사람들은 배우기보다 순종함으로써 절제하는 것이 더 낫다는 것을 압니다. 내가 언급한 두 사람, 곧 크리소스톰과 어거스틴이 하늘나라 교리를 사람들에게 날카롭게 몰아붙이며 가르칠 때 모든 사람들은 이단에 열을 올리고 있었습니다. 그들은 그러한 무기로 무장하면서 그러한 약으로 이단과 싸우면서 그들 자신들을 강화해 나가고 있었습니다.

마지막으로, 랍비들은 군중들이 거룩한 문자(성경)의 맛을 보자말자 거만해지고 격노해졌다고 절망적으로 불평합니다. 그러나 그들의 명상 중에 생각해낸 것은 무엇이나 다 성취된 신적 계시인 것처럼 찬양하지 않거나 입술에 거론하지 아니하는 것이 거만한 것이라고 그들이 말합니다. "그

런 눈물로부터 멀리하라"³

이전에 로마의 폰티프와 그의 사제들은 그들의 힘을 보존하기를 원했던 결단을 그들의 국민을 위하여 역사로 쓴 글들을 거의 통제하지 아니했습니다. 이런 방식으로 암흑에서만 빼고 국민들에게 "연기 판매(to sell their smoke)"⁴가 불가능했기 때문에 그들은 이 빛이 비쳐지는 것을 참을 수 없었습니다. 진실로, 풍요 여신 의식이나 박카스 신을 따르는 자들보다 더 음탕한 자신들의 신비가 공공연히 드러나고 조롱받게 되는 것은 그들에게는 최악의 일이었습니다.

보다 공평무사를 원했던 다른 이들은 일반 사람들이 차별 없이 보통 사용하는 벌게이트 라틴어판 성경에 만족해야 한다고 단순히 주장합니다. 번역의 정확성뿐만 아니라 적절한 스타일을 갖춘 이러한 번역버전은 완전한 이해 자들도 거의 없고 참신함을 꺼리는 자들이 많았던 시절에 배우지 못한 사람들 손에 무분별하게 주어지기보다는 차라리 학식 있는 사람들의 서재에서 발견되어야 한다고 그들은 말합니다.

나는 그들 자신들 만이 지혜롭기를 원하는 것 외에 그들이 몰고 가고 있는 것이 무엇인지 알지 못합니다. 그들이 그처럼 많은 부분에서 완전히 부패한 것보다 훨씬 더 순수한 성경 번역이 사용되는 것을 그들이 거부할 때 그들은 분명히 성령을 희롱하고 있는 것입니다.

바울이 선포한 성령의 은사 중에는 방언 해석의 은사와 교회의 교육을 위해서 사용되어지기 원하는 은사가 있습니다(고린도 전서 12:10). 만일 그들이 은사 자체를 경멸한다면 그들은 신성모독을 범하는 것입니다. 그들이 많은 사람을 섬기지 않기 위해서 그 은사를 억제하려 한다면 그들은 사악하고 질투심에 차 있는 것입니다.

진정 나는 새로운 변화는 아주 싫어질 수도 있다는 것을 인정합니다. 과

---

3   Terence, *Aud.*, 1.1.99.
4   *nstitute*(1559), 4.16.11.

일이 있는데 굳이 (과일먹기를) 참으면서 도토리를 먹으려고 할 사람이 많지 않다는 것을 알기 때문입니다. 추구하거나 채택할만한 가치가 전혀 없는 새로움은 싫어해야 하지만 묻힌 진리를 호의로 받아들여 그것을 발굴하지 아니하는 것은 부끄러운 배은망덕입니다.

그러나 인간의 야만성이 유익한 것들조차 잘 못 사용할 그런 정도라면 진리를 잃지 않도록 악의나 증오는 무시하는 것이 더 좋습니다. 나는 전에는 굶주렸기 때문에 잔치를 갈망하는 사람들에 대하여 염려하는 것은 아니지만, 새로움에 대한 두려움은 나와는 거리가 멉니다. 그러나 그러한 풍부한 보물들로 사치를 즐기는 것으로 만족하지 않고 보다 좋은 인상을 가지고 그들이 안전하게 살아가고 물질적으로도 파산을 당하지 않고 살아가는 데 대하여 시샘까지 하면서 (가난한) 사람들에게는 동전 한 닢조차 주지 않으려 하는 사람들은 그들의 악의에 대하여 이런 변명이 필요합니다.[5]

번역자와 사이에 관계되는 인척관계나 오랜 우정 때문에 특별히 봐주는 뭔가가 있는 것처럼 보이지 않기 위하여 나는 그(성경번역자)를 평가하는데 보다 인색하였습니다. 그럼에도 불구하고 (나의 말에 중요한 무엇이라고 감히 말하거나 아니면 시샘으로 그것을 부정할 수도 없는 것인데) 그는 재능이 둔한 사람도 아니고, 학식이 없는 사람도 아닙니다. 그는 부지런함과, 열정과, 진지함으로 있는 힘을 다 해서 노력함으로서 그는 번역자의 직책에서 최고의 신뢰를 획득하였습니다.

더욱이 다양한 비평이나 시간이 오래 지연되는 지루함 때문에 모든 사람들을 기쁘게 해줄 수 없다는 어떤 일들이 존재한다는 사실을 나는 의심하지는 않습니다. 그러나 만일 이와 같은 일이 일어났을 때 성경번역을 위한 훌륭한 자격을 갖춘 분을 씹고, 헐뜯고, 흠담하지 말고 차라리 그의 작은 실수에 대해서 적절하게 알려주도록 나는 감히 독자 제위께 권면합

---

5   Cf. *Calvin's Commentary on Seneca' De Clementa,* 145.1 Battles-Hugo, p. 351).

니다.

이러한 관용은 성도의 경건 면에서도 유익이 되고, 교양적 교육을 위해서도 유익을 가져다줍니다. 그렇지 아니하면 독자들은 번역자 로베르씨에게 은혜를 잊어버리는 것이 됩니다.

그는 탁월한 재능을 가지고 그 자신을 겸손하게 다듬은 사람입니다. 그런데 불손이란 말보다 겸손이라는 말이 그에게는 부끄러울 정도로 그가 겸손한 사람이 원래는 아니었으나 성경번역에 종사한 후에, 다만 츄세메트와 크로로테스(파렐과 비레)[6]라는 정복되지 아니한 언어에 대한 성도들과 증거에 대한 집요함과 억지를 쓰면서 이기려고 하는 것만 빼고, 그가 아주 반대쪽으로 변했습니다. 그는 결국은 그의 목표를 위한 일에 그 자신을 몰아갔습니다.

참으로 언어의 타락으로부터 결코 절제를 받을 수 없는 사람은 남을 중상 모략하는 기술이 대단히 쉽다는 것을, 학교에 있는 수사학자들 보다 길거리에서 평범한 부인들이 더 잘 보여주고 있다는 사실을 누구든지 원하는 사람은 기억할 것입니다.

참으로 여기서는 "그들은 차례대로 중상모략 때문에 유명해 졌습니다."라는 희극시인의 말이 더 적절합니다. 그는 뻔뻔스러움에 대해서는 최대한으로 복수하기 위해서 격분하지만 말썽은 피우지 않습니다. 그러나 나는 그들에게 경고하기를 그들의 독이 섞인 웅변을 위해서 큰 칭찬을 기대하지 말라고 합니다. "인간은 모든 것을 쉽게 비판은 하지만 그러나 그 비판한 것을 능가하기 위하여 노력하지는 아니한다."는 표현은 평범한 진리입니다. (안녕)

---

6   For the identification of these pseudonyms see: *Herminjard*, 3.290n, and *OC* 10.790.

부록 4

칼빈이 1538년 작성한 교리문답서
(John Cavin' Catechism 1538)[1]

그리스도의 복음을 헌신적으로 존중하고 계시는 모든 분께 주님이 주시는 은혜와 평강과 참 하나님의 신령한 은총이 함께 하시기를 제네바의 목회자가 기원합니다.[2]

우리가 사용하고 있는 이 교리문답의 진술내용 가운데 무슨 특별한 내용이라도 있는가 하고 기대하지 않기 위하여 우리들의 교회 영역 안에서는 그것을 지키는 유익이 더 있다는 것을 어떤 이들에게는 자유롭게 허용되면서도 보다 광범위하게 출판되는 것은 허용되지 않고 있습니다.

---

1 이 자료는 1538년에 바젤에서 요한 칼빈이 어린이들의 신앙교육을 위해서 발행한 교리문답서의 서문임. 라틴어로 쓴 것을 미국 그랜드 래피드에 있는 칼빈 신학교의 포드 루이스 배틀즈(Ford Lewis Battle) 교수가 영문으로 번역한 것이다. 이 교리문답서는 기독교 강요와 함께 제네바 교회로부터 일반적 인준(the common approval)을 얻어서 라틴어로부터 일상적인 용어로 사용되어 세계 모든 교회의 신앙규범이 되었다.

2 TO ALL WHO DEVOTEDLY HONOR THE GOSPEL OF CHRIST, THE MINISTERS OF THE CHURCH AT GENEVA PRAY GRACE AND PEACE, AND THE INCREASE OF TRUE GODLINESS FROM THE LORD.

왜냐하면 그것이 예리하고 높은 학식으로부터 나오기 보다는 실천하고자 하는 경건한 신앙으로부터 나왔기 때문에 특별히 라틴어를 말할 줄 아는 분들에게는 학적으로 크게 유익을 얻을 것은 없습니다. 만약에 외국에 우리의 생산품을 팔려고 노력하는 이유보다 어떤 다른 추천할 이유가 우리를 몰아간다면 우리는 분명히 그것을 출판하지 않았을 것입니다. 그래서 나는 이것을 아무나 우리의 의도한 바와는 다른 목적으로 해설하지 않도록 하기 위하여 여러분에게 기꺼이 설명을 하고자 합니다.

교회가 서로서로를 사랑으로 껴안아 주는 것이 특별히 우리들에게는 적절한 것이라고 우리는 알고 있기 때문에, 그리스도 안에서 모든 지체가 합의에 도달하고 그것을 증거 하는 것보다 이것을 가지는 것이 더 좋은 방법입니다. 우리가 조화로운 마음을 유지하기 위해서는 이보다 더 깊은 유대는 없습니다. 언제든지 그것은 적절합니다. 다시 말해서 우리가 사는 이 시대에 그것이 확실히 가장 필요한데 그 이유는 한 시대가 악에 빠져 허위 고발로부터 충분히 안전하다고할 수 있는 결백도 없고 무엇이든지 의심 투성이 속에 빠져있기 때문입니다.

다른 것들에 관해서 말한다면 우리는 할 말이 없습니다. 그러나 선한 사람들의 마음을 갈라놓을 뿐만 아니라 명확하게 조사도 해보지 아니한 문제에 관해서 나쁜 소문을 자주 퍼뜨리는 것은 그들 스스로 교회들을 뿌리째 뽑아버리고자 하는 악한 의도입니다. 이러한 악한 의도를 가지고 공적인 자리에서 남을 비난하는 것이 얼마나 효과적인지 충분한 경험에서 우리들 스스로가 배웠습니다. 참으로 마치 한번 멀리 그리고 넓게 타 들어간 불을 단번에 끄기가 어려운 것처럼, 한 때 그와 같은 악이 일어나서 우리가 그것들을 타개해 나가보려고 노력을 해보지만 이미 너무 늦었습니다. 많은 사람들의 마음이 오염되기 전에 당신은 결코 그것을 고칠 수가 없습니다. 허위 고발의 독이 흘러나오는 시간이 짧은 것이 놀라운 일입니다.

더욱이 스스로의 치유는 훨씬 더 어렵습니다. 나쁜 생각에 빠져 들어간 사람의 마음을 깨끗이 하기란, 전에 그렇지 아니 할 때보다 확실히 더 어렵습니다. 참으로 우리가 첫 표적을 잡는 것보다 더 쉽게 할 수 있는 것이란 없습니다. 한번 받은 표적인데 그러기 때문에 공허한 고소 때문에 여러 차례 어려움을 당했을 때 그것은 우리가 가장 꺼려서 옆으로 밀어내어 두었던 것입니다.

우리는 그들을 대단히 두려워해야 한다고 배웠습니다. 때때로 다음 날까지 기다리기보다 차라리 잘라 내버리는 것이 낫다고 허용하는 한 우리는 주먹이 오가면서 그들과 싸워야만 합니다.

우리 교리의 어떤 확실한 모델이 만일 공적으로 선포된다면 우리는 차라리 카톨릭 교리의 인증보다 단축이 아니라 더 잘 준비되어진 교리 문답서를 갖출 수 있을 것 같습니다. 우리는 약간 오래전부터 교리문답서가 지방말로 번역되어 다른 교회들 가운데서도 출판되어야만 하고, 이 일은 보증을 받아서 그들과 우리가 보다 확실한 연합이 될 수 있습니다. (중략- 각주 참조)³

만일 교회의 목회자들이 우리를 향한 선의와 신실한 사랑의 증거에서 과거에도, 현재에도 애매한 태도를 나타내지 아니 한다면, 우리는 그들을 경건과 거룩과 학식에서 높이 평가합니다. 그들이 서원헌금 위에 백번이상 봉인이 되어져야 하는 것 보다는 우리 종교의 순수함에 관해서 동일한 정도로 안전하게 설득되어 지는 것으로 나타날 수도 있습니다. 그러나 편의주의로 취급되는 자들은 그들만이 아닙니다. 그리고 아무것도 초과할 수 없는 이 문제에 있어서 측정을 초과하는 두려움을 가져서는 안 됩니다. 더욱이 우리가 믿는 주님에 의해서 거룩한 진리와 조화를 가지면서 우리

---

3 Since we seemed to be able to attain this by no shortcut more readily than if some sure model of our doctrine-or, rather, catholic attestation thereof-were to stand forth publicly, we considered that this Catechism, which had a little while ago been put out in the vernacular, ought also to be published among other churches, and having been received as a guarantee, they may become more certain of our union with them.

에게 위탁한 사람들을 우리는 그 교리로서 가르칩니다. (중략-각주 참조)[4]

더욱이 주님은 우리의 무죄의 변호자로서, 그러한 부끄러운 거짓으로 통하는 길을 신속히 차단하시면서, 그 거짓이 경건한 사람들의 마음속으로 더 깊이 파고들거나 더 오래 점령하고 있지 못하게, 시간 속으로 자신을 나타내셨습니다. 확실히 우리는, 주님의 은혜에 의해서, 그렇게 밝은 빛 속에서도 성경에 눈이 어두워서 잘 못 훈련되지도 않고, 성경 구절들을 (몰라서) 우리가 비참하다는 생각도 들지 않았습니다. 그러나 이러한 증명이 다른 사람들에게도 포함 되며 아직까지는 이해가 가지 아니하는 것은 아니기 때문에 우리는 그럼에도 불구하고 삼위일체 하나님의 본질 가운데 보다 명확하게 가리키고 있는 것을 압니다.

참으로 우리는 고백할 정당한 이유를 가지고 관련된 모든 사람들에 의해서 채택된 엄숙한 서약과 함께 (이 신앙고백을) 출판했습니다. 우리의 상원의원들은 이 서약을 선서하는 안을 우리가 상정하도록 요구했기 때문에 일부의 사람들은 변혁을 주도하는 자로서 우리들에 관해서 아무 생각도 없이 소문을 퍼뜨리고 있습니다. 이것이 어떤 문제가 깨끗이 해결되기까지 보통으로 일어나는 일입니다. 나의 의견으로는 실제로 우리가 한 것을 공평하게 말해서 너무 명백한 것이라서 최소한 신중하고 현명한 사람이라면 더 할 말이 없을 만큼 분명합니다. 그래도 여전히 그런 사람에 대한 악담은 여전히 피할 수가 없습니다. 무지에 대한 불평이 너무 크기

---

4 that there will be no one of the godly who does not recognize in it what awareness of religion he has, seeing that we have endeavored not to pour forth our own views but to dispense things taken soberly and faithfully from God's pure Word. But especially those who do not wish to judge most unfairly could easily have determined how unjust that one would be toward us, who attempted to belabor us before good men with suspicion no less obscure than devious; as if our opinion concerning the distinction of persons in the one God disagreed somewhat with the orthodox consensus of the church. And that one indeed, according as not only his ungodliness but also his most wicked life deserve, has escaped men's judgment for a time in order to be saved for divine vengeance, the clear marks of which all men see already appearing in him.

때문에 사건 문제를 아무리 조사를 철저히 해도 불평은 여전히 남아 있습니다. 그러므로 우리들은 우리들의 능력을 최대한 발휘하여 모든 사람을 만족시켜야 한다고 생각하며 이 계획에 대한 우리의 이유가 실로 얼마나 확고한가를 나타내 보일 것입니다.

비록 교황정치에 대한 혐오감이 여기서 하나님 말씀의 능력에 의해서 땅에 떨어진 후에 미신과 그 미신을 행하던 도구들이 제거되고, 그 도시의 종교는 복음의 순수함의 기초가 되기까지 우리들의 직책에 대한 법적인 조치가 요구되는 가운데 우리 가운데는 교회의 형태가 아직 존재하지 않았습니다. 그러나 다른 사람들이 그것을 판단할 수도 있기 때문에 우리는 확실히 우리의 기능에 관해서 사람들을 모아 놓고 설교하거나, 전에 그랬던 것처럼 의무나 수행하는, 게으른 것은 허용하는데 그치는 그런 좁은 범위에 한정시키는 것으로 생각하지는 아니합니다.

그 피가 우리의 게으름은 깨뜨리지 못 했다면, 그 피가 우리에게 요구되는 사람이 있는데 그 사람은 훨씬 더 철저히 그리고 더 신경을 써서 노력할 필요가 있습니다. 만일 다른 면에서 이러한 걱정거리가 우리를 걱정 속에 붙잡아 둔다면 그때는 성찬이 베풀어지는 것만큼 자주 우리를 분노로 불태우고 괴로움에 시달리게 할 것입니다. 왜냐하면 우리가 의심도 하고, 많은 불신을 묻어버렸다 할지라도 여전히 모든 사람들이 무차별적으로 (성찬에) 뛰어들고 있기 때문입니다. 그리고 그들은 생명의 성례식에 참례하기보다는 차라리 하나님의 진노를 마셔버렸습니다. (성례식에서) 소통의 기쁨이 없는 목회자는 이 위대한 신비를 스스로 모독하고 있다고 생각하지 말아야 합니까? (중략-각주 참조)[5]

---

5   For this reason we could obtain peace and repose with our own consciences on no other condition than to give allegiance to Christ by public profession-we who wished to be reckoned among his people and admitted to that spiritual and most sacred banquet! That, they assert, had been done once for all in baptism. But some had defected from their baptismal profession. If they aver that the first oath of military service is sufficient for a deserter, an oath he has violated by his treachery, we will not say a word in defense of our

아직도 우리는 성경의 예시에 있어서나 성경 내용을 뒷받침 하는데 부족합니다. 옛 사람들은 모세가 새 언약을 그들에게 줄때까지 그들의 몸에 할례를 함으로써 언약을 강한 인상으로 기억하려고 했습니다. 동일한 방법으로 언약을 갱신한 것은 하나님을 믿는 두 왕 요시아와 아사인데, 이러한 언약 갱신이 에스라와 느헤미아와 같은 놀라운 자유 수호자들에 의해서도 그 후에 성취되었습니다. 수많은 고전적 저자들에 의해서 강화된 우리의 현장도 이러한 비난에 노출될 수 있습니까?

그러므로 그러한 커다란 필요에 끌려서 우리는 이 문제를 고백의 형식으로 우리의 상원에 호소해서 주님께 영광을 돌리도록, 그리고 마지 못해서 진리를 직업적으로 처리하지 못하도록 진지하게 요청했습니다. 행정관리들은 이러한 거룩한 사역이 그들의 백성들에게 (다른 일반적인 이들보다) 선행되게 해서 그들 백성들이 모든 종류의 덕을 행하도록 해야 할 것입니다.

우리는 공평하게 요구한 것을 이미 갖추었는데 일반 백성들이 열개의 그룹으로 함께 모여서 이 고백에 서명했습니다. 이 서약을 채택하고자 하는 그들의 열정은 그것을 출판하고자 하는 상원의 근면보다 뒤떨어지지 않았습니다. 그리고 그들은 반드시 용서를 받아야 하는 중요한 문제를 가르쳐 주는 하나님의 율법을 관찰해보면 그들은 약속을 지키고자 하는 서약에 따라서 그들의 값이 매겨졌습니다. (중략-각주 참조)[6]

---

cause.

[6] Those who are clamoring so heedlessly against it are not paying attention to those with whom they have undertaken the Of what sort was the covenant that Josiah, with the Lord's approval, made in his own and the people's name? It was "to walk after the Lord, to keep his commandments and testimonies and statutes with all his heart and soul." To these conditions all the clews, not without oath-taking, bound their faith. Under Asa the covenant was ratified by the same laws, "was sworn to wholeheartedly with shouting, with a great voice, with the blare of the trumpet, and the sound of horns." The same oath, with Ezra and Nehemiah covenanting, was administered, in which even parents took vows for their tender children, and older brothers for those not yet grown up.

율법은 하나님께서 그들에게 지키라고 명령하신 것인데 율법에 의해서 강요받고 있는 이런 종류의 서약은 성경이 증언하고 있습니다. 그리스도의 구원사건(once for all)은 영원한 언약 아래에서도 계속되는데 통치자로, 기초자로, 저자로서의 율법은 공포 직후부터 비준되었다는 것을 알 때 놀라운 일입니다. 그러므로 수많은 교회의 지도자들과 예언자들과 그리고 하나님 자신과 함께 모세는 그들이 이런 약속의 형식에 반대해서 부도덕한 저주와 함께 악담을 퍼붓도록 그리고 논쟁하도록 내버려두었습니다. (중략-각주 참조)7

참으로 죄를 알지도 못 하신 분이 우리를 위하여 죄를 깨끗이 씻어 주셔서 우리가 그리스도 안에서 하나님의 의에 의해서 화해의 말씀을 받았습니다. 이것은 사람에 의해서 강요된 것이 아니고 그들이 율법을 따라서 열심히 얻으려고 애쓰던 것인데 그들 자신들의 의는 부패했지만 그들은 그리스도의 의를 옷 입었습니다.

그러나 우리들의 고백 속에는 하나님의 율법을 지키는 것이 불가능하다는 진술이 포함되어 있습니다. 그럼에도 불구하고 우리는 사람을 강압적으로 율법의 이행을 약속하라고 서약을 시킨다고 공개적으로 투덜거리는 자들이 있습니다. 그리고 그들은 율법에 관련된 분명한 말씀 안에서 가르치는 것은 관심이 없습니다. 이제 형제들이여 , 우리는 특별히, 성령님의 후원에 의해서 그리스도의 교회를 다스리고 목양하도록 해주신 당신들에 관한 우리의 실망을 말해야 하겠습니다. 하나의 전장에서 동일한 적에 대해서 동일한 군대 안에서 우리가 싸우는 한 사람의 지도자를 위해서라면

---

7   But by what right will the Lord, who by exacting the observance of his Law, was wont to promise mercy in return and the pardon of sins, be thought to have led his people into the fraud of perjury? Why will the people be charged with perjury who by binding themselves were at the same time grasping the grace offered to them? Yet were they to compare that formula of the oath written by us with the Mosaic one, in the face of condemning so many holy men, they will be forced to absolve us. For we are the mediators of the covenant which the Lord, when he promised it through jeremiah, declares will be inviolable.

이들 모두 조화와 만장일치까지는 약간 못 미치는 정도에서 우리 자신을 깨우는 것을 잊지 맙시다.

한 위대한 지도자가 우리에게 그의 계급을 디자인해 주었다는 것은 확실히 작은 영광이 아닙니다. 따라서 우리가 만일 그에게 전적으로 헌신 하지 아니 한다면 우리는 아주 배은망덕한 자가 되는 것입니다. 일상적으로 말한다면 선한 믿음 안에서 우리는 성역수행에 온갖 열정을 다해서 그것을 이루어 나가려고 애써야 할 뿐만 아니라 두 눈을 부릅뜨고 그의 명령에 집중해야 합니다. 참으로 이 두 가지는 다 필요합니다. 그 이유는 각자가 그리스도를 찾지 않고 자기 자신을 찾는 것이 지나쳐서 싸움이 과열되었기 때문입니다. (중략-각주 참조)[8]

그러나 만일 우리가 우리의 지도자이신 그리스도께 복종함을 증명해 보이기를 원한다면 우리는 우리 사이에 경건한 협약과 상호평화를 돈독히 해야만 합니다. 상호평화는 그 자신에게 명령해야 할 뿐만 아니라 그들 안에 영감을 불러 일으켜야 합니다. 왜요? 악마인 적이 화살을 쏘아서 우리가 화해를 못 하게 해야 하겠습니까?

만일 그가 많은 머리가 달린 짐승일지라도 그가 그리스도의 왕국을 공격하기 위하여 두꺼운 쐐기 속으로 그 자신을 어떻게 찔러 넣는지 우리는 압니다.

만일 미움과 파당과 분열의 영역에서 이것이 합의라면 우리를 위해서는 그것을 얼마나 더 졸라야 할까요? 평화의 왕을 위하여 목적과 힘을 모아서 누가 그와 싸워주겠습니까? 이런 목적에 맞추어 이런 종류의 싸움이 우리를 몰고 갑니다. 사탄의 거짓과 싸우고 하나님의 진리에 맞춰나가기 위하여 우리는 어떤 무기로 무장해야합니까? 이 무장이 해제되면 우리는

---

8   Meanwhile, those who, intent on following faithfully with a zealous heart their own duties, kindle just as serious contentions, yet follow their own inclination rather than the standard of their Leader. Yet, if it is decided to judge truly, the beginning of right conduct for soldiers is this: having laid aside all obstinacy, to depend utterly on the leader's authority. For a person who in one way or another is devoted to himself is indeed zealous for himself.

맨 몸이 됩니다. 여전히 하나님은 진리이며 자기모순이 없습니다. (중략-각주 참조)⁹

반면에 우리 자신들은 하나님의 종들입니다. 그러므로 우리가 존경하고 사랑하는 주님의 휘장과 장식이 나타나는 곳 마다 얼마나 더 많이 우리가 그것을 보아야합니까? 우리가 하나님의 은사를 부수고 찢기를 원하도록 강압적으로 끌고 가지 않는다면, 그들과 밀접하게 맺어진 악들을 동시에 용서해주는 일 없이 자신의 명예가 유지되어질 수 없는 그러한 사람에 의하지 않는다면, 사람이 그 자신을 위하여 그자신의 자발적인 권리로 산출하고 많이 용서하는 것은 옳은 일입니다.

그러나 우리의 공평한 마음과 중용(中庸)이 이 점에 맞춰져야 하기 때문에 우리는 화를 낼 때도 어느 정도 엄숙하게 내야하며, 확실성도 없고 가치도 없는 작은 의혹들 때문에 가장 확실한 증거에 의해서 우리가 잘 알고 있는 경건, 진지함, 성실을 갖춘 사람들과 떨어져 살아 갈 때는 언제입니까?

우리는 교회가 과거에도 그랬고 현재도 수많은 악들을 품고 있다는 두 가지 종류의 의혹을 알고 있습니다. 그 하나가 우리의 교회 좌파에 선 형제들과 지도자들에 의해서 저질러진 일들을 우리가 설명할 때인데, 만일 그들이 우파 쪽에서 친절하게 판단을 하기만하면 최고의 영역에서 인정을 받거나 아니면 최소한 확실히 용서 받게 될 때이고, 다른 하나는 우리들 자신들이 술주정 소문에 너무 쉽게 빠지게 되었을 때입니다.

---

9 so will it not suffer itself thus to be withdrawn from our struggles. Finally, since we have been stationed to guard this same fortress, what do we want for ourselves when we are agitated with internal battles? Yet if so many reasons do not affect us at all, at least let us turn our attention to what Christ proclaims: "A wound cannot be inflicted on one's servants without the master's considering it as inflicted upon himself." 0, if this thought came to our mind, that there is danger lest we dash against Christ, how often are we inveigled into taking up a conflict with those in whom even one spark of piety appears? How many sprouting seeds of contentions would this thought snuff out? How much boiling anger would it extinguish? How many upspringing quarrels would it suppress?

우리가 경험하기보다 차라리 상상하기를 더 좋아하는 이 모든 것으로부터 악이 그 얼마나 잘 따라다니는지요? 그러한 이유 때문에 그들을 막기 위한 모든 노력을 사용하기 위한 방법을 심사숙고 해 봅시다. 따라서 그것이 우리를 위해서 믿을 수 없을 정도로 은혜롭게 되기 때문에 서로 간에 차라리 선의와 사랑의 경쟁을 하며, 서로 감싸주며, 서로서로 의무를 다해 나가도록 모범을 보이고 권고를 합시다. (이하 각주 참조)[10]

---

[10] By forms of conflicts and contentions such as these the church is not fatigued, troubled, nor afflicted; rather it grows, flourishes, and is strengthened with new increases. If there is zeal for cooperation and peace, let us urge unity of doctrine and minds rather than insist somewhat peevishly on ceremonies conforming to the letter. For it is most unworthy of us to seek a servile conformity, having passed over edification, in those whom the Lord leaves freedom in order that there might be a greater readiness to be edified. And yet when that last judgment-seat will have been reached, where once for all an account of our performance will have to be made, it will not at all be a question of ceremonies nor conformity in external matters, but the lawful use of freedom will be strictly reckoned: lawful at last will that be considered which has contributed most to edification. Therefore, let all our care, watchfulness, industry, attention press toward this edification, which we know will succeed to the degree that it advances in sober fear of God, sincere piety, and unfeigned holiness of morals.

부록 5

'칼빈과 문화'를 주제로 한 문헌자료 모음
(Writings of the Theme of the Calvin and Culture)

Aalders, W. J. *Cultuur en Sacrament*(Culture and Sacrament).

_____. *Reformatie en Cultuur*(Reformation an Cultcure).

_____. *Roeping en Beroep bji Calvijn*(Vocation and Career in Calvin). Groningen, Netherlands, 1943.

Auksi, P. *Simplicity and Silence, The Influence of Scripture on the Aesthetic Thought of the Major Reformers*. Grand Rapids: Henry Meeter Center, BX 6196, A 4.

Aardsma, Calvin. *John Calvin and the Reformed Creeds on the Sacraments*. Grand Rapids: Henry Meeter Center, CAF.

Anderson, Charles A. *The Four Reformers of Geneva: Farel, Calvin, Beza, & Knox*.

Atzen, M. J. *Calvin*. Grand Rapids: Henry Meeter Center, CAF.

Baillie. *What is a Christian Civilization?* London, England: 1948.

Barth, Kal. *Der Christ in der Gesellschaft*(The Christian in Society). Munich, Germany: 1920.

_____. *Kirche und Kultur*(Church and Culture). Amsterdam, Netherlands, 1926.

Bavinck, Hermann. *Algemeine Genade*(Common Grace). Kampen, Netherlands: 1894.

_____. *Bilderdijk als Denker en Dichter*(Bilderdijk as a Thinker and as a Poet). Kampen, Netherlands: J. H. Kok, 1906.

_____. "Calvin and Common Grace" in *The Princeton Theological Review 7*, no. 3 (1909).

_____. *De Catholiciteit van Christendom en Kerk(The Catholicity of Christianity and the Church)*. Kampen, Netherlands: J. H. Kok, 1988.

_____. *Levensvragen(Vital Issues)*. Kampen, Netherlands: J. H. Kok, 1929

_____. "Revelation and Culture", in his *Stone Lectures*.

_____. *Wijsbegeerte der Openbaring(The Philosophy of Revelation)*. Kampen, Netherlands: J. H. Kok, 1907.

Berkhof. *Christ the Meaning of History*. Richmond. Va:John Knox Press, 1966.

_____. *De mens Onderwegeen Christelkjke mensbeschouwing (Man Under way-A Christian View of Man)*.'s-Gravenhage, Netherlands: Boekencentrum N. V., 1965.

Berkouwer. *De mens het beeld Gods(Man the Image of God)*. Kampen. Netherlands: J. H. Kok, 1957.

Bettex. *Beschaving(Civilization)*. Amsterdan, Netherlands, and Pretoria. South Africa: Hoveker & Wormser: [n. d.].

Biesterveld. *Christendom en Cultuur(Christianity and Culture)*. Kampen. Netherlands: J. H. Kok, 1990.

Black. *Culture and restraint*. London, England: Hodder & Stoughton, 1901.

Blocher. "God's Mandate and Man's Response", *International Reformed Buletin*(Winter/Spring, 1973).

Bohatec. "Die Kultuurhistoriese Betekenis van Caivyn"("The Cultural Historical Significance of Calvin"), in *Stoker and Potgieter, eds, Korers in die Krisis*(9.v.), II.

Botha. *Die Kulturele Revolusie en Suid-Afrika(The Cultural Revolution and South Africa)*. Potchefstroom, South Africa: Institute for the Promotion of Calvinism, n. d. no. 68.

_____. *Partikuliere Volksorg in die Afrikaanse Volkskultuur, 1930-1964(Particaular caul ar National Welfare in the South Africa)*. Potchefstroom: University for Christian Higher Education.

_____. *Sosio-kulturele Metavrae(Socio-cultural Netaquestions)*. Amsterdam, Netherlands: Buijten & Schipperheijn, 1971.

Brunner, Emil. *Christianity and Civilization, vols. I-II*. London, England: James Nisbet, 1948.

Buddingh. *Cultuur en Communicatie(Culture and Communication)*. Aalten, Netherlands: N. V. Uitgeversmaatschappij De Graafscap, [n. d.].

Caillet, *The Christian Appraisal of Culture*. New York: 1953.

_____. *The Christian Approach to Culture*. Nashville. Tenn. Abingdon Press, 1953.

Calder. *After the Seventh Day: The World Man Created*. New York, Mentor: 1961.

Clowney. "Transmition Christian Culture", in *Christian Home and School*(November), 1952.

Coetzee. "Die Calvinistiese Bydrae tot die Kunsontwikkeling in die Wereld"("The Calvinisti Contribution Toward the Development of Art in the World"). in *Stoker and Potgieter, eds., Koers in die Krisis*(q.v.), II.

Danhof & Hoekseman. *Van Zonde en Genade(Concerning Sin and Grace)*. Kalamazoo, Mich: Dalm Printing Co., [n. d.].

Dawson. *Religion and Culture*. New York, 1947.

De Bondt. "De Algemene Genade"("General Grace"), in *Berkouwer & Toornviiet, Het Dogma der Kerk(The Teaching of the Church)*. Groningen, Netherlands: Jan Haan, 1949.

_____. Schepping en Voorzienigheid("Creation and Providence"), in *Berkouver & Toornviiet*(cf. De Bondt, "De Algemene Genade").

De Graaf. *Christus en de wereld(Christ and the World)*. Kampen, Netherlands : J. H. Kok, 1939.

_____. "De genade Gods en de structuur der gansche Schepping"(The Grace of God and the Structure of the Entire Creation), in *Philosophia Reformata(Reformed Philosophy)*, (q.v.), first issue.

Diepenhorst. *Algemeene Genade en Antithese(Commen Grace and Antihesis)*. Kampen, Netherland: 1947.

Dijk. "De Leer der Laatsten Dingen"("The Doctrine of the Last Things"), in *Berkouwer & Toornviiet*(cf. De Bondt).

Douma. *Algemene Genade-uiteenzetting, vergelijking en beoordeling van de opvattingen van A. Kuyper, K. Schilder en John Calvijn over 'algemene genade' (General Grace exposition, comparison and evaluation of the views of A. Kuyper, Schilder and John Calvin on General Grace')*. Goes. Netherlands: Oosterbaan & Le Coinere, 1966.

Duyenage, B . *Beroepsarbeid in die Lig van die Gereformeerde Etiek(Career Work in the Light of Reformed Ethics)*. Potchefstroom . South Africa: Potchefstroom University or Christian Higher Education. [n. d.].

Duyenage, S. C. W. *Die Beplanning van Werk en Tyd vanuit Calvinistiese Visie(The Planning of Work and Time from the Calvinistic Perspective)*. Potchefstroom, South Africa: Instiute for the Promotion of Calvinism, No. 7.

Foerster. *Christus en het Menschelijke Leven(Christ and HumanLife)*. Zeist, Netherlands: Ploegsma, 1925.

Eliot. *Notes Toward a Definition of Culture*. New York: 1949.

_____. *The Idea of a Christian Society*. New York, 1940.

Flemming, "Die Calvinisme en die Toneel"("Calvinism and the Theater")., in *stoker and Potgieter*. eds, Koers in die Krisis(q. v.), m.

Goedhart. *Christendom en Cultuur(Christianity and Culture)*. Woerden, Netherlands: Zuijderduijn, 1963.

Goodman, the Individual and Culture. Illinois: The Dorsey Press, 1967.

Grabmann. *Die Kulturphilosophie des Heiligen Thomas von zauinn(The Cultural Philosophy of St. Thomas Aquinas)*. Germany: 1925.

Greijdanus. "Kerk en koninkrijk Gods"("The Church and the Kingdom of God"), in *Referaten Rudel Congres van Gereformeerden(Lectures-Rudel Reformed Congress)*. Kampen Netherlands: 1948.

_____. "De Verovering der-Wereld".("The Conquest of the World") in *De Reformatie(The Reformation)*. Goes, Netherlands: 1947.

Grosheide. "Culttuur"("Culture") in *Christelijke Encyclopaedie (The Christian Encyclopedia)*. Kampen, Netherlands: J. H. Kok, 1925.

Haan. *Scripturally-Oriented Higher Education*. Sioux Center, Iowa: Dordt Collgeg Press, 1967.

Haitjema. "Abraham Kuyper und die Theologie des hollandischon Neucalvinismus" ("Abraham Kuyper and the Theology of Dutch Neo-Calvinism"), in *Zwischen den Zeiten(Between the Times)*. Munich, Germany: 1931.

_____. "De cultuur waardoring van het Newuw Calvinisme"("The Culture Appreciation of Neo-Calvinism"), in *Onze Eeuw(Our Century)*. Haarlem, Netherlands: IV(1919).

Hanko. *The Christian and the Film Arts*. Grand Rapids. Mich: Sunday School Mission Publishing Society. [n. d.].

Hard. "Missions and the Cultural Mandate", in *International Reformed Bulletin*(Winter), 1972.

Heppl "De algemeene genade"("General Grace"), in *Dreigende Deformatie(Threatening Deformation)*. Kampen, Netherlands: Vl(1937).

Herridge. "Culture", in *The Presbyterian Review IX*.

Hoekendijk. "Het Christendom in de wereidgeschiedenis"(Christianity in World History"), in *Wending (Turning)*, Gravenhage, Netherlands: 1065.

Hoeksema. In the *Midst of Death*. Grand Rapids, Mich: Eerdmans, 1943.

_____. *The Christian and Culture*. Grand Rapids, Mich: Sunday School Mission Publishing Society. [n. d.].

_____. *The Protestant Reformed Church in America*(2nd Ed). Grand Rapids, Mich: Sunday School Mission Publishing Society. 1947-especially Part I, on the "Three Points"of the Christian Reformed Churchs' Synod's Decisions on "Common Grade", Hoeksema & Danhof & Danhof Hoeksema.

Hommes, et al, *Cultuurgeschiedenis van het Christendom (Cultural History of Christianity)*. vols. l-v. Amsterdam, Netherlands, and Brussels, Belgium: 1950.

Ingwersen. *Bijbel en Cultuur(The Bible and Culture)*. Hoorm, Netherlands: u. M. West-Friesland, 1947.

_____. *Bijbel en Natuur(the Bible and Nature)*. Hoorn, Netherlands: U. M. West-Friesland, 1946.

Jager. *Het Eeuwige Leven(Eternal Life)*. Kampen, Netherlands: J. H, Kok, 1962.

Kamphuis. *Onderweg Aangesproken: Beschouwingen over Kerk. Confessie en Culture*(En Route Addresses: Views on Church. Confession and Culture). Groningen, Netherland: Uitgeverij De Vuurbaak, 1968.

Klooster, "The Sy nodical Decisions of 1924 on Common Gracd", in *Torch and Trumpet VIII(November)*, 1958.

Knuvelder. *Christelijke Cultuur en Techniek(Christian Culture and Technology)*.

Kroner. *Culture and Faith*. Chicago: 1951.

Kruyswijk. *De Ongerepte Orde-Schets van een Christelijke Cultuurbeschouwing(The Virgin Soil-Sketch of a Christian View of Culture)*. Kampen, Netherlands: J. H. Kok. 1957.

Kuiper, H. *Calvin on Common Grace*. Goes, Netherlands: 1928.

Kuyper, A. *De Gemeene Gratie(Common Grace)*. Kampen. Netherlands: J. H. Kok, 1927.

_____. *Lectures on Calvinism: The Stone Lectures*. Grand Rapids, Mich: The Associated Publishers and Authors, Inc., [n. d.].

_____. *Pro Rege, of het Koningschap van Christus(For the King, of the Kingship of Christ), I-III*. Kampen, Netherlands: J. H. Kok, 1911.

_____. *Tweerei Vaderland(Two Countries)*. Amsterdam, Netherlands, I 887.

_____. *Van de Voleinding(Concerning the Consummation) I-IV*. Kampen, Netherlands: J. H. Kok, 1931.

Kuyper, A., Jr. De Band des Verbonds(The Bond of the Covenant) Rotterdam, Netherlands: Zwagers, 1928.

_____. *De vastigheid des Verbonds(The Firmness of the Covenant)* Amsterdam, Netherlands: Kirchner), 1908.

_____. *Het Beeld Guds(The Image of God)*. Amsterdam. Netherlands: De Standard, 1929.

_____. *Openbaring en Rede(Revelation and Reason)*. Kampen. Netherlands: J. H. Kok, 1902.

_____. *Van der Heiligarnking, van de Heerlijkmaking, en van hetRijk der Heerlijkheid(On Sanctifi cation, on Glorigi cation, and on the Kingdom of Glory)*, Amsterdam, Netherlands: Meinema, 1935.

_____. *Van het Koninkryk der Hemelen(On the Kingdom of Heaven)*. Kampen, Netherlands: J. H. Kok, 1932.

Lee. *Calvin on the Sciences*. London. England:Sovereign Grace Union, 1969.

_____. *Culture: a Theological and Philosophical Analysis of the Origin. Spread and Goal of Culture*. Cape May. N. J: Shelton College Press, 1967.

_____. *Communist Eschatology-A Christian Philosophical Analysis of the Post-Capitalistic View of Marx, Engles and Lenin*. Nutley, N. J.: The Craig Press, 1974.

_____. "Kultuur en Godsdiens"("Culture and Religion"), in *Die Kerkbode(The Church Messenger)*. Cape Town. South Africa: 1971.

_____. "Maanreise en die Kultuurmandaat"(Journeys to the Moon and the Dominion Charter"), published as Die Maan-verbode Terrein vir die Mens?("Is the Moon Forbidden Territory to Man?"), in *Die Kerkbode(The Church Messenger)*. (Oct. 15, 1969).

_____. *The Covenantal Sabbath*. London, England: Lord's Day Observance Society(n. d.), 1971.

_____. *The Orgin and Destiny of man*. Nutley, N.J: Presbyterian and Reformed Publishing Co., 1974.

_____. *The Westminster Confession and Modern Society*. Edinburgh, Scotland: Scottish Reformed Fellowship, 1972.

Le Rous. *Kultuur en Totalliteit(Culutre and Totality)*. Stellenbosch, South, Africa: University of Stellenbosch, 1971.

Lippert. *The Evolution of Culture*. London, England:Geo Alien & Unwin, 1931.

Masselink. *Common gace and Christian Education*. Grand Rapids. Mich., 1954.

_____. *General Revelation and Common Grace*. 1953.

Meeter. "Calvinism and Culture", in *The Basic Ideas of Calvinism*. Grand Rapids, Mich: Kregel, 1967.

Meland. *Faith and Culture*, New York: 1953.

Meyer. *Nog Nie Die Einde Nie(not Yet the End!)*. Cape Town. South Africa: Balkema, 1954.

Murray, "Common Grace." in *Westminster Theological Jounal V*(Noverber, 1942).

Niebuhr. *Christ and Culture*. New York: Haper Torehbook, 1956.

_____. Philosophia Reformata(Reformed Philosophy). Netherlands(various issues), Popma. "Cultuur"("Culture"), in *Christelijke Encyclopaedie(The Christian Encyclopaedia)*. 2nd ed., Kampen, Netherlands: J. H. Kok.

_____. *Levensbeschouwing(View of Life), Vols. I-V*. Amsterdam, Netherlands: Buijten & Schipperheijn, 1958.

Potgieter. "Die Teosentriese Universiteit"("The God-centered University"), in *Gereformeered Vaadel(The Reformed Banner)*. Stellenbosch. South Afrkca: [n. d.].

_____. *Die Verhouding Tussen Theologie en Filosofie by Caivyn(The Relationship Between Theology and Philosophy in Calvin)*. Amsterdam, Netherlands: North Holland Publishing Co., 1936.

Potgieter & Stoker. eds. See *SToker & Potgieter*. eds.

Puchinger. *Een Theologie in Discussie: over Prof. Dr. K. Schilder(Profeet, Dichter, Polemist) met als Bijdrage het debat Schilder-Noordams uit 1936.(A Theology in Discussion: on Prof. Dr, K Schilder(Prophet, Poet, Polemi cist) with the debate between Schilder and Noordmans during 1936 as an appendix)*. Kampen. Netherlands: J. H. Kok, 1970.

Reid. "The Impact of Calvinism on Sixteenth Century Culture." in *International Reformed Bulletin*. 1967.

Richardson . *The Biblical Doctrine of Work*. London, England: SCM Press, 1963.

Ridderbos. H. N. "Eerherstel voor cultuur-theologie"("Honorable Reinstallation of Culutral Theology"), in *Gereformeerd Weekblad(Reformed Weekly)*. Kampen, Netherlands: 1958.

Ridderbos. S. J. *De Theologische Culuttrbeschouwing van Abraham Kuyper(The Theological View of Culture of Abraham Kuyper)*. Kampen, Netherlands: J. H. Kok, 1947.

_____. *Rondom het Gemene Gratie Problem-over gemeenegratie-beschouwingen van Schilder en De Graaf, over Van Til en Barth(Concerning the Problem of Common Grace-on the Common Grace Views of Schilder and De Graaf., on Van Til and Barth)*. Kampen, Netherlands: J. H. Kok, 1949.

Rushdoony. *By What Standard?* Philadelphia: Presbyterian and Reformed Publishing Co., 1965.

_____. *The Biblical Philosophy of History*. Nutley. N. J.: Presbyterian and Reformed Publishing Co., 1969.

_____. *The Institutes of Biblical Law*. Nrtley, N.J.: The Craig Press. 1973.

Schaeffer. *Art and the Bible*. Downers Grove. III: Inter-Varsity Press, 1973.

_____. *Genesis in Time and Space*. Downers Grove, III: Inter-Varsity Press, 1972.

_____. *The God Who is There*. Downers Grove, Ill: Inter-Varsity Press, 1968,

_____. *The New Super Spirituality*. Downers Grove. Ill: Inter-Varsity Press, 1972.

Schilder. *Christus en Cultuur(Chris and Culture)*. Franeker. Netherlands: Wever, 1952.

_____. *De Openbaring van Johannes en het Sociale Leven(John's Revelation and Social Life)*. Delft, Netherlands: Meinema, n. d.

_____. "Jezus Christus en het Cultuurleven"("Jesus Christ and Cultural Life"). in *Jezus Christus en het Menschenleven(Jesus Chrkst and Human Life)*. Culemborg, Netherlands: Uitgeversbedrujf De Pauw, 1932.

_____. "Vragen rond de Algemene Genade"("Questions Concerning General Grace"), *Americana, pp. 1-6 Collegeerslagen. April 1939(Class Report of Lectures held in America by Prof. Dr. Schilder April 1939-June 1939)*. (1st ed). Kampen. Netherlands: cf. 1939 cd. Eerste Kamper Skryfkamer. Bovenmeenstr. 74, 1939.

Seerveld. *A Christian Critique of Art*. Hamilton. Ontario. Canada: Guardian Publishing Co., 1963.

_____. *A Christian Critique of Literature*. Hamilton. Ontario. Canada: Guardian Publishing Co., 1964.

Snyman. *Calvinistiese Kultuurbeskouing(Calvinistic View of Culture)*. Potchefstroom,

South Africa: Institute for the Promodon of Calvinism, no. 5.

Stoker. "Arbeid-Wysgerig Benader"("Labor-Considered Philosophically"), in *Bullein van did Suid-Afrikaanse Vereniging vir die Bevordering van Christelike Wetenskap(Bulletin of the South African Association for the Promotion of Christian Scholaship)*. Potchefstroom. South Africa(Auguest, 1974).

Die Wysbegeerte van die Skeppingsidee(The Philosophy of the idea of Creation). Pretoria, South Africa: De Bussy, 1933.

_____. "Lets oor Kultuur en ons Kultuurstryd".("Something about Culture and Our Cultural Struggle"), in *Gereformeerde Vaandel(The Reformed Banner)*, v. 7, Stellenbosch, South Africa.

_____. *Kultuur en Roeping(Culture and Vocation)*. Potchefstroom. South Africa: Potchefstroom University for Christian Higher Education, roneo.

_____. *Mens en Tegniek Vandag(Man and Technology Today)*.

_____. Pretoria, South Africa: Van Schaik, 1970.

Stoker & Potgieter, eds. *Kores in die Krisis(Our Direction in the Crisis)*, vols. I-III. Stellenbosch. South Africa, 1936ff.

Thurneysen. "Christus und seine Zukunft"("Christ and His Coming"), in *Zwischen den Zeiten(Between the Times)*. Munich, Germany: 1931.

Tillich, Paul . *Theology of Culture*. New York: Oxford University Press. 1964.

Triton. *Whose World? The Christian's Attitude to the Material world, to Culture, Politics, Technology, Society*. London, England: Inter-Varsity Press, 1970.

Tydskrif vir Christelike Wetenskap(Journal for Christian Scholarship). Bloernfontein, South Africa(Various issues), Tylor. Primitive Culture. London. England: 1891.

Van Andel. *Ethiek van Arbeid en Rust(Ethics of Work and Rest)*. Nijkerk. Netherlands: Callenbach, 1965.

_____. "The Christian and Culture." in the *Presbyterian Guardian*(January, 1944).

Van Vaalen. *De Loochening der Gemeene Gratie-Gereformeerd of Dooperisch?(The Denial of Common Grace-Refomed or Anabaptistic?*, Grand Rapids, Mich: Eerdmans-Sevensma Co., 1922.

Van der Merwe. "Calvinisme en Kultuur"(Calvinism and Culture), in *Stoker & Potgieter, eds., Kores in die Krisis*(q. v.) I.

Van der Waal. *Het Cultuurmandaat in Discussie(The Dominion Charter Under Discussion)*. Pretoria South Africa: Servire, Villieria, 1971.

_____. "Ons Politeuma"("Our Citizenship"), in *Wat staat er eigenlijk?(What Exactly stands Written There?)*. Goes, Netherlands: oosterbaan & Le Cointre, 1971.

_____. *Openbaring van Jezus Christus(Revelation of Jesus Christ)*. Groningen, Netherlands: Uitgeverij De Vuurbaak. 1 97 l, esp. pp. 107-1 32, 276-279.

_____. "Over de de 'Vreemd'ling merbeneen"("On Strangers Here Below"), in *Wat staat er eigenlijk?(as in "ons Politeuma", above)*.

Van Dyk. *'n ku tuur-psigologiese Beskouing van die Wetenseap en die tegniek in die Wes terse Were Id(A cultural-Psychological View of Sciene and Thchnology in the Crisis of the Western World)*. Potchefstroom, South Africa: institute for the Pormotion of Calvinism, no, 14.

Van Leeuwen. *Openbaring en Cultuur(Revelation and Culture)*. Kampen, Netherlands: J. H. Kok, l955).

Van Peursen. *Cultuur en Chrkstelijk Geloof(Culture and the Christian Faith)*. Kampen, Netherlands: J. H. Kok, 1955.

Van Riessen. *Mondigheid en de Machten(Maturity and Power)*. Amsterdam, Netherlands: Buijten & Schipperheijn, 1967.

_____. *Techniek en Cultuur(Technoloy and Culture)*. Netherlands: Royal Institute of Engineers, 1951, n. 17.

_____. *The Society of the Future*. Philadelphia: Presbyterian and Reformed Publishing Co., 1952.

Van Ruler. *Kuyper's Idee eener Christelijken Cultuur(Kuyper's Idea of a Christian Culture)*. Netherlands: Nijkerk, n. d.

_____. "Kuypers Leer Van die Gemeene Gratie"("Kuyper's Dectrine of Common Grace"), in *De Gereformeerde Kerk(The Reformed Church)*. (October 7, 1937-December 15, 1938).

Van Til, C. *A Letter on Common Grace*, Phillipsburg, N. J.: Grotenhuis, n.d.

_____. *Common Grace*. Philadephia: Presbyterian and Reformed Publishing Co., 1954.

_____. *Common Grace and Witness-Bearing*. Phillipsburg, N. J.: Grotenhuis, After l955.

_____. "Nature and Scripture" , in the *Ingallible Word*. Philadelphia: The Presbyterian Guardian Publishing Corporation. l946.

_____. *Particularism and Common Grace*. Phillipsburg. N. J.: Grotenhuis, after l951.

Van Til. H. *The Calvinistic Concept of Culture*. Grand Rapids, Mich: Baker, l972.

Veenhof. *In Kuypers Lijn(In Kuyper'Goes,s footsteps)*. Netherlands: Oosterbaan & Le Cointre, 1939.

Veldkamp. *Het Ambt der Gelovigen(The Office of the Believers)*. Faneker, Netherlands: Wever, n. d.

Velema, "De Genadeleer in de theologie van Kuyper"("The Doctrine of Grace in Kuyper's Theology"), in *Kerk en Theologie(Church and Theology)*. Wageningen, Netherlands, 1950.

_____. *De Leer van de Heiligen Geest bij Abraham Kuyper(Abraham Kuyper's Doctrine of the Holy Spirit)*. 's Graven hage, Netherlands, 1957.

Venter, E. A. *Die Gelowige in die Samelewing(The Believer in Society)*. Bloernfontein. South Africa, n.d.

_____. "Caivyn en die Wetenskap"("Calvin and Science"), in *Gereformeerde Vaandel(Reformed Banner)*. Stellenbosch, South Africa.

Venter. C. N. *Kultuur en Versorgingswetenskap(Culture and Welfard Scince)*. Potchefstroom. South Africa: Potchefstroom University for Christian Higher Education, 1965.

_____. "Calvinistiese Kultuurbeskouing. 1965"("A Calvinistic View of Culture. 1965"), in *Die Atoomeeu 'in u lig'(The Atomic Age in Thy light)*. Potchefstroom. South Africa: Institute for the Promotion of Calvinism. 1965.

_____. "Calvinistiese Kultuurbeskouing. 1969-1970"("A Calvinistic View of Coutire, 1969-1970"), in *Koers(Eirection) XXXVII*, nos. 3 & 4. Ptchefstroom. South Africa: [n. d.].

_____. "Volkslewe en Kultuur"("National life and Culture"), in *Die Koninkryk van God(The Kingdon of Gon)*. Potchefstroom. South Africa.

Venter. D. G. *Eindbestemming van die skepping(The Final Destination of Creation)*. Potchefstroom. South Africa : Die Evangelis. 1964.

Verbrugh. *Bouwen aan de Toekornst(Building the Future)*. Dordrecht, Netherlands: Groen van Prinsterer Foundation. [n. d.].

Visscher. *De Schepping(The Creation)*. Zwolle, Netherlands: La Reviere & Voorhoewe. 1930.

_____. *Het Paradijsprobleem(The Paradise Proglem)*. Zwolle. Netherlands: La Riviere & Voorhoewe, l929.

Vriend. "Christ and Culture", in *Torch and Trumper* l. l.(1951).

Wallbank & Taylor. *Civilization Past and Present*. Chicago, Atlanta, Dallas, palo Alto,

Fair Lawn, N.J: Scott, Foresman, 1960.

Wencelius. "Caivyn se Kunsfilosofie"("Calvin's Philosohy of Art"), in *Stoker & Potgieter*, eds., Loers in die Drisis(q.v.), II.

_____. *L'esthethique de Calvin(Calvin's Aesthetics)*. strassbourg, France: Societe d'edition 'Les Belles Lettres.'

_____. "The Word of God and Culture", in *The Work of God and the Reformed Faith*, Grand Rapids. Mich: 1942.

Wielenga. "Christendom en Cultuur" "Christistianity and(Culture") in *Het Wezen van het Christendom(The Essence of Christianity)*. Kampen, Netherlands: J. H. Kok, [n. d.].

Wurth. "Bavinck en de Cultuur"("Bavinck and Culture"), in *Bezinning(Reflection) IX, no. 1 2(December, 1954)*. Netherlands.

_____. "Calvinistische levensstiji"("Calvinistic Life Style"), in *Stoker and Potgieter*, eds., Kores in die Krisis(q. v.), Ⅱ.

_____. "Chriselijke Cultuurbeschouwing"("Christian View of Culture"), in *Philosophia Reformata(Reformed Philosophy)*. Kampen, Netherlands: J. H. 1938.

_____. *Het Christelijk Leven(The Christian Life)*. Kam-pen. Netherlands: J. H. Kok, l948.

Zuidema. "Gemeen Gratis en Pro Rege bij Dr. Abr. Kuyper"("Common Grace and 'For the King'in Dr. Abraham Kuyper") in *Antirevolutionaire Statkunde (Antirevolutionary Statecraft)*. IV. 1(1954). Kampen, Netherlands.

부록 6

'칼빈, 칼빈주의' 주제별 연구 참고 자료
Calvin AND SUBJECTS
(Compiled by Marion D. Battles)

※ [부록 6]은 칼빈과 칼빈주의를 연구하시는 분들에게 도움을 주기 위해서, 매리온 베틀즈(Marion D. Battles)가 수집해서 분류한 자료 목록을 여기에 첨부한다. 이 자료는 현재 미국 미시건(Michigan) 주 그랜드 래피즈(Grand Rapids)에 있는 세계 칼빈 연구소(Henry Meeter Center)에 잘 분류된 상태로 보관 중에 있고, 이를 필요로 하는 연구자들에게 공개하고 있다.

세계 칼빈 연구소(Henry Meeter Center)는 현재 칼빈, 칼빈주의 연구를 위해서 전 세계로부터 필요한 수많은 자료들을 모아서 잘 분류 보관하고 있는 세계최고의 권위를 가지고 있는 연구소이다. 이 연구소의 책임자 중의 한 분이신 폴 W. 필즈 씨의 양해를 얻어서 이 자료들을 한국에 있는 연구가들이 편리하게 이용할 수 있도록 하기 위하여 여기 부록으로 싣는다.

참고로 자료 명 앞에 붙인 BX9418/B25913, CAF 등의 기호는 이 연구소에서 자료를 찾기 위한 분류 기호인데 필요한 자료 이름을 이 기호와 함께 연구소에 청구하면 쉽게 찾을 수가 있다.

칼빈과 재세례주의자들
(CALVIN & ANABAPTISTS)

BX4931/A8	Arrington. *Anabaptists -Their Relation to Modern Baptists.*
CAF	Bridge, D. *Mennonites and Calvinists.*
BX9420	Calvin, Jean. *Against the Anabaptists* (1549).(Short S47 Instruction) Ch. 14.
BX9418/B25913	Balke. W. *Calvin and the Anabaptist Radicals.*
BX4931.2/D4	De Wind. *Relations between the Italian Reformation and Anabaptists in the Mid-16th Century.*
BX4931/G4	Gage. *The Place of Anabaptists in the Reformation.*
CAF	Keeney. W. E. *An Analysis of Calvin's treatment of the Anabaptists in the Institutes.*
BX4931.2/R8	Runzo. *Communal Discipline in Early Anabaptism.*
	Wyneken, K. H. *Calvin and Anabaptism Concordia Theological Monthly, 36*(1965). 18-29.

칼빈주의자와 알미니안주의
(CALVINIST AND ARMINIANISM)

BX6196/A4	Adkins. *James Arminius and the Effect of His Teaching on Predestination.*
BX9424/C3	Anon. *Calvinism and Arminianism.*
CAF	Bangs, Carl. *Arminius: A Study in the Dutch Reformation*
CAF	_____ *Arminius and the Reformation.*
CAF	_____ *Studies at Geneva and Basel.*
CAF	Barr, James. *Calvinism and Arminianism.*
BX8334/B65	Brown. *Arminianism -Inconsistencies and Errors.*
BX9424/F2	Faber. *Thoughts on the Calvinist and Arminian Controversy.*
BX6195	Fuller. *Calvinist-Arminian Controversy.*
CAF	Lecler, Joseph. *The Question of Mutual Tolerance at the Time of Arminian Conflict.*

BX9424.5/E5 P8	Pugh. *Arminianism versus HyPer-Calvinism*.
BX6295/S47	Shrider. *Historical Development of Factors Basic to the Arminian-Calvinist Controversy*.
CAF	Torrance, J. B. *The Incarnation and Limited Atonement*.

칼빈과 예술
(CALVIN & THE ARTS)

CAF	Auksi, P. *Simplicity and Silence: The Influence of Scripture on the Aesthetic thought of the Major Reformers*.
BX9418	Christien, E. *"Calvin et l'Art" in Almanach Jean Calvin*, 1932. p. 46.
CAF	Coulton, C. G. *Art and the reformation*.
CAF	_____ *Protestantism and Art*.
BX9418/D38	Davies A. T. *John Calvin, Many-Sided Genius*(ch. 8)
CAF	DeVries, S. *Calvin's Attitude towards Art and Amusements*.
BX9418/D62	Doumergue, E. *L'art et sentiment dans l'oeuvre de Calvin*.
BX9418/D86	Dubose. *The Transcendent Vision-Christianity and the Visual Arts*.
CAF	Frappier, J. *L'esthetique de Calvin, d'apres un livre recent*.
DQ449.5/G8	Guerdan, R. *La vie quotidienne a Geneva au temps de Calvin*.
CAF	Kuyper, A. *Calvinism and Art*.
BX9405/I59	Musculus, P. R. *Les Calvinistes dens l'histoire des arts*. 1938
CAF	Reid, W. S. *The Impact of Calvinism on 16th Century Culture*.
BX9418/S667	Snyman, J. *"John Calvin and Art" in Calvinus Reformator*. 1980
CAF	Spelman, L. P. *Calvin and the Arts*.
CAF	Stark, W. *The Calvinist Attitude toward Symbolism and Art*.
CAF	Van Til, N. *Calvinism and Art*.
ND653/R4/W4	Wencelius, L. *Calvin et Rembrandt*.
BX9405/I59	*The Calvinistic Philosophy of Art*.
Bx9423/E8	*L'esthetique de Calvin*.

칼빈과 속죄
(CALVIN & THE ATONEMENT)

CAF	Laker Donald M. *He Died for all.*
BX9418/P44	Peterson. *Calvin's Doctrine of the Atonement.*
BX9418/V3	Van Buren, P. *Christ in Our Place.*
CAF	Nicole, R. *John Calvin's View of the Extent of the Atonement.*

칼빈과 세례
(CVALVIN & BAPTISM)

CAF	Aardsma, Calvin. *John Calvin and the Reformed Creeds on the Sacraments.*
CAF	Alexis, Gerhard T. *Wigglesworth's easiest room!*
CAF	Bridge, D. *Mennonites and Calvinists.*
BX9418/B925	Burkhart, J. E. *Kingdom, Church and Baptism. The Significance of the Doctrine of the Church in the Theology of John Calvin.*
Bx9423/B3/E8	Eussen. *John Calvin: The Effects of Baptism.*
CAF	Grislis, E. *Calvin's Doctrine of Baptism.*
CAF	Mitchell. L. L. *Christian Initiation in the Reformation Period.*
BX9423/B3/M6	Montgomery. *Baptism in the Teaching of John Calvin.*
CAF	Pitt, C. *Baptism.*

칼빈과 베자
(CALVIN & BEZA)

CAF	Allen, John W. *Section 3 Castellion and Beza.*
CAF	Anderson, Charles A. *The four Reformers of Geneva: Farel, Calvin, Beza, Knox.*
CAF	Baird, Henry M. *Theodore Beza: the Counsellor of the French Reformation, 1519-1605.*
CAF	Bangs, Carl. *Geneva and Theodore Beza.*
CAF	Letham, Robert. *Thedore Beza: A Reassesment.*

	_____ *The Letters of Gualter and Beza.*
BX9419/B4/B7	Bray. *Theodore Beza's Doctrine of Predestination.*
BX9418/B/4R3	Raitt, J. *The Eucharistic Theology of Theodore Beza.*

칼빈과 성경의 권위
(CALVIN & THE AUTHORITY OF THE BIBLE)

CAF	Antzen, M. *J. Calvin.*
CAF	Braaten. C. E. *The Authority of Scripture.*
BX9418/B39	Bennett, C. O. *John Calvin: His Teaching on The Holy Scriptures.*
BX9418/F6	Forstman. *Word and Spirit: Calvin's Doctrine of Biblical Authority.*
BX9418/I4	Istafanous. *Calvin's Doctrine of Biblical Authority.*
BX9225/W3	Markarian, J. J. *The Calvinistic Concept of the Biblical Revelation in the Theology of B. B. Warfield.*
BX9418/N47	Newport. *A Guide to Religious Authority and Biblical Interpretation in the Thought of John Calvin.*
BS480/I424	Packer. J. I. *Inerrancy and the Church.(Ch. on the Bible), 1984.*
BX9418/R483	Rickabaugh. *Calvin's Witness to the Bible as Religious Authority.*
BR480/W38	Watterson. *The View of the Inspiration of the Bible in Martin Luther and John Calvin.*
BX9418/W64	Woudstra, M. H. *Calvin's Dying Bequest to the Church.*

칼빈주의와 자본주의
(CALVINISM & CAPITALISM)

CAF	Barnes, Harry E. *Calvinism and Capitalism.*
CAF	Bieler, A. *Calvin and Capitalism.*
CAF	_____ *The Meaning of Money from the Point of View of "Reformed" Christianity.*
RB	Calvin, J. *Calvini Opera*, 24. Col. 680.(Deut. 23:19), *Ibid.* v. 28, p. 116.
CAF	Dickens, A. G. *Models and patterns; the social scientists.*

BR115/E2 G7	Greens R. W. *Protestantism and Capitalism.*
HC278/H3	Hauser, H. *Debuts de capitalisme.*
BX9423/ C3 L4	Leitch, A. *Calvin and Capitalism.*
CAF	Lehman, L. H. *Protestantism and Capitalism.*
CAF	Leeuwen, A. Th. Van. *Capitalism.*
HG3028/L8	Luthy, H. *La Banque Protestante on France de la Revocation de l'Edit de Nantes a la Revolution.*
CAF	*Lending at Interest or the Competence of Theology in Economic Matters.*
CAF	_____ *Once again: Calvinism and Capitalism.*
BX9423/M29	Mateef. *Capitalism and Calvinism.*
BX9423/C3/M29	Mattingly. *The Contribution of John Calvin to the Rise of Capitalism.*
HB531/N35	Nelson, B. N. *The Idea of Usury. From Tribal Brotherhood to Universal Otherhood.*
CAF	Reid, W. S. *John Calvin, Early Critic of Capitalism.*
CAF	*The Impact of Calvinism on Sixteenth Century Culture.*
CAF	*Jean Calvin, the Father of Capitalism?*
HB501/S53	See, H. E. *Modern Capitalists. Its Origin and Evolution.*

칼빈과 독신주의
(CALVIN & CELIBACY)

BV4390	Witte, W. W. *The Ethical and spiritual significance of Calvin's Concept of Clerical Celibacy.*

칼빈과 성도의 삶
(CALVIN & THE CHRISTIAN LIFE)

CAF	Atwater, Lyman H. *Calvinism in Doctrine and Life.*
BX9420/A32	Battles, F. L. *The Piety of John Calvin.*
BR1650.2/G72	Grove. *Freedom and Discipline in the Theology of John Calvin.*
CAF	Kocsis, Elemer. *The sanctification of life according to Calvin's Institutio of 1536.*

CAF		Herrmann, J. *Seneca's Influence on Calvin's Concept of the Christian Life.*
CAF		Lehman, Paul. *Praying and Doing Justly.*
BX9418/W29		Wallace, R. *Calvin's Doctrine of the Christian Life.*
BX9418/W42		Wendel, Francois. *Calvin: Origins and Development of His Religious Thought, Grand Rapids: Baker Books, 1997.*

칼빈과 기독론
(CALVIN & CHRISTOLOGY)

CAF		Braaten, C. E. *From the Creed of Chalcedon to the Formula of Concord.*
CAF		Anderson, Robert. *Luther and Calvin's Christology and the Eucharist.*
CAF		Duling. *Jesus Christ in John Calvin's Thought.*
CAF		Lidgett, J. S. *The Calvinistic Doctrine of the Active and Passive Obedience of Christ.*
CAF		Torrance, J. B. *The Vicarious Humanity and Priesthood of Christ in the Theology of John Calvin.*

칼빈과 그의 교회론
(CALVIN & HIS DOCTRINE OF THE CHURCH)

CAF		Alderfer, Owen H. *Some Classic Views of the Church.*
CAF		Allmen, Jean. Jacques von. *The Continuity of the Church According to Reformed Teaching.*
CAF		Avis, Paul D. L. *The Church in the Theology of the Reformers.*
CAF		_____ *The True Church in Reformation theology.*
BX9418/B249		Baker. *Doctrine of the Church in Calvin.*
BX9418		Berkouwer. *Calvin and the Church.*
CAF		Baron Salo Wittmayer. *Protestant Individualism.*
CAF		Breen, Q. *The Church as Mother of Learning.*
BX9418/B925		Burkhart, J. E. *Kingdom, Church and Baptism. The Significance of the Doctrine of the Church in the Theology of John Calvin.*
BX9418/B386		Bell, J. P. *Calvin's Concept of the Church.*

BX9420	Calvin, John. *Confession of Faith in the Name of the Reformed Churches of France*(135-162).
BX9418/C63	Cox. *Ecclesiastical Discipline of John Calvin and Its Implementation in Geneva.*
BX9418/D88	Duffield, G., ed. *John Calvin: A Collection of Essays.*
CAF	Greene, T. *Ecclesiastical Organization in Geneva.*
BX9418/H79	Hules. *The Doctrine of the Church in the Theology of John Calvin.*
CAF	Jay. *The Church, Its Changing Image through Twenty Centuries.*
BX9418/K28	Kamiyama, S., *Calvinu's Doctrine of the Church as Corpus Christi.*
BX9418/M53	Milner. *Calvin's Doctrine of the Church.*
BX9418/M67	Morre1. *Catholicity of Calvin's Doctrine of the Church.*
CAF	Niesel, W. *John Calvin on Church Order.*
BX9418/P42	Pearcy. *The Meaning of the Church in the Thought of Calvin.*
CAF	Radmacher. *The Nature of the Church.*
CAF	_____ *What the Church Is All About.*
BX9418	Riddle. *Calvin's Doctrine of the Church.*
CAF	Robinson. *Calvin's View of Church and State.*
BV600/T58	Torrance. *Kingdom and Church.*
CAF	Scholl, H. *The Church and the Poor in the Reformed Tradition.*
BR856/T48	*The Declaration of Barmen and the Reformation Conception of the Church.*(ch. of Calvin's Ecclesiology).
BR1/S3	Walker. *Calvin and the Church.*
BX9418/D449	Westhoven. *Calvin's Covenant Concept of the Church.*
BX9418/W493	Whyte, W. *Study of Church Discipline according to Calvin, Knox and Melville.*
BX9418/Y3	Yatzeck. *Basis for Church in Calvin's Theology.*

칼빈과 교회치리
(CALVIN & CHURCH DISCIPLINE)
(see Calvin and the Church)

CAF	Barnes Geoffry L. *Calvin's view of Church Discipline.*

칼빈과 교회와 정부
(CALVIN & CHURCH AND STATE)

CAF	Acton, J. E. E. D. A. *Fra Pado Sarpi*. Ainsworth, Arthur D. *Church-state Relations in Geneva under John Calvin*.
CAF	Backus, Isaac. *Isaac Backus on Church, State and Calvinism*.
DQ458/C47	Choisiy, E. *Theocratie a Geneve au temps de Calvin*.
BX9418	Leeuwen, A. Th. Van. *Western Europe and Calvinism*.
BV630/N8	Mueller. *Church and State in Luther and Calvin*.

칼빈과 일반 은총
(CALVIN & COMMON GRACE)

BX9418/A7	Armstrong. *Calvin and the Reformation*.
CAF	Breen Q. *Calvin and Common Grace*.
CAF	Wierenga, H. *The Light of Nature in the Light of John Calvin*.

칼빈과 양심
(CALVIN & CONSCIENCE)

CAF	Bergsma, S. *Calvin on Conscience*.
BX9420/G59	*Calvin on God and Political Duty*(Introduction and on Christian Liberty).
BX9420/I65	*Institutes 3. 19. 15*.
BX9418/D32	Dancy. *The Transformed Individual and His Social Responsibility in the Thought of John Calvin*.
BX9418/F64	Foxgrover. *John Calvin's Understanding of Conscience*.

칼빈과 여론
(CALVIN & THE CONSENSUS)

CAF	Hooykaas R. *Calvin and Copernicus*.
CAF	_____ Kaiser, C. *Calvin against the Background of Medieval and*

	Renaissance science - Calvin, Copernicus and Castellio.
CAF	Marcel, P. *Calvin and Copernicus.*
CAF	_____ *Calvin et Copernic.*
CAF	_____ *Calvin et Copernic. La legends ou les faits?* (book review).
CAF	_____ *Calvin et la science.*
CAF	_____ *La priedication de Calvin, a propos du livre de M. Richard Stauffer.*
CAF	Ratner, J. *Some Comments on Rosen's 'Calvin's Attitude toward Copernicus'*
CAF	Rosen. E. *Calvin's Attitude toward Copernicus.*
CAF	_____ *Calvin n'a pas lu Copernic.*
CAF	_____ *A Reply to Dr. Ratner.*
CAF	Stauffer, R. *L'attitude des refornateurs a l'egard de Copernic.*
CAF	_____ *Calvin et Copernic.*
CAF	_____ *La response de M. Edward Rosen a notre article 'Calvin et Copernic.'*
CAF	White, R. E. O. *Calvin and Copernicus: The Problem Reconsidered.*

칼빈과 언약
(CALVIN & THE COVENANT)

CAF	Ahlstarom, S. E. *Calvinistic Theology and the Covenant.*
CAF	Atmarumeksa, Janus N. *The Call of the Covenant.*
CAF	Baker, Herschel. *The Two Covenants.*
BT155/B32	Baker, W. *Heinrich Bullinger and the Covenant*(see Prologue).
BX9419/O4	Bierma, L. *The Covenant Theology of Caspar Olevian.*
BT810.2/I7	Irby. *Changing Conceptions of the Doctrine of Predestination in American Reformed Theology.*
CAF	Osterhaven, E. *Calvin on the Covenant.*
CAF	Thompson, B. *Essays on the Heidelberg Catechism.*
BT155/V43	Venenga. *Covenant Theology and Ethics in the Thought of John Calvin and John preston.*

BX9418/W449	Westhoven. *Calvin's Covenant Concept of the Church.*

칼빈과 창조
(CALVIN & CREATION)

CAF	Leith. J. H., *Creation and Redemption: Law and Gospel in the Theology of John Calvin.*
BT98/S63	Smith. *A Study of the Relation between the Doctrine of Creation and the Doctrine of Revelation.*
BX9418/S6934	Stauffer, R. *Creator rector mundi. Dieu, la creation et le'Providence dans l'oeuvre hormiletique de Calvin.*
CAF	Warfield, B. B., *Calvin's Doctrine of Creation.*

칼빈주의와 문화
(CALVINISM & CULTURE)

BR115/C8	Van Til. *The Calvinistic Concept of Culture.*

칼빈과 직분
(CALVIN & THE DIACONATE)

CAF	Bernoulli, W. *Das Diakonenamt bei Calvin.*
CAF	Bieler, A. *La pensee economique et sociale de Calvin.* pp. 152-157; 364-371.
BX9420/292	*Calvin J. Sermons on Timothy and Titual No.*
BX9418/D6	Doumergue E. *Jean Calvin. Les hommes et les choses de son temps.* Vols. 111(257-260); V(366368).
CAF	D'ESPine H. *Ministeres Ecclesiastiaques divers et consecration.*
CAF	Reed, C. *Calvinism and Social Welfare.*
CAF	_____ *Calvin's Ideas about the Diaconate: Social or Theological in Origin.*
BR309/M4	_____ *The Deacons of the Reformed Church in Geneva in Melanges d'Histoire du Theme siecle efforts a Henri Meylan.*

CAF	_____ *Social1 Welfare in Calvin's Geneva.*
CAF	Olson, J. *Calvin and the Diaconate.*
CAF	Reid, J. K. S. *Diakonia in the Thought of Calvin.*
CAF	Scholl, H. *The Church and the Poor in the Reformed Tradition.*
CAF	Weerda, J. *Kirche und Diakonie in der Theologie Calvins.*

칼빈과 이혼
(CALVIN & DIVORCE)

CAF	Norskov Olsen V. *John Calvin in the New Testament logia on divorce. A study of their interpretation from Erasmus to Milton.*

칼빈과 경제
(CALVIN & ECONOMICS)

CAF	Bainton, Roland H. *The Reformation and the Economic and Domestic Spheres.*
CAF	Bieler A. *The Meaning of Money from the Point of View of "Reformed" Christianity.*
BX9418	_____ *Calvin, Prophet of the Industrial Era.*
HC45/B6	Boedecker R. *Economic Aspects of the Reformation.*
Bx9405/I59	Burleigh, J.H. S. *Calvinism and Economics.*
BS491/C25	Calvin, J. *Commentary on Ezekiel ch. 18, 5-9.*
CAF	Douglass, Jane Dempsey, *Calvin's relation to social and economic change.*
CAF	Fischoff, E. *The Protestant Ethic and the Spirit of Capitalism: The History of a Controversy.*
BX9418/G73	Graham, F. *The Constructive Revolutionary.*
BX9418/G687	_____ *The Permeation of Calvin's Social and Economic Thought.*
BX9418/G257	Hall, B. *The Social Ethics of John Calvin.*
CAF	Hauser, H. *L'Economie Calvinienne.*
CAF	Luthy, H. *Lending at Interest or the Competence of Theology in Economic Matters.*

HM24/L84	_____ *From Calvin to Rousseau*.(ch. 3).
CAF	_____ *Once Again: Calvinism and Capitalism*.
DQ449.5/M6	Monterr, W., *Calvin's Geneva*.
CAF	Nelson, B. *The Road to Universal Brotherhood (article on usury)*.
CAF	_____ *Weber's Protestant Ethic*.
BX9418/P43	Peet. *The Economic Thought of John Calvin*.
BX9418/P478	Penning. *The Life and Times of John Calvin*.
CAF	Scholl, H. *The Church and the Poor in the Reformed Tradition*.
CAF	Taylor, H. 0. *Tawney's Religion and Capitalism and 18th Century Liberalism*.
CAF	Vanginhoven, H. *Reformation Now: John Calvin and Others on Modern Economics*.

칼빈과 교육
(CALVIN & EDUCATION)

BX9418/A65	Anderson, W. *The Educational Relevance of Calvin's Eschatology*.
CAF	Berkhof L. *Calvinism and Education*.
CAF	Brouwer. A. *CaLvin's Doctrine of Children in the Covenant: Foundation for Christian Education*.
CAF	Briggs, C. A. *John Calvin in His Organization of the Academy of Geneva*.
CAF	De Jong, P. Y. *Calvin's Contribution to Christian Education*.
BX9423/E3/C7	Croy, 0. E. *The Religious Educational Work of Calvin*.
CAF	Dendy, M. *Calvin and Christian Education*.
CAF	Eby, F. *Calvinism, the New Protestant Educational Force*.
CAF	Gangel K. *Reformation Dawn and the Light of Christian Education*.
BX9423/E3/G7	Griswold, C. T. *A New Appraisal of John CaIvin's Contribution to Education*.
A2/341/H3	Harbison, E. H. *The Christian Scholar in the Age of the Reformation*.
BX9423/H3/E3	Harper, N. E. *A Comparative Study of the Educational Implications of the Theory of John Calvin and Soren Kierkehaard*.

BX9423/E3/H33	Hartness, R. *A Study of the Educational Point of View of John Calvin as Seen an Selected Writings.*
CAF	Hexham I. *Religious Conviction or Political Tool? The Problem of Christan National Education.*
CAF	Noll, M. *The Early Protestants and the Reformation of Education.*
CAF	Singer, G. *Calvin and Education.*
CAF	Reid, W. S. *Calvin and the Pounding of the Academy of Geneva.*
CAF	White, Robert. *The School in Calvin's thought and practice.*

선택 예정과 유기
(ELECTION, PREDESTINATION & REPROBATION)

BT135/A3	Adams, G. B. *The Seversignty of God in Calvin's Doctrine of Election.*
BT809/B33	Barry. *The Doctrine of Election and Reprobation John Calvin and Karl Barth.*
BX9420/A75	Calvin. J., *Thirteen Sermons on Election and Reprobation.*
Bx9423/P76	Cowper. *Calvin's Doctrine of Predestination and Its Ethica Consequences.*
CAF	Decker, R. D., *Election and Reprobation as Taught by John Calvin.*
BX9423/P7	De Hority. *Calvin's Doctrine of Predestination: Criticism and ReInterpretation.*
BT810/H28	Harris. *The Calvinistic Doctrine of Election and Reprobation.*
BX9405/C6	Hendry G., *Election and Vocation(on the basis of Calvin, Inst. iii, 21-24), pp. 75-91. 1936*
BX9423/P7/K6	Klooster, F. *Calvin's Doctrine of Predestination.*
CAF	La Brecgue, Alexander. *God's Gracious Plan.*
BX9223/L68	Longer. *A Study of John Knox's Doctrine of Predestination.*
BX9423/P7/M6	Moreau. *Divine Predestination and Human Responsibility.*
BX9422.2/M8	Mullerr R. A. *Predestination and Christology in Sixteenth Century Reformed Theology.*
BX810/O57	Olert. *Predestination: Calvin and the New England Theology.*
BT810.2/R44	Reyolds. *The Elements of Calvin's Doctrine of Divine Election.*

BX9418/S3299	Schulze, L. F. *Calvin's Reply to Pighius (Excellent study of free will and predestination in Summary).*
CAF	Shanks R. L. *Calvin's View of Reprobation and His Erroneous Fundamental Assumptions.*
BT810.2/S56	Slavik, R. *The Doctrine of Election in the Genevan New Testament.*
BX9423/P7/S6	Sova. *Doctrine of Predestination and Election in the Reformed Tradition.*

칼빈과 종말론
(CALVIN & ESCHATOLOGY)

BT9418/A65	Anderson, W. *The Educational Relevance of Calvin's: Eschatology.*
BX9420/A3	Calvin, J. *Psychopannychia*
BX9418/C3	Holwerda, D. ed. *Eschatology and History.*
CAF	Jordan. *Calvin's Incipient Postmillenialism.*
BX9420/I69	Mckee. *Eschatology of John Calvin as Expressed in His Institutes.*
CAF	Moltmann, J. *Trinity and Eschatology.*
BX9418/Q52	Quistorp, H. *Calvin's Doctrine of Last Things.*
CAF	Torrance, T. F. *The Eschatology of the Reformation.*
BV600/T58	*Kingdom and Church*
BX9418/V2	Vahanian. *An Eschatologlcal Consideration of Calvin's Concept of Responsibility.*
BX9418/V3	Van Buren, p., *Christ in Our Place.*
BT812.2/V5	Vinglas. *Investigation of the Eschatological Teaching of Martin Luther and John Calvin.*

칼빈과 윤리
(CALVIN & ETHICS)

BX9418/F59	Fonken. L. *Calvin's Ethics.*
CAF	Irwin, M. *The Ethics of John Calvin.*
CAF	Leighton, J. A. *The Protestant Reformation and the Puritan Echic.*

BT109/L62	Loeschen. *The Divine Community.*
BX9418/R55	Roach. *Ethical Implications of John Calvin's Theology.*
BV4390/W5	Witte, W. W., *The Ethical and Spiritual Significance of Calvin's Concept of Clerical Celibacy.*
CAF	Wright, D. *The Ethical Use of the Old Testament in Luther and Calvin: a Comparison.*

칼빈과 파문
(CALVIN & EXCOMMUNICATION)

BR350/O36	Dekura, *Church Discipline according to Johannes Oecolampadius in the Setting of His Life and Thought.*
BR307/N52	Neiminten, *Excommunication in the Reformation.*
BX9418/W493	[n. n.], *A study of Church Discipline according to Calvin, Knox, and Melville.*

칼빈과 성경주해
(CALVIN & EXEGESIS)

CAF	Atmarumekse, Junus N. *The place of Proverbila Wisdom in Calvin's Commentaries.*
CAF	Avila, Mariano. *The Principles of Accomodation and its Function in the Biblical Commentaries of John Calvin.*
CAF	Avila, Mariano. *A Selective Comparison of Calvin's Commentary on the Gospel of John*
CAF	*with Dodd's Interpretation of the Fourth Gospel.*
CAF	Ayers, Robert H. *The View of Medieval Biblical Exegesis in Calvin's Institutes.*
	BaintoN, Roland H. *The Parable of the cares as the Proof Text for Religious Liberty.*

칼빈과 신앙(믿음)
(CALVIN & FAITH)

CAF	Allen, Edith H. *The Return to Calvin.*
CAF	Andersonr, Raymond K. *The Principle Practice of Faith.*
BS485/C333	Calvin. J. *Commentaries.* LCC Edition(223259).
BR309/O92	Fowler, S. "Faith and reason in the period of the reformation" in *Our Reformational Tradition.*
CAF	Foxgrover D. *'Temporary faith' and the certainty of salvation.*
BX9422.2/R37	Hart, H. et al., ed. *Rationality in the Calvinian Tradition.*
BX9418/H295	Hazen. *Calvin's Doctrine of Faith.*
CAF	Hoopes, R. "Reformation fideism and skepticism: main antithesis to Recta ratio" in his *Right Reason in the English Renaissance.* pp. 96-122.
CAF	Gerrish, B. A. *Atonement and Saving Faith.*
BX9418/L9	Lyon. *The Element of Subjectivity in Calvin.*
BX9418/S4	Sebesteyn. *The Object of Faith in the Theology of Calvin.*
BT771/S47	Simmons. *Faith as a Way of Knowing God in the Christian Religion.*
CAF	Soltau A. P. *The Ethics of John Calvin.*
BX9418/S94	Stuermann W. E. *A Critical Study of Calvin's Concept of Faith.*
BT78/T55	Thomas. *Revelation, Faith and Doctrine: a Study Based on the Theology of John Calvin.*

칼빈과 자유의지
(CAIVIN & FREE WILL)

BX9418/H49	Higginbotham. *Doctrine of Man's Will as Developed by John Calvin with Particular Reference to Man's Post Fall State.*
CAF	Lane, A. N.S. *Did Calvin Believe in Free Will?*
CAF	Partee, C. *Calvin and Determinism.*
BX9422/P64	Poulain, A. *Le Principe d'activite du Calvinisme*
BX9418/S3299	Schulze, L. F. *Calvin's Reply to Pighius.*

칼빈과 성령의 은사
(CALVIN & THE GIFTS OF THE SPIRIT)

BT121.2/25	Banks. *Doctrine of the Holy Spirit in the Protestant Reformation.*
CAF	Elbert, P. *Calvin and the Spiritual Gifts.*
CAF	Ganoczy A. *Word and Spirit In the Catholic Tradition.*
BX9418/E94	Sweetman, L. *The Gifts of the Spirit: a study of Calvin's comments on 1 Corinthians 12:8-10; Romans 12:6-8; Ephesians 4:11* in Exploring *the Heritage of John Calvin.*

칼빈과 은혜
(CALVIN & GRACE)

Bx9418/A48	Allison. *Grace and Nature in the Theology of John Calvin.*
BT716.2/A58	Anderson. *Grace of God and the Non-elect in Calvin's Commentaries and Sermons.*
BT761.2/A6	Andrews. *The Doctrine of Grace in St. Augustine and John Calvin.*

칼빈과 성령
(CALVIN & THE HOLY SPIRIT)

BT121/A2	Abel, J. L. *Ethical Implicatiorts of the Doctrine of the Holy Spirit.*
CAF	Baars, A. *Word and Spirit.*
BT121.2/B25	Banks, A. N. *The Doctrine of the Holy Spirit.*
BX9423/H6	Boyle, R. M. *The Doctrine of the Witness of The Holy Spirit in John Calvin's Theology against the Historical Background.*
BS491/C25	Calvin, J. *Commentary on Acts 14-28.*
CAF	Griffin, R. *The Holy Spirits.*
BX9423/H6	Gillespie. *Calvin's Teaching on the Holy Spirit in the New Testament.*
CAF	Heron, A. I. C. *The Enlightener and Sanctifier.*
BT119/J6	Jones. *Doctrine of the Holy Spirit in Thomas Aquinas and John Calvin.*
BX9423/H6/K7	Krusche, W. *Das Wirken des Heiligen Geistes... nach Calvin.*
CAF	Parratt, J. K. *The Witness of the Holy Spirit.*

CAF	Schepers. *The Interior Testimony of the Holy Spirit*.
CAF	Spijker, W. van't. *The doctrine of the Holy spirit in Bucer and Calvin*.
BT121/L5	Van der Linde, S. *De Leer van den Heiligen Geest bij Calvijn*.
BX9423/H6/Z4	Zerwas. *The Holy Spirit in Calvin*.

칼빈과 인문주의
(CALVIN & HUMANISM)

CAF	Augustin, C. *Calvin and Humanism*.
CAF	Battenhouse, R. *The Doctrine of Man in Calvin and in Renaissance Platonism*.
CAF	Battles F. L. *Calvin's Humanistic Education. Three Universities; Six Teachers*.
CAF	_____ *Decus and Columen. A Study of the Reception of the Classical Tradition in John Calvin's Commentary on the De Clementia of Lucius Annaeus Seneca*(1532).
BX9405/A5	Berkouwer. *Calvin and Humanism*.
CAF	Bouwsma, W. J. *Calvin and the Renaissance Crisis of Knowing*.
CAF	_____ *The two Faces of Humanism*.
BX9418/B75	Breen, Q. *John Calvin: A Study in French humanism*.
CAF	_____ *Calvin and Common Grace*.
CAF	_____ *Humanism and the Reformation*.
CAF	Burke, P. *The Two Faces of Calvinism*.
CAF	Gelder. H. A. Enno. *Christian Humanism in France*.
BX9418/H25	Hall, B. *John Calvin, Humanist and Theologian* (of. p. 22).
CAF	_____ *Calvin and biblical humanism*.
CAF	Linder, R. D. *Calvinism and humanism: the first generation*.
CAF	Spitz, L. W. *Calvin and Calvinism*.
CAF	_____ *Humanists in the Reformation*.
CAF	Trinkaus, C. E. *Renaissance Problems in Calvin's Theology*.
CAF	Van der Walt, B. J. *The Intellectual Recor of the Reformation with Special Reference to Calvin*.

CAF		_____ *Renaissance and Reformation: Contemporaries but not Allies.*
CAF		Williams, D. T. *John Calvin: humanist and reformer.*

칼빈과 우상 숭배
(CALVIN & IDOLATRY)

CAF		Anderson, Marvin. *Royal Idolatry: Peter Martyr and the Reformed Tradition.*
BX9418/A83		Autin. *La crise du Nicodemisme,* 1535-1545.
BX9418/A33		Calvin J. *Lettres de Calvin a Jaque de Bourgogne*(M. de Falais).
BX4818.3/E45		Eire. C. N. M. *Idolatry and the Reformation.*
CAF		_____ *Calvin and Nicodemisn: a reappraisal.*
CAF		_____ *Prelude to Ssedition? Calvin's attack on Niconemism and religious compromise.*
BX9420/E94		Falais M. de. *Excuse de noble seigneur Jaques de Bourgogne, S. de Fallets & Bredam: pour se purger vers la M. Imperiale, des calomnies a luy impsees en matiere de sa foy, dont il rend confession.*
BX9420/A55		Higman, F., ed. *Excuse de M. Jean Calvin, a Messieurs les Nicodemites sur la complaincte qu'ilz font de sa trop grand rigueur,* 1544(131153.).
CAF		Leith, John H. *Calvin's Polemic Against Idolatry.*
BR370/S33		Schmidt C. *Gerald Roussel.*

칼빈과 인간 안에 하나님 형상
(CALVIN & THE IMAGE OF GOD IN MAN)

BT701/C27		Cairns. *The Image of God in Man.*
BX9418/D32		Dancy. *The Transformed Individual and His Social Responsibility in the Thought of John Calvin.*
CAF		Hoekema, A. A., *John Calvin.*
BX9418/K4		Kennedy. *Calvin's Concept of the Image of God.*
CAF		Prins, R. *The Image of God in Adam and the Restoration of Man in Jesus Christ: A Study in Calvin.*
CAF		Stauffer, R. *Some Unfamiliar Aspects of the Theology of the First Head*

BX9423/M3   *of Doctrine in the Preaching of Calvin.* Pt. IV.
Torrance, T. F. *Calvin's Doctrine of Man.*

칼빈과 영혼 불멸
(CALVIN & THE IMMORTALITY OF THE SOUL)

BX9418/H255   Hall C. M. A. *With the Spirit's Sword.*

칼빈과 칭의
(CALVIN & JUSTIFICATION)

CAF	Coates. *Calvin's Doctrine of Justification.*
CAF	Landis, R. W. *What were the Views Entertained by the Early Reformers in the Doctrine of Justfication⋯.*
CAF	Reid, W. S. *Justification by Faith According to John Calvin.*
CAF	Torrance, T. F. *Justification: Its Radical Nature and Place in Reformed Doctrine and Life.*
BX9423/J8	Wood. *Clothed in Righteousness.*

칼빈과 하나님 나라
(CALVIN & THE KINGDOM OF GOO)

BX9422/P64   Poulain, A. *Le principe d'activite du Calvinisme.*

칼빈과 하나님 지식
(CALVIN & THE KNOWLEDGE OF GOD)

CAF	Anderson, Robert. *Calvin's Institutes*
CAF	_____ *The Transcendent God : Calvin.*
CAF	Bouwsma, W. J. *Calvin and the Renaissance Crisis of Knowing.*
CAF	Demarest, B. A. *Calvin on the Knowledge of God as Creator.*
BX9418/D64	Dowey, E. A. *The Knowledge of God in Calvin's Theology.*
CAF	Gerrish, B. A. *'To the Unknown God': Luther and Calvin on the*

	Hiddeness of God.
CAF	Grislis, E. *Calvin's Use of Cicero in the Institutes I: 1-5 - A Case Study In Theological Method.*
BX9418/I74	Istafanous. *Calvin's Doctrine of Biblical Authority*
BX9418/L612	Lobstein, P. *La Renaissance religieuses d'apres Calvin.*
BX9418/L6	_____ *Etudes sur la pensee et l'oeuvre de Calvin*(Essay in the collection).
CAF	Mueller. *'Duplex Cognitio Dei' in the Theology of Early Reformed Orthodoxy.*
CAF	Noble, T. A. *Our Knowledge of God According to John Calvin.*
BT101	Parker, T. H. L. *Calvin's Doctrine of the Knowledge of God.*
CAF	Torrance, T. F. *Calvin and the Knowledge of God.*
CAF	Warfield, B. B. *Calvin's Doctrine of the Knowledge of God.*
BX9418/W54	Willis, E. *Calvin's Catholic Christology.*

칼빈과 율법
(CALVIN & THE LAW)

BX9418/A819	Augsburger, D. *Calvin and the Mosaic Law*
CAF	Pierre Viret. *on the Sabbath Commandment.*
BR140/B6	Avis. *"Moses and the Magistrate" in Scottish Journal of Theology,* xxvi, no. 2(April 1975).
CAF	Battles, F. L. *Notes on John Calvin : Justitia and the Old Testament Law.*
CAF	Ebeling, G. *Triplex Usus Lgis in the Theology of the Reformation.*
BX9418/G42	Gentry. *A Study of John Calvin's Understanding of Mora Obligations and Moral Norms in Christian Ethics.*
BX9418/R36	Gerrish, B. A. *Theology within the Limits of Piety Alone. Schleiermacher and Calvin's Doctrine of God.*
CAF	Gessert, *The Integrity of Faith.*
CAF	Greenbough. *The Reformers'Attidude to the Law of God.*
CAF	Hall, B. *John Calvin. the Jurisconsults and the Ius Civilus*

BX9418/H43	Hesselink, I. J. *Calvin's Concept of the Law.*
CAF	_____ *Calvin's View of the Law.*
BX9418/R36	_____ *Christ. the Law and the Christian: An Unexplored Aspect of the Third Use of the Law in Calvin's Theology.*
BV1251/O87	Little, D. *Calvin and the Prospects for a Christian Theory of Natural Law.*
CAF	_____ *Calvinism and the Law.*
CAF	MacLeod. *Living the Christian Life.*
CAF	Murray. *The Political Consequences of the Reformation.*
BT96/R4	Reif, W. *The Relation of Grace to Law in Luther and Calvin.*
CAF	Thielicke, H. *Law and Gospel as Constant Partners.*

칼빈의 율법과 복음
(LAW AND GOSPEL IN CALVIN)

Bandstra, A.	"Law and Gospel in Calvin and in Paul" in Exploring *the Heritage of John Calvin.*
CAF	Leith. J. H. *Creation and Redemption; Law and Gospel in the Theology of John Calvin.*
CAF	Thielicke, H. *Law and Gospel as Constant Partners.*

칼빈과 해방신학
(CALVIN & LIBERATION THEOLOGY)

CAF	Farris. A. *The Antecedents of a Theology of Liberation in the alvinist Heritage.*

칼빈과 예배전례
(CALVIN & LITURGY)

CAF	Barklery J. M. *The Reformed Rite in English.*
CAF	_____ *The Reformed Rite on the Continent.*

칼빈과 성찬
(CALVIN & THE LORD'S SUPPER)

CAF	Anderson, Robert. *Luther and Calvin's Christology and the Eucharist.*
CAF	Baird, Charles W. *Calvin's Last Communion.*
CAF	[n. n.]. *Baptized Non-communicants and the Celebration of the Lord's Supper.*
CAF	Barclay, W. *The Lord's Supper in the Reformed Church.*
BV825/B25	Barclay. W. *Protestant Doctrine of the Lord's Supper.*
CAF	Barkley, John M. *The Eucharist in Presbyterianism.*
CAF	_____ *'Pleading his Eternal Sacrifice' in the Reformed Tradition.*
BT89/B34	Baumann. *Ministry and the Sacraments in Reformation Theology.*
BX9423/C5	Bitter. *Doctrine of the Lord's Supper as Found in the Institutes of John Calvin.*
BX9423/S2	Blewitt. *Calvin's Doctrine of the Sacraments.*
CAF	Burki, B. *La Saints Cene selon l'ordre de Jean Calvin, 1542.*
BV824/C4313	Chemnitz. *The Lord's Supper.*
BX9423/C5	Coppock, J. L. *Calvin's Doctrine of the Lord's Supper.*
CAF	Dabney, R. L. *The Lord's Supper.*
CAF	Fitzer, J. *The Augustinian Roots of Calvin's Eucharistic Thought.*
CAF	Gerrish, B. A. *The Flesh of the Son of Man: John W. Nevin on the Church and the Euchriset.*
CAF	_____ *John Calvin and the Reformed Doctrine of the Lord's Supper.*
BR333.2/G62	Goesser, R. J. *Word and Sacrament*
CAF	Kibble, D.G. *The Reformation and the Eucharist.*
Bv823/K63	Kolkmeier, *Comparative Study of the Doctrine of the Lord's Supper in Luther, Zwingli, and Calvin.*
BV823/L4	Landwehr. *Luther, Zwingli and Calvin on the Supper.*
CAF	Lecerf, Auguste. *The Liturgy of the Holy Supper at Geneva in 1542*
CAF	MacKenzie, R. *Reformed and Roman Catholic Understandings of the Eucharist.*
BX9418/M28	McDoonnell, k. *John Calvin, the Church and the Eucharist.*

BV823/M44	Meyer. *John Calvin's Doctrine of the Lord's Supper.*	
CAF	Nevin, J. W. *The Reformed or Calvinistic Doctrine of the Lord's Supper.*	
CAF	Nicholls J. D. *'Union with Christ': John Calvin on the Lord's Supper.*	
BV800/O6	Olmstead. *Sacramentalism in Calvinism.*	
CAF	Oostendorp, E. *Is Our Commnunion From Zwinglian?*	
BX9423/C5	Pentz. *The History of the Reformed Doctrine of the Eucharist.*	
CAF	Reid, J. K. S. *Gospel and Eucharist.*	
BX9423/C5	Schalinske. *Calvin and Luther -Their Doctrines of the Lord's Supper.*	
CAF	Seeberg, R. *Completion of Doctrinal Construction in the Lord's Supper.*	
CAF	Thurian, M. *The Real Presence.*	
CAF	Tylenda J. *Calvin and Christ's Presence.*	
BX9423/C5	Yazaki. *Calvin's Doctrine of the Lord's Supper.*	

칼빈과 루터
(CALVIN & LUTHER)

CAF	Abray, Lorna Jane. *The Triumph of Lutheran Orthodoxy.*
CAF	Albanese, C. L. *the Religion of the Reformation.*
CAF	Alexander, Archibald. *the Pioneers of Protes tantism.*
CAF	Allen, J. W. *The Break from Calvin.*
CAF	Anderson, Willam K. *Luther and Calvin; a Contrast in Politics.*
CAF	Anderson, Robert. *Luther and Calving's Christology and the Eucharist.*
CAF	Atkinson, James. *The Reformation and Luther.*
CAF	Ayers, Robert H. *Major Perspectives of Luther and Calvin.*
CAF	Baron, Salo Wittmayer. *Protestant Individualism.*
CAF	Runia, K. *Is it still worthwhile to be Reformed today?*
BX9418	Wilson. *Comparison of Luther and Calvin.*

칼빈과 인간론
(CALVIN & THE DOCTRINE OF MAN)

BX9423/M3	Bonis. *Main Issues in John Calvin's Christocentric Anthropology.*

BX9418/B73	Brandis. *John Calvin: A Study of Man in Relation to His Doctrine of Man.*
CAF	Gerrish, B. A. *The Mirror of God's Goodness.*
BX1650.2	Greve. *Freedom and Discipline in the Theology of John Calvin*
BX9418/H25	Hall, B. *John Calvin: Humanist and Theologian.*
BX9423/M3	McAlpine. *The Anthropology of Calvin and Brunner: A Comparison.*
CAF	Miles, M. R. *Theology, Anthropology and the Human Body in the Institutes.*
BX9423	Potter, M. L. *Cognitio Dei/Cognitio Hominis: John Calvin's Perspectival approach to Christian anthropology.*
BX9423/M3	Torrance, T. F. *Calvin's Doctrine of Man.*
CAF	Van der Walt, B. J. *Biblical and Unbiblical Traits in Calvin's View of Man.*
BX40l2.2/V32	Van Gelder, D. *Implications of Calvin's Anthropology*
CAF	Vos, C. *Calvin's View of Man in the Light of Genesis 2:15.*

칼빈과 결혼
(CALVIN & MARRIAGE)

CAF	Bailey, D. S. *The Reformation: Sexual Relation in Christian Thought.*
CAF	Baldwin, C. M., *Marriage in Calvin's Sermons.*
BX9423/M3	Bieler, A. *L'homme et la femme dans la morale calviniste.*
BX9423/S6	_____ *La peasee economique et social de Calvin.*
BX9418/C572	Blaisdell, C. M. Jenkins. *Response to 'The Role and Status of Women in the Writings of John Calvin' in Renaissance, Reformation, Resurgence.*
BX9418/C572	Bratt, J. *"The Role and Status of Women in the Writings of John Callvin" in Renaissance, Reformation, Resurgence.*
BS491/C25	Calvin, J. *Commentary on the First Epistle to the Corinthians.* Ch. Xi:3-15. 1979 v.20
BX9420/A3	_____ *Form and Manner of Celebrating Marriage.*
BX2695/C26	_____ *Sermons on Ephesians 5:22-26.* 564600.
BS1275/C3	_____ *Sermons upon the Fifth Booke of Moses Called Deuteronomie,*

	137th Sermon, vol. II, 839-846. Calvin, et al. *Les ordonnances ecclesiastique de 1561* in *Calvini Opera*, X, Pt. 1, Cols. 108-114.
BX9418/E94	De Boer, W. "Calvin on the Role of Women" in Exploring *the Heritage of John Calvin*.
BX9418/G67	Gottlieb, B. *Calvin's Response to Marriage*.
BX9418/H28	Harkness, G. *John Calvin: The Man and His Ethics*.
BX9418/S696	Stauffer, R. *Dieu, la creation et la providence dana la predication de Calvin*. pp. 209-211.
BX9418/S695	_____ *The Humanness of John Calvin*.
BX9418/W29	Wallace, R.S. *Calvin's Doctrine of the Christian Life*.
BS4390/W5	Witte, W. W. *Marriage in the Thought of John Calvin*.

칼빈과 동정녀 마리아
(CALVIN & THE VIRGIN MARY)

CAF	Cadier, J. La *Vierge Marie dens la dogmatique reformee au* XVIe et au XVIIe Siecle.
CAF	Caloren. "*The Virgin Mary in Reformation Theology; A Reply*.
CAF	O'Carroll, M. *Calvin, John*(1509-1564).
CAF	Schuel. *The Virgin Mary in Reformation Theology*.

칼빈과 미사
(CALVIN & THE MASS)

CAF	Barkley, John M. *"Pleading his Eternal Sacrifice" in the Reformed Liturgy*.
BX9420/AE	Calvin. J. *The Necessity of Reforming the Church Tracts and Treatises, 1*, pp. 123ff. 1958
BX9418/B742	Ha.geman, H. *The Liturgical Origins of the Reformed Churches*
BX9418/B742	Nichols, J. H. *The Intent of the Calvinistic Liturgy in the Heritage of John Calvin*.
CAF	Ainslie, James L. *The Doctrine of Ministerial Order in the Reformed Churches of the Sixteenth and Seventeenth Centuries*.

CAF		_The Equality of Ministers._
CAF		Birmele, A. _Le ministere dans les Egliss de la Reforme._
CAF		Liddle, Davia M. _Calvin's Doctrine of Ministry._
BX9428/B75		Thomson, B. _"The Reformed Church in the Palatine" in Essays on the Heidelberg Catechism._
BX9428/B683		Bolt. _The Conception of the Ministry and the Nature of Ordination in the' Writings of John Calvin._
BS491/C25		Calvin. J. _Commentary_ on accts 7:51.
Ibid.		_Commentary_ on Daniel. 7:15. v.13
Ibid.		_Commentary_ on Ephesians 4:12. v.21
BX9420		_Institutes_ 4.1.5; 4.3.1,2. 165 1960
CAF		McNei11, J. T., _The Doctrine of the ministry in Reformed Theology._

칼빈과 선교
(CALVIN & MISSIONS)

CAF	Avis, Paul D. L. _The Reformers and Mission._
CAF	Beza-Camargo, G. _The Earliest Protestant Missionary Venture in Latin America._
BX9418/B742	Beaver, R. P. _"The Genevan Mission to Brazil" in The Heritage of John Calvin._
CAF	Calhoun. _John Calvin: Missionary Hero or Missionary Failure._
BX9418/A5	Galland, E. _"Le protestantisme on Amerique du Sud" in Almanach Jean Calvin,_ 1923. pp. 54-60.
CAF	Gensichen, H-W. _Were the reformers indifferent to missons?_
CAF	Hughes, P. E. _John Calvin: Director of Missions._

칼빈과 수도원 주의
(CALVIN & MONASTICISM)

Bv4740/A5	Almen. _The Doctrine of Calling in Luther and Calvin._
BX9423	Bieler, A. _La pease economique et sociale de Calvin,_ p. 355.

BS491/C25	Calvin J. *Commentary* on Acts, Ch. 2, v. 45.
Ibid.	_____ *Commentary* on ll Thessalonians, Ch. 3. v. 11-12.
Bx9420	_____ *Institutes, IV*:14-21. 165, 1960.
BX9418	Dounergue E. *Jean Calvin, les hommes et les choses de son temps*. v. IV, pp. 305 & 443.
CAF	Hill, M. *The Religious Order Demands Total Commitment.*

칼빈과 음악
(CALVIN & MUSIC)

CAF	Bailey, Adrienne Thompson, *Music in the Liturgies of the Reformers: Martin Luther and Jean Calvin.*
CAF	Bakers, Christina. *Calvin and Music.*
BX9420/A32	Battles, F. L. *The Piety of Calvin.*
BX9418/B57	Bishop, D., *Jean Calvin and the Genevan Psalter.*
CAF	Calvin, J. *Letter to the Reader. Introduction to "The Form of Prayers and Songs"of the Church* 1542.
BX9420/A53	Choisy, E., ed. *Preface de la liturgie et du psautier.* 3.
CAF	Bruinsma, H. *Calvin and Church Music.*
CAF	*Growing Interest in Reformed Church Music.*
CAF	*Reply to Phoenix.*
Mc3102/C45	Chronic. *Music of Calvin's Liturgy.*
BX9418/C9	Cypris. *Public Worship in Calvin.*
BX9418/D38	Davies, A. T. *John Calvin, Many-sided Genuius.*
BX9418/D427	De Jonge, *Inquiry into the Nature of the Attitude of John Calvin on Music.*
BX9418/D62	Doumergue, E. *L'art et sentiment dans l'oeuvre de John Calvin.*
BX9418/D622	Doumergue, E. *Essai sur l'histoire de culte reforms.*
CAF	Garside, C. *Calvin's Preface to the Psalter: a Reappraisal.*
ML3001/G27	_____ *The Origins of Calvin's Theology of Music.*
CAF	_____ *Some Attitudes of the Major Reformers toward the Role of Music in the Liturgy.*

ML3102/H3	Harms. *The Theological Crisis of 16th Century Church Music.*
CAF	Lang, P. H. *The Huguenots and their Music.*
BX9418/L45	Leslie, R. *The Polyphonic Psalter of Pascal de l'Estocart: A Study of the Relation between Calvinist Theology and Music.*
BX9418/M52	Miller. *John Calvin and the Reformation of Church Music.*
CAF	Patte, E. *John Calvin and Choral Music.*
ML3000/P4	Pettinga. *Music in the Calvinistic Reformation: an Historilcal Study.*
CAF	The phoenix. *A Reply to Professor Henry A. Bruinsma.*
CAF	Pidoux, P. *The Fourth Centenary of the French Metrical Psalter.*
CAF	_____ *Polyphonic Settings of the Genevan Psalter.*
ML3102/V8	Vuataz, R. *Calvin face a la musique de son temps.*

칼빈과 자연법 이신론
(CALVIN & NATURL LAW, NATURAL THEOLOGY)

CAF	Aull, Don. *Calvin's View of Natural Theology with Thoughts of Charles Hodge.*
CAF	Cochrane, A. *Natural Law in Calvin.*
CAF	Grislis, *Calvin's Use of Cicero in the Institutes I:1-5-a Case Study in Theological Method.*
BX9418/A7	Lang, A. *Calvin and Natural Law in Armstrong, Calvin and the Reformation.*
BL181/A64	Powell, R. E. *The Attitude of the Reformers toward Natural theology.*

칼빈과 니고데모주의자
(CALVIN & THE NICODEMITES)

BX9418	Calvin, Jean. *De fugiendis impiorum illicitis* (1536).
CAF	_____ *De sacerdotio papale*(1536).
CAF	_____ *Petit traicte monstrant que doit faire un homme fidele*(1543).
CAF	_____ *Excuse a messieurs les Nicodemites* (1544).
CAF	_____ *Quatre sermons*(1552).

CAF	_____ Response a un certain hoiandois(1562).
CAF	Eire Carlos, N. M. *Calvin and Nicodemism: a reappraisal.*

칼빈과 구약
(CALVIN & THE OLD TESTAMENT)

CAF	Mckane, W. *Calvin as an Old Testament Commentator.*

칼빈과 목회
(CALVIN & THE PASTORAL MINISTRY)

CAF	Henderson, R. W. *Calvin's Estimate of the Theological Foundations of the Church's Teaching Office.*
CAF	McNeill, J. T. *Calvin's Vocational Idealism and the Disciplined Community*
CAF	_____ *The Doctrine of the Ministry in Reformed Theology.*
CAF	Peter, J. F. *The Ministry in the Early Church as Seen by John Calvin.*
CAF	Reid, W. S. *John Calvin, Pastoral Theologian.*
CAF	Tait, I. M. *Calvin's Ministry of Encouragement.*
CAF	Verghes, P. *Authority in the Church. An Orthodox. Perspective on the Reformation.*
CAF	Whitlock, G. E. *The Call to the Ministry in the Reformed Tradition.*

칼빈과 박해
(CALVIN & PERSECUTION)

BX9418/B257	Baldwin, C. M. *Calvin's attaque a la persecution: un etude comparative de son style francais.*
CAF	Calvin, J. *"Letter to the Five prisoners of Lyon"* in Spitz, L. W., ed. *The Protestant Reformation.*
BX4818.3/E45	Eire, C. *Idolatry and the Reformation: A Study of the Protestant Attack on Catholic Worship in Germany, Switzerland and France, 1500-1580.*

칼빈과 철학
(CALVIN & PHILOSOPHY)

CAF	Aupke, John C. *Calvin's Institutes.*
CAF	Backus, Irena. *Aristotelianism in Some of Calvin's and Beza's Expository and Exegetical Writings*….
BX9402/C3	*Calvinistic Philosophy Club, Proceedings* 1937-1941.
CAF	La Coq, John P. and others. *Was Calvin a Philosopher?*
CAF	Levinson, H. S. *Orthodox Theism.*
BX9418/P38	Partee, C. *Calvin and Classical Philosophy.*
BX9418/R48	Richards. *The Religion of Calvin and the Philosophy of Whitehead.*
BT26/U7	Urban. *The Will of God: A Study of the Origin and Development of Nominalism and Its Influence upon the Reformation.*

칼빈과 정치 질서
(CALVIN & POLITICAL ORDER)

CAF	Anderson, *William K. Luther and Calvin: a Contrast in Politics.*
CAF	Ardnt, W. *Calvinism and Politics.*
BR1037/G4	Ainsworth. *Relation to between Church and State in the City and Canton of Geneva.*
CAF	Backhouse, M. F. *The Official Start of Armed Resistance in the Low Countries.*
CAF	Bainton, Roland H. *Ernst Troeltsch--Thirty years later, a critique of the Social Teaching of the Christian Churches.*
CAF	_____ *The Reformation and the Political Sphere.*
CAF	_____ *The Remonstrator: Sebastian Castellis.* Baron, Hans. *Calvinist Republicanism and its Historical Roots.*
BX7260/D84	Berk.. *Calvinism versus Democracy.*
CAF	Boeke, B. B. *Calvin's Doctrine of Civil Government.*
BX9423/S8	Bong Rin, Ro. *The Church and State in Calvin.*
BX9418/B775	Brown. *The Political Teachings of John Calvin.*

BS491/C25	Calvin, J. *Commentary on Psalms. 82:3.*
BX9420/I65	_____ *Institutes* III.19.15.
BX9434/C52	Choisy, E. *L'retat chretien calviniste a Geneve au XVieme siecle.*
DQ458	_____ *La theocratie a Geneve au temps de Calvin.*
BX9423/S83	Farel. *The Political Theory of John Calvin.*
JC375	Hoe, Y. C. *The Origin of Parliamentary Sovereignty.*
BX9418H65	Hopfl, H. *The Christian Polity of John Calvin.*
BV431	Hunt. *Calvinism and the Political Order.*
BX9418/K54	Kingdon, R. *Calvin and Calvinism*
CAF	Langford, Norman F. *Christians and Politics: the Calvinist Background.*
BX9420	McNeill, J. T., ed. *John Calvin on God and Political Duty.*
CAF	Matthews, W. R. *John Calvin.*
CAF	Mours. S. *Calvinist Self-Defense*
CAF	Murray, J. *The Political Consequences of the Reformation.*
BX9423/S8	Platt. *The Relations of John Calvin with the Civil Authority in Geneva.*
CAF	Reid, W. S. *As to Calvinistic Political Action.*
CAF	Robinson. *Calvin's View of Church and State.*
BX9405/I59	Rutgers, V. H. *The Reformed Faith and Its Ethical Consequences in the State, 1938.*
BX9423	Severn. *John Calvin and the Government of Geneva.*
CAF	Skinner, Q. "Calvinism and the Theory of Revolution" in Skinnerr, Q. *Foundations of Modern Political Thought.*
BX9418/T49	Thompson, W. *The Problem of Political Authority in Calvin's Theory and Practice in the Light of Modern Interpretations.*
BX9423/S5	Toth. *The Dalectic in the Political Ethics of Calvinism.*
CAF	Ullmann, W. *Calvin and the Duty of the Guardians to Resist.*
CAF	Van Der Kroef. J. M. *Calvinism as a Political Principle.*

칼빈과 초상화
(CALVIN & PORTRAITS)

BX9418   Boisset. *Jean Calvin.*
BX9418/I25   Doumergue, E. *Iconographie calvinienne.*
BX9418/W4   Weerda, J. *Holbein und Calvin. Ein Bildfund.* 8141.5/67[n. n.] *Calvin et la reforms francaise* (pp. 57-60).
BX9418/A3   Boisset. *Johannes Calvins Lebenswerk in Seinem Briefen-Frontispiece.*

칼빈과 기도
(CALVIN & PRAYER)

BX9418/A46   Alexander. *The Influence of Scriptures on the Prayers of John Calvin.*
CAF   Baird, Charles W. *Calvin's Daily Offices.*
CAF   Barth, Karl. *Introductory Remarks.*
BX9420/A32   Battles, F. L. *Piety of Calvin.*
BX9420/A3   Calvin, J. *Form of Prayer for the Church.*
BX9420/I65   *Institutes*, III.20.
BX9420/S3   Edwards. *Devotions and Prayers of John Calvin.*
BX9418/W29   Wallace, R. S. *Calvin's Doctrine of the Christian Life.*
CAF   Ware, Bruce A. *The Role of Prayer and the Word* ….

칼빈과 설교
(CALVIN & PREACHING)

CAF   Battles, F. L. *Calvin the exegete: Calvin's Principles of exegesis.*
BX9418/C293   Bourilly, et al. *Calvin et la reforms en France.*
BX9418/C78   Cruvellier. *Etude Bur la predi cation de Calvin.*
BX942/A32   Calvin, J. *The Deity of Christ and Other Sermons.*
BX942/SE6   _____ *The Gospel according to Isaih. Nixon,* ed.
BX9420/M9   _____ *The Mysteries of Godliness and other Selected Sermons.* L. Nixon, ed.

BX9420/A75	_____ *A Selection of the Most Celebrated Sermons of John Calvin.*
BX9420/S4	_____ *Sermons on Isaiah's prophecy of the Death and Passion of Christ.* T. H. L. Parker, ed.
Ref./Z./8141.5	De Koster, L. R. *Living themes in the thought of John Calvin.*
CAF	Fuhrmann, P. T., *Calvin, the expositor of Scripture.*
BX9418/M79	Muhlhaupt, E. *Die Predigt Calvins.*
BX9418/N52	Nixon, L. *John Calvin, Expository Preacher.*
BX9418/P35	Parker, T. H. L. *The Oracles of God.*
BX9418/P37	*Supplementa Calviniana.*
BS500/S78	Stauffer, R. *Interpretes de la Bible.*

칼빈과 예정
(CALVIN & PREDESTINATION)

CAF	Ameling, James. *A Comparison of the Works of Calvin and Armenius.*
BT810/B66	Boettner, L. *The Reformed Doctrine of Predestination.*
BT810'G78	Graves. *Calvinistic Predestination.*
BT9405/C6	Hendry, G., *Election and Vocation(on the basis of Calvin, Inst.* III 21-24), pp. 75-91.
BT810/S43	Herzog. *Predestination.*
BX9423/P7/K6	Klooster, F. *Calvin's Doctrine of Predestanation.*
CAF	Lam, Wing-hung. *Tensions in Calvin's Idea of Predestination.*
BX9422.2/M8	Muller, R. A. *Predestination and Christology in Sixteenth Century Reformed Theology.*
BT8l0/R58	Robbins, H. *St. Paul's Epistles That Are Relate to Predestiation.*
BX9418/S32	Schulze, L. F. *Calvin's Reply to Pighius. Conclusion: 137.*

칼빈과 섭리
(CALVIN & PROVIDENCE)

BT135/C45	Champion, M. M. *The Reformation Doctrine of Providence.*
BX9418/K44	Kershner. *Calvin's Doctrine of Divine Providence and its Contemporary*

	Relevance.
BT135/M23	McNeur, R. W. *Calvin's Doctrine of Providence.*

칼빈과 이성
(CALVIN & REASON)

CAF	Ayers, Robert R. *Language, Logic and Reason in Calvin's Institutes.*
BX9422.2/R37	Hart, H. et al., ed. *Rationality in the Calvinian Tradition.*
BX9423/E3	Nixon, L. John *Calvin's Teaching on Human Reason.*
	Mic. Jones, J. *The Problem of Faith and Reason in the Thought of John Calvin.*

칼빈과 종교개혁의 일반적 배경
(CALVIN & GENERAL REFORMATION BACKGROUND)

CAF	Abbot. Granville S. *Calvin and Calvinism.*
CAF	Abray, Lorna Jane. *The Calvinist Conundrum.*
CAF	Acton, J. E. E. D. A. *Calvin and Henry Vlll.*
CAF	Ahlstrom, S. E. *The Reformed Tradition.*
CAF	Alexander, Archibald. *The Pioneers of Protestantism.*
CAF	Allen, John W. *The Toleration Controversy.*
CAF	Anderson, C. S. *The Storm Moves South: John Calvin.*
CAF	Ayer, William Ward. *Tragic Story of the Reformation iin France.*
BR306/S3	Sanford. *A History of the Reformation.*
BR270/D9	Ozment, S. E. *"Calvin and Calvinism" in Ozment, The Age of Reform.*
CAF	Babington, J. A. *The Reformation in Geneva and France*
CAF	Bainton, *Roland H. Calvinism.*
CAF	Latourette, Kenneth Scott. *The Contribution of John Calvin to the Reformation.*
CAF	Lecler, Joseph. *The Application of the Jus Reformandi.*
CAF	_____ *The Polemics Between Catholics. Lutherans, and Calvinists.*
CAF	Leith, John H. *Introduction to the Reformed Tradition.*

CAF	Leonard, Emile G. *A History of Protestantism. Levy, t. W. Protestantism Rediscovers Blasphemy.*
BR309/S58	Smith. *Theological Basis of the Reformation.*

칼빈과 계시
(CALVIN & REVELATION)

CAF	Auberlen, K. A. *The Elder Protestantism.*
BX9418/B789	Brubaker. *A Study of John Calvin's Doctrine of Revelation.*

칼빈과 혁명신학
(CALVIN & THE THEORY OF REVOLUTION)

CAF	Backhouse, M. F. *The Official Statement of Armed Resistance in the Low Countries.*
CAF	Balch, Thomas. *Calvinism and American Independence.*
CAF	Balsama, G. D. *The Consolidation of Conflict: Calvin and Religious Dissent.*
CAF	Skinner, Q. *Calvinism and the Theory of Revolution; The Duty to Resist.*

칼빈과 수사학
(CALVIN AND RHETORIC)

CAF	Battles, F. L. *Rhetorical analysis in Calvin's Commentaries.*

칼빈과 로마 카톨릭주의
(CALVIN & ROMAN CATHOLICISM)

CAF	Bahman, manfred K. *Calvin's Controversy with Certain "Half-papists."*
CAF	Barker, William S. *Calvin and Ecclesiastical Separation.*
BX9418/T5	Thomas, I. B. *John Calvin's Rejection of Roman Catholic Christianity.*

칼빈과 안식일
(CALVIN & THE SABBATH)

CAF	Augsburger, D. A. *Pierre Virret on the Sabbath Commandnent.*
BV130/B8	Buis. *Comparison of Luther and Calvin on Sunday Observance.*
BX9420/I65	Calvin, J. *Institutes*: II. 8.
BS1275/C3	_____ *34th Sermon on Deuteronomy*(Deut. 5).
BX9418/G25	Gaffin, R. *Calvin and the Sabbath.*
CAF	Krominga. D. *The Heidelberg View of the Fourth Commandment. Does It Conflict with Calvin's?*
CAF	_____ *The Heidelberg View of the Four Commandment. Is It Scriptural?*
CAF	_____ *How Did Calvin Regard the First Day of the Week?*
BX9418/E94	Primus, J. *Calvin and the Puritan Sabbath*, 401ff.

칼빈과 과학
(CALVIN & SCIENCE)

CAF	Calvin, J. *Eighth Sermon on I Cor. 10:19-24.*
BX9418/C4273	Choisy, E. *Calvin et la Science.*
CAF	Frye, R. M. *The Two Books of God.*
BR309/G39	Gerrish, B. A. *The Old Protestantism and the New.*
BX9418/L384	Lee, N. *Calvin on the Sciences.*
CAF	Holtrop, P. *In Hoc Theatro Pulcherrimo.*
CAF	Lee, Francis Nigel. *Calvin on the Sciences.*
CAF	Marcel. P. *Calvin et Copernic(Review).*
CAF	*Calvin and Copernicus*(E. T.).
CAF	Ratner, J. *Some Comments on Rosen's "Calvin's Attitude toward Copernicus."*
CAF	Rosen, E. *Calvin's Attitude toward Copernicus.*
CAF	_____ *A Reply to Dr. Ratner.*
BX9421/T8	Tyler, C. *The Influence of Calvinism on the Development of Early*

	Modern Science in England and America.
CAF	White, R. *Calvin and Copernicus; The Problem Reconsidered.*

칼빈과 성경
(CALVIN & SCRIPTURE)

CAF	American Calvinistic Conference. *The Word of God and the Reformed Faith.*
CAF	Anderson, M. W. *Reformed Clarity and Certainty.*
CAF	Ardnt, W. *Calvin and the Inerrancy of the Scriptures.*
CAF	Avila, Mariano. *The Principles of Accomodation and its Function in the Biblical Commentaries of John Calvin.*
CAF	Baars, A. *Word and Spirit.*
CAF	Bainton, R. H. *The Biblee in the Reformation.*
CAF	Lake, Donald M. *The Reformation Contribution to the Interpretation of the Bible.*
CAF	Gamble, R. C. *Brevitas et Facilitas: toward an Understanding of Calvin's Hermeneutic.*
CAF	Leith, John H. *John Calvin: Theologian of the Bible.*
BS480/I424	Packer, J. I. Inerrancy and the Church.
BX9420/65	Calvin, J. *Institutes*, I.6-9; III.2. IV.8.

칼빈의 인장
(CALVIN'S SEAL)

BX9418/A3	Bonnet, J. *Letters of John Calvin, Letter to Farel, Aug. 1541*, vol. 1, pp. 256-257.
BX9418/D6	Doumergue, E. *Jean Calvin, les hommes et les choses de son temps.* v. 1, 569; v.2, 139f.
BX9420/A53	Viguet, D-O. et D. Tissot. *Calvin d'apres Calvin.* Appendix. 447-448.

칼빈과 세르베투스
(CALVIN AND SERVETUS)

CAF	Allen, John W. *The Toleration Controversy.*
CAF	Allen, Joseph Henry. *Michael Servetus.*
CAF	Bainton, Roland H. *Servetus and the Genevan Libertines.*
CAF	*The Victim of Protestant Persecution: Michael Servetus.*
BX9869/S4	Bainton, R. *Hunted Heretic.*
BX9869/C8	Cuthberson, D. *A Tragedy of the Reformation.*
BX9869/F72	Friedman, J. *Michael Servetus: A Case Study in Total Hersy.*
BX9869/F7	_____ *Michael Servetus: The Theology of Optimisn.*
BX9869/S4	Fulton, J. F. *Michael Servetus: Humanist and Martyr with a Bibliography of His Works and Census of Know Copies.*
BX9869/S4	Odhner. *Michael Servetus: His Life and Teachings.*
CAF	Lecler, Joseph. *The Execution of Michael Servetus(1553) and Castellio's attack on Calvin.*
CAF	Lee, H. F. *Servetus and Calvin.*

칼빈과 사회윤리
(CALVIN AND SOCIAL ETHICS)

CAF	Albee, George W. *Preventing Psychopathology and Promoting Human Potential.*
BX9418/A644	Anderson, R. *The Focus and Form of Life in the Reformation and Interpretation and Interpretation from the Ethics of Calvin.*
CAF	Ball, Donald W. *Catholics, Calvinists, and the Rational Human Potential.*
BX9418	Bieler, A. *Calvin, Prophet of the Industrial Era.*
BX9423/S6	_____ *The Social Humanism of Calvin.*
CAF	Buckley. *Calvin's View of Work.*
CAF	Calvin, J. *Ethical Selections from the Institutes.* C. Bouma, comp.
BS491/C25	_____ *Joshua and the Psalms.* C25 1971 V.2

BX9405/I59	Calvinistic Congress, Edinburgh, 1938. *Ethical Consequences of the Reformed Faith. 1938.*
BX9418	Dancy, N. B. *The Transformed individual and His Responsibility in the Thought of John Calvin.*
CAF	Douglass, J. D. *Calvin's Relation to Social and Economic Change.*
BX9418/F325	Farris. *The Tide of Time.* pp. 23-38.
BX9418/H257	Hall, B. *The Social Ethics of John Calvin.*
BX9418/H425	Hille. *Social Ethics of John Calvin.*
BX9422.5/K84	Kuyper, A. *Calvinism and the Needy and Poor.*
CAF	Leahy, Frederick. *John Calvin's Social Consciousness.*
CAF	Leitch, A. H. *Social Action.*
BX9405/I59	McKnight, J. G. M. *Calvinism in Society.*
BX9418/D478	Penning. *The Life and Times of John Calvin.*
BX9405/I59	Robinson, W. C. *The Touchstone of a Calvinistic Ethics.*
CAF	Scholl, H. *The Church and the Poor in the Reformed Tradition.*
CAF	Scotchmer, P. F. *Reformed Foundations of Social Concern.*
CAF	White, R. E. O. *Calvin: Radical Reformed Morality.*
CAF	Woudstra, M. *John Calvin's Concern for the Poor.*
DQ458/Z24	Zeidman. *Care of the Poor and Indigent in Geneva.*

칼빈과 구원론
(CALVIN AND SOTERIOLOGY)

BT752/A8	Ashley. *Salvation in the Thought of the Reformation.*
CAF/A8	Edwards, C. E. *Calvin on Infant Salvation.*
BT751/G65	Goumaz. *La doctrine de salut*
MT751/M18	McAlpine. *The Soteriology of Calvin and Brunner.*
BX8495/W5	Miller, B. W. *John Wesley's Doctrine of the Witness of the Spirit(section on Calvin).*
BT758/S7	Stagg. *Calvin, Twisse and Edwards on Universal Salvation of Infants.*

칼빈과 영혼의 수면
(CALVIN AND SOUL SLEEP)

BX9420/P72　　Calvin, J. *An Excellent Treatise on the Immortalytie of the Soul.*

BX9420/S47　　_____ *Against the Anabaptists, 1549.*

BX9418/H4　　Henry, P. *The Life and Times of John Calvin(Section on Pyscholpannychia).*

BX9420/I69　　McIntosh. *The Doctrine of Man in Calvin's Institutes(Information about the soul).*

칼빈과 하나님의 주권
(CALVIN AND THE SOVEREIGNTY OF GOD)

CAF　　American Calvinistic Conference. *The Sovereignty of God, or, the Proceedings of the First American Calvinistic Conference.*

BT135/L4　　Leith, J. *The Sovereignty of God from the Viewpoint of John Calvin.*

칼빈과 영성
(CALVIN AND SPIRITUALITY)

CAF　　Aalders, Gerhard Charles. *Calvinism and Spiritual Freedom.*

BX9418/B478　　Richard, L. *The Spirituality of John Calvin.*

CAF　　Elbert, P. *Calvin and the Sporitual Gifts.*

칼빈과 정부
(CALVIN AND THE STATE)

BX9422/H76　　Huizings, A. *The Calvinist View of the State.*

BX9418/B742　　Kingdon, R. *Calvinism and Democracy.*

BX9405/I59　　Rutgers, V. H. *The Reformed Faith and Its Ethical Consequences in the State.*

BX9418/B742　　Woolley, P. *Calvin and Toleration.*

칼빈과 신정론(神正論)
(CALVIN AND THEODICY)

BX9422/O4	Oldenburger, T. *The Theodicy of Calvinism. (Poem).*	

칼빈과 신학방법론
(CALVIN AND THEOLOGICAL METHOD)

CAF	Anderson, Archer E. *John Calvin, a prophet of God.*
CAF	Atkinson, James. *Calvin's Theology.*
CAF	Barry, William. *Calvinism.*
CAF	Battles, Ford Lewis. *Calcus Fidei-Some ruminations.*
BX9418/B723	Battles, F. L. *Calculus Fidei.*
CAF	Lang, G. E. *What is this Calvinism?*
CAF	Lawrence, Edward A. *The theology of Calvin-is it worth saving?*
CAF	Lecerf, Auguste. *Why should Evangelical Theology be Calvinistic?*
CAF	Leith, J. H. *Calvin's Theological Method and the Ambiguity of his Theology.*
BX9423/S8	Toth, K. *The Dialectic in the Political Ethic of Calvinism.*

칼빈과 삼위일체
(CALVIN AND THE TRINITY)

CAF	Backus, I. *'Aristotelianism' in Some of Calvin's an Beza's Expository and Exegetical Writings on the Doctrine of the Trinity ….*
BX9418	Bujard, J-P. *Calvin's Use of Patristic Sources in His Doctrine of the Trinity.*
BX9418/I69	Fickett, H. *A Comparative Study of the Christology of Origen and Calvin.*
CAF	Harmon, A. M. *Speech about the Trinity.*
BX9418/N53	Niesel, W. *The Theology of Calvin.*
CAF	_____ *Some Unfamiliar Aspects of the Theology of the First Head of Doctrine in the Preaching of Calvin. Pt. II, The Trinity.*

BX9418/W54   Willis, D. *Calvin's Catholic Christology.*

칼빈과 두 왕국
(CALVIN AND THE TWO KINGDOMS)

BX9474/N6   Nobbs, D. *Theocracy and Toleration. A Study of the Disputes in Dutch Calvinism from 1600-1650.*

칼빈과 교회의 일치
(CALVIN AND UNITY(ECUMENISM))

CAF   Allen, Arthur. *Ecumenical Calvinism and the Calvin Forum.*
CAF   Bratt, J. *Calvin and Ecumenicity.*
CAF   Lambert, B. *Lutheranism and Calvinism.*
CAF   Lidgett, J. S. *The Unity Historically Considered.*
BX8/M185   McNeill, J. T. *Unitive Protestantism.*
BX9418/A5   Saussure, J. De *"La Tolerance de Calvin" in Almanach Jean Calvin*, p. 22-24. 1932.
BV601.5/S7   Steva, M. G. *Principle of Unity As It Was Cherished by the Reformers.*

칼빈과 직업 소명
(CALVIN AND VOCATION)

BV4740/A5   Almen. *The Doctrine of Vocation in Luther and Calvin.*
BV4740/B54   Bizer. *Luther and Calvin on Vocation.*
CAF   Douglas, R. *Talent and Vocation in Humanist and Protestant Thought.*
CAF   Forrester, W. R. *The doctrine of vocation as restored by Calvin and Luther.*
BX4740/S4   See: *The Protestant Doctrine of Vocation in the Presbyterian Thought of 19th Century America.*

칼빈과 전쟁
(CALVIN AND WAR)

CAF	Aho, J. A. *"The Protestant Ethic and the Spirit of violence"* in *Journal of Political and Military Sociology*.
CAF	Cochrane, A. *John Calvin and Nuclear War*.
BX9418/R35	Graham, W. F. *"Church and Society: the Difficulty of Sheathing Swords"* in *Readings in Calvin's Theology*.
BT736.2/S55	Smith, W. K. *Calvin's Ethics of War(Good bibliography)*.
BR756/W34	Walzer, M. *"Calvinism"* in his *Revolution of the Saints*.
CAF	_____ *"Exodus 32 and the Thercy of Holy War: the History of a Citation."*

칼빈과 여자
(CALVIN AND WOMEN)

CAF	Bainton, Roland H. *Idelette de Bure*.
CAF	_____ *Marguerite of Navarre*.
CAF	_____ *Renee of Ferrarra(1510-1575)*.
CAF	Blaisdell, C. J. *Calvin's Letters to Women: The Courting of Women in High Places*.
CAF	_____ *Response to the 'Role and Status of Women in the Writings of John Calvin'* in *Renaissance, Reformation, Resurgence*. 1976.
BX9418	Bratt, J. *The Role and Status of Women in the Writings of John Calvin* in *Renaissance, Reformation Resurgence*.
BS1275/C3	Calvin, J. *142nd Sermon on Deuteronomy*.
BS2695/C25	_____ *Sermons on Ephesians*: Ch. 5, 570-600.
BS1415/C252	_____ *11th Sermon on the Book of Job*.
BX9420/A75	_____ *18th Sermon on I Tim. 2:12-14, p. 214f.*
CAF	Davis, N. Z. *City Women and Religious Change*.
BX9418/E94	De Boer, W. *Calvin on Women*.
CAF	Douglas, J. D. *Calvin at the School of Women*.

BT810.2/D68	_____ Women, Freedom & Calvin.
CAF	Mancha, R. *The Woman's Authority; Calvin to Edwards.*
CAF	Roelker, N. L. *The Appeal of Calvinism to French Noblewomen in the Sixteenth Century.*
CAF	_____ *The Role of Noblewomen in the French Reformation.*
BX9418/S6934	Stauffer, R. *Creator et Mundi, passim, esp. 177ff.*
DC112/R4	Webb, C. J. *Royalty and Reformation: Renee de France.*

칼빈과 노동
(CALVIN AND WORK)

CAF	Bainton, R. H. *Calvin, Beza and the Protestant Work Ethic.*
CAF	Calvin, J. *Golden Booklet of the True Christian Life.*
CAF	Costantin, C. *The Puritan Ethic and the Dignity of Labor: Hierarchy vs. Equality.*
CAF	Ditz, C. W. *The Protestant Ethic and the Market Economy.*
BT738.5/F5	Filsinger, H. W. *The Age of Technology and the Calvinist Doctrine of Work.*
BR115/E3	Mitchell. *Calvin's and the Puritan's View of the Protestant Ethic.*

칼빈과 그리스도의 사역
(CALVIN AND THE WORK OF CHRIST)

BX9418/P44	Peterson. *Calvin's Doctrine of the Atonement.*

칼빈과 예배
(CALVIN AND WORSHIP)

CAF	Abba, Raymond. *Principles of Christian Worship.*
BX9422/A55	*Articles concerning the Organization of the Church and of Worship at Geneva,* 1537.
BX9420/A32	Battles, F. L. *The Piety of Calvin.*
CAF	_____ *Index to selected passages on worship and related topics in*

	Calvin's biblical commentarie and sermons.
BX9420/A3	Calvin J. *On the Doctrine and Worship of the Church.*
CAF	Chambers, C. H. *Important Aspects of Reformed Church Worship.*
BX9418/C9	Cypris. *Public Worship in Calvin.*
BX9418/B742	Hageman, H. "The Liturgical Origins of the Reformed Churches" in Bratt, J, ed *The Heritage of John Calvin.*
CAF	_____ *Changing understandings of Reformed corporate worship.*
BX9418/H3	_____ *Pulpit and Table.*
CAF	Jansen, J. F. *Calvin on a Fixed Form of Worship a Note in Textual Criticism.*
BX9423/C5	Leasor, T. *The Communion Service in the Reformed Churches in Switzerland, France, and Scotland in the late 16th Century.*
CAF	Lecerf, Auguste. *The Liturgy of the Holy Supper at Geneva in 1542.*
BX9427/G4	Maxwell, W. D. *The Liturgical Portions of the Genevan Service Book.*
CAF	Nicholas, J. H. *The Essentials of the Reformed Service.*
CAF	_____ *The Liturgical Tradition of the Reformed Churches.*
BV315/R6	Routley, E. *I'll Praise My Maker.*
CAF	Shafer, F. D. *Liturgy and Ecumenicity with Particular Reference to the Thought of John Calvin.*
CAF	Smith, M. *The Reforming of Reformed Worship.*

청년 칼빈
(THE YOUNG CALVIN)

BX9418/G3	Ganoczy, A. *Le jeune Calvin. Genese et evolution de sa vocation reformatrice.*
BX9418/M29	McCrie, T. *The Early Years of John Calvin, 1509-1536.*

참고문헌

BIBLIOGRAPHY

Allen, John. *Institutes of the Christian Religion by John Calvin*. Philadelphia: Board of Christian Education, 1936.

American Calvinistic Conference. *Calvinism in Time of Crisis(3rd)*. Grand Rapids: Calvin College Press, 1947.

Augustine, Aurelius. *In A Select Library of the Nicene and Post-Nicene Fathers of the Christian Church. St. Augustin: the Writings Against The Manichaeans and Against the Donatists*, Ed . Philip Schaff, Vol. 4: 519-651. Grand Rapids: Wm. B. Eerdmans, 1956.

Avis, Paul D. *The Church in the Theology of the Reformers*. Atlanta: John Knox Press, 1981.

Baez-Camargo, G. "The Earliest Protestant Missionary Venture in Latin America." *Church History 21*: 135-45, 1952.

Baker, J. Wayne. *Heinrich Bullinger and the Covenant: The Other Reformed Tradition*. Athens: Ohio University Press, 1980.

Balke, Willem. *Calvin and the Anabaptist Radicals*(Translated by Willem Heynen). Grand Rapids: Wm. B. Eerdmans, 1981.

Baron, Salo W. *John Calvin and the Jews. In Harry Austryn Howfson: Jubilee Volume*(Ed. Saul Lieberman, 141164). Jerusalem: American Academy for Jewish Research,

1965.

Barth, Fritz. *Calvin und Servet*. Berne: [n. n.], 1909.

Barth, P. & Niesel, W. Ed. *Ioannis Calvini, Opera Selecta*. Monachii in Aedibus: Chriten Kaiser, 1952(II), 1957(III), 1959(IV), 1962(V).

Battenhouse, Roy W., *A Companion to the Study of St. Augustine*, (Ed.by Roy W. Battenhouse). Grand Rapids: Baker, 1979.

Battles, Ford Lewis. *Analysis of the Institutes of the Christian Religion of John Calvin*. Grand Rapids: Baker Book House, 1980.

_____. *Calculus Fidel: Some Ruminations on the Structure of the Theology of John Calvin*. Grand Rapids: Cavin Theological Seminary, 1978.

_____. *The Piety of John Calvin: An Anthology Illustrative of the Spirituality of the Reformer*. Grand Rapids: Baker, 1978.

Battles, Ford Lewis, Tr. *Institution of the Christian Religion by John Calvin of Nyon*. Atlanta: John Knox Press, 1975.

_____. *John Calvin's Institutes of the Christian Religion*(1536 Ed.) Grand Rapids: Wm Eerdmans, 1986.

Bauer, Karl. *Valerand Poullain*. Elberfeld: [n. n.], 1927.

Baum, G. & Rouss, E. G. E., (Ed) *Ioannis Calvini, Opera Quae Supersunt Omnia(Corpus Reformatorum)* Brunswigae: Schwestschke et Filium, 1863-1900.

Baynes, Norman. *The Political Ideas of St. Augustine's De Civitate Dei*. London: G. Bell and Sons, LTD, 1936.

Beever, R. Pierce. "The Genevan Mision to Brazil" in Bratt, John., (Ed). *The Heritage of John Calvin*. Grand Rapids: Wm. B. Eerdmans, 1973.

Berg, Johannes Van den. "Calvin's Missionary Message". *The Evangelical Quarterly 22*. 1950: 174-187.

_____. "Calvin and Missions". In *John Calvin: Contemporary Prophet* (Ed. by Jacob Hoogstra). Grand Rapids: Baker Book House, 1959.

Berger, Heinrich. *Calvins Geschichtsauffassung*. Zurich: Zwingli-Verlag, 1955.

Beveridge, Henry. Tr. *Institutes of the Christian Religion by John Calvin*. Edinburgh: Calvin Translation Society, 1845-46.

_____. *John Calvin's Institutes of the Christian Religion(2Vols)*. GRR: Wm Eerdmans, 1972.

_____. *Tracts of the Antedote to the Council of Trent*. Edinburgh: Calvin Translation Society, 1944-51.

_____. *Tracts of the Reformation of the Church*. Edinburgh: Calvin Translation Society, 1944-51.

Beveridge, Henry & Bonnet, Jules. *Selected Works of John Calvin, (Vol. 4)*. Grand Rapids: Baker, 1858.

Beza, Theodore. *Tracts and Treatises: With a Short Life of Calvin*.
(1) *Reformation of the Church*
(2) *Worship of the Church*
(3) *Defense of the Reformed Faith*

Beza, Theodore de. *Vie de Calvin*. Paris: Alfred Franklin, 1864.

Bierma, Lyle D. *German Calvinism*. Grand Rapids: Baker Books, 1996.

Bloesch, E. *Geschichte der Schweizerisch-Reformierten Kirchen(2 Vols.)*. Bern: [n. n.], 1898.

Boer, Harry R. Pentecost and Missions. Grand Rapids: Wm. Eerdmans Pub. Co., 1961

Bohatec, J.; Hollweg, W.; Kolfhaus, W; Neuenhaus, J; Strahmann, H; Werdermann, Th. *Calvinstudien (Festchrift zum 400, Geburstage Johann Calvins)*: Leipzig: [n. n.], 1909.

Bolsec, Hicrosme Hermes. *Histoire de la vie··· de Jean Calvin*. Paris: [n. n.], 1577.

Bonnet, Jules. *Lettres de Jean Calvin(2Vols)*. Paris: [n. n.], 1854.

Bousma, William J. *John Calvin: A Sixteenth Century Portrait*. New York: Oxford University Press, 1988.

Braaten, Carl E. *The Flaming Center. (A Theology of the Christian Mission)*. Philadelphia:

Fortress Press, 1977.

Bratt, John H. *The Life and Teachings of John Calvin.* Grand Rapids: Baker Book House, 1958.

Breen, Quirinus. *John Calvin: A Study in French Humanism.* Grand Rapids: Wm. B. Eerdmans Publishing Company, 1931.

Brunner, Emil. *The Misunderstanding of the Church. (Translated by Harold Knight).* [n. n.]: Lutterworth Press, 1952.

Bungener, Felix. *Calvin, sa vie, son oeuvre et ses ecrits.* Geneva: [n. n.], 1862.

Burkhart, John E. *Kingdom, Church, and Baptism: The Significance of the Doctrine of the Church in the Theology of John Calvin.* (Ph. D. Diss.), University of Southern California, 1959.

Buscarlet, Daniel. *Geneve, Citadelle de la Reforme.* Geneve: [n. n.], 1959. p. 203.

Butin, Philip W. *Studies in Reformed Theology and History.* Princeton: Princeton Theological Seminary, 1994.

Cadier, Jean. *The Man God Mastered.* (Translated from the French by O. R. Johnston). Grand Rapids: Wm. B. Eerdmans Publishing Co., 1960.

Calhoun, David B. "John Calvin: Missionary Hero or Missionary Failure". *Presbyterian Bulletin 5.* 1979: 16-33.

Calvin, Jean. *A Compend of the Institute of the Christian Religion.* (Ed. by Hugh Thomson Kerr). Philadelphia: Presbyterian Board of Christian Education, 1939.

_____. *Concerning the Eternal Predestination of God.* (Tr. by J. K. S. Reid). Greenwood, S. C.: The Attic Press, 1961.

_____. *Golden Booklet of the True Christian Life.* (Ed. by Henry J. Van Andel). Grand Rapids: Baker Book House, 1952.

_____. *John Calvin: Selections from His Writings.* (Ed. by Dillenberger, John). Missoula: Scholars Press, 1975.

_____. *The Acts of the Apostles*(Translators: John W. Fraser and W. J. G. McDonald; Editors: David W. Torrance and Thomas F. Torrance). Grand Rapids, Wm. B.:

Eerdman's, 1966.

Calvin, John. *Calvin's Commentaries*. (Various Translators, 45 Vols). Grand Rapids: Wm. B. Eerdmans Pub. Co., 1948.

_____. *Calvin's Ecclesiastical Advice*. Louisville: Westminster Press, 1991.

_____. *Commentary on Acts*.(Ch. 2, V. 45), [n. n.], [n. d.].

_____. *Commentary on II Thessalonians*. (Ch. 3. V. 11-12), [n. n.], [n. d.].

_____. *Concerning the Eternal Predestination of God*. Louisvill: Westminster, 1997.

_____. *Calvin's Traces and Treaties* (3 Vols). Grand Rapids: Wm. B. Eerdmans, 1958.

_____. *Devotions and Prayers of John Calvin*. (Ed. by Edwards, Charles E). Grand Rapids: Baker Book House, 1957.

_____. *Early Protestank Educator: The Educational Writings of Martin Luther, John Calvin, and Other Leaders of Protestant Thought*. New York: McGrow Hill, 1931.

_____. *Institutes*. 4: 14-21. I65, 1960.

_____. *Institutes of the Christian Religion*. (Tr. by Ford Lewid Battles, 2 Vols)., "Library of Christian Classies", Philadelphia: The Westminster Press, 1960(Vols XX and XXI).

_____. *Letters of John Calvin*. Edinburgh: The Banner of the Truth Trust, 1980.

_____. *On God and Political Duty*. Indianapolis: Bobbs-Merrill, 1950.

_____. *Sermons on Isaiah's Prophecy of Death and Passion of Christ*. (Tr. & Ed. by Parker, T. H. L. 김동현 역). 칼빈의 이사야 설교(서울: 솔로몬, 1992).

_____. *Sermon's on the Epistle to the Ephesians*. Edinburgh: The Banner of Truth Trust, 1973.

_____. *Sermons on Galatians*. (Tr. Kathy Childress). Edinburgh: The Banner of Truth Trust, 1997.

_____. *The Bondage and Liberation of the Will*. Ed. by Lane, A. N. S. Tr. by Davies, G. I.(Grand Rapids: Baker Books, 1996).

_____. *The Mystery of Godliness and Other Selected Sermons.* Grand Rapids: Wm. B. Eerdmann Pub. Co., 1950.

Calvinistic Action Committee. *Calvinism In Action*(Grand Rapids: Baker Book House, 1951).

_____. God-Centered Living or *Calvinism in Action.* Grand Rapids: Baker Book House, 1951.

Chaney, Charles. "The Missionary Dynamic in the Theology of John Calvin", *Reformed Review 17.* (March 1964): 24-38.

Chaney, Charles L. *The Birth of Missions in America.* Pasadena: Wm. Carey Library, 1976.

Charpenne, P. *Histore de la Reforme et des Reformateurs de Geneve.* Paris: [n. n.], 1861.

Choisy, E. "Calvin and Basel", *Kirchenblat f r die reformierte Schweiz 86*(1930). pp. 274-79.

Cooper, Dale & Battles, F. Lewis. "Academic Discourse: John Calvin", *The Heartford Quarterly IV.* 1965. pp. 76-85.

Courthial, Pierre. *The Golden Age of Calvinism in France. In John Calvin: His Influence in the Western World,* (Ed. W. Stanford Reid, 72-92). Grand Rapids: Zondervan, 1982.

Courvoisier, Jacques. *Calvin and Die Juden: Zu Einem Streitgesprach. In Christen and Juden: Ihr Gegenuber vom Apostelkonzil bis heute,* (Ed. Wolf-Dieter Marsch und Karl Thieme, 141-146). Mainz: MatthiasGrunewald-Verlag. 1961.

Dankbaar, Wilhelm F. "Het Apostolaat bij Calvijn" *Nederlands Theologisch Tijdschrift* 4(1950): 177-192.

_____. *Calvin: Sein Weg und Sein Werk.* Groningen: Neukirchener Verlag, 1959.

d'Aubigne, J. H. Merle. *Histoire de la Reformation au temps de Calvin(8Vols).* Paris: [n. n.], 1863-1878.

Daview, Sir Alfred T. *John Calvin··· Many Sided Genius.* Newyork: American Tract Society Inc., 1947.

de Greef, Wulfert. *The Writings of John Calvin.* GRR: Baker Books, 1993.

De Jong, A. C. *The Well-Meant Gospel Offer*. Franeka: T. Wever, 1954.

de le Roi, J. F. A. *Die Evangelische Christenheit und die Juden in der Zeit der Herrschaft christlicher Lebensanschauungen unter den Volkern: Von der Reformation bis zur Mitte des 18. Jahrhunderts*. Karlsruhe: H. Reuther, 1884.

Dennis, P. "Calvin et les eglises d'etrangers au XVI siecle": *Comment un ministre intervient dans une eglise autre que la sienne. In Calvinus Ecclesiae Genevensis Custos*, (Ed. Wilhelm Neuser, 69-90). Bern: Peter Lang, 1982.

de Raemond, Florimond. *Histoire de la naissance, progr z et de'cadence de l'her sie de ce siecle*. Paris and Rouen: [n. n.], 1605-1647.

_____. *La Naissance, progrez et decadence de l'heresie*. Paris: 1605.

De Ridder, Richard R. *Discipling the Nations*. GRR: Baker Book House, 1975.

Doumergue, Emile. *Jean Calvin Les hommes et les choses de son temps(7Vols)*. Lausanne and Paris: [n. n.], 1899-1927.

_____. *Iconographie Calvinienne*. Lausanne: [n. n.], 1909.

Dowey, Edward A. *The Knowledge of God in Calvin's Theology(2nd Ed.)*. New York: Columbia University Press, 1965.

Duchrow, Ulrich. *Christenheit und Weltverantwortung*. (2d ed). Stuttgart: Klett-Cotta, 1983.

Dulles, S. J. Avery. *Models of the Church*. (2d ed). New York: Doubleday, 1978.

Eire, Carlos M. N. "True Piety Begets True Confessions: John Calvin's Attack on Idolatry." In *Calvin Studies IV*, (Ed. John Leith, 105-33). Davidson, North Carolina: Davidson College, 1987.

Ells, Hastings. "Martin Bucer and the Conversion of John Calvin", in *Princeton Theological Review XX*(1924), pp. 402-419.

Erichson, Alfred. *Bibliographis Calviniana*. Berlin: [n. n.], 1900.

Erickson, Millard J. *Christian Theology*. (3d ed). Grand Rapids: Baker Book House, 1987.

Farley, Benjamin W., (Tr.) *Treatises Against the Anabaptists and Against the Libertines by*

John Calvin. Grand Rapids: Baker Book House, 1982.

Forstman, H. Jackson. *Word and Spirit: Calvin's Doctrine of Biblical Authority*. Standford: Stanford University Press.

Foster, H. D. *Collected Papers*. [n. p.]: The Scribner Press, 1929.

Fox, John. "The Bible and Missions", *MECS*. Nashville, TN: [n. p.], 1901.

Frohlich, Karlfried. *Die Reichgottesidee Calvins*. Munich: Chr. Kaiser, 1922.

_____. *Gottesreich Welt und Kirche bei Calvin*. Munich: Ernst Reinhart, 1930.

Fry, George. "John Calvin: Theologian and Evangelist" *Christianity Today*, October 25(1970), p. 3.

Fuhrmann, Paul T., (Tr) *Instruction in Faith*(1537) by John Calvin. London: Luther Worth Press, 1949.

Gabler, Ulrich. Huldrych Zwingli: His Life and Work. (Tr. by Ruth, C. L. Gritsch). Philadelphia: Fortress Press, 1986.

Gaffin, Richard B. *Perspectives on Pentecost: New Testament Teaching on the Gifts of the Holy Spirit*. Phillipsburg: Presbyterian and Reformed, 1979.

Gamble, Richard C. "Brevitas et Facilitas: Toward an Understanding of Calvin's Hermeneutic." *Westminster Theological Journal 47*: 1-17, 1985.

_____. "Exposition and Method in Calvin." *Westminster Theological Seminary 49*: 153-65, 1987.

Ganoczy. Alexandre. *Ecclesia Ministrans: Dienende Kirche und Kirchlicher Dienst bei Calvin*. Freiburg: Herder, 1968.

_____. *The Young Calvin*. Wurzburg: [n. d.].

George, Timothy. *Theology of the Reformers*. Nashville: Broadman Press, 1988.

Giles, Kevin . *Patterns of Ministry Among the First Christians*. Melbourne, Australia: Collins Dove, 1989.

Goumaz, Louis. *La doctrine du salut d'apres les commentaires de Jean Calvin*. Lausanne and Paris: [n . n.], 1917.

Gray, Janer Glenn. *The French Huguenots: Anatomy of Courage*. Grand Rapids: Baker Book House, 1981.

Grob, Rudolf. Briefe ueber Calvin. Zürich: [n. n.], 1918.

_____. *Die Praedestinationslehre Calvins und ihre Bedeutung für unsere Zeit*, (Lecture delivered at the Cathedral Church of Zurich, May 9, 1917. (MS.)

Guggisberg, H . R. *Basel in the Sixteenth Century: Aspects of the City Republic Before, During and After the Reformation*. St. Louis: Center for Reformation Research, 1982.

Haarbeck, J. *Die Lehre von der Heiligung nach Johannes Calvin*. Neukirchen: [n . n.], 1918.

Hall, Charles A. M. *With the Spirit's Sword: The Drama of spiritual Warfare in the Theology of John Calvin*. Zürich: Evz-Verlag, 1968.

Hammond, William E. *A Comparative Study of the Kingdom and The Church From The Institutes of The Christian Religion: Author: John Calvin*. (Th. M. Thesis), Columbia Theological Seminary, [n. n.].

Haroutunian, Joseph (Ed). *John Calvin's Commentaries*. London: CSM Press, 1988.

Henderson, Robert W. *The Teaching Office in The Reformed Tradition: A History of The Doctoral Ministry*. Philadelphia: Westminster Press, 1962.

Henry, Paul. *Das Leben Johannes Calvins(3Vols)*. Hamburg: [n. n.], 1838.

_____. *Life and Times of John Calvin: The Great Reformer*. (Tr. by Henry Stebbing). New York: Robert Carter & Brothers, 1854.

Heppe, Heinrich. *Reformed Dogmatics*. (Tr. by G. T. Thomson). London: George Allen & Unwin LTD, n. d.

Herminjard, A. E. *Correspondance des r formateurs dans les pays de la langue fran aise(9Vols)*. Geneva: (n. n.), 1864-1897.

Hesselink, I. John. *Calvin's Concept of the Law*. Allison Park: Pickwick Publications, 1992.

_____. *Calvin's First Catechism*. Louisville: Westminster John Knox Press, 1997.

Higman, F. M. *Censorship and the Sorborne: A Bibliopraphical Study of Books in French Censured by the Faculty of Theology of the University of Paris, 1520-1551*. Geneva: 1979.

_____. *The Style of John Calvin in His French Polemical Treatises*. Oxford: 1967.

Hoffmann, Heinrich. *Johannes Calvin*. Frauenfeld: [n. n.], (n. d.).

Hogg, William R. "The Rise of Protestant Missionary Concern", In *The Theology of Christian Mission*, (Ed. Gerald A. Anderson, 95-111). New York: McGraw-Hill Book Company, 1961.

Holsten, Von Walter. "Reformation Und Mission", *Archiv für Reformations Geschichte, (Vol. 44)*. (1953), p. 5.

Holwerda, David E. "Eschatology and History: A Look at Calvin's Eschatological Vision." In *Readings in Calvin's Theology*, (Ed. Donald K. McKim, 311-42). Grand Rapids: Baker Book House, 1984.

_____. Exploring *the Heritage of John Calvin*. GRR: Baker Book House, 1976.

Hopfl, Harro. *The Christian Polity of John Calvin*. Cambridge: Cambridge University Press, 1982.

Hoogstra, Jacob Ed. *John Calvin: Contemporary Prophet*. Grand Rapids: Baker Book House, 1959.

Hughes, P. E. "John Calvin: Director of Missions", *CAF*. Grand Rapids: Henry Meeter Center, [n. d.].

_____. *Lefé Pioneer of Ecclesiastical Renewal in France*. Grand Rapids: Eerdmans, 1984.

Hughes, Philip E. *The Register of the Company of Pastors of Geneva in the Time of Calvin*. Grand Rapids: Wm. B. Eerdmans, 1966.

Hunter, A. Mitchell. *The Teaching of Calvin: A Modern Interpretation*. London: James Clarke Co., 1943.

Jacob, Paul. *Pradestination und Verantwortlichkeit bei Calvin*. Kassel: J. G. Oncken Nachf, 1937.

Jacob, P. L. *Oeuvres fran aises de J. Calvin*. Geneva: [n. n.], 1842.

Jordan, James B. (Ed). *The Covenant Enforced: Sermons on Deuteronomy 27 and 28, by John Calvin*. Tyler, Texas: Institute for Christian Economics, 1990.

Kasdorf, Hans. "The Reformation and Mission: A Bibliographical Survey of Secondary Literature." *Occidental Bulletin Missionary Review 4*: 169-175. [n. n.], 1980.

Keeseker, W. F., (Ed.). *A Calvin's Treasury: Selections From Institutes of the Christian Religion*. N. Y.: Harper and Row, 1961.

Kelly, J. N. D. *Early Christian Doctrines*. (5th Ed). New York: Harper and Row, [n. d.].

Kelley, Donald R. *The Beginning of Ideology Consciousness and Society in the French Reformation*. Cambridge: Cambridge University Press, 1981.

Kendall, R. T. *The Influence of Calvin and Calvinism upon the American Heritage*. London: The Evangelical Library, 1976.

Kersten, G. H. *Reformed Dogmatics*. (Tr. by J. R. Beeke and J. C. Weststrate). Grand Rapids: Wm. B. Eerdmann Pub. Co. n. d.

Kingdon, Robert M. *Geneva and The Coming of the Wars of Religion in France 1555-1563*. Geneva: Librairie E. Droz, 1956.

Klooster, Fred H. "Missions-The Heidelberg Catechism and Calvin." *Theological Journal* 7: 181-208.

_____. "John Calvin: Director of Missions" In *The Heritage of John Calvin*. Ed. by John H. Bratt Grand Rapids: Wm. B. Eerdmans, 1973.

Klooster, Fred H. "Missions··· the Heiderberg Cathecism and Calvin."*Theological Journal* 7, 1972: 181-208.

Knechti, R. J. *Francis I*. Cambridge: Cambridge Univ. Press, 1982.

Kromminga, Carl G. *Man Before God's Face in Calvin's Preaching*. Grand Rapids: Calvin Theological Seminary, 1961.

Kromminga, John. *John Calvin: The Life and Significance of the Genevan Reforrmer*, [n. p.]: [n. n.], (n. d.].

Lang, August. *Die Bekerung Johannes Calvins*. Leipzig: 1897.

_____. *Johannes Calvin*. Leipzig: [n. n.], 1909.

_____. *Zwingli und Calvin*. Bielefeld: [n. n.], 1913.

Lecoulte, Henri. *Revue de theaologie et de philosophie*. Lausanne: 1890.

Lefrance, Abel. *La Jeunesse de Calvin*. Paris: 1888.

Leith, John H. *John Calvin's Doctrine of the Christian Life*. Louisville, KY: John Knox Press, n. d.

Leith, John H. (Ed.) *Calvin Studies(II)*. Davidson: Davidson College Press, 1984.

Léry, Jean de. *History of a Voyage to the Land of Brazil, Otherwise Called America*. (Tr. by Whatley, Janet). LA: University of California Press, 1990.

Lescarbot, Marc. *The History of New France*. (Tr. by W. L. Grant). New York: Greenwood Press, 1968.

Lewis, Charlton and Charles Short. *A Latin Dictionary*. Oxford: Clarendon Press, 1879.

Little, David. *Religion, Order, and Law*. New York: Harper Torchbooks, 1969.

Locher, Gottfried W. *Calvin Spricht zu den Juden*. Theologische Zeitschrift 23 180-96.

Mackinnon, James. *Calvin and The Reformation*. London: Longman, Green and Co., 1936.

Mackintosh, Hugh Ross. *Types of Modern Theology*. New York: Charles Scribner's Sons, 1937.

Markus, R. A. *Saeculum: History and Society in The Theology of Saint Augustine*. Cambridge: University Press, 1970.

Mayeux, M. R. *Journal de Bord de Jean de Léry: En la terre de Breasil 1557 by Jean de Léry*. Paris: Editions of Paris, 1957.

McDonnell, Kilian, OSB. *John Calvin, the Church, and the Eucharist*. Princeton: Princeton University Press, 1967.

McGiffert, Arthur C. "Calvin's Theory of The Church." In *Essays In Modern Theology and Related Subjects,* (Ed). Charles A. Briggs, 207-225. New York: Charles Scribner's Sons, 1901.

McGrath, A. E. *A Life of John Calvin.* Oxford: Basil Black-well, 1990.

McKee, Elsie Anne. *Elders and Plural Ministry: The Role of Exegetical History in Illuminating John Calvin's Theology.* Geneva: Librairie Droz S. A., 1987.

McKim, Donald K. "Calvin's View of Scripture" In *Readings in Calvins Theology.* Grand Rapids: Baker, 1984. pp. 43-68.

McNeill, John T. *The History and Character of Calvinism.* London: Oxford Univ. Press, 1967.

_____. *Unitive Protestantism.* Richmond: John Knox Press, 1964.

Melanchthon, Philip. "The Augusburg Confession." In *Creeds of The Churches: A Reader in Christian Doctrine From The Bible to the Present,* (Ed. John H. Leith, 63-106). Louisville: John Knox Press, 1982.

Milner, Benjamin. *Calvin's Doctrine of The Church.* Leiden: E. J. Brill, 1970.

Moeller, Ernd. *Imperial Cities and the Reformation in hte Cities: A Appeal of Protestantism to Sixteen-Century Germany and Switzerland.* New Heaven: Yale University Press, 1975.

Monter, William. *Calvin's Geneva.* New York: John Wiley & Sons, 1967.

Morrel, George William. The Catholicity of *Calvin's Doctrine of the Church.* Pasadena: Fuller T. S. 1964.

Morrison, Karl F. "Rome and The City of God." *Transactions of the American Philosophical Society* 54: 1-55, 1964.

Moura, Jean & Louvet, *Paul Calvin: A Modern Biography,* (Tr. by Ida Zeitlin). New York: Doubleday, Doran and Company, Inc., 1932.

Müller, K. Calvins Bekehrung in Nachrichten der Gesellschaft der Wissenschaft zu Göttingen. Göttingen, 1905.

Mullet, Michael A. *Calvin.* London: Routledge, 1989.

Murray, John. *Calvin on the Scripture and Divine Sovereinty*. Evangelical Press, 1979.

Neale, J. E. *The Age of Catherine de Medici*. New York: Harper and Row, 1962.

Nichols, James H. *Corporate Worship in The Reformed Tradition*. Philadelphia: Westminster Press, 1968.

Niebuhr, H. Richard. *Christ and Culture*. New York: Harpers & Brothers, 1951.

Niesel, Wilhelm. *The Theology of Calvin*. Philadelphia: Westminster Press, 1956.

Nijenhuis, W. *Ecclesia Refoormata: Studies on The Reformation*. Leiden: E. J. Brill, 1972.

Oberman, Heiko A. *Luther: Man Between God and the Devil*. New Heaven: Yale University Press, 1989.

Old, Hughes Cliphant. *Worship That Is Reformed According To The Scriptures*. Atlanta: John Knox Press, 1984.

Olm, Thomas. *Machet Zu J ngern Alle Voller*. Freiburg: Erich Wewel Verlag, 1961.

_____. Osterhaven, M. Eugene. *The Faith of the Church*. Grand Rapids: Wm. Eerdmans, 1982.

Olson, Jeannine E. *John Calvin and Social Welfare: Deacons And The Bourse Fran aise*. London: Associated University Press, 1980.

Ozment, Stephen. *The Age of Reform 1250-1550: An Intellectual And Religious History of Late Medieval And Reformation Europe*. New Haven: Yale University Press, 1980.

Palmer, Edwin H. *The Five Points of Calvinism*. Grand Rapids: Baker Book House, 1972.

Palmer, Timothy. *John Calvin's View of The Kingdom of God*. (Ph. D. Diss.), University of Aberdeen, 1988.

Pannier, Jacques. "Calvin et les Turcs". *Revue Historique*. 180: 268-286, 1937.

Parker, T. H. L. *Calvin's New Testament Commentaries*. Louisville, Kentucky: Westminster John Knox Press, 1992.

_____. *Calvin's Old Testament Commentaries*. Louisville, Kentucky: Westminster/John Knox Press, 1986.

_____. *Calvin's Preaching*. Louisville: John Knox Press, 1992.

_____. *Portrait of Calvin*. London: SCM, 1910.

Pauck, Wilhelm. *The Heritage Of The Reformation*. Glencoe: The Free Press, 1950.

Pearcy, Henri R. *The Meaning Of The Church In The Thought Of Calvin*. (Ph. D. Diss)., University of Chicago, 1938.

Pfisterer, E. "Der Missions genade bei Kalvin", *Neue Allege-mine Missionszeitschrift(1934)*, p. 103.

Prestwich, Menna. "Calvinism In France". In *International Calvinism: 1541-1715*, (Ed. Menna Prestwich, 71107). New York:. Oxford University Press, 1985.

Puaux, F. *Vie de Calvin*. Strassbourg: [n. n.], 1864.

Pückett, David L. *John Calvin's Exegesis of the Old Testament*. Louisville KY: Westminster /Knox Press, 1995.

Quistorp, Heinrich. "Sichtbare und unsichtbare Kirche bei Calvin." *Evangelische Theologie 9*: 83-101, 1949.

Reid, W. Stanford. "The Transmission of Calvinism In The Western World." In *John Calvin: His Influence In The Western World*, (Ed. W. Stanford Ried, 33-52). Grand Rapids: Zondervan Publishing Company, 1982.

Reverdin, Oliver. *Quatorze Calvinistes chez les Topinabous*. Geneve: Librairie E. Droz, 1957.

Rice, Howard L. *Reformed Spirituality*. Louisville: Westminster, 1985.

Robinson, Jack Hughes. *John Calvin And The Jews*. (Ph. D. Diss.), Saint Louis University, 1989.

Roget. *L'Eglise et L'Etat*. Geneva: [n. n.], 1867.

Rooy, Sidney H. *The Theology of Missions In The Puritan Tradition*. Grand Rapids: Wm. Eerdmans Pub. Co., 1965.

Rover, Peter De. *Champion of Geneva*. Grand Rapids: Wm. Eerdmans, 1959.

Sayous, A. *Calvin*. Geneva: [n. n.], 1839.

Schlatter, Von W. "Der Missionsgedanke ber Kalvin." *Evangelisches Missionsmagazin 53*. 1909: 333-43.

Schmidt, C. *Wilhelm Farel und Peter Viret*. Elberfelf: [n. n.], 1860.

Schwarz, Rudolf. *Johannes Calvinus Lebenswerk in Seincen Briefen(2Vols)*. Tuebingen: [n. n.], 1909.

Segal, Alan F. *Paul the Converter: The Apostolate and Apostasy of Saul the Pharisee*. New Heaven: Yale University, 1990.

Smidt, Udo. *Calvins Bezeugung der Ehre Gottes*. Berlin: [n. n.], 1927.

Smith, Garyscott. *Calvinism, Culture, and Pluralism in America: 1870-1915*. Grand Rapids: Christian University Press, 1985.

Smith, Louise P. & Haroutuian, Joseph. (Tr. & Ed). *Calvin's Commentaries*. (Library of Christian Classics), Philadelphia: The Westminster Press, 1958.

Sprenger, Paul. *Das Ratsel um die Bekehrung Calvins, Beitrage zur Geschichte und Lehre der Reformierten Kirche, II*. Neukirchen Kreis Moers: Neukirchener Verlag der Buchhandlung des Erziehungs-vereins, 1960.

Spykman, Gordan J. *Reformation Theology: A New Paradigm for Doing Dogmatics*. Grand Rapids: Wm. B. Eerdmans Publishing Co., 1992.

Staedtke, Von Joachim. "Die Lehre von der Königsherrschaft Christi und den zwei Reichen bei Calvin. *Kerygma und Dogma 18*: 202-14, 1972.

Staehelm, E. *Johannes Calvin, Leben und ausgewählte Schriften(2Vols.)*. Elberfeld: [n. n.], 1863.

Staehelin, rud. "Calvin" In *Realenzyklopaedie für Protestan tische Theologie und Kirche*.

Stauffer, Richard. *Calvin et Sermon*. (박건택 편역). 칼빈의 설교학. 서울: 성서연구사, 1994.

Stephens, W. P. *The Theology of Huldrych Zwingli*. Oxford: Clarendon Press, 1986.

Stickellberg, Emanuel. Calvin: A Life, (Tr. by David Gregory Gelzer). Richmond: John

Knox Press, 1954.

_____. *The Westminster Conference. The Puritan Experiment in the New World*. Philadelphia: The Westminster Press, 1976.

Stockmeier, Peter. *Constantinian era*. In *Sacramentum Mundi*, (Ed. by Adolf Darlop). New York: Herder, 1968.

Taylor, B. H. *A Historical Study Of The Mission Of The Church In Geneva, 1536-1564*. (Ph. D. Diss.), Union Theological Seminary(Richmond, VA), 1986.

Tipson, Lynn Baird. *Development of a Puritan under Standing of Conversion*. Yale University, (Ph. D. in Religion), 1972.

Torrance D. W. and Torrance T. F. (Ed.). *Calvin's Commentaries(12Vols)*. Edinburgh : The St. Andrew Press, 1959-1972.

Torrance, T. F. *Calvin's Doctrine of Man*. Grand Rapids: Wm. B. Eerdmann, 1957.

_____. *Kingdom and Church*. Fair Lawn, NJ: Essential Book, Inc., 1956.

Troeltsch, Ernst. *Die Soziallehren der christlichen Kirchen und Gruppen*. Tuebingeni [n. n.], 1912.

Tylenda, Joseph N. "Calvin's First Reformed Sermon? Nicholas Cop's Discourse-1 November, 1533", *Westminster Theological Journal 38*(1975/6). pp. 300-318.

Van Til, Henry R. *The Calvinistic Concept of Culture*. Grand Rapids: Baker Book House, 1959.

Viguet, C. O. and Tissot, D. *Calvin d'après Calvin*. Geneva: [n. n.], 1864.

Vollmer, Philip. *John Calvin: Theologian Preacher, Educator, Statesman*. Philadelphia: Presbyterian Board of Publication, 1909.

Walker, W. *John Calvin: The Organizer of Reformed Protestantism, 1509-1564*. New York: Schochen Books, 1906.

Wallace, Ronald S. *Calvin, Geneva and The Reformation*. (박성민 역). 칼빈의 개혁사상. 서울: CLC, 1995.

Warfield Benjamin Breckinridge. *Calvin and Calvinsm*. London: Oxford University

Press, 1931.

_____. *Calvin and Augustine*, (Ed. by Samuel G. Craig). Phildelphia: The Presbyterian and Reformed Publishing Company, 1956.

_____. *Calvin as a Theologian and Calvinism Today*. Philadelphia: The Presbyterian Boad of Publication, 1909.

Warneck, Gustav. *Outline of A History of Protestant Missions*, (Ed. George Robson. Tr. by J. Mitchell and C. Macleroy). Edinburgh: Morrison & Gibbs, 1901.

Webber, Robert E. *The Church And The World: Opposition, Tension, Or Transformation?* Grand Rapids: Zondervan Publishing House, 1986.

Weber, Otto. "Calvins Lehre von der Kirche." in *Die Treue Gottes in der Geschichte der Kirche*, (Ed. Hans P. Keiling, 19-104). Neukirchen: Verlag des Erziehungsvereins, 1968.

Wendel, Fran ois. *Calvin, Origins and Development of His Religious Thought*. Grand Rapids: Baker Books, 1963.

_____. *Calvin; The Origins and Development of His Religious Thought*. Durham; Ladyrinth Press, 1987.

Wernle, Paul. *Calvin und Basel*. Tuebingen: [n. n.], 1909.

_____. *Johannes Calvin, akademischer Vortrag*. Basel: [n. n.], 1909.

Zahn, Adolf. *Die letzten Lebensjahre von Johannes Calvin*. Stuttgart: [n. n.], 1898.

Zahn, Adolph. *Studien über Johannes Calvin*. G tersloh: [n. n.], 1894.

Zwemer, Samuel M. "Calvin and the Missionary Enterprise." *Theology Today 8*. 1950: 206-216.

김재성. 칼빈과 개혁 신학의 기초. 수원: 합신출판부, 1997.

박봉랑. 칼빈신학의 현대적 이해. 한국신학대학 출판부, 1978, p. 129.

스피츠, 루이스 W. 정헌철 역. 종교개혁의 정신. 서울: 도서출판 풍만, 1990.

이형기. 종교개혁 사상. 서울: 장로회 신학대학 출판부, 1991(3판).

전경연. 칼빈의 생애와 신학사상. 한국신학대학 출판부, 1984, pp. 70-71.

정성구. 칼빈주의 사상과 삶. 서울: 기독교문서선교회, 1984.

_____. 칼빈주의 사상 대계. 서울: 총신대 출판부, 1995.

최정만. 성공하는 사람들의 8가지 행복조건. 서울: 쿰란출판사, 2015.

_____. 월드뷰와 문화이론. 서울: 이레서원, 2008.

_____. 세계선교역사(I,II). 서울: 쿰란출판사, 2007.

_____. 선교이해. 광주: 광신대출판부, 2006.

_____. 비전선교. 서울: 크리스천출판사. 2005

_____. 칼빈의 선교사상. 서울: CLC, 1999.

_____. 영원한 말씀과 변천하는 세계. 서울: CLC, 1993.

칼빈의 생애와 선교사상
Calvin's Life and Mission Thought

저 자 • 최 정 만
발행인 • 길 자 연
발행처 • 총신대학교출판부

서울시 동작구 사당로 143 총신대학교
전 화 02) 3479-0247
등록번호 제 14-24호 (1976. 4. 12)

1999년 12월 31일 초 판 1쇄 발행
2015년 2월 28일 개정판 1쇄 발행

값 20,000 원

저자의 허락없이는 이 책의 일부 또는 전부를
어떤 목적으로도 사용할 수 없음.

저자연락처 : jm11305@naver.com

ISBN 978-89-8169-229-2 93230

이 도서의 국립중앙도서관 출판시도서목록(CIP)은
서지정보유통지원시스템 홈페이지(http://seoji.nl.go.kr)와
국가자료공동목록시스템(http://www.nl.go.kr/kolisnet)에서
이용하실 수 있습니다.(CIP제어번호: CIP2014016744)